民事诉讼法：
原理、制度与实训

■ 王桂芳 编著

Civil
Procedure Law
Theory, System and Training

华中科技大学出版社
http://press.hust.edu.cn
中国·武汉

内 容 提 要

本教材根据现行民事诉讼法、司法解释的相关内容和民事诉讼法学的最新研究成果,深入浅出地阐释了民事诉讼法基本原理,简明扼要勾画出民事诉讼法的制度框架和基本体系,强调基础知识点的传授和应用,启发学生深入思考,培养其分析问题、解决问题的能力。教材总计20章,具体内容和理念通过"导引""基本原理与制度""自测练习""拓展与思考"四个部分依次展开。"导引"以图形直观呈现该章的内容架构;"基本原理与制度"用明快平实的语言,完整、准确地对我国民事诉讼法的基本原理与制度进行了阐述;"自测练习"含纳的是精选的种类和难易不同的测试题群;"拓展与思考"侧重民事诉讼理论前沿问题的引领,每章各引入了一个相关研讨专题。

理论和实践相结合、学习和训练相结合、基础和前沿相结合贯穿本教材始终;突出搭建知识结构,夯实基础,兼顾民事诉讼法应用与实务技能的培养是本教材的显著特点。

本教材不仅可作为法律硕士(非法学)专业民事诉讼法学课程教材使用,也可供从事民事诉讼法相关工作的人员作为参考书使用。

图书在版编目(CIP)数据

民事诉讼法:原理、制度与实训 / 王桂芳编著. -- 武汉:华中科技大学出版社,2024.7.
ISBN 978-7-5680-5310-5
Ⅰ.D925.1
中国国家版本馆 CIP 数据核字第 2024RE7712 号

民事诉讼法:原理、制度与实训 王桂芳 编著
Minshi Susongfa:Yuanli、Zhidu yu Shixun

策划编辑:	陈培斌
责任编辑:	殷 茵
封面设计:	原色设计
责任校对:	张汇娟
责任监印:	周治超
出版发行:	华中科技大学出版社(中国·武汉) 电话:(027) 81321913
	武汉市东湖新技术开发区华工科技园 邮编:430223
录 排:	华中科技大学出版社美编室
印 刷:	武汉市籍缘印刷厂
开 本:	787mm×1092mm 1/16
印 张:	19
字 数:	463 千字
版 次:	2024 年 7 月第 1 版第 1 次印刷
定 价:	58.00 元

本书若有印装质量问题,请向出版社营销中心调换
全国免费服务热线:400-6679-118 竭诚为您服务
版权所有 侵权必究

前　言

在我国，法律硕士（非法学）专业学位研究生教育自1996年北京大学等8所院校试点招生起，迄今已有近30年的历史。开设法律硕士（非法学）专业的目标是培养高层次复合型、实务型法律人才，这类研究生的本科背景为非法学专业，其培养方式、培养目标和学术硕士以及（法学）专业硕士均不同。经过多年的发展，我国这类法律硕士的招生人数不断增加，目前有资格招收院校的招收总人数早已超过法学全日制学术硕士。相较于招生规模的扩大，针对这类硕士的教学和专业培养的教材建设工作则较为滞后，作为专业核心课程之一的民事诉讼法目前仍无指定教材。

本教材是华中科技大学拔尖创新—双一流研究生课程与教材建设项目，系作者结合多年一线教学实践，在授课讲义基础上，为满足法律硕士（非法学）培养教学需要撰写。

在结构布局上，教材按照《民事诉讼法》体例分为20章，每章分"导引""基本原理与制度""自测练习""拓展与思考"四个板块，各部分既有联系，又相互独立，逻辑上呈螺旋式递进。这种设计充分尊重了学习者的认知规律，从对民事诉讼基本原理制度的把握、应用再到对探索理论问题兴趣的挖掘，拾级而上；使用时，对本课程零基础的学生适宜按照板块顺序完成，"拓展与思考"板块的理论专题内容可少讲或者不讲，"基本原理与制度"板块的引注案例的检索阅读也交由学生根据自身的情况选择决定，这些内容均可以作为课外阅读资料。这种架构也非常适合有一定法律基础的学习者灵活机动地拆分组合各学习板块，跳跃性有选择地学习。

在方法论上，一方面，作者突破传统解释学和教义学方法在教材编写中的叙事常规，尝试增设实践背景，在"基本原理与制度"板块，适当以引注方式嵌入精选案例。每个案例所涉及的问题均为民事诉讼法重点内容，体现相关理论、制度的实践运行情况，这有助于学生加深理解认识，展现出民事诉讼理论制度深植于我国法治实践的生机，同时也有助于培养学生阅读案例、透过案例体悟其背后法律逻辑的习惯。所引注案例以最高人民法院和最高人民检察院的指导案例以及最高人民法院作出的终审裁判案例为主，具有典型性、示范性和权威性。这种折叠方式就本人目力所及，应系民事诉讼法"实务型教学"教材编写的第一次。另一方面，针对法律硕士（非法学）法学知识存储短板造成的分析解决问题障碍，尤其是直接应对案例问题上的力不从心问题，"自测练习"板块注重训练题型多样化，由点及面、由浅入深、循序渐进，在微观上较好地处理了从基础知识把握到运用间的过渡和逻辑衔接问题。

在内容上，充分关照学习者的接受度和专业基础，强调直观和应用背景，通俗易懂，减少了初学者的困难；重在搭建清晰完整的民事诉讼法体系框架并提供全面的基础能力训练，实现教、学、练一体化，有利于提升学习者对民事诉讼法课程学习的适应能力和学习效果。

由于作者学识有限，书中不当之处在所难免，敬请专家、同行和读者不吝赐教。

作　者

2024 年 6 月

目　录

第一章　民事诉讼法概论 ……………………………………………………………（1）
　一、导引 ……………………………………………………………………………（1）
　二、基本原理与制度 ………………………………………………………………（2）
　三、自测练习 ………………………………………………………………………（10）
　四、拓展与思考：我国民事诉讼基本理论体系 …………………………………（12）

第二章　民事诉讼法基本原则 ………………………………………………………（14）
　一、导引 ……………………………………………………………………………（14）
　二、基本原理与制度 ………………………………………………………………（15）
　三、自测练习 ………………………………………………………………………（21）
　四、拓展与思考：诚信原则的司法适用 …………………………………………（25）

第三章　民事诉讼基本制度 …………………………………………………………（27）
　一、导引 ……………………………………………………………………………（27）
　二、基本原理与制度 ………………………………………………………………（27）
　三、自测练习 ………………………………………………………………………（33）
　四、拓展与思考：我国四级法院审级的职能定位改革 …………………………（36）

第四章　管辖 …………………………………………………………………………（38）
　一、导引 ……………………………………………………………………………（38）
　二、基本原理与制度 ………………………………………………………………（39）
　三、自测练习 ………………………………………………………………………（52）
　四、拓展与思考：区块链纠纷司法诉讼管辖权的确定 …………………………（55）

第五章　当事人和诉讼代理人 ………………………………………………………（57）
　一、导引 ……………………………………………………………………………（57）
　二、基本原理与制度 ………………………………………………………………（58）

三、自测练习 ………………………………………………………………… (69)
　　四、拓展与思考：中国特色的证券纠纷代表人诉讼制度 ………………… (73)

第六章　证据制度 ……………………………………………………………… (75)
　　一、导引 ……………………………………………………………………… (75)
　　二、基本原理与制度 ………………………………………………………… (76)
　　三、自测练习 ………………………………………………………………… (99)
　　四、拓展与思考：不当得利的证明责任分配 ……………………………… (103)

第七章　临时性救济措施 ……………………………………………………… (106)
　　一、导引 ……………………………………………………………………… (106)
　　二、基本原理与制度 ………………………………………………………… (106)
　　三、自测练习 ………………………………………………………………… (112)
　　四、拓展与思考：行为保全与人格权禁令、人身安全保护令的关系 …… (115)

第八章　对妨害民事诉讼的强制措施 ………………………………………… (117)
　　一、导引 ……………………………………………………………………… (117)
　　二、基本原理与制度 ………………………………………………………… (117)
　　三、自测练习 ………………………………………………………………… (123)
　　四、拓展与思考：民事诉讼当事人伪造证据行为的定性入罪问题 ……… (126)

第九章　期间、送达和诉讼费用 ……………………………………………… (128)
　　一、导引 ……………………………………………………………………… (128)
　　二、基本原理与制度 ………………………………………………………… (129)
　　三、自测练习 ………………………………………………………………… (139)
　　四、拓展与思考：诉讼费用的构成与负担 ………………………………… (142)

第十章　第一审普通程序 ……………………………………………………… (144)
　　一、导引 ……………………………………………………………………… (144)
　　二、基本原理与制度 ………………………………………………………… (145)
　　三、自测练习 ………………………………………………………………… (154)
　　四、拓展与思考：民事诉讼立案登记制存在的问题与完善 ……………… (158)

第十一章　简易程序与小额诉讼 ……………………………………………… (160)
　　一、导引 ……………………………………………………………………… (160)
　　二、基本原理与制度 ………………………………………………………… (161)
　　三、自测练习 ………………………………………………………………… (166)
　　四、拓展与思考：我国小额诉讼程序存在的问题 ………………………… (169)

第十二章 公益诉讼 ·· (171)
 一、导引 ·· (171)
 二、基本制度与原理 ··· (172)
 三、自测练习 ··· (176)
 四、拓展与思考：环境公益诉讼的诉讼时效问题 ··· (178)

第十三章 第二审程序 ·· (180)
 一、导引 ·· (180)
 二、基本原理与制度 ··· (181)
 三、自测练习 ··· (185)
 四、拓展与思考：第二审禁止不利益变更原则 ·· (188)

第十四章 再审程序 ·· (190)
 一、导引 ·· (190)
 二、基本原理与制度 ··· (191)
 三、自测练习 ··· (199)
 四、拓展与思考：再审撤诉理由的限缩 ·· (202)

第十五章 第三人撤销之诉 ··· (204)
 一、导引 ·· (204)
 二、基本原理与制度 ··· (204)
 三、自测练习 ··· (210)
 四、拓展与思考：我国第三人撤销之诉的原告适格问题 ······························· (212)

第十六章 特别程序 ·· (214)
 一、导引 ·· (214)
 二、基本原理与制度 ··· (215)
 三、自测练习 ··· (225)
 四、拓展与思考：关于实现担保物权案件审查标准 ····································· (228)

第十七章 督促程序与公示催告程序 ·· (231)
 一、导引 ·· (231)
 二、基本原理与制度 ··· (232)
 三、自测练习 ··· (238)
 四、拓展与思考：除权判决后利害关系人的司法救济 ·································· (242)

第十八章 执行程序 ·· (244)
 一、导引 ·· (244)
 二、基本原理与制度 ··· (245)

三、自测练习 ……………………………………………………………（259）
　　四、拓展与思考：终结本次执行程序 ……………………………………（263）

第十九章　执行异议之诉 ………………………………………………（265）
　　一、导引 ……………………………………………………………………（265）
　　二、基本原理与制度 ………………………………………………………（266）
　　三、自测练习 ………………………………………………………………（269）
　　四、拓展与思考：案外人民事执行异议之诉与确权之诉 ………………（271）

第二十章　涉外民事诉讼程序的特别规定 ……………………………（273）
　　一、导引 ……………………………………………………………………（273）
　　二、基本原理与制度 ………………………………………………………（273）
　　三、自测练习 ………………………………………………………………（285）
　　四、拓展与思考：我国临时仲裁制度 ……………………………………（289）

附录　重要法律、司法解释及相关规范性文件简表 …………………（291）

第一章 民事诉讼法概论

一、导引

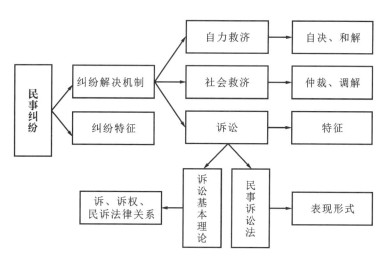

在国家和法院出现以前,人们解决纠纷冲突完全依靠自力救济,实现民事权利完全是在当事人自己的意志支配下进行的一系列活动。随着人类社会的发展,公力救济和社会救济逐渐成为遏止和解决社会冲突的重要手段。所谓公力救济,是指国家机关运用公权力对被侵害权利予以救济的一种纠纷解决方式,民事诉讼是公力救济的典型形式。所谓社会救济,是指借助法院以外的中立第三方的力量,通过一定的程序和规则来解决纠纷的方式。与其他解决民事纠纷的方式相比,民事诉讼是以国家强制力解决民事纠纷的手段,而社会救济与私力救济相比更具有程序的规范性,与公力救济相比则淡化了国家的强制力,更加注重当事人双方在纠纷解决中的合意性。在现代社会中,自力救济仍保持着一定的领地,它和公力救济、社会救济都是解决纠纷的重要方式,它们有着各自的存在价值,有着对方没有的优点,有着各自对应的最适合解决的纠纷领域,在解决纠纷中发挥各自的作用。

民事诉讼法的制定离不开民事诉讼基本理论的指导，它主要包括诉讼法律关系理论和诉的理论。诉讼法律关系理论展示了法院、当事人及其他诉讼参与人之间存在的社会关系，诉的理论则涉及诉权、诉的标的、诉的种类等内容。

二、基本原理与制度

（一）民事纠纷及解决机制

1. 民事纠纷的概念和特征

民事纠纷是指平等主体之间发生的，以民事权利义务为内容的社会纠纷。民事纠纷作为法律纠纷的一种，通常由违反民事法律规范而引发，在法律有特别规定时，也包括对特定事实的争议，比如证书的真伪问题。民事纠纷的表现形式多种多样，如离婚纠纷、损害赔偿纠纷、房屋产权纠纷、合同纠纷、著作权纠纷等。根据纠纷的内容，一般分为财产关系方面的民事纠纷和人身关系方面的民事纠纷，其主要特征如下。① 主体平等。纠纷主体不存在隶属关系，在法律地位上平等。例如，王某无证驾驶摩托车闲逛，被交警大队例行检查，依法将摩托车扣押。王某认为交警大队无权扣押属于自己的合法财产。王某和交警大队之间的冲突由于冲突双方法律地位不平等，就不属于民事纠纷。② 内容是对民事权利义务的争议。③ 民事纠纷具有可处分性。民事纠纷主体可以在法律允许的范围内自愿决定纠纷的解决方式和结果，这一点和行政争议、刑事争议明显不同。

2. 民事纠纷的解决机制

民事纠纷若不能得到及时妥善解决，不仅会损害当事人合法的民事权益，而且可能波及第三者甚至影响整个社会的秩序稳定。根据纠纷处理的方法不同，可以分为自力救济、社会救济、公力救济三种。

1）自力救济

自力救济即由当事人自己解决民事纠纷，主要有自决与和解两种方式。自决与和解都是争议主体按照自己的意愿并凭借自我的力量来解决争议，但二者在消除争议的方式和程度上有差异。自决更强调凭借一方的力量使对方服从，而不易从心理上消除争议双方的对抗。和解则主要体现了双方的妥协和让步，注重的是理智和情感，而不是强力，起作用的是一方对他方的同情、谅解、援助和尊重，因而从形式和心理上更有利于消除双方的对抗。

一般而言，自力救济保护的首先应该是合法的权利。其次，使用方式要适当，并且不能超出合理的限度。在具有多种选择时，应采取给义务人造成尽可能小的损失的措施。例如根据我国《民事诉讼法》规定，任何单位和个人采取非法拘禁他人或者非法私自扣押他人财产追索债务的，应当依法追究刑事责任，或者予以拘留、罚款。这是对自决这种自力救济方法的法律制约，也是法律所允许的最大限度。

2）社会救济

在社会有机体中，矛盾纠纷本质上是一种社会病，社会救济即由社会力量介入解决民事纠纷,如诉讼外调解①和仲裁。

所谓诉讼外调解,是由第三者出面对纠纷的双方当事人进行调停说和,用一定的法律规范和道德规范劝导冲突双方,促使他们在互谅互让的基础上达成解决纠纷的协议。调解协议不具有法律上的强制力,但具有合同意义上的效力。

所谓仲裁,是指由双方当事人协议将争议提交第三方,由该第三方对争议的是非曲直进行评判并作出裁决的一种解决争议的方法。仲裁与调解都遵循自愿原则,都是由第三者居中处理争议,但两者还是有很大不同的。一是法律效力不同。仲裁裁决是终局的,对双方均具有约束力。如果一方当事人不履行裁决,另一方当事人可以依照《仲裁法》和《民事诉讼法》的有关规定向法院申请执行。调解不是终局的,达成协议也可以反悔。二是调解有一定的随意性和灵活性,在调解中争议当事人可以随时中止或者参与。而仲裁具有约束力,如被申请人拒不到庭,仲裁庭有权根据《仲裁法》的规定继续审理直到作出最终裁决。

3) 公力救济

公力救济指利用国家公权力来解决民事纠纷,是由特定的国家机关,在纠纷主体参加下,处理特定的社会纠纷的机制。公力救济一般包括诉讼和行政裁决。

诉讼是公力救济的典型形式,是指民事权利受到侵害时,由权利人向法院提起诉讼,由法院按照法定程序予以解决,并以国家强制力实施保护。解决纠纷的主体是代表国家的法院,解决争议的结果,或者靠国家强制力的保障来实现,或者直接凭国家强制力实现。这就决定了诉讼区别于其他方式的刚性,体现出国家意志等方面的优势,并且民事诉讼必须严格按照法定程序和方式进行。

行政裁决则是指国家行政机关或法定授权的组织,依照法律授权,对当事人之间发生的、与行政管理活动密切相关的民事纠纷进行审查,并作出裁决的具体行政行为。行政裁决的主体只有获得法律授权,才能对授权范围内的民事纠纷案件进行审查并裁决。行政裁决具有法律效力,但是它一般不具有终局性,对行政裁决不服的,还可以向法院提起诉讼。

3. ADR 与中国多元化纠纷解决机制

ADR 一词源于美国,英文表述是 Alternative Dispute Resolution,原指 20 世纪逐步发展起来的各种诉讼外纠纷解决方式。狭义的 ADR 一般不包括仲裁、行政处理和行政裁决;广义的 ADR 则涵盖所有非诉讼解纷方式,既包括传统的民间调解和仲裁,也容纳行政裁决、行政处理,同时还吸收今后可能出现的新的类型,我国更倾向于后者。推进多元化纠纷解决机制建设,是国家治理体系和治理能力现代化的必然要求。多年来我国学界和实务界不断加深非诉讼纠纷解决机制方面的理论研究和实践探索,在社会治理现代化的大局中谋划和推进多元化纠纷解决机制建设,为多元化纠纷解决机制建设注入新的时代活力。

党的十八大提出全面推进依法治国方略,党的二十大报告把法治作为一个独立部分,专门谋划"坚持全面依法治国,推进法治中国建设",而法院在法治中国建设中不仅肩负践行

---

① 诉讼外调解以人民调解最为典型。2021 年《民事诉讼法》修改时将司法确认程序适用范围扩展至依法设立的调解组织调解达成的调解协议,为其他依法设立的调解组织参与社会纠纷多元化解提供了司法保障。

守护社会安定、人民安宁，为社会不断提供高质量的法治产品的历史使命，还致力于延伸司法功能，发展新时代"枫桥经验"，坚持司法为民、诉源治理、多元解纷。

2011年，中央社会治安综合治理委员会、最高人民法院、最高人民检察院、国务院法制办、公安部、司法部等16家单位印发《关于深入推进矛盾纠纷大调解工作的指导意见》，为多元化解决人民内部矛盾提供了新路。

2017年，《最高人民法院司法部关于开展律师调解试点工作的意见》要求，北京、黑龙江、广东、四川等11个省（直辖市）积极开展试点工作，2018年该试点扩大至全国范围。

2021年，《最高人民法院关于深化人民法院一站式多元解纷机制建设推动矛盾纠纷源头化解的实施意见》提出对金融、建筑、教育、物业、环境、消费、房地产、互联网、交通运输、医疗卫生等行业领域多发易发纠纷，积极会同行业主管部门研究源头治理举措，建立信息共享、业务协同和诉非衔接机制。

通过各级法院多年积极探索实践①和社会各界的努力，我国目前已建成联动资源最多、在线调解最全、服务对象最广的中国特色一站式多元纠纷解决和诉讼服务体系②。

（二）民事诉讼和民事诉讼法

1. 民事诉讼及其主要特征

所谓民事诉讼，是指法院在所有诉讼参与人的参加下，按照法律规定的程序，审理和解决民事案件的活动以及在此过程中所产生的各种法律关系的总和。其主要特征在于：① 民事诉讼的主体是法院、当事人、其他诉讼参与人及检察院（检察院抗诉）。② 民事诉讼依靠国家强制力来解决民事纠纷。③ 民事诉讼解决的争议是有关民事权利义务的争议。④ 民事诉讼的整个过程由若干个诉讼阶段组成，具有显著的阶段性和严格的程序性。

2. 民事诉讼法及其表现形式

民事诉讼法是指国家制定或认可的，规范法院（检察院）和当事人、其他诉讼参与人进行诉讼活动的法律规范的总和。其特征主要体现在：① 它属于基本法律，其效力仅低于宪法。② 它调整的是民事诉讼关系，是社会关系中具有自身特点的一类社会关系。③ 它规定的主要是程序问题，同时还规定了部分同民事诉讼相关的非讼程序内容。

民事诉讼法的表现形式，狭义上专指民事诉讼法典，广义则还包括其他法律规范中有关民事诉讼的规定，如散在于宪法、《民法典》、《人民法院组织法》、司法解释、我国缔结或者参加的国际条约等诸多规范中的有关民事诉讼的条款。

（三）民事诉讼基本理论

所谓民事诉讼理论，就是人们关于民事诉讼法的制定、运用的认识和论述，是人们对长

---

① 例如潘帅：《打造多元解纷平台"山西样本"：晋中市榆次区法院源头解纷见实效》，《山西法制报》2022年3月7日，第1版；倪弋、任胜利：《近年来各地因地制宜出台相关地方性法规 纠纷解决在源头 矛盾化解在诉前》，《人民日报》2022年8月18日，第18版。

② 参见刘湃：《我国已建成中国特色一站式多元纠纷解决和诉讼服务体系》，https://www.chinacourt.org/article/detail/2023/03/id/7178611.shtml，2023年5月24日最后访问。

期以来民事诉讼实践活动的经验总结和概括。民事诉讼法作为人们在进行民事诉讼时所必须遵守的规范,其制定和适用都离不开民事诉讼理论的指导。

1. 诉权和诉讼请求

所谓诉权,是指当事人请求法院对其民事财产权和人身权进行司法保护的法律赋予的基本权利,是当事人进行诉讼活动的前提和基础。一般情况下拥有诉权,才能向法院提出保护其民事权益的请求,才能有诉的出现和存在。诉权作为诉讼法学的一个基础概念,是建构民事诉讼法的逻辑起点。

迄今为止,从诉权理论的发展来看,先后出现的有私法诉权说、公法诉权说(抽象诉权说、具体诉权说、司法请求权说、本案请求权说)、二元(双重)诉权说、宪法诉权说等。[①]

我国理论界多数学者认可二元(双重)诉权说,认为诉权的完整内涵包含程序含义和实体含义两个方面。程序含义上的诉权是指程序上向法院请求行使审判权的权利,实体含义上的诉权是当事人请求法院通过审判强制实现其权益的权利。

就诉权与权利而言,诉权不同于实体权利,诉权相对于权利具有独立性。诉权与权利并不是一一对应的关系,因为存在无权利的诉权和无诉权的权利,而从另外一种意义上说,诉权又是一种"程序性主观权利"。

所谓诉讼请求,是原告以诉讼标的为基础提出的具体实体请求,是原告获得实体(法)上的具体法律地位或具体法律效果的诉讼主张。简言之,它是当事人向法院提出的,要求法院予以判决的具体而明确的要求。就诉权和诉讼请求而言,诉权是诉诸法官的权利,而诉讼请求是行使诉权的具体方式,诉讼请求是诉权的表现。

2. 诉

1)诉的概念

诉是民事争议发生时一方当事人向法院提出的关于解决争议的静态请求。诉具有以下特点:① 诉的主体是当事人。没有当事人,诉无从提起,因此诉的主体只能是双方当事人。② 诉的内容是当事人请求法院解决的民事权益争议。当事人提起诉的目的是要求法院对自己受到侵犯的民事权益进行保护,因而,民事权益争议就成为诉的内容。③ 诉是当事人对法院的请求。诉是当事人请求法院对民事争议进行审理和裁判的行为,而并不是针对另一方当事人的行为,故而诉具有抽象性。

2)诉的要素

诉的要素是指构成诉的不可缺少的因素。一般认为诉的要素由诉的主体、标的和理由三部分构成。

所谓诉讼主体,即当事人,任何一个诉,均有提起诉讼的一方与被诉的一方。当事人是否适格,是法院审理案件时首先要解决的问题。即使诉的其余要素均相同,只要当事人不同,也可以成为新的诉。

所谓诉讼标的,又称诉讼客体,指当事人之间发生争执并要求法院作出裁判的民事权利义务关系。当事人是因民事权利义务发生争议才"打官司",所以,双方争执的特定的民事

---

① 参见蔡肖文:《诉权理论的中国阐释》,中国政法大学出版社2016年版,第2页。

权利义务便成为法院裁判的对象。每个诉讼都有特定的标的，以区别不同种类的诉，诉讼标的是整个诉讼的核心。

明确诉的要素具有重要的理论和实践意义。首先，当事人的攻击和防御都围绕着诉讼标的进行。其次，法院的判决是对诉讼标的的最终处理。最后，诉讼标的还是法院判定当事人是否重复起诉的根据。每一个诉讼案件至少有一个诉讼标的，但有的案件可能有两个或者两个以上的诉讼标的。对此，《最高人民法院关于适用〈中华人民共和国民事诉讼法〉的解释》（简称《民事诉讼法解释》）规定，在案件受理后，法庭辩论结束前，原告增加诉讼请求，被告提出反诉，第三人提出与本案有关的诉讼请求，可以合并审理的，法院应当合并审理。据此规定，增加诉讼请求只能在开庭前或者庭审过程中提出。所以，开庭后增加新的诉讼请求，法院不再受理。

所谓诉的理由，即原因事实，是原告向法院请求司法保护所依据的案件事实。事实依据一般包括两类：一是引起民事法律关系发生、变更或消灭的事实；二是权利受到侵害或法律关系发生争议的事实。

3）诉的种类

一般而言，我国理论界按照当事人诉讼请求的目的和内容不同，将诉分为三类：确认之诉①、给付之诉和形成之诉。

第一，确认之诉，是指原告请求法院确认与被告之间是否存在某种民事法律关系的诉。确认之诉的客体为法律关系，不包括事实和事实关系。确认之诉的特点在于原告仅要求法院通过审判确认特定的法律关系存在或不存在，并不要求判令被告基于存在的法律关系履行给付义务。

确认之诉内部还有积极的（或肯定的）确认之诉和消极的（或否定的）确认之诉之分。前者指原告诉请法院认可他主张的法律关系存在之诉，后者是指原告诉请法院确认他主张的法律关系不存在之诉。如原告请求法院确认婚姻关系有效，这就是一种积极的确认之诉，反之请求确认婚姻无效即为消极确认之诉。

司法实践中，原告提起确认之诉时，除了应符合《民事诉讼法》规定的起诉的一般条件之外，还应具备确认之诉的特别要件，即原告的权利或权利状况面临现存的不确定风险，具有提起确认之诉消除风险的必要性，②且这种关系在法院依据现在的法律关系（不是将来的法律关系）作出判决前尚处于不明状态。

第二，给付之诉，是指原告请求法院判令被告向其履行特定给付义务的诉讼。在给付之诉中，原告要求被告履行的给付义务不仅包含给付一定数额的货币或财产，也包括诸如请求被告支付租金、返还借用物、按合同约定的时间播放广告、停止侵害名誉权的行为等为或不为某种特定的行为。

给付之诉提起的前提是当事人之间存在给付纠纷。这种给付纠纷，应当是当事人之间对

---

① 最高人民法院判例观点认为，对生效判决认定的一方债务，可提起夫妻共同债务确认之诉，参见（2020）最高法民申2755号。当然，该结论得以成立还需具备其他的前提性要件事实，即该生效判决确定的债务已经申请法院强制执行，且执行未果。详见该再审复查裁定所针对的江西省高级人民法院（2019）赣民终551号民事判决书中的相应叙述。

② 参见（2020）最高法民申1481号。

是否存在给付请求权以及如何行使权利和履行义务发生了争执。所以，给付之诉与确认之诉①关系密切。首先，确认之诉是给付之诉的基础。法院在审理给付之诉时必须先要对当事人之间的民事法律关系加以确认，然后在此基础上作出对给付之诉的判决。为此，这两种诉可以在同一案件中并存。其次，若这两种诉不在同一案件中，确认之诉所作出的判决结果，对将来可能提起的给付之诉会产生预决的效应。两者区别在于：第一，提出的目的不同和前提不同。第二，给付之诉的判决结果是有强制执行力的。而对确认之诉来讲，当事人提出确认之诉的目的，不是要求法院判令对方当事人履行一定的给付义务，而是要求法院明确某一争议的民事法律关系或标的物是否存在或者存在的具体状态。因此，确认之诉，没有给付内容，不具有交付和接受的权利义务。第三，确认之诉不适用诉讼时效。诉讼时效的客体为债权请求权，主要适用于给付之诉（部分债权请求权亦不适用诉讼时效的规定）。在确认之诉中，诉讼对方不负有承认的义务。确认之诉既然仅是由国家裁判机关对诉争的民事法律关系存在与否作出司法裁判，自然也就不存在通过强制执行方式强制诉讼对方当事人履行判决主文内容的必要。相应地，诉讼法意义上的程序请求权，自无适用诉讼时效的余地。②给付之诉的特点在于法院的判决具有执行力，被告不履行给付义务时，原告可以将判决作为执行文书申请强制执行。在给付之诉中，法院若判决原告败诉，该判决则成为原、被告之间不存在给付义务的确认判决。

第三，形成之诉，又称变更之诉，即原告请求法院消灭某种法律关系或者变更某种既存法律关系。如请求解除合同、变更合同的诉。

变更之诉的特征有二：一是当事人之间对既存的法律关系的存在并不存在争议，争议的是该法律关系是否应当继续存在下去或者以什么内容、形式存在下去。二是在法院作出变更判决生效之前，现存的民事法律关系仍然保持原来的状态。变更之诉是通过法院的变更判决来改变或者消灭现存的法律关系，在法院作出的变更判决生效以前，当时存在的民事法律法律关系并不发生任何变化，仍以原来的内容、原来的形式继续有效存在。只有法院作出的变更判决生效以后，原来的民事法律关系才会发生变更或者消除。

变更之诉与确认之诉有别③，确认之诉是当事人之间对某种民事法律关系是否存在有争议，需要法院加以明确，而变更之诉是当事人之间对现存的民事法律关系无争议，只是要求法院作出改变或者消除这种民事法律关系；变更之诉与给付之诉两者常常并存于同一个案件之中，两诉可合并审理，并一同作出判决。

---

① 用来对抗给付之诉的消极确认之诉构成重复起诉。参见（2016）渝0234民初3402号、（2018）渝02民终1035号。

② 参见（2019）最高法知民终944号。

③ 合同解除权诉讼是确认之诉还是形成之诉（变更之诉）？《民法典》实施前，解除权一直是形成之诉，参见（2017）粤民申8374号；《民法典》的新规定导致解除之诉从形成之诉转变为确认之诉，参见（2022）粤01民终6834号。《民法典》实施前要通过法院判决决定合同解除的时间，而现在法院判决在于确认当事人已行使了解除权，判决本身不会产生解除的法律效果。这样做缩短了解除所需的时间，尊重当事人自主权。前述两个案例在解除时间上不同，第一个是在法院判决确定之日解除，第二个是依据《民法典》第565条的规定，在起诉状副本送达之日解除。所以，当双方不能通过协商解决问题时，应当尽快提起仲裁或诉讼，以缩短解除时间，避免更大损失的产生。

3. 民事诉讼法律关系[①]

1) 民事诉讼法律关系的概念和特征

一般认为,民事诉讼法律关系是指民事诉讼法律、法规所调整的产生于法院与当事人之间,即法院与原告、法院与被告之间产生的权利义务关系。民事诉讼是一种公力救济,任何诉讼行为都必须经过法院的认可,才产生法律上的效果。当事人和法院缺一不可,少了任何一方,都不可能形成民事诉讼。民事诉讼法律关系有以下特征。

第一,民事诉讼当事人始终是民事诉讼法律关系的当然主体。原告起诉状经法院审查认为合格后,法院应当受理原告的起诉状,于是,原告与法院之间发生了一种社会关系;法院受理原告的起诉状后,必须向被告送达起诉书副本,被告收到副本后一般要向法院提交答辩状,于是,被告与法院发生了一种社会关系。由于这些社会关系是发生在民事诉讼之中的,所以应当受到而且也不能不受到民事诉讼法律规范的调整。在起诉阶段是这样,在诉讼的其他阶段也是这样。在整个诉讼过程中,原告与法院、被告与法院之间始终会形成一定的并受到民事诉讼法调整的社会关系。

第二,法院在民事诉讼法律关系中始终居于主导地位。无论是当事人与法院之间发生的民事诉讼法律关系中,还是法院与其他诉讼参与人之间发生的民事诉讼法律关系中,法院都是主体之一。因为是法院传令全体诉讼参与人依次为诉讼行为,也是法院敦促当事人和诉讼参与人及时行使诉讼权利、履行诉讼义务。

研究民事诉讼法律关系,有助于正确理解和掌握民事诉讼法律规范的精神实质;有助于法院尊重诉讼参与人的诉讼权利,依法行使审判权,正确履行职责;有助于引导诉讼参与人正确行使诉讼权利,自觉履行诉讼义务。

2) 民事诉讼法律关系发生、变更和消灭的原因

民事诉讼法律关系的发生、变更和消灭,是由诉讼上的法律事实引起的,包括诉讼事件和诉讼行为。

所谓诉讼事件,是指不以人的意志为转移,能够引起诉讼上一定法律后果的客观情况。不同的诉讼事件将引起不同的法律后果。例如,离婚案件中一方当事人突然死亡,导致双方当事人间的婚姻关系自然终结,诉讼程序再进行下去已经无意义,死亡事件引起了民事诉讼法律关系的消灭。

[①] 德国学者标罗(又译比洛夫)在1868年的《诉讼抗辩和诉讼要件论》一书中最早提出民事诉讼法律关系的学说。此后相继产生了一面关系说、二面关系说、三面关系说、多面关系说、诉讼法律状态说、新诉讼法律关系说、审判法律关系和争设法律关系说、民事法律关系分类说等各种学说。一面关系说,其将民事诉讼法律关系界定为单纯的当事人双方之间的权利义务关系,而否定当事人与法院之间存在民事诉讼法律关系。两面关系说(我国主流学说)认为,民事诉讼法律关系是法院与原告、法院与被告两个方面的关系,原、被告之间不会发生权利义务关系。三面关系说认为,民事诉讼法律关系不仅是法院与原告、法院与被告之间的关系,还应当包括原、被告之间的权利义务关系。诉讼法律状态说提出,以对有利判决的期望和避免不利判决带来的负担这两种观念来代替诉讼法律关系说中的权利义务观念。苏联的多面关系说认为,民事诉讼法律关系是发生在法院同原告、法院同被告、法院同检察机关、法院同国家管理机关、法院同当事人的代理人、法院同每个诉讼参加人之间的关系。参见李磊:《我国民事诉讼法律关系之新构建——以德国新诉讼法律关系说为借鉴对象》,《山西省政法管理干部学院学报》2016年第1期。

所谓诉讼行为，是指民事诉讼法律关系主体所实施的，能够引起诉讼上一定法律后果的各种活动。诉讼行为有作为与不作为、合法行为与违法行为之分。按照主体区分，还有法院诉讼行为、检察院诉讼行为、当事人和其他诉讼参与人诉讼行为之别。例如，检察机关对生效裁判抗诉、履行法律监督职责，就会在再审程序中成为民事诉讼法律关系主体。

3）民事诉讼法律关系的构成要素

民事诉讼法律关系的基本因素，包括主体、内容和客体三部分。

民事诉讼法律关系的主体，是指在民事诉讼中享有诉讼权利和承担诉讼义务的国家机关、公民、法人或其他组织，包括法院、检察院和一切诉讼参与人。根据民事诉讼法律关系主体参加诉讼的目的、作用、诉讼地位、诉讼权利和义务的不同，可以把民事诉讼法律关系主体分为以下五类：法院、检察院、当事人、诉讼代理人、其他诉讼参与人。

民事诉讼法律关系的内容，是民事诉讼法确认的诉讼法律关系主体之间的诉讼权利和诉讼义务。主体诉讼地位不同，享有的诉讼权利和承担的诉讼义务也各不相同。例如，法院享有的诉讼权利、承担的诉讼义务，与其行使审判权的职能紧密结合。当事人（包括共同诉讼人和第三人）诉讼地位平等，以其享有的实体权利为基础，享有广泛的诉讼权利，同时为维护诉讼秩序，承担必要的诉讼义务；其他诉讼参与人参加民事诉讼，为协助法院审理工作，享有一定的诉讼权利，承担一定的诉讼义务。

所谓民事诉讼法律关系的客体，是指民事诉讼法律关系主体诉讼权利和诉讼义务所指向的对象。民事诉讼法律关系的客体与诉讼标的不同，诉讼标的是指当事人之间发生争议的、请求法院裁判的民事权利义务关系，它是诉的一个要素。而民事诉讼法律关系的客体，既包括需要查明的案件事实，又包括当事人之间争议的民事权利义务关系。可见，诉讼标的只是诉讼法律关系客体内容的一部分，两者的属性和所包含的具体内容均有差异。

4. 民事案件案由

民事案件案由反映案件所涉及的民事法律关系的性质，建立科学、完善的案由体系，有利于方便当事人进行民事诉讼和统一民事案件的法律适用标准，有利于创新和加强民事审判管理。① 最高人民法院 2000 年印发《民事案件案由规定（试行）》，2008 年正式制发《民事案件案由规定》，2011 年进行了第一次修正。随着《民事诉讼法》《邮政法》《消费者权益保护法》《环境保护法》《反不正当竞争法》《农村土地承包法》《英雄烈士保护法》等法律的制定或者修订，审判实践中出现了许多新类型民事案件，特别是《民法典》的施行，需要增加新的案由。2020 年，最高人民法院通过了《关于修改〈民事案件案由规定〉的决定》，该修改决定编排体系呈现如下特点。

首先，案由的确定标准原则上依当事人诉争的民事法律关系的性质来确定。即对民事案件案由的表述方式原则上确定为"法律关系性质"加"纠纷"，一般不包含争议焦点、标

---

① 民事案件案由与诉讼标的之间是一种相辅相成的关系。通常来说，如果法院要对一个案件进行审理，必须要有充分的案由以及明确的诉讼标的。而案由就是诉讼标的的通过拓展之后的结果，两者互为表里。如果当事人向法院提出了案由，那么就直接能够体现诉讼中的诉讼标的，而且案由是当事人在诉讼过程中诉讼标的的全部外延。

的物、侵权方式等要素。但实践中当事人诉争的民事法律关系的性质具有复杂多变性,① 单纯按照法律关系标准去划分案由体系的做法难以更好地满足民事审判实践的需要,难以更好地满足司法统计的需要。所以对少部分案由也依据请求权、形成权或者确认之诉、形成之诉等其他标准进行确定,表述中包含了争议焦点、标的物、侵权方式等要素。

对适用特别程序,督促程序,公示催告程序,公司清算、破产程序等非讼程序审理的案件案由,根据当事人的诉讼请求予以直接表述;对公益诉讼、第三人撤销之诉、执行程序中的异议之诉等特殊诉讼程序案件的案由,根据诉讼制度名称予以直接表述。

其次,案由体系的总体编排呈纵横交错的编排设置。案由规定以民法学理论对民事法律关系的分类为基础,以法律关系的内容即民事权利类型来编排案由的纵向体系。在纵向体系上,结合《民法典》《民事诉讼法》等民事立法及审判实践,将案由的编排体系划分为人格权纠纷,婚姻家庭、继承纠纷,物权纠纷,合同、准合同纠纷,知识产权与竞争纠纷,劳动争议、人事争议,海事海商纠纷,与公司、证券、保险、票据等有关的民事纠纷,侵权责任纠纷,非讼程序案件案由,特殊诉讼程序案件案由,共计十一大部分,作为第一级案由。在横向体系上,通过总分式四级结构的设计,实现案由从高级(概括)到低级(具体)的演进。如物权纠纷(第一级案由)——所有权纠纷(第二级案由)——建筑物区分所有权纠纷(第三级案由)——业主专有权纠纷(第四级案由)。根据最新的《民事案件案由规定》,在第一级案由项下,细分为54类案由,作为第二级案由(以大写数字表示);在第二级案由项下列出了473个案由,作为第三级案由(以阿拉伯数字表示),第三级案由是司法实践中最常见和广泛使用的案由;在部分第三级案由项下又列出了391个第四级案由(以阿拉伯数字加()表示),基于民事法律关系的复杂性,不可能穷尽所有第四级案由。

三、自测练习

(一)单项选择题

1. 按照民事纠纷解决机制种类的划分标准,仲裁属于(   )。
A. 公力救济
B. 自力救济
C. 司法救济
D. 社会救济

2. 以下解决纠纷的方式中,属于公力救济的是(   )。
A. 当事人双方协商解决
B. 当事人起诉至法院解决
C. 当事人申请仲裁机构解决
D. 当事人申请调解委员会解决

第一章自测练习
参考答案

---

① 同一诉讼中涉及两个以上的法律关系,应当依当事人诉争的法律关系的性质确定案由;均为诉争法律关系的,则按诉争的两个以上的法律关系确定并列的两个案由。因此,同一案件涉及两个不同的法律关系并非法院驳回当事人起诉的合法理由。允许将诉争的两个不同的法律关系合并在一个案件中进行审理。参见(2019)最高法知民终675号。

3. 民事诉讼法律关系的构成要素包括（　　）。
A. 主体、内容和客体
B. 主体、内容和标的
C. 主体、内容和事实
D. 主体、标的和事实

4. 民事诉讼法属于（　　）。
A. 程序法
B. 根本法
C. 实体法
D. 私法

5. 下列不属于诉的要素的是（　　）。
A. 当事人
B. 诉讼标的
C. 诉讼理由
D. 诉讼请求

6. 下列民事诉讼请求属于给付之诉的是（　　）。
A. 甲起诉请求乙停止损害其名誉
B. 丙起诉丁请求撤销二人之间的房屋买卖合同
C. 男方起诉前妻，请求将二人之子判归前妻抚养
D. 王某起诉李某，请求解除收养关系

（二）案例分析题

单身A男与B女母子一家为邻居。A男经常召集朋友在家打麻将，有时通宵达旦，喧闹声严重影响了B女家的正常休息。B女曾多次到A男家好言相劝，说明其神经衰弱，且孩子要写作业，希望A男晚上注意点。一次A男家正在玩麻将，B女又敲门提醒不要扰民。A男认为B女在他朋友面前扫了自己的威风，遂辱骂B女"神经病"。B女亦怒斥A男"似个不务正业的赌徒"。双方口角引来邻里纷纷劝说。A男恼羞成怒，上前拉住B女的衣服说："我是赌徒，你就是妓女。"B女羞愤不已，转身欲走，但被A男拉住，挣扎间B女衬衣被撕破，B女上身部分裸露。B女遭此羞辱，神经受到严重刺激，神经衰弱加重，不能正常生活、工作，所在外企因此将其辞退。治病、休养、生活无来源，使B女身心、财产俱遭伤损。B女憋了一肚子气，一心想为自己讨个公道。

问：根据我国法律的规定，有哪几种法律维权途径或方式可供B女选择？

（三）简述题

1. 如何理解民事诉讼在解决民事纠纷中的作用？
2. 结合诉的类型，如何识别诉讼标的？
3. 民事诉讼法律关系的发生、变更和消灭的原因是什么？

四、拓展与思考：我国民事诉讼基本理论体系

```
                    大陆法系民事诉讼法理论体系
          ┌──────────────┬──────────────┐
       证据和证明      诉讼法律关系        诉权
   ┌──┬──┬──┬──┐   ┌────┬────┐     ┌────┬────┐
  文 举 举 证 证   当    法    诉    答    起
  书 证 证 明 明   事    院    讼    辩    诉
  提 责 妨 责 标   人    裁    法
  出 任 碍 任 准         判    律
                         理    行
                         论    为
             ┌──┬──┬──┬──┐   ┌──┐  ┌──┬──┬──┐
            担 适 多 既 释   反 辩  诉 诉 诉
            当 格 数 判 明   诉 论  的 的 的
                     力                变 行 构
                                       更 使 成
                                          要 要
                                          件 件
         ┌──┐ ┌──┐ ┌──┐ ┌──┐ ┌──┐ ┌──┐ ┌──┐ ┌──┐ ┌──┐
        任 诉 诉 诉 当   分   主  系 当 标
        意 的 讼 讼 事   离、  管、 属、事 的
   继  、利 标 请 人   合   管  既 人
   承  法 益 的 求        并   辖  判
        定                          力
                              共同
```

大陆法系国家对民事诉讼基本理论体系的研究已经达到了相当精深的程度，其民事诉讼基本理论的体系化过程早已经完成，以德、日的民事诉讼理论体系最为典型。大陆法系国家以诉权、证据和证明、诉讼法律关系这三大核心概念为基础，以此发展出各自的衍生理论群，从而形成一个完整的民事诉讼理论体系。这样的理论体系如同一座金字塔，位于塔尖的是最抽象的概念，以下排列抽象性程度依次递减的概念。诉权这一核心理论下又衍生出起诉和答辩这两大理论群；诉讼法律关系这一核心理论又衍生出当事人、诉讼法律行为、法院裁判理论这三大理论；证据和证明这一核心理论又衍生出文书提出、举证责任、举证妨碍、证明责任和证明标准这五大理论。①

反观我国民事诉讼基本理论体系的研究，目前学者们主要是在有关的研究综述性文章中指出应当加强哪些基本理论的研究，而很少具体论述和说明其应当由哪些理论板块构成，以及为什么其他民事诉讼理论不属于基本理论的组成部分。例如，有学者认为，当前民事诉讼基础理论研究包括民事诉讼目的、模式、价值目标、民事诉讼法律关系、诉讼中的诉权与审判权、民事诉讼中的人权保障等②；有学者指出，构成民事诉讼法学学科体系基石的具有有机联系而形成一个统一整体的民事诉讼基本理论"集群"，应当包括民事诉讼主体论、民事

---

① 参见任昊：《美国民事诉讼理论体系的建构模式——与德、日民事诉讼理论对比的视角》，载《浙大法律评论》2019年卷，第147-148页。

② 参见谭兵主编：《民事诉讼法学》，法律出版社1997年版，第51页。

诉讼目的论、民事诉讼价值论、诉权理论、诉讼标的理论、既判力理论等①；有学者主张，在新世纪的一个较长的时期，我国民事诉讼法学将在深刻、全面推进比较研究的基础上，重点研究民事诉讼目的、民事程序价值、民事诉讼模式及其结构选择、民事诉讼证据制度、民事诉权与诉的制度等民事诉讼法学的基本理论课题，以期确立科学的民事诉讼法学理论体系②；还有学者强调，必须加强民事诉讼基本理论体系的研究，包括民事诉讼价值理论、民事诉讼目的理论、诉权理论、诉讼标的理论、民事诉讼法律关系理论和既判力理论几个方面③。

总体而言，我国目前的教材或著作还找不到统一的论述，呈现出比较凌乱、彼此缺乏整合、非体系化的状态。这与我国民事诉讼理论的多源性、理念冲突和民事诉讼体制转型过程有直接关系。我国目前的民事诉讼理论可以说是主要由若干外来理论凑成的一个"大拼盘"。其主要成分是大陆法系的理论，尤其是在概念方面，如诉权、诉、当事人权利能力、当事人诉讼行为能力、正当当事人、共同诉讼人、第三人、诉讼代理人、证据种类、鉴定人、上诉的处理、再审两阶段、诉讼与非讼的区分、诉讼与执行的关联，等等。苏联职权干预等理念也有所影响。此外，就是来自我们本土的诉讼文化、观念对我国民事诉讼制度产生的影响。④

---

① 参见赵钢：《回顾、反思与展望——对二十世纪下半叶我国民事诉讼法学研究状况之检讨》，《法学评论》1998年第1期。
② 参见常怡等：《新中国民事诉讼法学五十年回顾与展望》，《现代法学》1999年第6期。
③ 参见罗豪才、孙婉锺主编：《与时俱进的中国法学》，中国法制出版社2001年版，第431页。
④ 参见张卫平：《我国民事诉讼法理论的体系建构》，《法商研究》2018年第5期。

第二章　民事诉讼法基本原则

一、导引

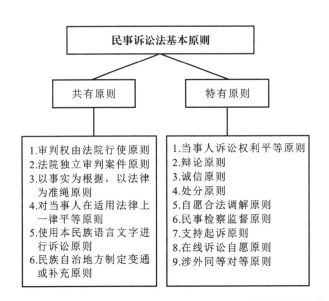

民事诉讼法基本原则是在审理解决民事案件的整个过程中起着指导作用的准则，它体现民事诉讼法的精神实质，对民事诉讼法具有普遍指导意义。民事诉讼法基本原则是民事诉讼法学基本理论的条文化、法律化，是制定、适用和解释民事诉讼法的依据。民事诉讼法基本原则具有基础性、抽象性和宏观指导性的特征，同时具有适应性强的特点，可以弥补立法的不足。

法学界通常将其分为两大类：第一类是根据宪法原则，参照《人民法院组织法》有关规定制定的基本原则，这类基本原则的特点是它不仅适用于民事诉讼，而且也适用于刑事和行政诉讼，但其内容对于民事诉讼来说在适用上有其特殊要求。第二类是根据民事诉讼的特殊要求制定的基本原则，反映了民事诉讼的特殊规律性。

二、基本原理与制度

（一）当事人诉讼权利平等原则

1. 当事人诉讼权利平等原则的概念

《民事诉讼法》第8条规定，民事诉讼当事人有平等的诉讼权利。法院审理民事案件，应当保障和便利当事人行使诉讼权利，对当事人在适用法律上一律平等。这是当事人诉讼权利平等原则的法律依据，它主要包括以下两个方面的内容。

（1）当事人的诉讼地位平等。在民事诉讼中，不论当事人的社会地位和身份如何，不论当事人是公民、法人还是其他组织，他们在诉讼中享有同等的权利，承担同等的义务。

（2）法院在诉讼过程中给予双方当事人行使诉讼权利的均等机会和便利条件。法院应告知双方当事人享有哪些诉讼权利，对于不了解法律规定、不懂行使诉讼权利的当事人，应给予具体帮助。当然，当事人平等，并不等于诉讼权利义务完全相同。

该原则是程序公正的基本要求。民事诉讼程序由原、被告诉讼对抗，法官居中裁判所形成的"等腰三角形"构造，法官的中立以及当事人的地位平等与手段对等，恰是这种诉讼结构的基本特征。在庭审活动中，法庭对原、被告以及其他诉讼当事人一视同仁，是程序公正的根本要求，也是实现法院中立和独立的条件。

2. 当事人诉讼权利平等原则的法理依据

首先，我国宪法明确规定了公民在法律面前一律平等的基本原则，为当事人在民事诉讼中诉讼权利平等提供了法律依据和法理基础。

其次，根据《民法典》第4条的规定，民事主体在实施民事法律活动时，民事主体的法律地位是平等的。因此，民事主体享有同样的权利，也要承担相同的法律义务，在民事法律关系中当事人的地位完全平等。民事实体法平等原则也同样要求在解决民事纠纷的民事诉讼过程中，当事人具有平等地位，平等地享有诉讼权利和承担诉讼义务。

（二）辩论原则

根据《民事诉讼法》第12条规定，辩论原则是指在法院主持下，当事人有权就争议的事实问题和法律问题，各自陈述自己的主张和根据，互相进行反驳和答辩，以维护自己的合法权益。

其内容主要体现于：首先，辩论权的主体是当事人，它属于当事人的一项重要的诉讼权利。[①] 参加人只能是当事人双方及依法享有辩论权的诉讼代理人。其次，辩论的内容是实体性和程序性争议问题。再次，辩论权贯穿于诉讼的全过程。除特别程序以外，在第一审程序、第二审程序和审判监督程序中，都允许当事人口头或书面行使辩论权。法院在诉讼过程中有义务保障当事人充分行使辩论权，未经法庭上辩论和质证的证据，不得作为法院裁判的根据。

法院通过当事人双方的辩驳，有助于查明事实，分清是非，正确适用法律，及时解决纠

[①] 原审有争议的鉴定材料未质证，属违法剥夺辩论权，应予撤销。参见（2021）最高法民再316号。

纷和确保诉讼公正。当事人通过行使辩论权，真正成为诉讼主体，积极参与到诉讼程序中去，才能达到证明自己主张、维护自己权益的目的。

（三）诚信原则

1. 诚信原则的内容

《民事诉讼法》第 13 条第 1 款确立了民事诉讼中的诚信原则。落实该原则有助于遏制虚假诉讼、恶意诉讼、拖延诉讼、伪造证据等现象。一般而言，诚信原则内容有如下几方面。

（1）当事人应当按照真实情况进行诉讼，即当事人讲究信用，据实表达自己的诉讼主张，在法律允许的范围内处分自己的民事权利和诉讼权利，主要体现在：① 真实陈述，诚实不欺，不得虚构事实。② 善尽义务，即当事人在诉讼中不得实施迟延或拖延诉讼行为，或干扰诉讼的进行，应协助法院有效率地进行诉讼。③ 禁止以欺骗方法形成不正当诉讼状态，从而获得不当法益。④ 禁反言，严守诺。⑤ 禁止滥用诉讼权利，以此获得不当法益。

（2）法官应当遵守诚信原则依法裁判：① 法官在运用自由裁量权认定实体问题和程序问题时，应当本着诚实、善意的理念，不滥用。② 在审查证据、认定事实的过程中，应当实事求是、客观中立，不得对当事人提出的证据任意加以取舍和否定。③ 应当切实充分地尊重和保障当事人的程序权益，不得进行突袭裁判。

（3）其他诉讼参与人在实施诉讼行为时应诚实善意。例如，证人不得作虚假证词，翻译人员不得作与事实不符的翻译，诉讼代理人不得滥用代理权或超越代理权，等等。

2. 违反诚信原则的法律后果[①]

我国《民事诉讼法》和相关司法解释对诚信原则地位进行明确的同时，对违反该原则的后果也作了规定。例如，对虚假诉讼受损害的第三人可以提起第三人撤销之诉；对签署虚假证言等违反诚信的行为可以进行相应处罚[②]；对于当事人非客观原因不按照举证时限提交证据，法院不组织质证；对于被执行人恶意拒不履行相关法律义务，除对被执行人依法进行处罚外，还将其纳入失信名单，向其所在单位、征信机构进行通报。

（四）处分原则

1. 处分原则的概念

所谓处分原则，是指当事人有权在法律规定的范围内，自由支配和处置自己依法享有的民事权利和诉讼权利。该原则是贯彻私法自治原则的必然结果，体现了意思自治和司法自由的精神，有利于正义与效率的实现。

2. 处分原则的内容

（1）处分权的主体特定。处分原则是当事人可以自由支配和处置其他民事权利和诉讼权利的原则，其行使主体只能是当事人（含法定代理人和经过特别授权的委托代理人）。

---

① 参见（2019）最高法民申 4458 号。
② 仅依据诚信原则，不能对管辖权异议予以司法罚款。参见江西高院（2019）赣民初 54 号之一、（2019）最高法司惩复 6 号。

(2) 处分行为必须是权利人自己的真实意思。任何因强迫、欺诈、利诱或重大误解形成的，经法院确认，当事人可以主张撤销。

(3) 处分的对象特定。① 权利人处置的是民事实体权利和诉讼权利。

(4) 处分权贯穿民事诉讼的全程。一是对民事实体权利的处分。原告在起诉时可以自由地确定请求司法保护的范围和选择保护方法。② 在诉讼开始后，原告可以变更诉讼请求，也可以扩大或缩小诉讼请求的范围；原告可以放弃其诉讼请求，被告可以部分或全部承认原告的诉讼请求；当事人双方可以达成或拒绝达成调解协议；在判决执行完毕之前，双方当事人随时可就实体问题自行和解。二是对诉讼权利的处分。① 民事诉讼程序是否开始以及开始后是否继续，由当事人是否行使起诉权来决定，原告可以起诉，也可以申请撤回起诉。被告也有权决定是否提出反诉来主张自己的民事权利。② 在诉讼过程中，双方当事人都有权请求法院进行调解，谋求以调解方式解决纠纷。对未生效和已经生效的裁判和调解协议不满，当事人有权决定是否提起上诉或申请再审。对生效裁判或其他具有执行力的法律文书，享有权利的当事人有权决定是否申请强制执行。

3. 处分权与审判权的关系

(1) 处分权制约审判权。当事人有权决定诉讼的开始、诉讼请求的内容和范围以及诉讼的终结。法院原则上受当事人处分行为的约束，如不能依职权开始诉讼程序、法院对民事案件的审理受当事人请求内容和范围的限制等。

(2) 审判权监督处分权。当事人处分权的行使理应完全依照当事人自己的真实意愿，不得受到任何外界因素的干扰，但任何权利的行使都与义务的承担密不可分，处分权也不是一项无限的权利。基于保护国家、社会公共利益以及诉讼外第三人合法权益的需要，应当而且必须考虑对当事人行使处分权的限制，即当事人处分权的行使必须在法律所许可的范围以内，不得超出法律所认可的最大范围。在民事诉讼中，为保护国家、社会公共利益以及其他公民的民事利益不受损害，法院可以对当事人违反和规避法律的行为予以干预。

(3) 审判权和处分权相互促进。民事诉讼实际上是陷入利益纠纷的当事人诉诸司法程序，通过行使其诉讼权利，请求法院针对这种不确定状态作出权威性、确定性裁判，以达到维护自身合法权益的目的，而这一目的的最终实现又依赖于法院审判权的依法有效运作。所以，当事人处分权的行使也必然要围绕促进法院审判权的依法有效运作这个双方共同目标。

（五）自愿合法调解原则

根据《民事诉讼法》第9条规定，所谓自愿合法调解是指在法院审判人员的主持下，双方当事人就发生争议的民事权利义务，在遵守法律的前提下，自愿进行协商，达成协议，解决纠纷的诉讼活动。从当事人的角度讲，是否用法院调解的方式解决纠纷取决于双方当事人的自愿。从法院的角度讲，法院调解又不是纯粹的当事人之间的私权合意。法院调解是一种诉讼活动。调解结果可能性有二：一是调解不成功，二是调解成功。调解不成功则诉讼继续进行，调解成功则可审结案件。自愿合法调解的内容主要有如下几个方面。

---

① 法院不能违反处分原则对当事人未主张的法律关系性质进行认定。参见（2020）最高法民终289号。

1. 调解的范围

(1) 从适用的案件性质和类型看,除了以特别程序、督促程序、公示催告程序、企业法人破产还债程序审理的案件,婚姻关系、身份关系确认案件以及其他案件性质不能进行调解的民事案件外,其余案件法院均可调解。

(2) 从诉讼流程看,调解贯穿诉讼活动的全过程(执行程序不适用)。具体可分为先于立案的调解、先于开庭的调解和先于判决的调解三种情形;从审级角度,第一审、第二审和再审均可以适用调解。

2. 调解应当遵循的规则

1) 自愿、合法、保密

所谓自愿,一是在程序选择上,是否以调解的方式解决纠纷,须当事人自愿;二是在涉及实体权益处置方面,是否达成调解协议,须尊重当事人的意愿。尤其是对待离婚案件,虽然法院应当进行调解,但不应久调不决。当事人一方或双方坚持不愿调解的,法院应及时依法作出裁判。

所谓合法,首先是调解程序合法,即调解的组织、调解的方式和步骤、调解协议的达成等都必须符合《民事诉讼法》和相关司法解释的规定。其次是调解协议内容合法,即不违反《民法典》等有关实体法规定,并不得损害国家利益、社会公共利益和第三人的合法权益,不得违反公序良俗。

所谓保密,指除了当事人同意公开的以外,调解程序不公开,调解内容也不公开。主持调解以及参与调解的人员,对调解过程以及调解过程中获知的国家秘密、商业秘密、个人隐私和其他不宜公开的信息,应当保守秘密。

保密不仅有助于维护调解程序的安定性,而且也是保障司法程序公正和维护调解当事人意愿性的前提。

2) 当事人直接参与

当事人直接参与有利于查明案件事实真相,对维护司法程序与实体公正均具有十分重要的意义。因此在调解中以直接参与为原则,仅在如下情形允许例外:① 当事人不能出庭的,经其特别授权,可由其委托代理人参加调解,达成的调解协议,可由委托代理人签名。② 离婚案当事人确因特殊情况无法出庭参加调解的,除本人不能表达意志的以外,应出具书面意见。

3) 查明事实,分清是非

调解必须在查明案件事实的前提下,在事实真实的基础上进行,法院应查明当事人双方争议的基本法律关系,只有首先弄清案件事实,才能抓住双方当事人争议的焦点,有的放矢地做好调解工作,进而促使双方当事人顺利地达成并履行调解协议。

(六)民事检察监督原则①

《民事诉讼法》第14条确立了人民检察院有权对民事诉讼实行法律监督原则。这是宪法

---

① 《最高检发布第三十八批指导性案例并通报民事生效裁判监督工作 2020年以来办结民事生效裁判监督案件约19.1万件》,http://www.spp.gov.cn/xwfbh/wsfbt/202207/t20220715_563816.shtml#,2023年8月23日最后访问。

赋予检察机关法律监督权在民事诉讼中的体现与落实,有助于预防和纠正错案,维护司法权威,维护国家法治的统一。党的十八大以来,检察机关深入贯彻习近平法治思想,认真落实《中共中央关于加强新时代检察机关法律监督工作的意见》,依法能动履行检察职能,把维护社会公平正义作为核心价值追求,努力让人民群众在每一个司法案件中感受到公平正义。①

1. 民事检察监督原则的性质和特征

首先,民事检察监督是检察权对审判权的监督,它是检察机关的法定职责,既不得超越职权,也不得懈怠推诿。其次,它是事后监督。即指违法之"事"已经发生或违法行为正在进行,前者如生效的判决、裁定违法,后者如审判过程中的程序违法。再次,监督种类多样。如个案监督与类案监督、对人监督与对事监督、检察机关主动监督与依据当事人申请监督等。

2. 民事检察监督原则的范围和方式

检察机关有权监督整个民事诉讼,除生效民事裁判之外,符合条件的调解书、民事执行活动、法官违法行为等均属于检察机关的监督范围。此外,针对危害国家利益和社会公共利益事项的监督,采取支持起诉和督促正确履行职能等形式进行。

《民事诉讼法》明确规定了抗诉和检察建议并存,实践中还探索了《纠正违法通知书》等监督方式。

3. 民事检察监督中的调查核实权

调查核实权是针对民事判决、裁定、调解书是否具备法定抗诉事由,法院及其工作人员在诉讼活动中是否存在其他违法行为,采取询问、查询、调取相关证据材料、查阅案卷材料、勘验、鉴定等非强制性措施予以调查核实的权力。

它是一种非强制性权力,其不同于职务犯罪侦查权,更不能代替当事人去调查取证。检察机关行使调查核实权应当在民事诉讼法的框架下行使,不能打破民事诉讼的证据规则。应杜绝通过刑侦手段进行民事检察调查核实的情况发生,规范检察权行使。调查核实针对的情形有三类:一是民事判决、裁定、调解书可能存在法律规定的需要监督的情形,但案件基本事实通过阅卷及审查现有材料难以认定的;二是审判人员在审判程序中可能存在违法行为;三是执行活动中可能存在违法情形等。

(七) 支持起诉原则

1. 支持起诉原则的概念和特征

根据《民事诉讼法》第15条规定,机关、社会团体、企业事业单位对损害国家、集体或者个人民事权益的行为,可以支持受损害的单位或者个人向法院起诉。合法的干预如支持起诉,可以调动社会力量与违法行为作斗争,构建和谐社会。其特征是:第一,支持起诉仅限于侵权行为引起的民事案件。第二,支持起诉维护的是国家和社会公共利益以及弱势群体

---

① 全国检察机关 2021 年至 2022 年 9 月,对认为确有错误的民事裁判提出抗诉 8707 件,提出再审检察建议 15965 件。以检察建议监督纠正民事审判和执行活动中的违法情形 18.9 万余件,纠正虚假诉讼 15687 件。参见高扬、操余芳等:《深化监督:民行检察全面发展》,《检察日报》2022 年 10 月 14 日,第 14 版。

的合法权益。例如实践中对弱势群体遭遇的不支付劳动报酬、抚恤金和人身伤害赔偿等情形的支持。① 落实该原则是践行"以人民为中心"发展思想、化解人民内部矛盾和维护社会公平正义的必然要求。

支持起诉原则源于苏联法律的社会干预制度,也是具有中国特色的社会干预原则。现实中民事诉讼当事人之间的能力、地位、财富等存在差别,这种当事人本体上的差异必然导致在诉讼活动中实质上的不公平。为了摆脱民事诉讼程序中的这种权利贫困现象,保证国民不论贫富悬殊、不论能力大小都拥有同等的寻求司法救济的机会,对于那些有意向提起诉讼主张权利而又受阻于各种客观因素的纠纷当事人,国家和社会应进行适当干预,担负给予必要支援的义务,消除他们走向诉讼之路的障碍,使其起诉或应诉成为可能,并在诉讼程序中给予一视同仁的对待。国家重视支持起诉这方面工作,依法保障特殊群体权益,既有利于实现双方当事人诉权实质平等,也可以在维护社会公平正义中彰显司法温度和人文关怀。

2. 支持起诉必须具备的要件

(1) 支持起诉的主体主要是机关、团体和企业事业单位,如妇联支持受害妇女、共青团支持受害青年、企业事业单位支持本单位受害职工向法院起诉,公民个人不能作为支持起诉主体。

(2) 支持起诉的前提是法人或者自然人有损害国家、集体或者个人民事权益的违法行为。

(3) 支持起诉的场合必须是受损害的单位或个人造成了损害,而又不能、不敢或者不便诉诸法院。如果受损害的单位或个人,已向法院起诉,就不需支持起诉。

目前,我国《民事诉讼法》对支持起诉的方式和程序、支持起诉人的法律地位等均无明确规定。例如检察机关支持起诉② 原则上以有关行政机关、社会团体等部门履职后仍未实现最低维权目标为前提条件。在支持起诉程序中,检察机关应当秉持客观公正立场,遵循自愿原则、处分原则、诉权平等原则等民事诉讼基本原则,避免造成诉权失衡;可以综合运用提供法律咨询、协助收集证据、提出支持起诉意见、协调提供法律援助等方式提供帮助。支持起诉并非代替当事人行使诉权,检察机关不能独立启动诉讼程序。除有涉及国家利益、社会公共利益等重大影响的案件外,检察机关一般不出席法庭;出庭时可以宣读支持起诉意见书,但不参与举证、质证等其他庭审活动;当事人撤回起诉的,支持起诉程序自行终结,检察机关无需撤回支持起诉意见。

(八)在线诉讼自愿原则

党的二十大报告提出要加快建设数字中国和推进法治中国建设的目标。法治和数字化的深度融合,是中国未来法治的生命逻辑,必然在未来中国法治建设中相辅相成、相得益彰。

---

① 参见最高人民检察院第三十一批指导性案例,2021年11月29日发布。(检例第122号:李某滨与李某峰财产损害赔偿纠纷支持起诉案;检例第123号:胡某祥、万某妹与胡某平赡养纠纷支持起诉案;检例第124号:孙某宽等78人与某农业公司追索劳动报酬纠纷支持起诉案;检例第125号:安某民等80人与某环境公司确认劳动关系纠纷支持起诉案;检例第126号:张某云与张某森离婚纠纷支持起诉案。)

② 2022年,最高人民检察院出台《民事检察部门支持起诉工作指引》。

《民事诉讼法》第16条规定，经当事人同意，民事诉讼活动可以通过信息网络平台在线进行。民事诉讼活动通过信息网络平台在线进行的，与线下诉讼活动具有同等法律效力。在线诉讼必将进一步推进审判体系和审判能力的现代化，推动实现更高水平的公平正义。让人民群众在任何时候、任何有信号的地方都能完成网上立案，全审级互通、全节点互联的便民举措，实现"让数据多跑路、让群众少跑腿"。"指尖上的便利"打破了传统诉讼模式对诉讼主体在时空上的限制，切实降低了当事人的出行成本，人民群众司法获得感明显增强。在线诉讼对推动形成"中国特色、世界领先"互联网新司法模式，具有重大而深远的意义。

1. 在线诉讼的内涵

首先，在线诉讼的表现形式包括从立案到执行的各个诉讼环节，但不要求所有流程均必须在线办理。司法案件各有其特点，有的适宜在线解决，有的适合线下审理。无论是"全部诉讼环节在线"，还是"部分诉讼环节在线"，或者"部分当事人线上，部分当事人线下"，都属于在线诉讼的表现形式。其次，在线诉讼的网络载体，可以通过互联网或专用网络两种方式进行。民事案件主要在互联网上完成。再次，在线诉讼的开展方式，主要依托电子诉讼平台开展。

2. 在线诉讼的自愿性

在线诉讼是为当事人参与诉讼的方式提供更多选择，并不具有强制性，所以应当以当事人主动选择或者同意为前提。实践中须注意以下四个方面：一是关于"当事人同意"的方式。至少包括主动作出在线诉讼行为、口头同意、在诉讼平台确认同意、线下书面同意等。二是关于"当事人同意"的效力范围。当事人关于是否同意在线诉讼的意思表示，原则上仅对自身产生效力。一方当事人不同意在线诉讼，不影响其他方当事人选择在线诉讼的权利，案件可以采取"半在线"方式审理。考虑到司法实践的复杂性，对调解、证据交换、询问、听证、庭审等诉讼环节作出特殊安排，明确一方当事人有权在上述诉讼环节中要求其他方当事人线下参审，但应当提出合理理由。经法院审查，理由成立的，可以将相应诉讼环节转为线下进行。三是关于"当事人同意"后又反悔的处理。当事人同意适用在线诉讼后可以作出反悔，但应满足三个条件：第一，反悔应当在开展相应诉讼活动前的合理期限内提出；第二，反悔通过申请方式提出，并经法院审查同意；第三，反悔不得基于恶意诉讼目的。四是关于"当事人同意"的法律后果。当事人同意适用在线诉讼后，如果既不申请转为线下审理，又无其他正当理由，无故不作出相应诉讼行为或不参与在线诉讼活动的，法院应参照线下诉讼对应情形作出处理，以确保在线诉讼的严肃性和规范性。

此外，在涉外民事诉讼中，当事人也应当遵守涉外同等对等原则。

三、自测练习

（一）单项选择题

1. 以下基本原则中，属于民事诉讼法特有原则的是（　　）。
   A. 辩论原则
   B. 独立审判原则
   C. 对当事人适用法律平等原则

第二章自测练习
参考答案

D. 审判权由人民法院行使原则

2. 英国甲公司与我国乙公司合同纠纷一案在我国法院进行诉讼，根据《民事诉讼法》的规定，英国甲公司与我国乙公司一样，可以行使辩论、处分、提供证据等权利，也应承担相应的诉讼义务。这体现了民事诉讼法的（　　）。

A. 平等原则

B. 同等原则

C. 对等原则

D. 协商原则

3. 下列有关诚信原则适用主体的表述，正确的是（　　）。

A. 诚信原则仅适用于当事人之间

B. 诚信原则仅适用于当事人与法院之间

C. 诚信原则既适用于当事人之间，也适用于当事人与法院之间，同时也是规范和约束其他诉讼参与人诉讼行为的原则

D. 诚信原则仅适用于证人

4. 法院审理民事案件，调解过程不公开，但（　　）。

A. 当事人同意公开的除外

B. 为保护国家利益、社会公共利益的除外

C. 主持调解的人员在调解过程中知悉的除外

D. 当事人不能出庭的除外

5. 根据民事诉讼法的规定，人民检察院对法院的民事审判活动实行法律监督包括（　　）。

A. 有权提起民事诉讼

B. 有权决定民事诉讼的进行

C. 既有权提起又有权参与民事诉讼

D. 有权对法院生效但确有错误的裁判提出抗诉

6. 当事人诉讼权利平等原则是指（　　）。

A. 双方当事人应享有内容完全相同的诉讼权利

B. 双方当事人享有的诉讼权利完全是对应关系

C. 双方当事人享有的诉讼权利既有完全相同的，也有彼此对应的

D. 当事人平等原则不适用外国当事人

7. 在民事诉讼中，原告享有起诉权，被告享有反诉权，原告可以提出起诉状，被告可以提出答辩状。这些内容体现了我国民事诉讼法中的（　　）原则。

A. 平等

B. 同等

C. 对等

D. 辩论

8. 某市以所辖区域内的区法院受理案件的数量作为评比条件之一，各区法院采取让法院干警主动下去动员所辖区域内的单位起诉的办法增加受理案件的数量。这种做法违背了民事诉讼法的（　　）。

A. 辩论原则

B. 当事人诉讼权利平等原则

C. 处分原则

D. 自愿合法调解原则

（二）多项选择题

1. 下列案件不属于法院调解范围的有（　　）。
   A. 适用特别程序的案件
   B. 公示催告程序的案件
   C. 婚姻等身份关系确认案件
   D. 小额诉讼程序案件

2. 下列关于民事诉讼辩论原则适用范围的表述，不正确的有（　　）。
   A. 仅适用于案件实体问题的辩论
   B. 仅适用于案件程序问题的辩论
   C. 仅适用于案件法律问题的辩论
   D. 适用于案件实体问题、程序问题和法律问题的辩论

3. 下列属于人民检察院进行民事检察监督的范围的情形有（　　）。
   A. 陪审员丁某审理合同纠纷案件的过程中接受当事人礼金 1000 元
   B. 证人马某接受当事人礼金 4000 元并提出了对该当事人有利的证言
   C. 违反国家利益和社会公共利益的民事调解书
   D. 法官陈某长期为某公司免费做法律顾问

4. 当事人自行和解或者调解达成协议后，请求法院按照和解协议或者调解协议的内容制作判决书的，除了（　　），法院不予准许。
   A. 无民事行为能力人的离婚案件，其法定代理人与对方达成协议要求发给判决书的
   B. 涉外民事诉讼中，经调解双方达成协议，应当制发调解书。当事人要求发给判决书的，可以依协议的内容制作判决书送达当事人
   C. 法院受理案件后，经审查，认为法律关系明确、事实清楚，在征得当事人双方同意后径行调解的案件
   D. 当事人不能出庭的，经其特别授权的委托代理人参加调解，达成调解协议的案件

5. 对于损害国家、集体或者个人民事权益的行为，可以支持受损害的单位或者个人向法院起诉的主体有（　　）。
   A. 机关
   B. 社会团体
   C. 企业事业单位
   D. 民主党派

6. 以下调解协议中，法院应当予以准许的有（　　）。
   A. 原告起诉请求被告赔偿损失 7500 元，调解协议中约定被告赔偿 8 万元
   B. 在一起借款合同纠纷的调解中，双方同意本金于调解书生效后一个月内付清，但对利息如何支付不能达成协议，双方同意由法庭处理，法院可以直接决定利息的数额，并将决定记入调解书

C. 甲乙两夫妻诉讼离婚，并就夫妻共同财产的分割达成了调解协议，甲乙有权请求法院根据该调解协议的内容制作判决书

D. 经案外人甲同意，调解协议约定由甲为被告履行协议内容提供担保

7. 关于辩论原则的表述正确的是（　　）。

A. 当事人辩论权的行使仅局限于第一审程序中开庭审理的法庭调查和法庭辩论阶段

B. 当事人向法院提出起诉状和答辩状是其行使辩论权的一种表现

C. 证人出庭陈述证言是证人行使辩论权的一种表现

D. 督促程序不适用辩论原则

8. 下列关于民事诉讼基本原则，说法正确的是（　　）。

A. 当事人平等原则意味着当事人享有部分相同的诉讼权利和一些对等的诉讼权利

B. 辩论原则意味着民事诉讼当事人有权对争议的问题进行辩论；处分原则意味着当事人有权在法律规定的范围内处分自己的民事权利和诉讼权利

C. 民事诉讼应当遵循诚信原则

D. 检察监督原则意味着人民检察院有权对民事诉讼实行法律监督

9. 在侵权纠纷一案诉讼中，当事人的行为符合辩论原则要求的是（　　）。

A. 当事人以书面形式进行辩论

B. 当事人就侵权行为是否构成进行辩论

C. 当事人在二审中就损失赔偿应适用的法律进行辩论

D. 当事人就该争议案件的管辖权问题进行辩论

10. 下列关于处分原则的表述正确的是（　　）。

A. 当事人在审判程序与执行程序中均可以行使处分权

B. 当事人在民事诉讼中可以处分民事权利与诉讼权利

C. 当事人在民事诉讼中可以根据需要行使处分权

D. 当事人处分实体权利一般是通过处分诉讼权利来实现的

（三）案例分析题

郭某是出租车司机，2022年3月8日开车撞伤了下班回家的贾某。贾某住院治疗2个多月，要求郭某赔偿。经郭某所在街道的人民调解委员会主持，贾某与郭某达成协议：郭某一次性赔偿贾某4万元，贾某以后不得再以此事提出其他要求。贾某出院一个月后按医院的要求进行复查，发现创伤不能根治，将会留有后遗症。贾某觉得郭某的赔偿太少，又去与郭某交涉，但郭某拒绝再给贾某任何赔偿。贾某欲向法院起诉。

问：

（1）设第一审法院受理后主持调解达成调解协议，由郭某再付给贾某2万元。法院向贾某送达调解书时，她表示郭某给的还是太少而拒签字。法院又主持调解3次均失败，遂要双方回去商量一下，意见一致了再来法院。法院的做法是否正确？

（2）假设经过法院主持调解达成协议，由郭某再向贾某赔偿1万元，并且当庭将钱款交付并记入笔录，双方当事人、审判人员、书记员都签了名。次日，贾某反悔，声称法院在调

解前没征得其同意，且在调解中审判员几次向贾某声明，本院院长是郭某父亲的堂姐夫，在这种压力下才同意。此时，贾某可以采取何种补救措施？

（四）简述题

1. 民事诉讼法的基本原则有哪些？
2. 诚信原则在民事诉讼中有哪些体现？
3. 简述在线诉讼自愿原则。

四、拓展与思考：诚信原则的司法适用

虽然诚信原则在中外司法实务界已经得到广泛应用，但其作为程序法中的原则性规定的历史并不算长。近代民事诉讼法中诚信原则率先于1895年在《奥地利民事诉讼法》中确立。该法第178条规定，"当事人据以声明所必要之一切情事，须完全真实且正确陈述之"。1911年的《匈牙利民事诉讼法》明确规定："当事人或代理人以恶意陈述显然虚伪之事实，或对他造陈述之事实为显然无理由之争执，提出显然不必要之证据者，法院应科以定额以下罚款"。① 《日本民事诉讼法》于1996年确立了诚信原则。而我国于2012年《民事诉讼法》第二次修正时才确立。

诚信原则在程序法中的表述抽象而概括，各国在长期的司法实践中通过一些裁判，总结出民事诉讼中不诚信行为的种类。如日本学者将民事诉讼中的诚信行为分为：① 排除诉讼状态的不当形成。即不允许为了具备或不具备诉讼法上的要件而故意作出或妨碍作出某种事实状态。② 诉讼法上的禁止反言。即禁止当事人作出令对方信赖的态度并在使相对方确定诉讼地位后，又采取与先前矛盾的态度，使相对方诉讼地位发生不当动摇。③ 诉讼权利失效。即当事人长期不行使自己的诉讼权利，导致相对方存有其不行使该权利的正当期待，相对方以该期待为前提而为某种法律行为的情况下，当事人不得再行使其诉讼权利。④ 禁止诉讼权利滥用。即禁止滥用起诉权和其他诉讼程序中的权利。《德国民事诉讼法》虽未明文规定诚信原则，但其司法裁判中也规定了禁止制造恶意诉讼状态、禁止自相矛盾的行为、诉讼失权和禁止滥用诉讼权利等四种行为。②

虽然我国《民事诉讼法》确立了诚信原则，但理论和实务界在如何运用方面存在分歧。如有学者认为在审理民事案件时，法官通常按照"优先适用法律具体规定，防止向一般条款逃逸"原则适用法律。③ 有学者进一步指出，在重复起诉案件、主体不适格案件、请求权竞合案件、当事人未履行举证责任案件等多种情形中，我国民事司法判例中援引诚信原则作为裁判理由明显缺乏必要性和相关性。"撤回上诉后不得申请再审""审查当事人的起诉动机""重叠适用民诉法基本原则"等情形下，案件适用诚信原则缺乏正当性。从我国民事诉讼适用诚信原则的现象和问题来看，诚信原则在我国民事司法实践中适用的问题是过于泛滥、过

---

① 参见邓辉辉、吴金利：《民事诉讼诚实信用原则研究》，《广西社会科学》2006年第3期。
② 参见任重：《民事诉讼诚实信用原则的实施——德国的认知与实践》，《法学家》2014年第4期。
③ 所谓"防止向一般条款逃逸"原则，指法官在审理个案时，适用法律具体规定与适用诚实信用原则均可获得同一结果，此时应适用该具体规定，而不得适用诚实信用原则。参见梁慧星：《诚实信用原则与漏洞补充》，《法学研究》1994年第2期。

于随意和轻视法律方法。① 但另有学者则认为诚信原则在民事司法中的指导作用应该强化，认为"防止向一般条款逃逸"原则仅限于法官对当事人的具体民事法律行为作出判断并援引法律依据时使用，并不意味着存在具体规定的情况下，基本原则就无用武之地了。相反，部门法乃至民法的基本原则对整个民事案件的审理方向和价值取向起着重要的引导作用。②

---

① 参见巢志雄：《我国民事诉讼诚实信用原则的适用现象、问题与完善——兼以法国民事诉讼的理论争论与实务判例为参照》，《比较法研究》2015年第3期。

② 参见胡云红：《论诚实信用原则对民事司法中适用法律问题的指导作用——以普超公司诉林志云案为切入点》，《法律适用》2017年第22期。

第三章 民事诉讼基本制度

一、导引

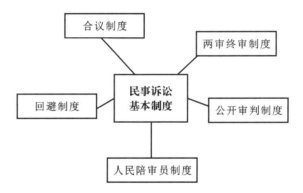

民事诉讼的基本制度,是在民事诉讼活动过程中的某一个阶段、几个阶段或重大环节对法院民事审判起重要作用的行为准则,是法院与当事人及其他诉讼参与人进行民事诉讼的基本规程。它不像基本原则那样具有高度的概括性,而是具有较直接的适用性,其指导作用也仅体现于民事诉讼的某个(些)阶段和环节。民事诉讼法的基本制度也不同于民事诉讼法的具体制度,如管辖制度、当事人制度、证据制度等。后者并无指导性而只具有适用性,是解决民事诉讼中某一问题的有关规范的集合。民事诉讼基本制度决定着民事诉讼的性质,并作为民事诉讼的根基,体现着民事诉讼旨意,在民事诉讼立法和民事诉讼实践中具有重要的意义。

二、基本原理与制度

(一)公开审判制度

1. 公开审判的概念和意义

所谓公开审判,是指法院审理案件和宣告判决都公开进行,允许公民到法庭旁听,允许新闻媒介采访报道，也就是把法庭审判的全过程，除了休庭评议之外都公之于众。具体包括三个方面的内容：一是审理过程公开。包括证据的提出、调查与认定等，除法律规定的特殊情况以外，一律在公开的法庭上进行，允许公众旁听，允许新闻媒介采访报道。二是审判结论公开宣判。判决书及其据以下判的事实和理由应以公开的形式宣布，允许新闻记者报道，法庭也应向社会公告，公众可以查阅发生法律效力的判决书、裁定书（涉及国家秘密、商业秘密和个人隐私的内容除外）。三是审判公开的对象既包括向当事人公开，也包括向社会公开。

贯彻公开审判原则可以带动合议、辩论、回避等各项制度的贯彻执行；有助于法院客观全面地查明案情和正确地处理案件，提高办案质量；可以密切法院同群众的关系，增强审判人员的责任感，防止发生违法乱纪现象。此外，通过公开审判，还可以充分发挥审判的教育作用。

2. 公开审判的例外

根据《民事诉讼法》规定，法院审判民事案件原则应当公开进行，但属于下列情形的除外：① 涉及国家秘密的案件，包括党的秘密、政府的秘密和军队的秘密。② 涉及个人隐私的案件。③ 离婚案件、涉及商业秘密的案件，当事人申请不公开审理的，可以不公开审理。所谓商业秘密，是指技术秘密、商业情报及信息等，主要包括生产工艺、产品配方、贸易联系、购销渠道等当事人不愿公开的工商业秘密。

需要注意的是，无论是公开审理的案件，还是不公开审理的案件，宣判时一律公开。

（二）两审终审制度

1. 两审终审制度的概念和意义

两审终审制度是指一个民事案件经过两级法院审判后即告终结的制度。依两审终审制度要求，一般的民事诉讼案件，当事人不服第一审法院的判决、允许上诉的裁定，可上诉至第二审法院，第二审法院对案件所作的判决、裁定为生效判决、裁定，当事人不得再上诉。

我国幅员辽阔，实行两审终审，上诉审既是事实审又是法律审，使得大部分案件可以在当事人所在辖区内解决，并且保障办案质量，便利当事人诉讼。落实两审终审制度，有着非常重要的意义。首先，上级法院通过对上诉案件的审理，可以发现下级法院在认定事实、适用法律和审判作风中存在的问题，加强审判监督，保证法院正确行使审判权。其次，第二审法院根据当事人的上诉请求对第一审判决、裁定进行审查，原判决、裁定错误的，可以及时得到纠正。此外，实行两审终审制还有利于进一步强化程序公正理念。我国《民事诉讼法》明确规定，第二审程序中法院发现原判决严重违反法定程序，可能影响案件正确判决的，应当发回原审法院重审。这必然促使法院重视程序法，严格遵守法定程序，从而进一步提高执法水平。

2. 两审终审制度的例外

（1）最高人民法院所作的一审判决、裁定，为终审判决、裁定，当事人不得上诉。

（2）小额诉讼、适用特别程序、督促程序、公示催告程序和企业法人破产还债程序审理的案件，实行一审终审。

（3）宣告婚姻无效案件（有关婚姻效力的判决）实行一审终审。

（三）合议制度

《民事诉讼法》第40条规定，法院审理第一审民事案件，由审判员、人民陪审员共同组成合议庭或者由审判员组成合议庭。合议庭的成员人数，必须是单数。适用简易程序审理的民事案件，由审判员一人独任审理。基层人民法院审理的基本事实清楚、权利义务关系明确的第一审民事案件，可以由审判员一人适用普通程序独任审理。人民陪审员在参加审判活动时，除法律另有规定外，与审判员有同等的权利义务。

1. 合议制度的概念和意义

合议制度是指法院组成合议庭集体审理和评议民事案件的制度。所谓集体是三人以上的审判集体。所谓审理和评议，是指对案件由审判集体共同审理后共同进行评议，对外以审判集体的名义负责，在诉讼中以审判集体行使诉讼权利和履行诉讼义务。与其相对的是独任制度。

合议制度要求合议庭成员具有同等的权利和责任，每一个合议庭法官都必须自始至终地参与对案件的审判，同时发挥集体的智慧，弥补个人能力上的不足，以保证案件的审判质量。

2. 合议庭成员组成

合议庭是法院审判案件的基本审判组织，在不同的审判程序中，合议庭的组成人员身份和人数有所不同。

（1）第一审合议庭由审判员与人民陪审员共同组成或者由审判员组成。

（2）第二审合议庭由审判员组成。但根据《民事诉讼法》第41条规定，中级人民法院对第一审适用简易程序审结或者不服裁定提起上诉的第二审民事案件，事实清楚、权利义务关系明确的，经双方当事人同意，可以由审判员一人独任审理。

（3）发回重审的案件，原审法院应当按照第一审程序另行组成合议庭。

（4）审理再审案件，原来是第一审的，按照第一审程序另行组成合议庭；原来是第二审或者上级法院提审的，按照第二审程序另行组成合议庭。

（5）选民资格案件或者适用特别程序审理的重大、疑难案件，由审判员组成合议庭审理。在特别程序中，只要是要求对案件的审理实行合议制的，合议庭都由审判员组成。

合议庭的审判工作，由审判长负责主持。院长或庭长参加审判案件的时候则自己担任审判长。院长或庭长未参加合议庭的，由庭长指定合议庭中的一名审判员担任。合议庭评议，实行少数服从多数的原则。评议中的不同意见，必须如实记入评议笔录。

根据《民事诉讼法》第42条规定，法院审理下列6类民事案件，不得由审判员一人独任审理：涉及国家利益、社会公共利益的案件；涉及群体性纠纷，可能影响社会稳定的案件；人民群众广泛关注或者其他社会影响较大的案件；属于新类型或者疑难复杂的案件；法律规定应当组成合议庭审理的案件；其他不宜由审判员一人独任审理的案件。

此外，《民事诉讼法》第43条还规定，法院在审理过程中，发现案件不宜由审判员一人独任审理的，应当裁定转由合议庭审理。当事人认为案件由审判员一人独任审理违反法律规定的，可以向法院提出异议。法院对当事人提出的异议应当审查，异议成立的，裁定转由合议庭审理；异议不成立的，裁定驳回。

3. 合议庭职责

（1）根据当事人的申请或者案件的具体情况，可以作出财产保全、证据保全、先予执行等裁定。

（2）确定案件委托评估、委托鉴定等事项。

（3）依法开庭审理第一审、第二审和再审案件。

（4）评议案件。

（5）提请院长决定将案件提交审判委员会讨论决定。

（6）按照权限对案件及其有关程序性事项作出裁判或者提出裁判意见。

（7）制作裁判文书。

（8）执行审判委员会决定。

（9）办理有关审判的其他事项。

我国2021年和2023年第四次与第五次修正的《民事诉讼法》推动了审判程序与审判组织解绑，便于司法资源灵活优化配置。《民事诉讼法》第40条、第41条扩大了独任制的适用范围，明确普通程序、中级人民法院（含专门法院）第二审程序可以适用独任制，分别发挥"独任制灵活高效、合议制民主议决"的制度优势，从审判组织安排上确保"简案快审，繁案精审"，推动资源投入与诉讼程序"匹配适当，精准施力"。2021年11月，《最高人民法院关于进一步完善"四类案件"监督管理工作机制的指导意见》明确要求对"四类案件"（重大、疑难、复杂、敏感的；涉及群体性纠纷或者引发社会广泛关注，可能影响社会稳定的；与本院或者上级法院的类案裁判可能发生冲突的；有关单位或者个人反映法官有违法审判行为的案件），应当依法组成合议庭。上述规定与《民事诉讼法》第42条配合呼应。考虑到民事级别管辖调整后，基层人民法院也将受理5亿元以下标的额的案件，上述指导意见进一步要求，对于"诉讼标的额特别巨大"的案件，可以适用"四类案件"的监督管理措施，原则也应组成合议庭审理。

（四）回避制度

1. 回避制度的概念和意义

回避制度是指审判人员和其他有关人员，在具有法律规定不宜参加案件审理或有关诉讼活动的情形时，退出案件审理活动或有关诉讼活动的制度。

设立回避制度，是为了确保审判的公正性。通过回避制度，把可能影响案件公正审理情形的法官和其他有关人员排除出审判的过程，以消除当事人的疑虑，保证审判过程和审判结果的公正性。回避制度由法定的回避情形、回避的适用范围、申请回避和作出决定的程序等内容组成。

2. 回避的法定情形及适用对象

根据《民事诉讼法》第47条和相关司法解释规定，审判人员及相关人员有下列情形之一的，应当自行回避，当事人有权用口头或者书面方式申请他们回避。具体可分为特定关系、特定行为和特定职业三个大类别。

1）特定关系的回避

具体包括：① 是本案当事人或者当事人、诉讼代理人近亲属。这里的近亲属包括配偶、父母、子女、兄弟姐妹、祖父母、外祖父母、孙子女、外孙子女。② 本人或者其近亲属与本案有利害关系。与案件有利害关系是指案件的处理结果会直接或间接地影响到审判人员或其他有关人员的利益。③ 担任过本案的证人、鉴定人、诉讼代理人、翻译人员。④ 与本案当事人或者诉讼代理人有其他利害关系，可能影响公正审理。这里的其他关系是指除上述关系外的，与本案当事人、诉讼代理人之间存在的足以影响案件公正审理的关系，如师生关系、同学关系、朋友关系等。⑤ 本人或者其近亲属持有本案非上市公司当事人的股份或者股权。

2）特定行为的回避

审判人员有如下行为的，应当依法追究法律责任，当事人有权要求他们回避：① 接受本案当事人及其受托人宴请，或者参加由其支付费用的活动，或者违反规定会见当事人、诉讼代理人。② 索取、接受本案当事人及其受托人财物或者其他利益。③ 违反规定会见本案当事人、诉讼代理人。④ 为本案当事人推荐、介绍诉讼代理人，或者为律师、其他人员介绍代理本案。⑤ 向本案当事人及其受托人借用款物。⑥ 有其他可能影响公正审理的不正当行为。

3）职业关系的回避

为防止徇私舞弊、先入为主，保证客观公正地处理民事案件，克服法官在职或离职后直接或者间接对裁判的影响，如下情形的人员应当回避：① 在一个审判程序中参与过本案审判工作的合议庭组成人员或者独任审判员，不得再参与本案其他程序的审判。但发回重新审判的案件，在第一审法院作出裁判后又进入第二审程序的，原第二审程序的合议庭组成人员不受此限。[①] ② 审判人员及法院其他工作人员从法院离任后两年内，不得以律师身份担任诉讼代理人。③ 审判人员及法院其他工作人员从法院离任后不得担任原任职法院所审理案件的诉讼代理人，但是作为当事人的监护人或者近亲属代理诉讼的除外。④ 审判人员及法院其他工作人员的配偶、子女或者父母不得担任其所任职法院审理案件的诉讼代理人。

上述三大类回避情形的适用对象包括审判人员（含参与本案审理的法院院长、副院长、审判委员会委员、庭长、副庭长、审判员、助理审判员和人民陪审员）、书记员、司法技术人员、翻译人员、鉴定人、勘验人。

3. 回避方式和程序

审判人员和其他人员只要有法定情形之一的，必须回避，他们可以主动要求退出诉讼，即自行回避。当事人也有权用口头或书面方式申请其退出诉讼。可见我国回避制度的方式是自行回避和申请回避并举。

关于申请回避的程序，首先，申请回避既可以口头，也可以书面。但不论采用何种形式，均应当说明申请回避的理由并附相应证据。[②] 其次，申请时间，一般在案件开始审理时提出，但是回避事由在案件开始审理后知道的，也可在法庭辩论终结前提出。再次，关于回避决定的作出，应遵守如下三方面规定。① 是否回避的决定权属于法院。根据《民事诉讼法》第49条、第50条规定，院长担任审判长或者独任审判员时的回避，由审判委员会决定；审判人员的回避，由院长决定；其他人员的回避，由审判长或者独任审判员决定。② 决定的期限和方式，应当在申请提出的3日内，以口头或书面形式作出决定。③ 回避的复议程

[①] 参见（2015）最高院民申字第3300号。
[②] 当事人提出回避申请应提供相应证据，否则法院可不予处理。参见（2019）最高法民申4458号。

序;申请人对驳回申请的决定可申请复议一次;复议期间不影响被申请回避的人员的工作;应当在 3 日内作出复议决定。

4. 回避程序的保障措施及违反回避制度的后果

法院作出是否回避的决定前,除案件需要采取紧急措施,如财产保全措施之外,被申请回避的人员应当暂时停止参与本案的工作。法院决定同意回避申请的,被申请回避的人员退出本案的审理或诉讼;法院决定驳回回避申请的,被申请回避的人员恢复本案的工作。当事人对回避决定申请复议的,复议期间,被申请回避的人员不停止参与本案的工作。

审判人员等回避对象应当回避而未回避是严重违反诉讼程序规则的行为,当事人及其诉讼代理人可以向法院纪检、监察部门或者其他有关部门举报。法院对依法应当回避而未自行回避的审判人员,依照《人民法院工作人员处分条例》的规定予以处分。审判人员应当回避而未回避,也是再审的法定事由。

(五)人民陪审员制度

1. 人民陪审员制度的概念和意义

人民陪审员制度是指审判机关吸收专职法官以外的社会公众参与案件审判的制度。作为中国特色社会主义司法制度的重要组成部分,它是社会主义民主政治在司法领域的重要体现,也是人民群众当家作主、依法参与国家事务管理的重要形式,在我国民主建设和司法实践中发挥着无法替代的作用,对于推进司法民主、促进司法公正、提升司法公信等方面具有重要意义。自 2018 年 4 月《人民陪审员法》实施以来,在各级党委领导、人大监督和政府有关部门大力支持下,各级法院坚持以习近平新时代中国特色社会主义思想为指导,认真贯彻落实《人民陪审员法》,人民陪审员参审质效逐步提升,队伍选任管理各项工作科学性、规范性显著增强。截至 2022 年 9 月底,全国人民陪审员共参审民事案件 879 万余件,其中由人民陪审员参与组成七人合议庭审结涉及群众利益、公共利益等人民群众广泛关注的、社会影响重大的案件 2.3 万余件,取得了良好的法律效果、政治效果与社会效果。我国人民陪审制度继承并发扬了新民主主义革命时期的人民陪审员制度经验和人民司法的优良传统,在坚定不移走中国特色社会主义法治道路上日益焕发生机与活力。

2. 人民陪审员的资格条件

根据《人民陪审员法》第 5—7 条规定,公民担任人民陪审员应符合如下规定条件。① 同时具备的基本条件:拥护中华人民共和国宪法;年满 28 周岁;遵纪守法、品行良好、公道正派;具有正常履行职责的身体条件。一般应当具有高中以上文化程度。② 有下列职务之一的不宜担任人民陪审员:人民代表大会常务委员会的组成人员,监察委员会、法院、人民检察院、公安机关、国家安全机关、司法行政机关的工作人员;律师、公证员、仲裁员、基层法律服务工作者;其他因职务原因不适宜担任人民陪审员的人员。③ 有下列行为之一的不能担任人民陪审员:受过刑事处罚的;被开除公职的;被吊销律师、公证员执业证书的;被纳入失信被执行人名单的;因受惩戒被免除人民陪审员职务的;其他有严重违法违纪行为,可能影响司法公信的。

3. 陪审合议庭审理案件范围及陪审合议庭类型

1）陪审员和法官组成的陪审合议庭审理案件范围

根据《人民陪审员法》第 15 条规定，法院审判第一审民事案件，有下列情形之一的，由人民陪审员和法官组成合议庭进行，这些情形包括：涉及群体利益、公共利益的；人民群众广泛关注或者其他社会影响较大的；案情复杂或者有其他情形，需要由人民陪审员参加审判的。

此外，对民事案件原告或者被告申请由人民陪审员参加合议庭审判的，法院可以决定由人民陪审员和法官组成合议庭审判。

透过前述参与范围规定，突出体现了人民陪审员的实质参审作用，凸显了人民陪审员参与司法、见证司法、监督司法的重要作用，具有较强的代表性、示范性和典型性，是我国司法领域人民民主建设发展成果的一个缩影。

2）陪审合议庭的类型

人民陪审员和法官组成合议庭审判案件，由法官担任审判长，可以组成三人合议庭，也可以由 3 名法官与 4 名人民陪审员组成七人合议庭。其中七人合议庭负责审理的案件包括：根据民事诉讼法、行政诉讼法提起的公益诉讼案件[①]；涉及征地拆迁、生态环境保护、食品药品安全，社会影响重大的案件；其他社会影响重大的案件。

4. 陪审员和审判员的分工

审判长应当履行与案件审判相关的指引、提示义务，但不得妨碍人民陪审员对案件的独立判断。合议庭评议案件，审判长应当对本案中涉及的事实认定、证据规则、法律规定等事项及应当注意的问题，向人民陪审员进行必要的解释和说明。

人民陪审员参加三人合议庭审判案件，对事实认定、法律适用，独立发表意见，行使表决权。

人民陪审员参加七人合议庭审判案件，对事实认定，独立发表意见，并与法官共同表决；对法律适用，可以发表意见，但不参加表决。

合议庭评议案件，实行少数服从多数的原则。人民陪审员同合议庭其他组成人员意见分歧的，应当将其意见写入笔录。合议庭组成人员意见有重大分歧的，人民陪审员或者法官可以要求合议庭将案件提请院长决定是否提交审判委员会讨论决定。

三、自测练习

（一）单项选择题

1. 关于人民陪审员制度，以下说法正确的是（　　）。

A. 人民陪审员参加三人合议庭审判案件，对事实认定、法律适用有独立发表意见权

[①] 人民陪审员参加七人合议庭审理曾某侵害烈士名誉公益诉讼案；人民陪审员参加七人合议庭审理海洋环境民事公益诉讼案。参见《最高法发布人民陪审员参审十大典型案例》，http://www.court.gov.cn/zixun/gengduo/104_2.html，2023 年 8 月 2 日最后访问。

B. 司法行政机关应会同基层人民法院，从辖区内的常住居民名单中随机抽选拟任命人民陪审员数五倍以上的人员作为人民陪审员候选人

C. 人民陪审员的任期为三年，一般不得连任

D. 人民陪审员的名额数不低于本院法官数的二倍

2. 下列人员中不适用回避制度的是（　　）。

A. 审判人员

B. 翻译人员

C. 鉴定人员

D. 证人

3. 下列案件中应当不公开审理的是（　　）。

A. 遗产继承案件

B. 涉及个人隐私的案件

C. 涉及商业秘密的案件

D. 离婚案件

4. 关于回避，下列说法正确的是（　　）。

A. 当事人申请担任审判长的审判人员回避的，应由审判委员会决定

B. 当事人申请人民陪审员回避的，应由审判长决定

C. 法院驳回当事人的回避申请，当事人不服而申请复议，复议期间被申请回避人不停止参与本案的审理工作

D. 当事人申请法院翻译人员回避，可由合议庭决定

5. 我国的审级制度采取的是（　　）。

A. 一审终审制度

B. 两审终审制度

C. 三审终审制度

D. 三级二审制度

6. 下列案件中不得适用独任制审理的案件是（　　）。

A. 某法院审理的张某之选民资格案件

B. 甲诉乙侵权一案，受诉法院决定适用简易程序审理

C. 法院审理确认调解协议效力案件

D. 甲市某区法院审理的一般的认定财产无主案件

（二）多项选择题

1. 下列有关民事诉讼中实行公开审判的表述不正确的是（　　）。

A. 案件的审理、合议庭的评议、判决的宣告应当公开

B. 对于涉及国家秘密的案件不公开审理，但宣判要公开

C. 对于涉及个人隐私的案件，法院应当根据当事人申请不公开审理

D. 离婚案件只能不公开审理

2. 基层人民法院审判员小李的做法不正确的是（　　）。
A. 对王大妈与刘老汉离婚一案，没有公开宣告判决书
B. 宣告判决时，有时因为忙，没有告知当事人上诉权利、上诉期限和上诉法院
C. 在开庭审理过程中，限制一方当事人的发言时间
D. 没有告知离婚案件双方当事人在判决发生法律效力后才能另行结婚

3. 民事诉讼中要求合议庭必须由审判员组成的程序有（　　）。
A. 普通程序中的一审
B. 普通程序中的二审
C. 原来是二审的再审程序
D. 实现担保物权案件中，担保财产标的额超过基层人民法院管辖范围的特别程序

4. 审判人员（　　），应当自行回避，当事人有权用口头或者书面方式申请他们回避。
A. 是本案当事人近亲属的
B. 本人或者其近亲属持有本案非上市公司当事人的股份或者股权的
C. 担任过本案的证人、鉴定人、辩护人的
D. 是本案诉讼代理人近亲属的

5. 《民事诉讼法》中所称的审判人员，包括（　　）。
A. 参与本案审理的法院院长、副院长、审判委员会委员
B. 参与本案审理的审判员、助理审判员和人民陪审员
C. 参与本案审理的庭长、副庭长
D. 参与本案诉讼活动的翻译员

（三）判断题

1. 在一个审判程序中参与过本案审判工作的审判人员，不得再参与该案其他程序的审判。但发回重审的案件，在第一审法院作出裁判后又进入第二审程序的，原第二审程序中合议庭组成人员不受此限。（　　）

2. 书记员和执行员不属于《民事诉讼法》中所称的审判人员，但却适用审判人员回避的有关规定。（　　）

3. 两审终审制指除了最高人民法院作为一审法院的裁判外，其余法院的裁判均必须经过两次审理才能生效。（　　）

4. 法院审理民事案件，除涉及国家秘密、离婚等个人隐私或者法律另有规定的以外，应当公开进行。（　　）

5. 独任制仅适用于第一审的部分案件，第二审均为合议制庭审形式。（　　）

6. 人民陪审员参加七人合议庭审判案件，对事实认定，独立发表意见，并与法官共同表决；但对法律适用不发表意见，不参加表决。（　　）

（四）案例分析题

原告甲公司向法院起诉被告乙及丙公司。起诉状中称，被告乙原是其营销部经理，被丙公司高薪挖去，在丙公司负责市场推销工作。乙利用其在甲公司所掌握的商业秘密，将甲公司的销售与进货渠道几乎全部提供给了丙公司，甲公司因而损失

严重。甲公司请求乙和丙公司承担连带赔偿责任；同时申请不公开审理，以避免商业秘密泄露于第三人。

问：法院能否同意原告不公开审理的要求？

（五）简述题

1. 人民陪审员和审判员的审判职责是如何分工的？
2. 适用回避的法定情形有哪些？
3. 审判公开制度的主要内容有哪些？
4. 合议庭职责和评议原则是如何规定的？

四、拓展与思考：我国四级法院审级的职能定位改革

我国采取的是以四级两审制为主、四级一审制为辅的民事审级构造，同时允许大量案件以程序错误或者实体错误为由进入再审程序，形成以两审终审制为基础、以再审制为补充的审判制度。这样的制度安排与审级制度设计的基本原理有违和之处。

最高人民法院的主要功能并非对个案的个别救济，而是对法律原则的把握与法律解释的统一。[①] 目前通过规范性文件、内部请求批复、筛选下级法院作出的典型裁判作为指导性案例等方式谋求统一法律适用，均没有建立在直接审理案件的基础上。面临着大量的事实类再审案件，高级人民法院和最高人民法院通过审判监督程序实现"保证国家法律的统一适用"的功能也受到严重削弱。而作为绝大多数案件的终审法院，中级人民法院由于其层级不高、业务水平和办案能力参差不齐、人财物受制于地方，以及基层人民法院的法官倾向于向中级人民法院汇报请示疑难案件或关系案件的处理方案等诸多原因，终审裁判难以让当事人信服，最终使得两审终审制沦为实质意义上的一审终审制。[②]

根据2021年《最高人民法院关于完善四级法院审级职能定位改革试点的实施办法》第11条、第12条规定，最高人民法院原则上不再直接受理对高级法院生效裁判的再审申请，当事人原则上应向原审高级法院申请再审。如果当事人不服高级人民法院生效裁判，执意向最高人民法院申请再审，则要求当事人在"基本事实""主要证据""诉讼程序""适用法律"错误四者中必选"适用法律错误"。据《法治日报》报道，2022年最高人民法院在向全国人大常委会报告四级法院审级职能定位改革试点情况时指出："试点以来，最高人民法院新收民事、行政申请再审审查案件2275件，较试点前下降85.33%。"这其中下降的85.33%的案件，无法进入最高人民法院，只能回到原审高级人民法院申请再审。2023年《最高人民法院关于加强和规范案件提级管辖和再审提审工作的指导意见》实施，前述实施办法被废止。指导意见第15条和第16条对最高人民法院民事、行政案件再审提审的标准虽然有所放松，但最高人民法院再审提审空间仍十分有限。

从比较法视角来看，无论是大陆法系国家还是普通法系国家，大多实行三审终审，区分事实审与法律审。例如德国的民事法院分为区法院、州法院、州高等法院和联邦法院四

---

① 参见章武生：《我国民事审级制度之重塑》，《中国法学》2002年第6期。
② 参见胡晓霞：《论中国民事审级制度面临的挑战及其完善》，《政治与法律》2020年第4期。

级。区法院为审理简单民事案件的简易法院；州法院是普通民事案件的初审法院；不服州法院的一审裁判，可以向州高等法院控诉，再不服还可以裁判违反法令为由向联邦法院提起第三审上告。[①] 类似的采用这种四级三审制的还有日本、英国等国。采用三级法院、三审终审的国家主要有法国、美国等国。例如法国的民事法院系统主要由大审法院、上诉法院和最高法院三级构成，大审法院是初审法院，当事人不服大审法院的一审裁判可依次向上诉法院和最高法院提起第二审、第三审上诉，最高法院为其终审法院。[②]

大陆法系国家通常将其二审法院确定为事实审的终审法院，当事人如果不服二审法院的裁判，只能以裁判违反法律为理由才能提起第三审上诉。例如《法国民事诉讼法》第604条规定："向最高法院提起上诉，旨在请求最高法院对受攻击的判决是否符合法律规则进行审查。"[③]《德国民事诉讼法》第549条第1款也规定："只有对于违反了联邦法律，或违反了适用范围超出一个高级法院辖区的法规的裁判，才能据以提起上告。"[④]在英美法系国家也存在类似的法理。第三审法院通常不审理事实问题，因为案件经两次审理已足以使事实清楚，现在所需要的是适用法律的问题，因此特将第三审列为法律审，使得法律的适用能够正确。最高法院为法律审，统一法律见解为最高法院之主要功能。

为克服我国现有审级制度的缺陷，学界有如下改良方案：一是采用四级三审制，第三审采取法律审。二是增设职能管辖制度以协调基层人民法院与中级人民法院对初审案件的分担，并取消高级人民法院以及最高人民法院的初审管辖权，使上位法院与下位法院之间形成合理的职能分工，使当事人得到同等的审级保障。[⑤] 三是对于具有原则性、普遍性意义的案件，允许以越级或特别的上诉方式向最高人民法院提起上诉。同时通过取消法院依职权发动再审和检察院依职权提起抗诉的权力以及适当限制当事人再审之诉，弱化审判监督程序功能。

---

① 在德国的民事诉讼法中，向中间上诉法院的上诉称为控诉，向联邦法院的上诉称为上告。
② 参见王娣、王德新：《我国民事审级制度之重构与优化》，《政法论坛》2002年第4期。
③ 参见罗结珍译：《法国新民事诉讼法典》，中国法制出版社1999年版，第121页。
④ 参见谢怀栻译：《德意志联邦共和国民事诉讼法》，中国法制出版社2001年版，第128页。
⑤ 参见王娣、王德新：《我国民事审级制度之重构与优化》，《政法论坛》2002年第4期。

第四章 管辖

一、导引

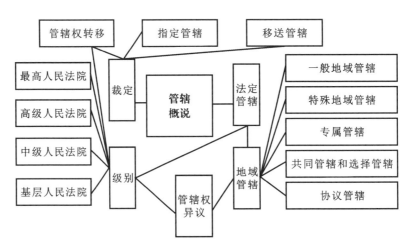

当事人选择用提起诉讼的方式来解决民事纠纷时,首先要解决的就是向哪一具体法院提起诉讼。管辖是诉讼的入口,是法院对具体案件行使审判权的启动前奏,是确定当事人起诉权和其他诉讼权利实现的先导。

我国的法院有四级,除最高人民法院外,每一级都有多个,对于某一属于民事诉讼受案范围的纠纷需要划分,将它们分配到各个具体法院。第一次分配发生在不同级别的法院之间,通过分配明确四级法院各自受理第一审民事案件的分工和权限;第二次分配是在第一次基础上进行,也是在同级法院之间进行的,任务是将通过第一次分配划归本级法院受理的第一审民事案件进一步分配到同一级中的各个具体法院。管辖制度正是通过这样的分配来使民事审判权得到具体落实的。四级法院第一审民事诉讼案件的分工是级别管辖规则要解决的问题,同级法院对第一审民事诉讼案件的分工则依赖地域管辖规则实现。由于民事纠纷的复杂多样性,在地域管辖中又可以分为一般地域管辖、特殊地域管辖、专属管辖及协议管辖等类别。

管辖可以按照不同标准作多种分类,其中最重要、最常用的是级别管辖和地域管辖。具体案件的诉讼管辖,有时并不能只根据级别管辖或地域管辖加以判断,而应将相关规则结合起来,才能作出判断。

二、基本原理与制度

(一)管辖概说

1. 管辖的概念和确定原则

管辖是指各级法院之间以及同级法院之间受理第一审民事案件的分工和权限。它是在法院内部具体确定特定的民事案件由哪个法院行使民事审判权的一项制度。确定管辖一般应当遵守如下原则。

1) 便利于当事人和法院原则

便利于当事人主要表现在确定解决纠纷法院时尽量方便当事人起诉、应诉,以及参加其他诉讼活动,尽量就近诉讼,避免当事人因涉及诉讼造成过重的负担,浪费人力、物力和时间,影响正常工作和生活,造成诉累。便利于法院体现在保证法院及时审理民事案件,提高办案效率方面。这就要求在确定案件的管辖时,应从客观实际出发,考虑到法院工作的实际情况和案件的需要,保障有利于查明案件事实,及时了解案情、收集证据,分清是非责任和适用法律。

我国《民事诉讼法》对级别管辖的规定,绝大部分第一审民事案件由基层人民法院管辖,就是出于前述两便利的考虑。

2) 确定性和灵活性相结合

为了审判权和诉权的及时有效行使,原则上立法应采用明确、具体规定的形式确定管辖。同时又保持一定的灵活性,以适应发展变化的审判实践的需要。

3) 维护司法公正和当事人合法权益

在确定管辖时,根据各级法院职权范围和各类案件的具体情况不同来分别确定案件的管辖。例如,为防止地方保护主义干扰,《民事诉讼法》规定了对合同等纠纷的协议管辖;为便于排除和避免某些行政干预因素和基层人民法院业务素质及设备条件的限制,规定了管辖权的转移和指定管辖,并适当地提高了某类案件的审级等。这些规定都是为实现法院公正审判,切实维护当事人合法权益的需要。

2. 管辖权恒定

管辖恒定指确定案件的管辖权,以起诉时为标准,起诉时对案件享有管辖权的法院,不因确定管辖的事实在诉讼过程中发生变化而影响其管辖权。① 根据《民事诉讼法解释》第37—39条规定,案件受理后,受诉法院的管辖权不受当事人住所地、经常居住地变更的影响;有管辖权的法院受理案件后,不得以行政区域变更为由,将案件移送给变更后有管辖权的法院。判决后的上诉案件和依审判监督程序提审的案件,由原审法院的上级法院进行审

---

① 参见(2018)最高法民辖终421号。

判；上级法院指令再审、发回重审的案件，由原审法院再审或者重审；法院对管辖异议审查后确定有管辖权的，不因当事人提起反诉、增加或者变更诉讼请求等改变管辖，但违反级别管辖、专属管辖规定的除外；法院发回重审或者按第一审程序再审的案件，当事人提出管辖异议的，法院不予审查。

此外，在当事人双方或一方全部没有履行合同义务的情况下，发生纠纷提起诉讼，如当事人在诉讼请求中明确要求全部履行合同的，应以合同总金额加上其他请求金额作为诉讼标的金额，并据以确定级别管辖；如当事人在诉讼请求中要求解除合同的，应以其具体的诉讼请求金额来确定诉讼标的金额，并据以确定级别管辖。按照级别管辖规定应当由上级法院管辖的案件，上级法院交由下级法院审理的，该下级法院不得再交其下级法院审理。

确定案件的管辖权恒定，反映了诉讼经济的要求，避免司法资源浪费，减少当事人讼累。

3. 人民法院主管

人民法院主管，是指法院依法受理、审判解决一定范围内民事纠纷的权限，确定法院和国家其他机关、组织、团体之间解决民事纠纷的分工和职权范围。

1）法院与人民调解委员会

人民调解委员会的任务是调解民间的一般民事纠纷。人民调解委员会调解纠纷的范围，法院均有权审理。对法院和人民调解委员会都有权处理的纠纷，双方当事人都同意交人民调解委员会调解的，由人民调解委员会调解；一方向人民调解委员会申请调解，另一方向法院起诉的，由法院主管；调解不成或调解达成协议后反悔，当事人向法院起诉的，由法院主管；人民调解委员会无法处理的重大复杂的民事纠纷，由法院主管。

经人民调解委员会调解达成调解协议后，双方当事人认为有必要的，可以自调解协议生效之日起 30 日内共同向法院申请司法确认。法院依法确认调解协议有效，一方当事人拒绝履行或者未全部履行的，对方当事人可以向法院申请强制执行。法院依法确认调解协议无效的，当事人可以通过人民调解方式变更原调解协议或者达成新的调解协议，也可以向法院提起诉讼

需注意的两点是：第一，人民调解不是民事诉讼的必经阶段，即是否经过人民调解完全由当事人自行确定；第二，人民调解解决争议不具有法律效力，即当事人对经人民调解委员会主持达成的调解协议不服时，仍然可以向法院提起民事诉讼。

根据《人民法院组织法》的规定，对人民调解委员会的工作予以指导是基层人民法院的一项工作职能，是基层人民法院全面工作的重要组成部分。

2）法院与一般仲裁机关

仲裁异于诉讼，仲裁需要双方自愿；仲裁也异于强制调解，它是自愿型公断，区别于诉讼等强制型公断。仲裁一般是当事人根据彼此相互之间订立的仲裁协议，自愿将其争议提交由非司法机构的仲裁员组成的仲裁庭进行裁判，并受该裁判约束的一种制度。法院主管的范围宽于仲裁机关主管的范围。仲裁机关主管的范围是平等主体的公民、法人和其他组织之间发生的合同纠纷和其他财产权益纠纷，但婚姻、收养、监护、扶养、继承纠纷不属于其主管范围。

对既属于仲裁机关主管，又属于法院主管的纠纷，具体由谁主管取决于当事人的选择：

当事人双方达成仲裁协议的，由仲裁委员会受理，排除法院管辖权；没有仲裁协议或者仲裁协议无效的，由法院主管。我国仲裁委员会实行一裁终局的制度，因此在作出裁决后当事人就同一纠纷再向法院起诉的，法院不予受理。

3）法院与劳动争议仲裁委员会

劳动关系中虽然也包含着财产关系，但这种财产关系与民法所调整的平等主体间的财产关系有所不同，劳动关系专门由劳动法来调整。为了解决劳动争议，我国设立了劳动争议仲裁委员会。劳动争议仲裁委员会不同于前述民间性质的仲裁委员会，它由劳动行政部门的代表、同级工会的代表、用人单位方面的代表组成。就对劳动争议主管的范围而言，法院与劳动争议仲裁委员会是相同的，但在序位上，劳动争议仲裁委员会主管优先。劳动法为劳动争议设置了先裁后审的模式，劳动争议发生后，当事人可以向本单位劳动争议调解委员会申请调解，也可以直接向劳动争议仲裁委员会申请仲裁，当事人对仲裁裁决不服的，可以自收到裁决书之日起15日内向法院起诉。

（二）级别管辖

1. 级别管辖的概念

级别管辖是指按照一定的标准，划分上下级法院之间受理第一审民事案件的分工和权限。在我国，除了按照行政区划设置的基层、中级、高级和最高人民法院（含其巡回庭），跨行政区划的专门法院均有权受理第一审民事案件，不同级别的法院在受理第一审民事案件的分工方面是不同的。

2. 级别管辖的确定依据

1）案件的性质

案件性质不同，审理起来难易程度也不同。例如，重大涉外案件在性质上不同于一般涉外案件；专利、海事、海商案件专业性强，在性质上也不同于一般案件。这些性质特殊的案件，应当由较高级别的法院管辖。

2）案件的繁简程度

案件情节有简单和复杂之分，简单的案件审理起来相对容易，复杂的案件审理起来有一定的难度，案情越复杂，审理的难度越高。因而在确定级别管辖时，有必要考虑案件的繁简程度，将简单的案件分配给低级别的法院，将复杂的案件分配给级别较高的法院。

3）案件影响的大小

案件的处理结果会对社会产生一定的影响。有的案件仅在基层人民法院的辖区内有一定影响，有的案件则在全省、自治区、直辖市范围内有重大影响。案件影响范围越大，对审判质量的要求就越高，所以要根据案件影响范围的大小来划分级别管辖，将影响范围大的案件分配给级别较高的法院。并且影响范围与法院的级别呈正相关关系，影响范围越大，受理该案件的法院的级别越高。

值得注意的是，在审判实务中，争议标的金额的大小也是确定某些案件级别管辖的重要依据。各地人民法院确定的级别管辖的争议标的数额标准不同。我国在司法解释中也存在用争议标的数额来确定级别管辖情形。如2019年《最高人民法院关于调整高院和中院管辖一审民事案件标准的通知》规定，高级人民法院管辖诉讼标的额 50 亿元以上（包含本数）或者其他在本辖区有重大影响的第一审民事案件。海事海商案件、涉外民事案件、知识产权民事案件的级别管辖标准均按照 2019 年通知执行（但《最高人民法院关于知识产权法庭若干问题的规定》第 2 条所涉案件类型除外）。2021 年，《最高人民法院关于调整中级人民法院管辖第一审民事案件标准的通知》对中级人民法院一审管辖案件作了如下调整：① 当事人住所地均在或者均不在受理法院所处省级行政辖区的，中级人民法院管辖诉讼标的额 5 亿元以上的第一审民事案件。② 当事人一方住所地不在受理法院所处省级行政辖区的，中级人民法院管辖诉讼标的额 1 亿元以上的第一审民事案件。③ 战区军事法院、总直属军事法院管辖诉讼标的额 1 亿元以上的第一审民事案件。④ 对新类型、疑难复杂或者具有普遍法律适用指导意义的案件，可以依照《民事诉讼法》第 38 条的规定，由上级法院决定由其审理，或者根据下级法院报请决定由其审理。⑤ 本通知调整的级别管辖标准不适用于知识产权案件、海事海商案件和涉外涉港澳台民商事案件。

3. 基层人民法院管辖的第一审民事案件

根据《民事诉讼法》第 18 条规定，基层人民法院管辖第一审民事案件，但本法另有规定的除外。即原则上第一审民事案件都由基层人民法院管辖。基层人民法院数量多、分布广，遍布各个基层行政区域，当事人的住所地、争议财产所在地、纠纷发生地，一般都处在特定的基层人民法院的辖区之内。由基层人民法院管辖一审既便于当事人参与诉讼，又便于法院审理案件。

4. 中级人民法院管辖的第一审民事案件

根据《民事诉讼法》第 19 条规定，中级人民法院管辖的第一审民事案件包括重大涉外案件、在本辖区有重大影响的案件和最高人民法院确定由中级人民法院管辖的案件。由最高人民法院确定由中级人民法院管辖的案件情况比较复杂，主要有如下几种情形。

（1）海事海商案件。海事海商案件由作为专门法院的海事法院管辖，海事法院的级别跟中级人民法院相当。《最高人民法院关于海事法院受理案件范围的若干规定》中确立了海事海商案件的具体内涵与范围。目前，我国已在广州、厦门、上海、武汉、宁波、天津、大连、海口等地设立了海事法院。

（2）公益诉讼案件。根据《民事诉讼法解释》第 283 条规定，公益诉讼案件由侵权行为地或者被告住所地中级人民法院管辖，但法律、司法解释另有规定的除外。根据《最高人民法院关于审理环境民事公益诉讼案件适用法律若干问题的解释》第 6 条、第 7 条规定，第一审环境民事公益诉讼案件由污染环境、破坏生态行为发生地，损害结果地或者被告住所地的中级以上法院管辖。中级人民法院认为确有必要的，可以在报请高级人民法院批准后，裁定将本院管辖的第一审环境民事公益诉讼案件交由基层人民法院审理。经最高人民法院批准，高级人民法院可以根据本辖区环境和生态保护的实际情况，在辖区内确定部分中级人民法院受理第一审环境民事公益诉讼案件。中级人民法院管辖环境民事公益诉讼案件的区域由高级人民法院确定。根据《最高人民法院关于审理消费民事公益诉讼案件适用法律若干问题的解释》第 3 条规定，消费民事公益诉讼案件管辖适用《民事诉讼法解释》的有关规定，经最高人民法院批准，高级人民法院可以根据本辖区实际情况，在辖区内确定部分中级人民法院受理第一审消费民事公益诉讼案件。

(3) 知识产权纠纷案件。知识产权纠纷案件是指因为著作权、商标权和专利权的权属争议而产生的合同或侵权案件。一般应当由中级人民法院管辖。但为了平衡案件负担，最高人民法院通过司法解释，授予了一小部分具有知识产权审判能力的基层人民法院初审管辖权。例如《民事诉讼法解释》第2条规定，专利纠纷案件由知识产权法院、最高人民法院确定的中级人民法院和基层人民法院管辖。《最高人民法院关于审理商标案件有关管辖和法律适用范围问题的解释》规定，商标民事纠纷第一审案件由中级以上人民法院管辖。各高级人民法院根据本辖区的实际情况，经最高人民法院批准，可以在较大城市确定1~2个基层人民法院受理第一审商标民事纠纷案件。根据《最高人民法院关于涉及驰名商标认定的民事纠纷案件管辖问题的通知》规定，对涉及驰名商标认定的民事纠纷案件，由省（自治区）人民政府所在地的市、计划单列市中级人民法院，以及直辖市辖区内的中级人民法院管辖。其他中级人民法院管辖此类民事纠纷案件，需报经最高人民法院批准；未经批准的中级人民法院不再受理此类案件。对于著作权纠纷，《最高人民法院关于审理著作权民事纠纷案件适用法律若干问题的解释》确立了著作权民事纠纷案件，由中级以上人民法院管辖。各高级人民法院根据本辖区的实际情况，可以确定若干基层人民法院管辖第一审著作权民事纠纷案件。

(4) 证券市场因虚假陈述引发的民事赔偿案件。《最高人民法院关于审理证券市场因虚假陈述引发的民事赔偿案件的若干规定》确立了虚假陈述证券民事赔偿案件，由省、直辖市、自治区人民政府所在的市，计划单列市和经济特区的中级人民法院管辖。

(5) 垄断民事纠纷案件。依据《最高人民法院关于审理因垄断行为引发的民事纠纷案件应用法律若干问题的规定》，第一审垄断民事纠纷案件，由省、自治区、直辖市人民政府所在地的市和计划单列市的中级人民法院，以及最高人民法院指定的中级人民法院管辖。经最高人民法院批准，基层人民法院可以管辖第一审垄断民事纠纷案件。

(6) 仲裁协议效力纠纷。确认仲裁协议的效力，涉外仲裁的证据、财产保全，仲裁裁决的执行，撤销、不予执行的仲裁裁决等都由中级人民法院管辖。根据《最高人民法院关于当事人对仲裁协议的效力提出异议由哪一级人民法院管辖问题的批复》规定，当事人协议选择国内仲裁机构仲裁后，一方对仲裁协议的效力有异议请求法院作出裁定的，由该仲裁委员会所在地的中级人民法院管辖。当事人对仲裁委员会没有约定或者约定不明的，由被告所在地的中级人民法院管辖。

5. 高级人民法院管辖的第一审民事案件

根据《民事诉讼法》第20条规定，高级人民法院管辖在本辖区有重大影响的案件。高级人民法院的主要任务是对本辖区内中级人民法院和基层人民法院的审判活动进行指导和监督，审理不服中级人民法院判决、裁定的上诉案件。

6. 最高人民法院管辖的第一审民事案件

《民事诉讼法》第21条对最高人民法院管辖的第一审民事案件规定了两项：在全国有重大影响的案件和认为应当由本院审理的案件。

最高人民法院是我国的最高审判机关，其主要任务是对全国地方各级人民法院和军事法院等专门法院实行审判监督；通过总结审判工作经验，作出有关适用法律、法规的批复、指示或者司法解释，对全国地方各级法院和军事法院等专门法院的审判工作进行指导；还要审判不服高级人民法院判决、裁定的上诉案件，因此，最高人民法院管辖的第一审民事案件应当是为数不多的,在全国范围内有重大影响的案件和认为应当由自己审判的案件。这两项内容中后一项是弹性条款,一旦发生特殊案件时,最高人民法院可以根据实际情况依法对其审判。

需要指出的是,根据《民事诉讼法》规定,上级法院有权审理下级法院管辖的第一审民事案件;确有必要将本院管辖的第一审民事案件交下级法院审理的,应当报请其上级人民法院批准。《民事诉讼法解释》第42条对上级法院将案件交由下级法院审理进行了规范,即上级法院能交给下级法院审理的案件类型有限,被限制在破产程序中有关债务人的诉讼案件、当事人人数众多且不方便诉讼的案件、最高人民法院确定的其他类型案件。并且该条款还规定了将案件下放要报请该上级法院的上级法院批准,获得批准后要作出案件下放的裁定。这充分体现了我国《民事诉讼法》在确定级别管辖方面的灵活性。

(三)地域管辖

1. 地域管辖的概念和种类

地域管辖是指同级法院之间按照各自的辖区在审理第一审民事案件上的分工。依据诉讼当事人的所在地与法院辖区内之间存在的联系以及诉讼标的、诉讼标的物或者法律事实与法院辖区之间的隶属关系,地域管辖有如下几类:一般地域管辖、特殊地域管辖、专属管辖、共同管辖和选择管辖、协议管辖。

2. 一般地域管辖

1)被告住所地法院管辖

根据《民事诉讼法》第22条规定,对公民提起的民事诉讼,由被告住所地法院管辖;被告住所地与经常居住地不一致的,由经常居住地法院管辖。对法人或者其他组织提起的民事诉讼,由被告住所地法院管辖。同一诉讼的几个被告住所地、经常居住地在两个以上法院辖区的,各该法院都有管辖权。

2)原告住所地法院管辖

根据《民事诉讼法》第23条规定,下列四类民事诉讼,由原告住所地法院管辖;原告住所地与经常居住地不一致的,由原告经常居住地法院管辖:对不在中国领域内居住的人提起的有关身份关系的诉讼;对下落不明或者宣告失踪的人提起的有关身份关系的诉讼;对被采取强制性教育措施的人提起的诉讼;对被监禁的人提起的诉讼。此外,依据《民事诉讼法解释》第6条规定,被告一方被注销城镇户口的,可由原告所住所地或经常居住地法院管辖。

需要注意的是,这里的公民的住所地是指公民的户籍所在地,公民的经常居住地是指公民离开住所地至起诉时已连续居住1年以上的地方,但公民住院就医的地方除外。对当事人的户籍迁出后尚未落户,有经常居住地的,由该地法院管辖,没有经常居住地的,由其原户籍所在地法院管辖。法人的住所地是指法人的主要营业地或者主要办事机构所在地。对没有办事机构的个人合伙、合伙型联营体提起的诉讼,由被告注册登记地法院管辖。没有注册登记,几个被告又不在同一辖区的,被告住所地法院都有管辖权。

3)一般地域管辖中的特殊情形

《民事诉讼法解释》第8—17条对如下情形的案件的管辖作了专门规定。① 双方当事人都被监禁或被采取强制性教育措施的,由被告原住所地法院管辖。被告被监禁或被采取强制性教育措施 1 年以上的,由被告被监禁地或被采取强制性教育措施地法院管辖。② 追索赡养费、扶养费、抚养费案件的几个被告住所地不在同一辖区的,可以由原告住所地法院管辖。③ 不服指定监护或变更监护关系的案件,由被监护人住所地法院管辖。④ 双方当事人均为军人或者军队单位的民事案件由军事法院管辖。⑤ 夫妻一方离开住所地超过 1 年,另一方起诉离婚的案件,由原告住所地法院管辖。夫妻双方离开住所地超过 1 年,一方起诉离婚的案件,由被告经常居住地法院管辖;没有经常居住地的,由原告起诉时居住地的法院管辖。⑥ 对涉外婚姻,分如下五种情形:第一,在国内结婚并定居国外的华侨,如定居国法院以离婚诉讼须由婚姻缔结地法院管辖为由不予受理,当事人向法院提出离婚诉讼的,由婚姻缔结地或一方在国内的最后居住地法院管辖;第二,在国外结婚并定居国外的华侨,如定居国法院以离婚诉讼须由国籍所属国法院管辖为由不予受理,当事人向法院提出离婚诉讼的,由一方原住所地或在国内的最后居住地法院管辖;第三,中国公民一方居住在国外,一方居住在国内,不论哪一方向法院提起离婚诉讼,国内一方住所地的法院都有权管辖,如国外一方在居住国法院起诉,国内一方向法院起诉的,受诉法院有权管辖;第四,中国公民双方在国外但未定居,一方向法院起诉离婚的,应由原告或者被告原住所地法院管辖;第五,已经离婚的中国公民,双方均定居国外,仅就国内财产分割提起诉讼的,由主要财产所在地法院管辖。

3. 特殊地域管辖

特殊地域管辖在性质上属于对物或对事管辖,其以法院辖区与诉讼标的或法律事实的隶属关系为标准来确定管辖。设定的主要目的是体现便于当事人经济、快速地进行诉讼,便于法院更好地审判、合理配置资源。一般地域管辖与特殊地域管辖是竞合关系,在适用上并无先后之分。大多数适用特别地域管辖的案件,依诉讼标的诸要素所确定的法院固然有管辖权,被告住所地法院也同时拥有管辖权,而具体选择向哪一个法院起诉,则完全取决于原告的意愿。根据《民事诉讼法》及相关司法解释规定,包括如下具体情形。

1) 因一般合同纠纷提起的诉讼

一般合同纠纷由被告住所地或者合同履行地法院管辖。关于合同的履行地的确定,《民事诉讼法》第 24 条、《民事诉讼法解释》第 18 条对一般合同的履行地作了界定,《民事诉讼法解释》第 19 条、第 20 条对特定三类一般合同的履行地的识别作了专门规定。具体包括:① 一般合同约定履行地点的,以约定的履行地点为合同履行地。合同对履行地点没有约定或者约定不明确,争议标的为给付货币的,接收货币一方所在地为合同履行地;交付不动产的,不动产所在地为合同履行地;其他标的,履行义务一方所在地为合同履行地。即时结清的合同,交易行为地为合同履行地。合同没有实际履行,当事人双方住所地都不在合同约定的履行地的,由被告住所地法院管辖。② 财产租赁合同、融资租赁合同以租赁物使用地为合同履行地。合同对履行地有约定的,从其约定。③ 以信息网络方式订立的买卖合同,通过信息网络交付标的的,以买受人住所地为合同履行地;通过其他方式交付标的的,收货地为合同履行地。合同对履行地有约定的,从其约定。

2) 因保险合同纠纷提起的诉讼

《民事诉讼法》第 25 条、《民事诉讼法解释》第 21 条对其地域管辖作了专门规定,包括：① 因保险合同纠纷提起的诉讼，由被告住所地或者保险标的物所在地法院管辖。② 因财产保险合同纠纷提起的诉讼，如果保险标的物是运输工具或者运输中的货物，可以由运输工具登记注册地、运输目的地、保险事故发生地法院管辖。③ 因人身保险合同纠纷提起的诉讼，可以由被保险人住所地法院管辖。

3）因公司纠纷提起的诉讼

一般认为，住所是民事主体视为所在的场所。住所的制度意义在于，通过法律固定住所的技术，使法律关系、法律事实在空间问题上作稳定、简化处理。依照《公司法》的规定，公司住所是公司章程的必要记载事项，也是公司设立的必要条件，对于确定债务的履行地、登记管辖地、诉讼管辖法院、法律文书的送达处所和涉外民事关系的准据法具有极其重要的法律意义。因此，公司诉讼案件由公司住所地法院管辖，便于确定管辖法院，便于公司和利害关系人参加诉讼，便于公司提供以及法院调查各种证据，便于送达诉讼文书，并且便于事后可能发生的强制执行。根据《民事诉讼法》第27条、《民事诉讼法解释》第22条规定：① 因公司设立、确认股东资格、分配利润、解散等纠纷提起的诉讼，由公司住所地法院管辖。② 因股东名册记载、请求变更公司登记、股东知情权、公司决议、公司合并、公司分立、公司减资、公司增资等纠纷提起的诉讼，由公司住所地法院管辖。

4）因侵权行为提起的诉讼

《民事诉讼法》第27条规定，因侵权行为提起的诉讼，由侵权行为地或者被告住所地法院管辖。一般来说，侵权行为地，包括侵权行为实施地、侵权结果发生地。《民事诉讼法解释》第25条规定，信息网络侵权行为实施地包括实施被诉侵权行为的计算机等信息设备所在地，侵权结果发生地包括被侵权人住所地。立法和司法解释对如下两种情形作了特殊规定。① 因产品、服务质量不合格造成他人财产、人身损害提起的诉讼，产品制造地、产品销售地、服务提供地、侵权行为地和被告住所地法院都有管辖权。② 知识产权法下的侵权管辖。首先关于专利侵权管辖的确定规则是因侵犯专利权行为提起的诉讼，由侵权行为地或者被告住所地法院管辖。侵权行为地包括被诉侵犯发明、实用新型专利权的产品的制造、使用、许诺销售、销售、进口等行为的实施地；专利方法使用行为的实施地，依照该专利方法直接获得的产品的使用、许诺销售、销售、进口等行为的实施地；外观设计专利产品的制造、许诺销售、销售、进口等行为的实施地；假冒他人专利的行为实施地；上述侵权行为的侵权结果发生地。其次，关于商标侵权管辖的确定规则是：因侵犯注册商标专用权行为提起的民事诉讼，由商标侵权行为的实施地、侵权商品的储藏地或者查封扣押地、被告住所地法院管辖。其中，侵权商品的储藏地是指大量或者经常性储存、隐匿侵权商品所在地；查封扣押地是指海关、工商等行政机关依法查封、扣押侵权商品所在地。再次，关于著作权管辖的确定规则是：因侵犯著作权行为提起的民事诉讼，由著作权侵权行为的实施地、侵权复制品储藏地或者查封扣押地、被告住所地法院管辖。其中，侵权复制品储藏地是指大量或者经营性储存、隐匿侵权复制品所在地；查封扣押地是指海关、版权、工商等行政机关依法查封、扣押侵权复制品所在地。

5）其他类别诉讼

《民事诉讼法》及相关司法解释，还对如下8类性质的纠纷的地域管辖也作了专门规定：① 因铁路、公路、水上和航空事故请求损害赔偿提起的诉讼，由事故发生地或者车辆、船舶最先到达地、航空器最先降落地或者被告住所地法院管辖。② 因船舶碰撞或者其他海事损害事故请求损害赔偿提起的诉讼，由碰撞发生地、碰撞船舶最先到达地、加害船舶被扣留地或者被告住所地法院管辖。③ 因海难救助费用提起的诉讼，由救助地或者被救助船舶最先到达地法院管辖。④ 因共同海损提起的诉讼，由船舶最先到达地、共同海损理算地或者航程终止地法院管辖。⑤ 债权人申请支付令，由债务人住所地基层人民法院管辖。⑥ 因票据纠纷提起的诉讼，由票据支付地或者被告住所地法院管辖。⑦ 因铁路、公路、水上、航空运输和联合运输合同纠纷提起的诉讼，由运输始发地、目的地或者被告住所地法院管辖。⑧ 当事人申请诉前保全后没有在法定期间起诉或者申请仲裁，给被申请人、利害关系人造成损失引起的诉讼，由采取保全措施的法院管辖。当事人申请诉前保全后在法定期间内起诉或者申请仲裁，被申请人、利害关系人因保全受到损失提起的诉讼，由受理起诉的法院或者采取保全措施的法院管辖。

需要注意的是，根据《民事诉讼法》和相关司法解释规定，公司诉讼案件、海难救助费用案件、共同海损案件、债权人申请支付令案件、诉前财产保全案件等特殊地域管辖案件，没有将被告住所地作为管辖连接点。

4. 专属管辖

专属管辖是指法律强制规定某类案件只能由特定的法院进行管辖。不仅排除对一般地域管辖和特殊地域管辖的适用，同时还完全排除了当事人对管辖的协议变更，外国法院更没有管辖权，其实质在于对法院管辖权的确定一律适用法律的规定。根据《民事诉讼法》第34条规定，下列案件由人民法院专属管辖。

（1）因不动产纠纷提起的诉讼，由不动产所在地法院管辖。不动产纠纷是指因不动产的权利确认、分割、相邻关系等引起的物权纠纷。农村土地承包经营合同纠纷、房屋租赁合同纠纷、建设工程施工合同纠纷、政策性房屋买卖合同纠纷，按照不动产纠纷确定管辖。不动产已登记的，以不动产登记簿记载的所在地为不动产所在地；不动产未登记的，以不动产实际所在地为不动产所在地。

（2）因港口作业中发生纠纷提起的诉讼，由港口所在地法院管辖。港口作业中发生的纠纷主要有两类：① 在港口进行货物装卸、驳运、保管等作业中发生的纠纷；② 船舶在港口作业中，由于违章操作造成他人人身或者财产损害的侵权纠纷。因此类纠纷提起的诉讼，由港口所在地法院管辖。根据《最高人民法院关于海事法院受理案件范围的若干规定》，港口作业纠纷属于海事海商案件，应由该港口所在地的海事法院管辖。

（3）因继承遗产纠纷提起的诉讼，由被继承人死亡时住所地或者主要遗产所在地法院管辖。遗产是指死者生前的个人财产，包括动产和不动产。继承人为继承被继承人的遗产发生纠纷诉诸法院的诉讼，称为继承遗产诉讼。继承遗产诉讼，由被继承人死亡时住所地或者主要遗产所在地法院管辖。① 继承人死亡时住所地与主要遗产所在地是一致的，该地法院具有管辖权。二者不一致的，这两个地方的法院都有管辖权，当事人可以任选其中一个法院提起诉讼。② 如果被继承人的遗产分散在几个法院辖区，应以遗产的数量和价值来确定主要遗产所在地，进而确定管辖法院。③ 如果主要遗产是不动产，应当按照遗产纠纷来确定管辖法院，即此类案件由被继承人死亡时住所地或者主要遗产所在地法院确定管辖法院，而不是作为不动产纠纷来确定管辖法院。

5. 共同管辖和选择管辖

所谓共同管辖，系指至少两个以上的法院对同一个案件都依法拥有管辖权。造成这种情形的原因一般有两种：一是诉讼主体的非单一性，如共同被告住所地、经常居住地在两个以上的法院辖区内，这些法院就都拥有管辖权。二是确定管辖标准的复合性，如特殊地域管辖确定标准的多样性便是形成共同管辖的原因之一。《民事诉讼法》第24—26条、第28—33条以及第34条第1款第3项均属共同管辖。

而选择管辖，则是当事人可以在两个以上有管辖权的法院中选择其一作为解决纠纷案件的法院。可见，共同管辖是选择管辖的基础和前提，选择管辖是对共同管辖的落实和兑现，两者是一个问题的两个方面，从当事人角度看属于"选择管辖"，从法院角度看属于"共同管辖"。这对于我国更进一步充分落实一般地域管辖、特殊地域管辖和专属管辖法律规定起着不可替代的作用。

根据《民事诉讼法解释》第36条规定，两个以上的法院都有管辖权的诉讼，先立案的法院不得将案件移送给另一个有管辖权的法院。法院在立案前发现其他有管辖权的法院已先立案的，不得重复立案；立案后发现其他有管辖权的法院已先立案的，裁定将案件移送给先立案的法院。

6. 协议管辖

1）协议管辖的概念和适用条件

所谓协议管辖，是指合同或者其他财产权益纠纷的双方当事人在纠纷发生之前或发生之后以书面协议方式约定解决纠纷的第一审管辖法院。根据《民事诉讼法》第35条规定，合同或者其他财产权益纠纷的当事人可以书面协议选择被告住所地、合同履行地、合同签订地、原告住所地、标的物所在地等与争议有实际联系的地点的法院管辖，①但不得违反本法对级别管辖和专属管辖的规定。其适用应当符合如下条件。

（1）适用案件范围上，除合同纠纷，还涉及其他财产权益纠纷。其他财产权益纠纷如因物权、知识产权中的财产权而产生的纠纷，侵权纠纷，无因管理纠纷，不当得利纠纷等。需要指出的是，就合同纠纷协议管辖的，基于该合同竞合产生的侵权纠纷的管辖亦受合同协议管辖条款约束，由所选法院管辖。

（2）选择法院范围上，只能针对第一审法院。根据管辖协议，起诉时能够确定管辖法院的，从其约定；不能确定的，依照《民事诉讼法》的相关规定确定管辖。管辖协议约定两个以上与争议有实际联系的地点的法院管辖，原告可以向其中一个法院起诉。同时协议不得变更级别管辖、专属管辖和集中管辖的规定。②

---

① 实践中，双方当事人约定"可向合同签订地法院起诉"的"可"字系选择性的还是排他性的，关于这个问题，最高人民法院裁判认为：协议管辖应是非常确定的管辖，应具有排他性的管辖，不应将此约定理解为选择性的约定。双方协议所使用的"可"字，系目前国内当事人进行协议管辖时的常用术语，该约定应视为双方对管辖法院作出了单一确定的选择，应解释为由被选择的法院行使排他性管辖权。参见（2014）最高法民提字第154号。

② 集中管辖是指将分散由各法院管辖的某类案件集中交由某些特定的法院管辖，比如知识产权、涉外民商事、未成年人案件。对于违反集中管辖和专门管辖的管辖协议，具体依照现行有效的司法解释进行认定。

(3) 协议形式上，必须采取书面形式，包括书面合同中的协议管辖条款和诉讼前以书面形式达成的选择管辖的协议。第一，对诉前达成的书面协议，须符合《民法典》合同编相关规定，如当事人有缔约能力，且内容为当事人双方选择管辖法院的真实意愿等。除了合同书的形式外，也可以是信件和数据电文（包括电报、电传、传真、电子数据交换和电子邮件）等形式。第二，约定管辖无论是独立的协议还是作为合同的一项条款，其效力均独立，其是否有效应当单独认定。第三，经营者使用格式合同条款与消费者订立管辖协议，未采取合理方式提请消费者注意，消费者主张管辖协议无效的，法院应予支持。

2）协议管辖的审查处理

协议管辖在双方当事人协议约定中，可能会出现不合法、不明确等问题，因此需要区分不同情形，予以不同处置。

(1) 约定多个管辖法院。管辖协议约定两个以上与争议有实际联系的地点的法院管辖，原告可以向其中一个起诉，即协议管辖条款不因此而无效。原告向两个以上有管辖权的法院起诉的，由最先立案的法院管辖。

(2) 管辖协议约定不明确。《民事诉讼法解释》第 30 条规定，根据管辖协议，起诉时能够确定管辖法院的，从其约定；不能确定的，依照《民事诉讼法》的相关规定确定管辖。管辖协议约定两个以上与争议有实际联系的地点的法院管辖，原告可以向其中一个法院起诉。首先，约定守约方所在地法院管辖。要判断何方当事人守约，需要经过实体审理方能确定，在确定管辖权阶段无法判明，应当认定为无效。① 其次，约定由当地法院管辖。应当综合考量当事人的意思、合同类型及其他因素，能够确定何为当地的，应当认定为有效；不能确定的，应认为约定不明确而无效。再次，约定或仲裁或起诉。当事人同时约定争议可以向某仲裁机构申请仲裁也可以向某法院起诉的，一般不仅仲裁的约定无效，而且选择管辖法院的约定也无效。当然，如果一方当事人向约定的法院起诉，另一方不提出异议的，可认为当事人补正了这类管辖协议的效力。② 还有就是一方当事人向仲裁机构申请仲裁，另一方未提出异议并实际参加仲裁的，应视为双方就通过仲裁方式解决争议达成了合意。③ 最后，合同约定的签订地与实际签字或盖章地点不符的，应以约定的签订地为合同签订地。④

(3) 约定住所地变化。根据《民事诉讼法解释》第 32 条规定，管辖协议约定由一方当事人住所地法院管辖，协议签订后当事人住所地变更的，由签订管辖协议时的住所地法院管辖，但当事人另有约定的除外。

(4) 违反级别管辖规定的处理。一般而言，违反专属管辖的绝对无效，违反级别管辖的相对无效。在审查协议时应当基于保护当事人的正当预期，尽量减少无效管辖协议的立

---

① 合同约定"向守约方所在地法院起诉"的，如何确定管辖法院，对此最高人民法院的裁判观点是：当事人在合同中约定，发生争议时向守约方所在地有管辖权的法院提起诉讼的，由于合同各方当事人是否构成违约属于需要进行实体审理的内容，并非能够在管辖异议程序阶段确定的事实，故合同约定中的"守约方"并不明确，无法依据该约定确定管辖法院。应当依照《民事诉讼法》的相关规定确定管辖。参见（2020）最高法知民辖终 172 号。

② 参见（2016）最高法辖终 284 号。

③ 参见（2021）最高法民辖终 480 号。

④ 当事人采用书面形式订立合同，合同约定的签订地与实际签字或者盖章地点不符的，法院应当认定约定的签订地为合同签订地。参见（2017）最高法民辖终 404 号。

场进行认定。实践中违反级别管辖的主要有下面三类情况："××地××法院管辖",既约定了地域管辖,又约定了具体管辖法院,应认为当事人在案件地域管辖上的选择有效;"××法院管辖",没有约定地域管辖,只确立了具体管辖法院,应认为有效并结合级别管辖规定确定案件管辖法院;"××地法院管辖",只约定了地域管辖,没有明确具体法院,应认为有效并根据级别管辖规定和实际联系地原则来确定具体的管辖法院。

（5）管辖协议涉及第三人等其他情形。总的来说,管辖协议对未签署协议的第三人不产生拘束力,但也有若干例外。常见情形有：管辖协议的效力及于当事人的一般继承人,包括死者的继承人、企业的权利义务继受人;代位权诉讼中,债务人与次债务人于代位权诉讼前订有管辖协议的,代位权人受该管辖协议的拘束;根据《民事诉讼法解释》第31条规定,经营者使用格式条款与消费者订立管辖协议,未采取合理方式提请消费者注意,消费者主张管辖协议无效的,法院应予支持;根据《民事诉讼法解释》第33—35条规定合同转让的,合同的管辖协议对合同受让人有效,但转让时受让人不知道有管辖协议,或者转让协议另有约定且原合同相对人同意的除外;当事人因同居或者在解除婚姻、收养关系后发生财产争议,约定管辖的,可以适用《民事诉讼法》第35条规定确定管辖;当事人在答辩期间届满后未应诉答辩,法院在第一审开庭前,发现案件不属于本院管辖的,应当裁定移送有管辖权的法院。

总之,协议管辖是充分尊重当事人私法意思自治,允许当双方当事人在民事纠纷发生之前或之后,用协议的方式来选择解决争议的法院的一种制度安排。尊重了当事人的选择自由,有利于解决纠纷,有利于生效裁判的执行。但协议管辖并不是完全由当事人处理自己私人事务的过程,同时协议管辖条款要受到级别管辖、专属管辖等方面的限制。

（四）裁定管辖

1. 指定管辖

所谓指定管辖,是指上级法院以裁定方式指定其下级法院对某一案件行使管辖权的一种管辖制度。根据《民事诉讼法》第37—38条规定,它一般适用如下几种情形。第一种,法院发现受理的案件不属于本院管辖的,应当移送有管辖权的法院,受移送的法院应当受理。受移送的法院认为受移送的案件依照规定不属于本院管辖的,应当报请上级法院指定管辖,不得再自行移送。即受移送的法院认为自己对移送来的案件无管辖权,报上级法院指定管辖。第二种,有管辖权的法院由于特殊原因,不能行使管辖权的,报上级法院指定管辖。如法院的全体法官均须回避、有管辖权法院所在地发生了严重的自然灾害等。第三种,法院之间因管辖权发生争议,由争议双方协商解决;协商解决不了的,报请它们的共同上级法院指定管辖。对如何确定共同上级法院,《民事诉讼法解释》第40条规定,争议法院为同属一个地、市辖区的基层人民法院的,由该地、市的中级人民法院及时指定管辖;同属一个省、自治区、直辖市的两个法院的,由该省、自治区、直辖市的高级人民法院及时指定管辖;双方为跨省、自治区、直辖市的法院,高级人民法院协商不成的,由最高人民法院及时指定管辖。报请上级法院指定管辖时,应当逐级进行。对争议中案件的处理,《民事诉讼法解释》第41条第2款进一步规定,在管辖争议等问题解决前,对报请上级法院指定管辖的案件,下级法院应当中止审理。指定管辖裁定作出前,下级法院对案件作出判决、裁定的,上级法院应当在裁定指定管辖的同时,一并撤销下级法院的判决、裁定。

2. 移送管辖

所谓移送管辖，是指法院在受理民事案件后，发现自己对案件并无管辖权，依法将案件移送到有管辖权的法院审理。

移送管辖发生在移送法院和接受移送法院之间，两法院在适用移送管辖时应受如下规定的约束。① 接受移送的法院即使认为本院对移送来的案件并无管辖权，也不得自行将案件移送到其他法院，而只能报请上级法院指定管辖，不得再自行移送。② 有管辖权的法院受理案件后，不得以行政区域变更为由，将案件移送给变更后有管辖权的法院。判决后的上诉案件和依审判监督程序提审的案件，由原审法院的上级法院进行审判；上级法院指令再审、发回重审的案件，由原审法院再审或者重审。③ 两个以上的法院都有管辖权的诉讼，先立案的法院不得将案件移送给另一个有管辖权的法院。法院在立案前发现其他有管辖权的法院已先立案的，不得重复立案；立案后发现其他有管辖权的法院已先立案的，裁定将案件移送给先立案的法院。

3. 管辖权转移

管辖权转移是指经上级法院决定或者同意，将某个案件的管辖权由上级法院转交给下级法院，或者由下级法院转交给上级法院。这是对级别管辖的一种变通和补充。根据《民事诉讼法》第 39 条规定，上级法院有权审理下级法院管辖的第一审民事案件；确有必要将本院管辖的第一审民事案件交下级法院审理的，应当报请其上级法院批准。下级法院对它所管辖的第一审民事案件，认为需要由上级法院审理的，可以报请上级法院审理。

关于上级法院审理下级法院管辖权案件，实践中，在遇到一方当事人是受诉下级法院或者其工作人员、案情复杂、涉及面广以及受诉法院审理有困难的案件等情形时，下级法院对它所管辖的第一审民事案件可以报请上级法院审理，但必须征得上级法院的同意。为了保证案件的公正性、高效率和审判质量，上级法院有权将属于下级管辖的第一审民事案件提到本院审判。凡是上级法院决定提审的案件，下级法院不得拒绝。

关于下级法院审理上级法院管辖权案件，即上级法院认为确有必要将本院管辖的第一审民事案件交下级法院审理，根据《民事诉讼法解释》第 42 条规定，这里的上级法院认为确有必要一般指破产程序中有关债务人的诉讼案件、当事人人数众多且不方便诉讼的案件、最高人民法院确定的其他类型案件。在交下级法院审理前，应当报请其上级法院批准。其上级法院批准后，该法院应当用裁定方式将案件交下级法院审理。

（五）管辖权异议

1. 概念和适用条件

所谓管辖权异议是指法院受理案件后，当事人依法提出该法院对本案无管辖权的主张和意见。根据《民事诉讼法》第 130 条规定，法院受理案件后，当事人对管辖权有异议的，应当在提交答辩状期间提出。法院对当事人提出的异议，应当审查。异议成立的，裁定将案件移送有管辖权的法院；异议不成立的，裁定驳回。

管辖权异议提出应当遵守《民事诉讼法》规定的如下条件。

（1）有权提出管辖权异议的人为当事人，实务中提出管辖权异议的往往是被告，管辖法院是原告自己选择的，应当推定其认可受诉法院的管辖权。

（2）管辖权异议的时间，应在提交答辩状期间提出，其时限为15日，超期法院不再受理。当事人在此期间提出异议后，又要求撤回的，法院应予允许。适用简易程序审理的案件，原告可以口头起诉，被告因未收到起诉状，不能书写答辩状，因此管辖异议不受答辩期间的限制。适用特别程序审理的案件，因不存在争议的双方，所以不存在"提交答辩状期间"，管辖权异议也不受限制。当事人未提出管辖异议，并应诉答辩或者提出反诉的，视为受诉法院有管辖权，但违反级别管辖和专属管辖规定的除外。

（3）诉讼管辖异议应当采取书面形式。异议书既可以随答辩状一并提出，也可单独书写。

（4）管辖权异议只能针对第一审法院管辖权提出。但根据《民事诉讼法解释》第39条第2款规定，法院发回重审或者按第一审程序再审的案件，当事人提出管辖异议的，法院不予审查。

2. 法院对管辖权异议的处理

法院对当事人提出的管辖权异议，未经审查或审查后尚未作出裁定的，不得进入该案的实体审理。因此对当事人提出的异议，应审查。经审查异议成立的，裁定将案件移送有管辖权的法院；异议不成立的，裁定驳回。

对该驳回管辖权异议的裁定不服的，当事人可以依法上诉。法院对管辖异议审查后确定有管辖权的，不因当事人提起反诉、增加或者变更诉讼请求等改变管辖，但违反级别管辖、专属管辖规定的除外。

三、自测练习

（一）单项选择题

第四章自测练习
参考答案

1. 下列案件中属于中级人民法院管辖的案件是（   ）。

    A. 简单民事案件

    B. 宣告失踪案件

    C. 重大涉外案件

    D. 宣告公民失踪

2. 根据《民事诉讼法》的规定，对因船舶碰撞或者其他海事损害事故请求损害赔偿提起的诉讼无管辖权的法院是（   ）。

    A. 碰撞发生地

    B. 碰撞船舶最先到达地

    C. 加害船舶被扣留地

    D. 原告住所地

3. 上级法院以裁定的形式确定某一下级法院管辖案件的制度是（   ）。

    A. 指定管辖

    B. 专属管辖

    C. 地域管辖

    D. 级别管辖

4. 根据《民事诉讼法》的规定,当事人对法院的管辖权提出异议应在（   ）。

A. 法庭辩论终结前提出

B. 开庭审理前提出

C. 提交答辩状期间提出

D. 随时提出

5. 两个以上的法院有管辖权的案件,原告向两个以上有管辖权的法院都起诉的,有管辖权的法院是（   ）。

A. 原告住所地法院

B. 被告住所地法院

C. 最先立案的法院

D. 最先受理的法院

（二）多项选择题

1. 重大涉外案件,包括（   ）等具有重大影响的案件。

A. 争议标的额大

B. 案情复杂

C. 或者一方当事人人数众多

D. 一方当事人是外国人

2. 因财产保险合同纠纷提起的诉讼,如果保险标的物是运输工具或者运输中的货物,可以由（   ）法院管辖。

A. 运输工具登记注册地

B. 运输目的地

C. 保险事故发生地

D. 原告住所地

3. 因产品、服务质量不合格造成他人财产、人身损害提起的诉讼,（   ）法院均有管辖权。

A. 产品制造地

B. 产品销售地

C. 服务提供地

D. 侵权行为地

4. 按照不动产纠纷确定管辖的案件有（   ）。

A. 农村土地承包经营合同纠纷

B. 房屋租赁合同纠纷

C. 建设工程施工合同纠纷

D. 政策性房屋买卖合同纠纷

5. 上级法院确有必要时,可以在开庭前将本院管辖的（   ）第一审民事案件交下级法院审理。

A. 破产程序中有关债务人的

B. 当事人人数众多且不方便诉讼的

C. 最高人民法院确定的其他类型的

D. 案情较为简单的

（三）判断题

1. 对破产程序中有关债务人的诉讼案件，上级法院可以在开庭前交下级法院审理。
（   ）

2. 对没有办事机构的合伙型联营体提起的诉讼，应由被告住所地法院管辖。（   ）

3. 追索赡养费、扶养费、抚养费案件中几个被告住所地不在同一辖区的，可以由原告住所地法院管辖。（   ）

4. 中国公民一方居住在国外，一方居住在国内，国外一方在居住国法院起诉，国内一方向人民法院起诉的，受诉法院有权管辖。（   ）

5. 因人身保险合同纠纷提起的诉讼，可以由被保险人住所地法院管辖。（   ）

6. 合同转让的，合同的管辖协议对合同受让人有效，但转让时受让人不知道有管辖协议，或者转让协议另有约定且原合同相对人同意的除外。（   ）

（四）案例分析题

1. 2021年6月，位于北京甲区的飞腾公司与位于珠海乙区的永恒昌公司签订购销合同。合同规定：由永恒昌公司给飞腾公司提供价值19万元的摩托车配件，交货地是北京C区。在本合同履行过程中发生的争议，双方协商解决，协商不成的由原告住所地和合同履行地法院管辖。合同签订后，因永恒昌公司未按期发运摩托车配件，双方发生纠纷，飞腾公司提起诉讼。

问：

(1) 本案中的协议管辖约定是否有效？为什么？

(2) 本案应由哪个法院管辖？为什么？

2. 消费者黄某在天猫商城某网店购买的商品存在质量问题，消费者将该网店及天猫公司诉至北京市海淀区人民法院。天猫公司提出管辖异议，认为消费者在天猫购物注册淘宝账户时会显示《淘宝服务协议》，协议约定，"您与淘宝平台的经营者均同意以被告住所地人民法院为第一审管辖法院"。本案存在消费者的管辖权协议，应适用协议管辖。因其住所地为浙江省杭州市余杭区，故应将案件移送到浙江省杭州市余杭区人民法院审理。

问：你认为本案该有哪个法院管辖？

3. 甲男、乙女于2014年在天津相识，后由于工作关系，二人分别于2015年3月和9月调至北京，并于次年4月在北京结婚。2017年，甲男赴A国学习，留下乙女一人在深圳居住。2019年，乙女去探亲，二人在A国定居（入籍）。由于性格不合等原因，2022年，乙女向A国法院提起离婚诉讼，但该法院不予受理，乙女遂向我国法院提出离婚诉讼。此案应由哪地法院管辖？（   ）

A. 只能由北京中级人民法院管辖

B. 只能由深圳某基层人民法院管辖
C. 我国法院不予受理
D. 由北京或深圳的基层人民法院管辖

4. 原告吴某与某保险公司人身保险合同纠纷一案向吴某住所地基层人民法院起诉，保险公司在提交答辩状期间对管辖提出异议，认为人身保险合同没有标的物，应该由被告住所地法院管辖。

问：被告的异议是否成立？为什么？

（五）简述题

1. 级别管辖确定的主要依据是什么？
2. 确定民事诉讼管辖的原则是什么？
3. 移送管辖和管辖权转移的主要区别是什么？
4. 专属管辖的案件有哪些？
5. 协议管辖的适用条件有哪些？
6. 简述管辖恒定原则。

四、拓展与思考：区块链纠纷司法诉讼管辖权的确定

区块链技术在定义上并没有具体的物理地址，每一个网络节点都可能会碰到相对独立的司法管辖，这给传统民事诉讼管辖规定带来了挑战。

挑战之一是一般地域管辖权难以适用。"原告就被告"原则是国内外法律一致确立的一般民商事纠纷管辖权的基本原则。然而，这一原则在审理区块链纠纷时遭遇困难，因为区块链实行绝对的匿名制，这限制了"原告就被告"原则的适用。基于绝对的匿名制，区块链中的交易当事人，在交易过程中并不知道对方的身份。即使借助 IP 地址，法院能否仅凭一个 IP 地址来确定对纠纷是否具有管辖权，也仍有待商榷。

挑战之二是专属管辖难以明确。海事法院、知识产权法院、金融法院等专门法院的专属管辖，能否与一般诉讼地域管辖一起覆盖区块链纠纷呢？这仍是个无解之困。因为即使以侵权行为地作为管辖权行使的连接点，亦应确定被告身份与所在，前述绝对匿名带来的问题仍应然存在。并且知识产权法院与金融法院亦有各自的适用困境。首先是区块链内的知识产权人身份难以确定。在区块链内，承载知识产权的作品亦需要数据化。但作品变为数字代码后，时常会被其他用户进行改编与再创作成为新的作品，而新的作品同样被不断分解与重组，作品的权利人难以界定。其次是我国金融法院管辖区块链纠纷于法无据。金融法院管辖范围包括证券、期货交易、私募基金、非银行支付机构网络支付、网络借贷、互联网股权众筹等。截至目前，我国金融法院对于区块链纠纷的管辖权尚无法律依据，甚至区块链的交易行为是否是金融交易行为亦存在争议。[①]

在区块链纠纷司法诉讼管辖权应对方面，学者们提出如下思路。第一，拓展原告所在地

---

① 参见王淑敏、李忠操：《区块链纠纷的民事管辖权配置：法理创新与立法应对》，《政治与法律》2020 年第 5 期。

作为一般管辖连接点的适用标准。区块链的绝对匿名制及管理机制,案件中的被告住所地或争议发生地通常难以确定,导致诉讼的目的无法实现。① 为此,民事诉讼法应适当拓展原告所在地作为管辖连接点的适用标准。在区块链纠纷案件的审理中,明确规定允许原告所在地法院行使案件的管辖权。第二,增加"数据实际影响地"作为一般管辖的连接点。所谓数据的实际影响地,是指法院地并非数据控制者或处理者的所在地,但它是网络数据实际发生效果的所在地。在区块链环境下,各类民商事法律行为均转换为链内数据流,为此,可将数据的实际影响地作为行使一般管辖之依据。② 第三,通过拟制区块链上的虚拟财产为法律上的"物"确定管辖,鉴于区块链的参与者通常匿名且难以确定其实际所在地,因此,"物之所在地"通常成为首要考量的管辖权规则。但较之现实中有形财产,区块链中的虚拟财产并非实物,其被存储于全世界无数台电脑的分布式账本中,没有具体的地理位置,也难以被找到。当前区块链研究者们广泛认为,若当事人在区块链上使用公钥和私钥进行交易,则私钥的"存储"地点,就是加密财产的"物之所在地"。③

---

① 管辖适用原告所在地的条件为"对不在中国领域内居住的人提起的有关身份关系的诉讼;对下落不明、宣告失踪的人提起的有关身份关系的诉讼;对被采取强制性教育措施的人提起的诉讼;对被监禁的人提起的诉讼"。上述规范并不适用于区块链纠纷,原因在于:一是区块链案件除人身关系诉讼外,亦包括财产关系诉讼;二是区块链案件被告并非被采取强制措施或被监禁;三是一般意义的下落不明不仅包括查无所踪,而且包括持续没有音讯的过程。在区块链案件中,被告人并非杳无音讯,相反,在区块链社区的联络是畅通的。

② 以欧盟 2018 年 5 月 25 日生效的《通用数据保护条例》(General Data Protection Regulation,GDPR)为例,该法律规范将"实际影响地"作为属地管辖权中的连接点之一。GDPR 第 3 条规定,即使数据控制者或处理者在欧盟未设立实体机构,但只要其为欧盟内的数据主体提供商品或服务,或者对发生在欧洲范围内的数据主体的活动进行监控,即适用于本法。2018 年 3 月 23 日,美国总统特朗普签署《澄清合法域外使用数据法》(Clarifying Lawful Overseas Use of Date Act,CLOUD)。这一法案亦将"实际影响地"视为司法部门通过国内法律程序调取数据之管辖权依据。由此可知,相对于数据发生地而言,区块链数据的实际影响地才应是立法关注的焦点所在。

③ 参见包丁裕睿、迟骋、李世刚:《区块链争议解决与治理范式选择》,《科技与法律》2019 年第 3 期。

第五章　当事人和诉讼代理人

一、导引

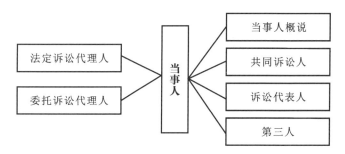

当事人必须具备民事诉讼权利能力，具有这种资格的人，当他们的民事权益遭到外力侵害或与他人发生争执时，可以凭原告身份向法院提出民事诉讼，或以被告身份到法院应诉。自然人的诉讼权利能力始于出生，终于死亡，而法人和其他组织的诉讼权利能力始于该组织（法人）成立，终于该组织（法人）消灭。当事人能够以自己的行为行使民事诉讼权利、履行民事诉讼义务的能力，称为民事诉讼行为能力。自然人具备民事诉讼行为能力应符合年龄和身体条件，在自然人无民事诉讼行为能力时，由其法定代理人代为诉讼，法定代理人只能由监护人或者其他类似的人担任。法人的诉讼行为能力由其法定代表人行使。有诉讼行为能力的当事人（或无诉讼行为能力人的法定代理人），为维护自身利益，可委托诉讼代理人。

当事人通常有狭义和广义之分。狭义的当事人指原告和被告，广义的当事人还包括共同诉讼人、诉讼代表人和第三人。通常情况下是一个原告起诉一个被告，但有时原告或被告一方为二人以上，这种情况称为共同诉讼。在共同诉讼中，当事人一方人数众多的，可以由诉讼代表人进行诉讼，诉讼代表人享有全部当事人的诉讼权利。此外，在原、被告之间的诉讼开始后、案件审理终结前，与原告或者被告存在某种民事法律关系，案件的审理结果可能与其有法律上的利害关系，经法院通知或自己申请而参加到已经开始的诉讼中的人，称为诉讼第三人。第三人因参加诉讼的根据不同，分为有独立请求权第三人和无独立请求权第三人。

二、基本原理与制度

（一）当事人概说

1. 当事人的概念和特征

当事人是指以自己的名义请求法院行使审判权，解决民事争议或保护民事权益的人及其相对方。根据《民事诉讼法》规定，公民、法人和其他组织可以作为民事诉讼的当事人。当事人在不同的诉讼程序中有不同的称谓。在第一审普通程序和简易程序中，称为原告和被告；在第二审程序中，称为上诉人和被上诉人；在执行程序中，称为申请人和被申请人（或被执行人）；在特别程序中一般称为申请人和被申请人。当事人在不同的诉讼程序中具有不同的诉讼地位，享有的诉讼权利和承担的诉讼义务也不完全相同。狭义民事诉讼当事人有如下主要特征：① 必须以自己的名义起诉应诉，进行诉讼活动，是诉讼权利义务的承担者；② 必须是向法院请求解决民事纠纷或保护民事权益的人及其相对方；③ 能够引起民事诉讼程序发生、变更或消灭；④ 受法院裁判的拘束。

2. 当事人民事诉讼权利能力和民事诉讼行为能力

所谓民事诉讼权利能力，是指在抽象意义上能够成为民事诉讼当事人，享有民事诉讼权利和承担民事诉讼义务的法律上的资格。如果起诉人或应诉人没有民事诉讼权利能力，法院将驳回诉讼。《民事诉讼法》规定，有民事诉讼权利能力，可以作为民事诉讼当事人的有公民、法人和其他组织。公民的民事诉讼权利能力自出生时开始，至死亡之时终结。涉及遗产继承、接受赠与等胎儿利益保护的，胎儿视为具有民事诉讼权利能力，但是胎儿娩出时为死体的，其民事诉讼权利能力自始不存在；法人和其他组织的民事诉讼权利能力自该法人和其他组织成立之时开始，于终止之时消灭。

所谓民事诉讼行为能力，是指通过亲自实施民事诉讼行为，行使民事诉讼权利和承担民事诉讼义务的能力与资格。该项能力不仅仅停留在资格层面，其实质表达了行为人具有参加民事诉讼的能力。自然人中具有诉讼行为能力的人只包含完全民事行为能力人，即根据《民法典》第17条和第18条规定的两类人：一类是18周岁以上的自然人，具有完全民事行为能力，可以独立实施民事活动，是有完全民事诉讼行为能力人；一类是16周岁以上不满18周岁的自然人，以自己的劳动收入为主要生活来源，视为有完全民事诉讼行为能力人。法人和其他组织的诉讼行为能力和诉讼权利能力同时产生，同时消灭。

3. 适格当事人

所谓当事人适格，是指对于特定的诉讼，可以自己的名义成为诉讼当事人的资格。具有这种资格的人，可以自己的名义作为原告或者被告进行诉讼，是本诉讼的正当或合格当事人。依据传统当事人适格理论，以争议的实体法律关系作为判断标准，当事人可分为实质的正当当事人和形式的正当当事人两种。

实质的正当当事人把是否具有实体法上的处分权或管理权作为确定当事人是否适格的基础，凡是具有处分权或管理权，拥有对诉讼标的进行放弃、认诺、和解等诉讼实施权的人即为适格当事人。例如，合同当事人因履行合同发生争议，发生争议的合同双方当事人就该合同提起诉讼，具有诉讼实施权，是适格的原被告。

形式的正当当事人并非争诉实体法上的权利义务主体。形式的正当当事人适格的判断基础是纠纷管理权，即当事人的诉讼实施权必须有法律的明确规定或实体权利人的明确授权。形式上的当事人是纯粹诉讼上的概念，与实体法律关系没有联系。如检察机关提起的民事公益诉讼。

需要注意的是，根据形成之诉所作出的判决，其形成力往往不止于当事人双方，常常还会及于其他第三人，具有对世的效力。形成之诉通常只有在法律明文规定的情形下才能提起，所以在形成之诉中，当事人是否适格，一般根据法律规定来判断。如果法律没有规定，则以有形成权的人或对形成权有管理权的人为正当原告，以与形成权有利害关系的对方为正当被告。在确认之诉中，当事人提起确认之诉是为了确定某项法律关系存在或不存在，以维护其确认利益，只要实体法律关系在当事人间不明确、有保护的必要，就可提起，甚至可以对他人间的法律关系起诉，其往往与处分权或管理权无关。因此通说认为，是否具有确认利益是确定在确认之诉中当事人是否适格的基础。

作为适格当事人问题的另一个重要组成部分是关于"其他组织"的当事人适格识别问题，《民事诉讼法》明确规定，公民、法人和其他组织可以作为民事诉讼的当事人。公民、法人的法定权利义务较为明确，其以自己的名义行使诉讼实施权较为便利。但是由于其他组织的范围较广，法定权利义务也相对模糊，给审判实践的适格带来一定困难。根据《民事诉讼法解释》第52条规定，其他组织是指合法成立、有一定的组织机构和财产，但又不具备法人资格的组织，包括：① 依法登记领取营业执照的个人独资企业；② 依法登记领取营业执照的合伙企业；③ 依法登记领取我国营业执照的中外合作经营企业、外资企业；④ 依法成立的社会团体的分支机构、代表机构；⑤ 依法设立并领取营业执照的法人的分支机构；⑥ 依法设立并领取营业执照的商业银行、政策性银行和非银行金融机构的分支机构；⑦ 经依法登记领取营业执照的乡镇企业、街道企业；⑧ 其他符合本条规定条件的组织。

根据以上规定，其他组织具有如下法律特征：① 不具有法人资格。② 依法设立，具有合法性。在实体上，该组织的设立有法可依；在程序上，该组织的设立须经过核准或审批登记手续。其外在标志便是它所获得的《营业执照》或《社会团体登记证》等。③ 组织以自然人为其构成要素，体现为自然人的有机组合，并且成员相对稳定，其设立、变更、终止均经过法定手续，结构相对稳定并具有公示性。④ 有自己的名称、组织机构和场所，拥有一定的财产和经费。名称经过核准登记，具有标识性、公示性。有一定的机构和工作场所开展活动。有开展活动的物质基础，拥有一定的财产。

此外，根据《民事诉讼法解释》第68条规定，居民委员会、村民委员会或者村民小组与他人发生民事纠纷的，居民委员会、村民委员会或者有独立财产的村民小组为当事人。

4. 当事人诉讼权利和诉讼义务

作为诉讼当事人，民事诉讼法赋予其诉讼权利，同时规定了他们应当承担的诉讼义务。当事人行使诉讼权利，可以维护自己的合法权益，当事人不履行诉讼义务，会产生相应的法律后果。

就当事人的诉讼权利而言，可分为单方权利和双方权利。双方权利包括当事人有权委托代理人，提出回避申请，收集、提供证据，进行辩论，请求调解或自行和解，提起上诉和申请撤回上诉，申请再审，查阅本案有关材料并复制本案有关材料和法律文书，要求重新调查、鉴定和勘验，对法庭笔录有遗漏或者差错申请补退，使用本民族语言文字进行诉讼等。

单方权利包括：原告有提起诉讼的权利，原告有提出变更、放弃诉讼请求和撤回诉讼的权利，被告有承认或者反驳原告的诉讼请求和提起反诉的权利，胜诉一方有申请执行的权利等。

当事人的双方义务主要包括：必须正确行使诉讼权利，不得滥用诉权；必须遵守诉讼秩序，按照法定程序和法庭纪律进行诉讼活动，服从审判人员的指挥，尊重对方当事人的诉讼权利；必须履行法院已经发生法律效力的判决、裁定和调解书。

（二）共同诉讼人

《民事诉讼法》第55条规定，当事人一方或者双方为二人以上，其诉讼标的是共同的，或者诉讼标的是同一种类、法院认为可以合并审理并经当事人同意的，为共同诉讼。共同诉讼的一方当事人对诉讼标的有共同权利义务的，其中一人的诉讼行为经其他共同诉讼人承认，对其他共同诉讼人发生效力；对诉讼标的没有共同权利义务的，其中一人的诉讼行为对其他共同诉讼人不发生效力。

所谓共同诉讼人，是指在一些民事纠纷中，当事人一方或双方均为二人以上，形成诉讼时，原告或被告一方或双方均是多数，这就形成了一种特殊的诉讼形态即共同诉讼，共同诉讼的主体即为共同诉讼人。根据《民事诉讼法》规定，共同诉讼有必要共同诉讼和普通共同诉讼两种类型。其中争议的诉讼标的是同一的共同诉讼，是必要共同诉讼；争议的诉讼标的是同种类的共同诉讼，是普通共同诉讼。共同诉讼属于诉的合并，其意义在于简化诉讼程序，避免法院在同一事件处理上作出矛盾的判决。

1. 必要共同诉讼

1）必要共同诉讼的概念和类型

必要共同诉讼指当事人的一方或者双方为二人以上，其诉讼标的是同一的。共同诉讼人具有共同的权利或义务，是不可分之诉，法院必须合并审理和判决。以当事人对诉讼标的的共同的权利义务关系是原本存在还是后来基于同一事实或法律上的原因才产生的为标准，分为两种类型：共同诉讼人对诉讼标的有共同的权利和义务，称为固有的必要共同诉讼；共同诉讼人对诉讼标的的权利或义务，是基于同一事实或法律上的原因产生的，称为类似的必要共同诉讼。

2）必要共同诉讼人内部关系

必要共同诉讼中，各个共同诉讼人均是独立的诉讼主体，都可以实施一定的诉讼行为，而他们相互间的诉讼行为又可能会不完全一致，因此必要共同诉讼除了原被告之间的外部关系以外，还涉及共同诉讼人之间的内部关系。

《民事诉讼法》是以承认原则来处理必要共同诉讼人的内部关系的，即共同诉讼的一方当事人对诉讼标的有共同权利义务的，其中一人的诉讼行为经其他共同诉讼人承认，对其他共同诉讼人发生效力。这种承认包括明示承认和默示承认。所谓默示承认，是指只要共同诉讼人未对其他共同诉讼人实施的诉讼行为表示异议，即表明该共同诉讼人已经承认。不过承认原则也有例外：共同诉讼人中一人对判决不服提起上诉的，如果上诉后为不可分之诉，不管其他共同诉讼人是否承认该上诉行为，上诉的效力都及于共同诉讼人全体。

3)必要共同诉讼人参加诉讼的主要情形

(1)挂靠[①]、借用类案件。根据《民事诉讼法解释》第54条、第65条规定,第一,挂靠方与被挂靠方作为共同诉讼人:以挂靠形式从事民事活动,当事人请求由挂靠人和被挂靠人依法承担民事责任的,该挂靠人和被挂靠人为共同诉讼人。第二,借用人与被借用人作为共同诉讼人:借用业务介绍信、合同专用章、盖章的空白合同书或者银行账户的,出借单位和借用人为共同诉讼人。

(2)代理、监护和劳务派遣类案件。根据《民事诉讼法解释》第67条、第71条和第58条规定,第一,对无民事行为能力人、限制民事行为能力人造成他人损害的,无民事行为能力人、限制民事行为能力人和其他监护人为共同被告。第二,对原告起诉被代理人和代理人,要求承担连带责任的,被代理人和代理人为共同被告。原告起诉代理人和相对人,要求承担连带责任的,代理人和相对人为共同被告。第三,对在劳务派遣期间,被派遣的工作人员因执行工作任务造成他人损害的,以接受劳务派遣的用工单位为当事人。当事人主张劳务派遣单位承担责任的,该劳务派遣单位为共同被告。

(3)继承、赡养类案件。根据《民事诉讼法解释》第70条、第74条和第72条规定,对于共同诉讼人问题,部分继承人起诉的,法院应通知其他继承人作为共同原告参加诉讼;被通知的继承人不愿意参加诉讼又未明确表示放弃实体权利的,法院仍应将其列为共同原告;应当追加的原告,已经明确表示放弃实体权利的,可不予追加为共同原告。对共有财产权受到他人侵害,部分共有权人起诉的,其他共有权人为共同诉讼人。

(4)共同财产侵权和保证合同类案件。第一,共有人可以作为共同原告:共有财产权受到他人侵害,部分共有权人起诉的,其他共有权人为共同诉讼人。第二,共有物致他人损害的,共有人可以作为共同被告。第三,因保证合同纠纷提起的诉讼,债权人向保证人和被保证人一并主张权利的,法院应当将保证人和被保证人列为共同被告。保证合同约定为一般保证,债权人仅起诉保证人的,法院应当通知被保证人作为共同被告参加诉讼;债权人仅起诉被保证人的,可以只列被保证人为被告。

(5)利用信息网络侵害人身权益案件。依照《最高人民法院关于审理利用信息网络侵害人身权益民事纠纷案件适用法律若干问题的规定》,原告仅起诉网络用户,网络用户请求追加涉嫌侵权的网络服务提供者为共同被告或者第三人的,法院应予准许;原告仅起诉网络服务提供者,网络服务提供者请求追加可以确定的网络用户为共同被告或者第三人的,法院应予准许;原告起诉网络服务提供者,网络服务提供者以涉嫌侵权的信息系网络用户发布为由抗辩的,原告根据网络服务提供者提供的信息请求追加网络用户为被告的,法院应予准许。

---

① 关于挂靠和转包的区别,主要应从实际施工人(挂靠人)有没有参与投标和合同订立等缔约磋商阶段的活动加以判断。转包是承包人承接工程后将工程的权利义务概括转移给实际施工人,转包中的实际施工人一般并未参与招投标和订立总承包合同,其承接工程的意愿一般是在总承包合同签订之后。挂靠是承包人出借资质给实际施工人,挂靠关系中的挂靠人在投标和合同订立阶段一般就已经参与,甚至就是其以被挂靠人的代理人或代表的名义与发包人签订建设工程施工合同。一般而言,应当根据投标保证金的缴纳主体和资金来源、实际施工人(挂靠人)是否以承包人的委托代理人身份签订合同、实际施工人(挂靠人)有没有与发包人就合同事宜进行磋商等因素,审查认定属于挂靠还是转包。参见(2019)最高法民申729号。

(6) 个体、企业登记合并类案件。第一，在诉讼中，个体工商户以营业执照上登记的经营者为当事人，营业执照上登记的经营者与实际经营者不一致的，以登记的经营者和实际经营者为共同诉讼人。第二，企业法人合并的，因合并前的民事活动发生的纠纷，以合并后的企业为当事人；企业法人分立的，因分立前的民事活动发生的纠纷，以分立后的企业为共同诉讼人。第三，在诉讼中，未依法登记领取营业执照的个人合伙的全体合伙人为共同诉讼人。

此外，相关立法和司法解释中还规定了一些必要共同诉讼情形。如《最高人民法院关于审理人身损害赔偿案件适用法律若干问题的解释》第6条对从事住宿、餐饮、娱乐等经营活动或者其他社会活动的自然人、法人、其他组织，因第三人侵权导致损害结果发生的，由实施侵权行为的第三人承担赔偿责任。安全保障义务人有过错的，应当在其能够防止或者制止损害的范围内承担相应的补充赔偿责任。安全保障义务人承担责任后，可以向第三人追偿。赔偿权利人起诉安全保障义务人的，应当将第三人作为共同被告。再如《最高人民法院关于审理道路交通事故损害赔偿案件适用法律若干问题的解释》第22条规定，法院审理道路交通事故损害赔偿案件，应当将承保交强险的保险公司列为共同被告。但该保险公司已经在交强险责任限额范围内予以赔偿且当事人无异议的除外。法院审理道路交通事故损害赔偿案件，当事人请求将承保商业三者险的保险公司列为共同被告的，法院应予准许。

4）必要共同诉讼当事人参加诉讼的申请与追加

必须共同进行诉讼的当事人没有参加诉讼的，法院应当依照《民事诉讼法》规定通知其参加；当事人也可以向法院申请追加。通知或追加应当遵守如下规定。

第一，对既不愿意参加诉讼，又不放弃实体权利的，仍应追加为共同原告，其不参加诉讼，不影响法院对案件的审理和依法作出判决。第二，应当追加的原告，已明确表示放弃实体权利的，可不予追加。第三，法院追加共同诉讼的当事人时，应当通知其他当事人。第四，在必要共同诉讼中，法院必须合并审理、合一判决。因为必要共同诉讼是一种不可分之诉，不可分的原因在于共同诉讼人一方对诉讼标的要么有共同的权利，要么有共同的义务。因此一人的诉讼行为经全体承认后，对全体共同诉讼人均发生法律效力。

2. 普通共同诉讼

1）普通共同诉讼的概念和特征

普通共同诉讼，是指当事人一方或者双方为二人以上，共同诉讼标的是同一种类，法院认为可以合并审理，当事人也同意合并审理的诉讼。

普通共同诉讼人可以共同起诉或应诉，也可以分别起诉或应诉，法院可合并审理，也可分开审理，合并审理时必须征得当事人同意。普通共同诉讼是可分之诉。一人的诉讼行为对其他共同诉讼人不发生效力，每个共同诉讼人的诉讼行为只对自己发生效力，某个共同诉讼的诉讼行为中止不影响其他共同诉讼人。虽然共同诉讼人各自拥有独立的诉讼实施权，但各个普通共同诉讼人的行为之间仍然有一定的联系，其中一人在诉讼中的作为或不作为，在法院认定其他共同诉讼人的请求或答辩时，具有证明作用。

2）普通共同诉讼的构成要件

普通共同诉讼的构成必须符合如下条件：① 共同诉讼有两个以上属于同一种类的诉讼标的。普通共同诉讼属于诉讼客体的合并，并因为诉讼客体的合并，导致诉讼主体的合并。因此要成为普通共同诉讼，必须有两个以上的当事人，就两个以上同一种类的诉讼标的向同一法院起诉或应诉。② 由同一法院管辖，适用同一诉讼程序。③ 符合合并审理的目的。普通共同诉讼的目的在于实现诉讼经济，节约司法资源。因此即使符合普通共同诉讼的构成要件，但如果不符合合并审理的目的，也不能合并审理。④ 法院认为可以合并审理，当事人也同意合并审理。在符合以上条件的情况下，是否合并审理，由法院决定，但应征求当事人的同意。如果当事人不同意，法院不能硬性合并为共同诉讼。

3）同种类诉讼标的形态

普通共同诉讼同种类诉讼标的形态成因各异，主要包括：① 基于同类事实或法律上的同类原因形成的同种类诉讼标的。例如，数个业主欠交物业管理费，物业管理人向欠交物业管理费的数个业主提起的交纳管理费的诉讼。② 基于同一事实或法律上的原因形成的同种类诉讼标的。例如，公共汽车发生交通事故导致数名乘客受伤，受害的乘客要求赔偿的诉讼。③ 基于数人对同一权利义务的确认形成的同种类诉讼标的。例如，甲对乙、丙、丁分别提起的关于特定不动产所有权确认的诉讼。该争议的不动产并不是乙、丙、丁所共有的不动产，甲的确认请求并不是针对共有人，而是分别针对乙、丙、丁的，因为乙、丙、丁均主张该不动产为自己所有。如果甲的请求是针对共有人的，则为必要共同诉讼。

（三）诉讼代表人

《民事诉讼法》第 56 条规定，当事人一方人数众多的共同诉讼，可以由当事人推选代表人进行诉讼。代表人的诉讼行为对其所代表的当事人发生效力，但代表人变更、放弃诉讼请求或者承认对方当事人的诉讼请求，进行和解，必须经被代表的当事人同意。

依据起诉时当事人的人数是否明确为标准，代表人诉讼有人数确定和人数不确定之分。这里代表群体起诉应诉的人，即为诉讼代表人，其人数为 2~5 人，每位代表人还可以委托 1~2 人作为诉讼代理人。

诉讼代表人诉讼，产生于共同诉讼中，但该诉讼不是由全体当事人进行，而是由其中的个别当事人代表大家进行，这是与普通共同诉讼的一个显著区别。该制度的意义主要在于：首先，它扩大了司法解决纠纷的功能，能够最大限度地达到诉讼经济的目的。其次，有利于保证法律适用的统一。通过代表人诉讼制度把涉及众多当事人的许多相同的纠纷合并在一个诉讼程序中审理，一并作出裁判，这样可以避免法院因分别审理而可能出现的认定事实和适用法律上的矛盾，确保对相同事实认定和裁判的同一性。再次，该制度充实完善和发展了我国诉讼主体制度。代表人诉讼制度立足于中国司法实际，既融进了诉讼代理制度的特点，也借鉴了英美法系的集团诉讼制度、大陆法系的团体诉讼和选定代表人制度的合理内容，丰富了我国民事诉讼法的内容。

1. 人数确定的代表人诉讼

人数确定的代表人诉讼，是指由起诉时人数已经确定的共同诉讼人推选出诉讼代表人，代替全体共同诉讼人参加诉讼的代表人诉讼。它应符合以下四个条件。① 当事人一方人数众多。当事人一方人数众多，一般指 10 人以上。② 起诉时当事人人数已经确定。③ 作为人数为多数一方的当事人之间具有同一的诉讼标的或具有同一种类的诉讼标的。④ 当事人推选出代表人。根据《民事诉讼法解释》第76条规定，在人数确定的代表人诉讼中，既可以由全体当事人推选共同的代表人，也可以由部分当事人推选自己的代表人；推选不出代表人的当事人，在必要的共同诉讼中可由自己参加诉讼，在普通的共同诉讼中可以另行起诉。

2. 人数不确定的代表人诉讼

1）人数不确定的代表人诉讼的概念和适用条件

人数不确定的代表人诉讼是指由起诉时人数不确定的共同诉讼人中向法院登记权利的人推选出代表，由代表人以全体共同诉讼人的名义参加诉讼。其适用要符合如下三个条件：首先，当事人一方人数众多且具体人数在起诉时尚未确定。其次，诉讼标的为同一种类。即只有普通共同诉讼，才能适用人数不确定的代表人诉讼。再次，需要当事人推选出代表人。在这类代表人诉讼中，诉讼代表人只能由向法院登记了权利的那部分当事人推选出来。根据《民事诉讼法解释》第77条规定，其产生方式依次为：① 推选。由向法院登记了权利的那部分当事人推选出诉讼代表人。② 协商。在推选不出诉讼代表人时，可以由法院提出人选，与当事人协商。③ 指定。协商不成的，也可以由法院在起诉的当事人中指定代表人。

2）人数不确定的代表人诉讼的公告登记和裁判效力范围

《民事诉讼法解释》第79条规定，依照《民事诉讼法》第57条规定受理的案件，法院可以发出公告，通知权利人向法院登记。公告期间根据案件的具体情况确定，但不得少于30日。登记意义在于为权利人推选诉讼代表人、为确定裁判的效力范围做好准备；拒绝登记的，实体权利不受影响，都可以另行提起诉讼。根据《民事诉讼法》规定向法院登记的权利人，应当证明其与对方当事人的法律关系和所受到的损害。证明不了的，不予登记，权利人可以另行起诉。

裁判仅及于参加登记的全体权利人，对未参加登记的权利人无直接拘束力，但具有预决效力。法院的裁判在登记的范围内执行，对参加登记的全体权利人发生效力。未参加登记的权利人提起诉讼，法院认定其请求成立的，裁定适用法院已作出的判决、裁定。

（四）第三人

所谓第三人，根据《民事诉讼法》第59条规定，是指对当事人双方的诉讼标的有独立请求权，或者虽没有独立请求权，但案件处理结果同他有法律上的利害关系，而参加到正在进行的诉讼中的人。第三人参加诉讼的目的在于简化诉讼程序，节约司法资源，彻底解决彼此有联系的纠纷，维护利害关系人的合法权益，在实现全面救济之余减少诉讼成本。以是否具有独立诉讼请求权为标准，第三人分为有独立请求权的第三人与无独立请求权的第三人。

1. 有独立请求权的第三人

1）有独立请求权的第三人的概念和意义

有独立请求权的第三人，是指对原告和被告争议的诉讼标的有独立的请求权而参加诉讼的人。在诉讼中，有独立请求权的人既对抗本诉的原告，又对抗本诉的被告，诉讼请求的理由是，原、被告对他们各自权利的主张侵害了第三人的权利，因此对原、被告提起独立的请求，将他们同置于被告的地位。

该制度的意义在于维护利害关系人的合法权益，防止法院作出错误的判决，实现诉讼经济。因为有独立请求权的第三人是对本诉的原告和被告主张独立的实体权利，而且通常是基于物权的请求，因此，如果不允许有独立请求权的第三人提出独立请求权而参加诉讼，法院将本诉和参加之诉加以合并，就有可能作出损害有独立请求权的第三人实体权利的判决。

2）有独立请求权的第三人参加诉讼的条件

首先，对本诉中的原告和被告争议的诉讼标的，全部或部分享有独立的实体权利，从而主张独立的请求权。这一条件同时也是有独立请求权的第三人参加诉讼的根据。所谓独立的请求权，是指第三人所主张的请求权不同于本诉原告向被告主张的请求权，而是同时直接针对本诉原告和被告的。从主张来看，第三人的主张既不同于原告，也反对被告。这种独立的请求权包括全部的独立请求权和部分的独立请求权。全部的独立请求权是指请求的内容是全部否定原告和被告的实体权利；部分请求权则是指部分否定原告和被告的实体权利。这种独立请求权的实体权利依据一般是物上请求权，即物权请求权，通常表现为第三人对他人之间争执的标的物主张所有权。

其次，所参加的诉讼正在进行中。从第三人参加的性质看，应从原告和被告确定时起，即从被告应诉起，到诉讼审理终结止。原则上第三人参加诉讼应在第一审程序中参加，因为如果不允许第三人参加诉讼，则该第三人无法行使上诉权。但作为例外，法院也允许其在第二审程序中参加诉讼，之所以允许是期望有独立请求权的第三人能够与本诉的原告和被告达成调解协议，从而解决纠纷，这样便不涉及第三人的上诉权问题。如果不能达成调解协议的，第二审法院应撤销一审判决，发回重审。

最后，第三人参加诉讼，必须以本诉的双方当事人为共同被告，以起诉的方式参加。既然是以起诉的方式参加诉讼，就应当符合《民事诉讼法》关于起诉的条件，也应当预交案件受理费。当然，有独立请求权的第三人也可以在辩论终结前撤回参加之诉，再参加诉讼，因为撤回参加之诉，视为没有提起参加之诉，这一点与一般的起诉没有区别。

根据《民事诉讼法解释》第 81 条规定，有独立请求权的第三人有权向法院提出诉讼请求和事实、理由，成为当事人。第一审程序中未参加诉讼的第三人，申请参加第二审程序的，法院可以准许。根据《民事诉讼法解释》第 237 条规定，有独立请求权的第三人参加诉讼后，原告申请撤诉，法院在准许原告撤诉后，有独立请求权的第三人作为另案原告，原案原告、被告作为另案被告，诉讼继续进行。

2. 无独立请求权的第三人

1）无独立请求权第三人的概念和地位

无独立请求权的第三人，是指虽然对原告和被告之间争议的诉讼标的没有独立的请求权，但与案件的处理结果有法律上的利害关系而参加诉讼的人。

无独立请求权的第三人具有独立的诉讼地位，但不是完整意义的当事人，在第一审诉讼中，无独立请求权的第三人无权提出管辖异议，无权放弃、变更诉讼请求或者申请撤诉。因为他既不是原告，也不是被告，而是为维护自己合法权益而参加诉讼的独特的当事人。这主要表现在：① 无独立请求权的第三人以自己名义参加诉讼；② 无独立请求权的第三人可以独立地行使诉讼权利，承担诉讼义务，不受他人制约；③ 在第一审判决中，如无独立请求权的第三人承担实体义务的，则享有上诉权；④ 本诉讼的原告和被告之间的调解涉及无独立请求权的第三人承担实体义务时，应有该无独立请求权的第三人参加。

2）无独立请求权的第三人参加诉讼的条件

无独立请求权的第三人参加诉讼需要满足如下三要件。首先，与案件处理结果有法律上的利害关系。这种利害关系是由无独立请求权的第三人与原告和被告在实体法上的牵连关系决定的。正是这种利害关系，使法院对原告和被告之间争议的处理涉及无独立请求权的第三人。所谓法律上的利害关系，是指无独立请求权的第三人的权利义务将受原告和被告之间诉讼结果的影响，从而使权利义务有所增加或减少。具体包括两个法律关系的主体有牵连、法律关系内容有牵连、法律事实或标的物有牵连等。其次，所参加的诉讼正在进行，时间从被告应诉起，到诉讼审理终结止。再次，自己申请参加诉讼或由法院通知其参加诉讼。《民事诉讼法解释》第81条规定，无独立请求权的第三人，可以申请或者由法院通知参加诉讼；第一审程序中未参加诉讼的第三人，申请参加第二审程序的，法院可以准许。

（五）诉讼代理人

所谓诉讼代理人是以被代理人的名义，在一定权限范围内，为当事人的利益进行诉讼活动的人。因代理权的不同可分为法定诉讼代理人和委托诉讼代理人。

其主要特征表现在：首先，代理人必须以被代理人的名义进行诉讼活动，诉讼代理的目的在于维护被代理人的合法权益，诉讼代理的法律后果由被代理人承担。因此只能以被代理人的名义进行诉讼，而不能以自己的名义进行诉讼。其次，代理人必须在代理权限内实施诉讼行为，诉讼代理人的代理权限来源于法律规定或当事人的授权。凡是超越代理权所实施的诉讼行为，都是无效的诉讼行为，不能产生诉讼法上的效果。

1. 法定诉讼代理人

根据《民事诉讼法》第60条规定，无诉讼行为能力人由他的监护人作为法定代理人代为诉讼。法定代理人之间互相推诿代理责任的，由法院指定其中一人代为诉讼。

1）法定诉讼代理人的概念和特征

法定代理是指根据法律的直接规定而发生的诉讼代理，依照法律规定取得并行使诉讼代理权的人，称为法定诉讼代理人。法定诉讼代理是为无诉讼行为能力的人在法律上设立的一种代理制度。其特征如下：① 代理权产生的基础和代理人的范围特殊。法定诉讼代理之所以发生，既不是基于当事人本人的意志，也不是基于代理人的意志，而是基于法律的规定，即民事实体法规定的亲权和监护权。因而法定诉讼代理人包括与被代理人有身份关系的亲属和对被代理人有监护责任的其他监护人，其他人不能担任法定诉讼代理人。② 代理的对象特殊。它是专门为无诉讼行为能力的人设立的一种诉讼代理制度。③ 法定诉讼代理人的代理权限制和地位特殊。法定代理既是一项权利，又是一项义务。法定诉讼代理人在诉讼中处于与当事人类似的诉讼地位，也即法定诉讼代理人在诉讼中与其所代理的当事人的诉讼地位基本相同。法定诉讼代理人既可以代理当事人处分诉讼权利，也可以代理当事人处分实体权利。法定诉讼代理人所为的一切诉讼行为，均应视为被代理人本人所为的诉讼行为，与被代理人本人所为的诉讼行为产生同等效力。但必须明确，法定诉讼代理人在性质上不是当事人，而是诉讼代理人。

2）法定诉讼代理权的取得和消灭

根据《民事诉讼法解释》第83条规定，在诉讼中，无民事行为能力人、限制民事行为能力人的监护人是他的法定代理人。事先没有确定监护人的,可以由有监护资格的人协商确定;协商不成的,由法院在他们之中指定诉讼中的法定代理人。当事人没有《民法典》第27条、第28条规定的监护人的,可以指定《民法典》第32条规定的有关组织担任诉讼中的法定代理人。

《民法典》第27条、第28条分别规定了未成年人的监护人、无民事行为能力或者限制民事行为能力的成年人的监护人的确定范围。根据《民法典》第31条规定,对监护人的确定有争议的,由被监护人住所地的居民委员会、村民委员会或者民政部门指定监护人,有关当事人对指定不服的,可以向法院申请指定监护人;有关当事人也可以直接向法院申请指定监护人。居民委员会、村民委员会、民政部门或者法院应当尊重被监护人的真实意愿,按照最有利于被监护人的原则在依法具有监护资格的人中指定监护人。在指定监护人前,被监护人的人身权利、财产权利以及其他合法权益处于无人保护状态的,由被监护人住所地的居民委员会、村民委员会、法律规定的有关组织或者民政部门担任临时监护人。

根据《民事诉讼法解释》第350条规定,在申请认定公民无民事行为能力或者限制民事行为能力的案件中,被申请人没有近亲属的,法院可以指定经被申请人住所地的居民委员会、村民委员会或者民政部门同意,且愿意担任代理人的个人或者组织为代理人。没有前述规定的代理人的,由被申请人住所地的居民委员会、村民委员会或者民政部门担任代理人。代理人可以是一人,也可以是同一顺序中的两人。

法定诉讼代理人代理当事人进行诉讼时,应当向法院提交身份证明书,用以证明自己的身份以及同被代理人之间存在的监护与被监护关系。经法院审查属实并记录备案,诉讼代理权即告成立,代理人便可以进行诉讼代理活动,而无需另外办理诉讼代理手续。

法定诉讼代理消灭的原因包括:① 被代理人具有或者恢复了民事行为能力;② 法定诉讼代理人丧失或者被依法撤销了监护人的资格;③ 法定诉讼代理人死亡或者丧失诉讼行为能力;④ 被代理的当事人死亡。

2. 委托诉讼代理人

1)委托诉讼代理人的概念和特征

委托诉讼代理是指根据被代理人的授权委托而发生的诉讼代理。接受被代理人的授权委托代为进行诉讼活动的人,称为委托诉讼代理人。其特征如下:首先,诉讼代理权基于委托人的授权而产生;其次,诉讼代理事项和诉讼代理权限,除法律有特别规定外,由委托人决定;最后,代理人和被代理人均有诉讼行为能力。

2)被委托诉讼代理人的范围和代理权消灭

当事人、法定代理人可以委托1~2人作为诉讼代理人。下列人员可被委托。① 律师、基层法律服务工作者。② 当事人的近亲属或者工作人员。根据《民事诉讼法解释》第85条、第86条规定,具体包括:与当事人有夫妻、直系血亲、三代以内旁系血亲、近姻亲关系以及其他有抚养、赡养关系的亲属,可以当事人近亲属的名义作为诉讼代理人;与当事人有合法劳动人事关系的职工,可以当事人工作人员的名义作为诉讼代理人。③ 当事人所在社区、单位以及有关社会团体推荐的公民。关于有关社会团体推荐公民担任诉讼代理人的,《民事诉讼法解释》第87条规定应当符合下列条件:社会团体属于依法登记设立或者依法免予登记设立的非营利性法人组织;被代理人属于该社会团体的成员,或者当事人一方住所地位于该社会团体的活动地域；代理事务属于该社会团体章程载明的业务范围；被推荐的公民是该社会团体的负责人或者与该社会团体有合法劳动人事关系的工作人员；专利代理人经中华全国专利代理人协会推荐，可以在专利纠纷案件中担任诉讼代理人。

注意以下四类人员不能作为委托代理人：无民事行为能力人、限制民事行为能力人、可能损害被代理人利益的人、法院认为不宜做诉讼代理人的人。

在民事诉讼中，出现如下四种情形之一的，委托诉讼代理权消灭：诉讼结束，代理人已经履行完毕诉讼代理职责；代理人死亡或者丧失诉讼行为能力；被代理人死亡；被代理人和代理人双方自动解除委托诉讼代理关系。

需要说明的是，司法实践中存在同一案件的不同当事人委托同一家律师事务所的不同律师作为代理人的情形。委托律师代理诉讼，是当事人依法享有的诉讼权利，诉讼法及相关法律并未限制在同一案件中诉讼参与人委托同一家律师事务所的不同律师作为代理人。①

3）委托诉讼代理人的代理权限种类

委托人的授权有一般授权和特别授权两种。一般授权是指委托诉讼代理人完成一般的诉讼行为，如调查收集、提供证据、申请回避、提出管辖异议等。特别授权是指诉讼代理人完成某些重要的、涉及委托人实体利益的诉讼行为，如代理当事人承认、放弃、变更诉讼请求，进行和解，提起反诉或者上诉等。委托人作特别授权时，必须在授权书上写明具体的事项，若委托人在授权书上仅写明"全权代理"而无具体授权的，应视为一般授权。委托诉讼代理人只能在当事人授权范围内代理进行诉讼活动，其超越代理权限所实施的诉讼行为，除非得到被代理人的事后追认，否则便属于无效诉讼行为，由其自行承担相应的法律后果。

在离婚案件的代理中，即使有委托诉讼代理人，本人仍然需要出庭诉讼。如果确因特殊情况不能出庭的，必须要向法院提交书面意见。本人不能表达意志，不需要出庭诉讼，但他的法定代理人应当到庭。

4）担任诉讼代理人应提交的证明材料

根据《民事诉讼法解释》第88条规定，相关人员作为诉讼代理人时，须向法院提交以下证明文件：① 委托书。② 应当在开庭审理前送交法院。适用简易程序审理的案件，双方当事人同时到庭并径行开庭审理的，可以当场口头委托诉讼代理人，由法院记入笔录。授权委托书由委托人签名或者盖章，并记明委托事项和权限；居在国外的公民从国外寄交或者托交的授权委托书，必须经中国驻该国的使领馆证明；没有使领馆的，由与中国有外交关系的第三国驻该国的使领馆证明，再转由中国驻该第三国使领馆证明，或者由当地的爱国华侨团体证明。② 其他应当向法院提交相关材料：律师应提交律师执业证、律师事务所证明材料③；基层法律服务工作者应当提交法律服务工作者执业证、基层法律服务所出具的介绍信以及当

---

① 参见（2015）最高法民申字第2510号。
② 代理人仅提交授权委托书而未提交《民事诉讼法》规定的其他材料的，法院应对其诉讼代理人身份不予认定。参见（2019）最高法执复122号。
③ 执业律师未能在开庭前或当庭提供能够证明其合法代理身份的有效法律文件，不能依法履行代理资格参与法庭审理活动。庭审后补交的，法院是否按其缺席审判要视情况而定。参见（2020）最高法民申3191号。

事人一方位于本辖区内的证明材料①；当事人的近亲属应当提交身份证件和与委托人有近亲属关系的证明材料；当事人的工作人员应当提交身份证件和与当事人有合法劳动人事关系的证明材料；当事人所在社区、单位推荐的公民应当提交身份证件、推荐材料和当事人属于该社区、单位的证明材料；有关社会团体推荐的公民应当提交身份证件和符合规定条件的证明材料。

三、自测练习

（一）单项选择题

第五章自测练习
参考答案

1. 未满16岁的未成年人具有（　　）。
   A. 限制诉讼权利能力
   B. 限制诉讼行为能力
   C. 诉讼权利能力
   D. 诉讼行为能力

2. 对于普通共同诉讼而言，其诉讼标的是（　　）。
   A. 共同的
   B. 同一种类的
   C. 共同的或者同一种类的
   D. 分别形成的

3. 某甲因其存于中国农业银行甲县支行瑜伽储蓄所的3万元存款被人冒领，欲诉诸法院。本案应以（　　）为被告。
   A. 瑜伽储蓄所
   B. 瑜伽储蓄所、甲县支行
   C. 甲县支行
   D. 中国农业银行总行

4. 周童（5岁）周日和祖母李霞去公园玩，在游戏过程中周童将林晨（6岁）的双眼划伤，致使其右眼失明。林晨的父亲林珂要求周家赔偿6万元医疗费，遭周童父亲周志伟拒绝赔偿，无奈林家诉至法院。下列关于本案诉讼参与人地位的表述正确的是（　　）。
   A. 本案原告是林晨，其父林珂是林晨的法定代理人，被告是周童，其父周志伟是周童的法定代理人，李霞是证人
   B. 本案被告是周童，周志伟是其法定代理人，李霞是无独立请求权的第三人
   C. 本案原告是林珂，被告是周志伟和李霞
   D. 本案原告是林珂和林晨，被告是周志伟、李霞和周童

5. 张某将邻居李某和李某的父亲打伤，李某以张某为被告向法院提起诉讼。在法院受理该案时，李某的父亲也向法院起诉，对张某提出索赔请求。法院受理了李某父亲的起诉，在

---

① 2015年6月25日《司法部关于基层法律服务工作者诉讼代理执业区域问题的批复》明确指出，《乡镇法律服务业务工作细则》第24条第4项"当事人一方位于本辖区内"的"本辖区"，是指基层法律服务工作者执业的基层法律服务所所在的县级行政区划和直辖市的区（县）行政区划辖区。

征得当事人同意的情况下决定将上述两案并案审理。本案中，李某的父亲是（　　）。

A. 必要共同诉讼的共同原告

B. 有独立请求权的第三人

C. 普通共同诉讼的共同原告

D. 无独立请求权的第三人

6. A厂生产的一批酱油由于香精投放过多，对人体有损害。报纸披露此消息后，购买过该批酱油的消费者纷纷起诉A厂，要求赔偿损失。甲和乙被推选为诉讼代表人参加诉讼。下列说法正确的是（　　）。

A. 甲和乙因故不能参加诉讼，法院可以指定另一名当事人为诉讼代表人代表当事人进行诉讼

B. 甲因病不能参加诉讼，可以委托1～2人作为诉讼代理人，而无需征得被代表的当事人的同意

C. 甲和乙可以自行决定变更诉讼请求，但事后应当及时告知其他当事人

D. 甲和乙经超过半数原告方当事人同意，可以和A厂签订和解协议

（二）多项选择题

1. 当事人有权提出回避申请，收集、提供证据，还可以（　　）。

A. 进行辩论

B. 请求调解

C. 查阅本案有关材料，复制与本案有关的材料和法律文书

D. 有权委托法定代理人

2. 民事诉讼当事人魏武委托律师肖长江代理其进行民事诉讼，授权书中写明肖长江的代理权限是"全权代理"。依此授权书，肖长江代理魏武的诉讼中，有权代理魏武进行的诉讼活动包括（　　）。

A. 提供证据

B. 放弃诉讼请求

C. 进行法庭辩论

D. 提起上诉

3. 《民事诉讼法》规定，（　　）可以被委托为诉讼代理人。

A. 律师

B. 当事人的近亲属

C. 基层法律服务工作者

D. 当事人所在社区、单位以及有关社会团体推荐的公民

4. 无独立请求权的第三人参加民事诉讼，必须具备的条件有（　　）

A. 具有民事诉讼权利能力和民事诉讼行为能力

B. 对本诉当事人之间所争议的诉讼标的享有独立的请求权

C. 与案件处理结果有法律上的利害关系

D. 以起诉的方式参加到诉讼中

5. 下列关于民事诉讼中法定代理人与委托代理人的表述，正确的是（　　）。
   A. 委托代理人的诉讼权利不可能多于法定代理人
   B. 法定代理人可以是委托代理人的委托人
   C. 法定代理人的被代理人是无诉讼行为能力的当事人
   D. 委托代理人的被代理人是有诉讼行为能力的当事人

6. 公民、法人和其他组织可以作为民事诉讼的当事人。这里的其他组织包括（　　）。
   A. 经依法登记领取营业执照的乡镇企业、街道企业
   B. 依法设立并领取营业执照的非银行金融机构的分支机构
   C. 依法设立并领取营业执照的法人的分支机构
   D. 依法成立的社会团体的分支机构、代表机构

7. 对污染环境、侵害众多消费者合法权益等损害社会公共利益的行为，根据《民事诉讼法》规定提起公益诉讼，同时符合（　　）条件的，法院应当受理。
   A. 有明确的被告
   B. 有具体的诉讼请求
   C. 有社会公共利益受到损害的初步证据
   D. 曾经向有关环保部门或消协反映的证据

8. 关于当事人的诉讼处分行为，下列说法正确的是（　　）。
   A. 必要共同原告中一人或数人与对方当事人达成和解协议，经其他共同原告的承认，才对其他共同原告发生效力
   B. 诉讼代表人与对方当事人进行和解，必须经被代表的当事人同意
   C. 无独立请求权的第三人可以承认、放弃、变更诉讼请求，进行和解，申请撤诉
   D. 法定诉讼代理人代为承认、放弃、变更诉讼请求，进行和解，必须有当事人的特别授权

（三）判断题

1. 与当事人有抚养、赡养关系的亲属，可以当事人近亲属的名义作为诉讼代理人。（　　）

2. 在诉讼中，无民事行为能力人的人事先没有确定监护人的，可以由有监护资格的人协商确定法定代理人，协商不成的，由法院在他们之中指定诉讼中的法定代理人。（　　）

3. 法人非依法设立的分支机构，或者虽依法设立，但没有领取营业执照的分支机构，以设立该分支机构的法人为当事人。（　　）

4. 在劳务派遣期间，被派遣的工作人员因执行工作任务造成他人损害的，以接受劳务派遣的用工单位为当事人。当事人主张劳务派遣单位承担责任的，该劳务派遣单位为共同被告。（　　）

5. 法人或者其他组织应登记而未登记，行为人即以该法人或者其他组织名义进行民事活动的，以及法人或者其他组织依法终止后，行为人仍以其名义进行民事活动的，均以行为人为当事人。（　　）

6. 第一审程序中未参加诉讼的第三人，申请参加第二审程序的，法院可以准许。（　　）

7. 法院追加共同诉讼的当事人时，应当通知其他当事人。应当追加的原告，已明确表示

放弃实体权利的,可不予追加;既不愿意参加诉讼,又不放弃实体权利的,仍应追加为共同原告,其不参加诉讼,不影响法院对案件的审理和依法作出判决。 （ ）

8. 当事人一方人数众多在起诉时确定的,可以由全体当事人推选共同的代表人,也可以由部分当事人推选自己的代表人;推选不出代表人的当事人,可以另行起诉。 （ ）

9. 法院受理公益诉讼案件后,应当在15日内书面告知相关行政主管部门,原告在法庭辩论终结后申请撤诉的,法院不予准许。 （ ）

10. 公益诉讼案件的裁判发生法律效力后,其他依法具有原告资格的机关和有关组织就同一侵权行为另行提起公益诉讼的,法院裁定不予受理,但法律、司法解释另有规定的除外。 （ ）

（四）案例分析题

1. 甲镇退休老人李福生在该镇有私房六间,因患肝癌急需治疗费用,他将其私房以先办手续,自己死后交付房屋的方式卖给准备进城做生意的表弟刘龙。2022年5月,李福生病逝。李福生的儿子李强对李福生的养女李丽提起诉讼,要求由自己一人继承六间房屋。诉讼过程中,刘龙获悉案情并申请参加诉讼。

问:李强、李丽、刘龙在诉讼中分别处于什么诉讼地位?

2. 刘伟开了一家汽车修理铺,从事汽车修理业,其个体工商户营业执照登记的业主是其兄刘琦,但刘琦实际上并不经营汽车修理。刘伟为了承揽更多的业务,与乡办集体企业正华汽车修理厂签订了一份协议,约定刘伟的汽车修理铺可以正华汽车修理厂的名义从事汽车修理业务,刘伟每年向正华汽车修理厂交管理费2万元。2023年1月,刘伟雇佣的修理工宋金贵,为客户李有才修理一辆捷达车。修好后,宋金贵按照工作程序要求在汽车修理铺前试车时,不慎将车撞到了一棵大树上,造成汽车报废,宋金贵自己没有受伤。相关各方就如何赔偿汽车损失发生纠纷,但未能达成协议。

问:李有才应以谁为被告?

3. 2022年9月,甲公司业务员王某欲订购展销会上的一种童车,但是所带合同书已经用尽,于是就向同行乙商场采购站的李某借用合同专用章,并以乙商场的名义与童车公司签订500辆童车合同,货款共计10万元。合同签订以后,王某根据合同要求本单位汇了定金2万元,童车公司就将全部货物交给王某自行运走。但是王某在销售时,发现该车不适合农村需求。因此,甲公司没有按照合同规定在提货2个月后付清所余货款。童车公司于是向原定合同需方乙商场索要,而乙商场以合同专用章系出借给甲公司为由拒付。童车公司以乙商场为被告起诉。乙商场以实际合同主体系甲公司为由拒绝应诉。法院承办员经过向原经办人王某核准了合同的签订过程,追加甲公司为共同被告。

问:

(1) 在本案中,出借人和借用人能否作为共同诉讼人?

(2) 法院判决甲公司在一个月内还清所剩货款,并承担违约责任,判处合同专用章出借人乙商场对此债务承担连带责任,诉讼费用由被告分担。如果甲公司不服,提起上诉,法院应如何处理?

(五)简述题

1. 法定诉讼代理人与委托诉讼代理人的区别主要有哪些?
2. 无独立请求权的第三人和有独立请求权的第三人的区别主要有哪些?
3. 担任诉讼代理人应提交的证明材料有哪些?
4. 人数不确定的代表人诉讼中诉讼代表人如何产生?
5. 人数确定的代表人诉讼应符合哪些条件?

四、拓展与思考:中国特色的证券纠纷代表人诉讼制度

我国《民事诉讼法》有单独诉讼、共同诉讼和代表人诉讼三种诉讼形式,就证券纠纷而言,实践中人数确定的代表人诉讼能够被采用,但人数不确定的代表人诉讼则被排除在外。许多投资者因对提起单独诉讼或共同诉讼成本过高望而却步,即便提起的规模性诉讼也因法院分拆案件而致使诉讼程序格外烦琐。[①] 2019年《证券法》修订后规定,投资者保护机构受50名以上投资者委托,可以作为代表人参加诉讼,即首次规定了证券代表人诉讼制度。2020年,最高人民法院发布《关于证券纠纷代表人诉讼若干问题的规定》(简称《证券纠纷代表人诉讼规定》),细化了自《民事诉讼法》至《证券法》所规定的代表人诉讼制度,使"代表人诉讼"真正在证券诉讼领域落地。

兼具两大法系国家群体诉讼制度综合优势的证券保护机构作为诉讼代表人制度确立。不论是《民事诉讼法》规定的人数确定的代表人诉讼,还是人数不确定的代表人诉讼,其诉讼代表人都必须是具有原告资格的直接利害关系人。但《证券法》把证券纠纷代表人诉讼分为普通代表人诉讼[②]和特别代表人诉讼[③]两个类别,普通代表人诉讼仍由投资者个人

---

① 如烟台东方电子案,该案采用了单独诉讼和共同诉讼立案,法院一共受理了6989个投资者提出的2716件案件,司法资源极大浪费,证券诉讼的门槛被人为抬高。详见谢嘉晟:《我国虚假陈述索赔第一案东方电子案历时8年结案》,《法制与经济》2011年第6期。

② 2019年11月,证监会上海监管局对飞乐音响作出行政处罚决定,认定飞乐音响因项目确认收入不符合条件,导致2017年半年度报告、三季度报告收入、利润虚增及相应业绩预增公告不准确。2020年8月起,多名飞乐音响的股票投资者作为原告向法院起诉,认为被告上海飞乐音响上述虚假陈述行为造成其重大投资损失而要求赔偿。上海金融法院作出民事裁定确定权利人范围并发布权利登记公告,根据《证券纠纷代表人诉讼规定》,经明示加入,共有315名投资者成为该案原告,其中5名原告被推选为代表人,诉请被告赔偿各项投资损失1.46亿余元。经审理,法院认为,被告飞乐音响在发布的财务报表中虚增营业收入、虚增利润总额的行为构成证券虚假陈述侵权,判处被告赔偿原告各项损失共计1.23亿余元,人均获赔39万余元。该案系《证券纠纷代表人诉讼规定》出台后普通代表人诉讼的首次司法实践。

③ 康美药业因在年报和半年报中存在虚假记载和重大遗漏,被证监会给予行政处罚。2020年12月31日,11名投资者提起普通代表人诉讼。2021年3月26日,广州中院发布普通代表人诉讼权利登记公告。4月8日,投资者服务中心根据50名以上投资者特别授权,向法院提交了转为特别代表人诉讼的申请。4月16日,法院发布转为特别代表人诉讼公告,以默示加入、明示退出的方式进行。2021年11月12日,广州中院作出判决,责令康美药业赔偿证券投资者损失24.59亿元,成为中国证券集体诉讼首案,涉案投资者人数超过5万人。

成为诉讼代表人，特别代表人诉讼则赋予投资者保护机构作为诉讼代表人资格，规定投资者保护机构受50名以上投资者委托，可以作为代表人参加诉讼。从比较法视角看，以美、德为例，美国的证券代表人诉讼属于集团诉讼范畴，德国的证券代表人诉讼属于团体诉讼，而我国的特别代表人诉讼则融合了德国团体诉讼和美国集团诉讼两方面的制度元素。从程序构造上看，其类似于美国的集团诉讼；从代表人的身份来看，其类似于德国的团体诉讼。①

《证券纠纷代表人诉讼规定》通过明确代表人条件、代表人义务、留同存异等方式妥善保护投资者的诉讼权利和程序利益，包括表决权、知情权、异议权、复议权、退出权和上诉权等，都成为诉讼制度中的亮点与特色。证券代表人诉讼制度有助于降低投资者维权成本，提高诉讼效率需求，有效保障证券投资者的合法权益，震慑资本市场的违法违规行为，解决了证券市场的大量纠纷。上海金融法院发布审判工作情况通报显示，2018年上海金融法院受理证券虚假陈述责任纠纷案件1259件，2019年受理3030件，2020年受理3336件，2021年受理4378件，2022年受理4502件。可见，《证券纠纷代表人诉讼规定》发布后，证券代表人诉讼案件逐年增加。

我国证券纠纷代表人诉讼制度的创新不可避免地会出现与资本市场现实状况不尽符合、与民事诉讼制度固有理念有所冲突的违和状况，特别是如下新情况、新难题亟待研究破解。一是案件转入代表人诉讼程序，高额赔偿带来的辐散效应如何应对，是否超出了行业与市场的承受能力？如"康业药业"案的索赔人数5万余名，动辄几十亿元的"天价赔偿"不再罕见。毕竟侵权民事责任以填平损失为主要功能，裁判者在划定责任范围的同时还是应考虑侵权行为人的过错与非法获益情况的。二是动辄承担连带赔偿责任的制度追责下，中介机构如何消化？随着证券市场强监管时代的到来以及国家对证券市场"看门人"责任的加重，证券中介机构往往会承担数十倍甚至数百倍于自身获利的责任，其实际承担的民事赔偿责任远超其收取的服务费用，如何消化成本也成了各中介机构关注的重点。三是立案程序中即开展部分事实认定，司法实体审查前移，与一般的司法谦抑性原则相违和。根据《证券纠纷代表人诉讼规定》第5条、第6条规定，在普通代表人诉讼提起后，发出权利登记公告前，法院应当先行审查确定权利人登记范围。这里的权利人范围，指的是符合《最高人民法院关于审理证券市场虚假陈述侵权民事赔偿案件的若干规定》第11条及第12条规定，在虚假陈述实施日之后、揭露日或更正日之前实施了相应的交易行为。因而，虚假陈述实施日、揭露日等关键时点的确定就成为在立案阶段需要明确的实体性问题。法院在立案阶段当事人尚未明确的情况下对涉诉重大事实问题径直审理，权利人的辩论权在一定程度上被忽略。庭审过程中一旦出现新的证据推翻审前对关键日期的认定时，被排除的投资者除另诉外，无明确程序救济途径。同时，立案环节审查确定实体问题时缺乏适当且明确的事实认定规则。②

---

① 参见汤维建：《中国特色的证券代表人诉讼》，《人民司法》2020年第28期。
② 参见孙艺茹、张乐雄、杨文心等：《建制中的创新、违和与破解——对证券纠纷代表人诉讼制度的司法观察与建议》，https://www.sohu.com/a/694358008_120310885，2023年8月3日最后访问。

第六章 证据制度

一、导引

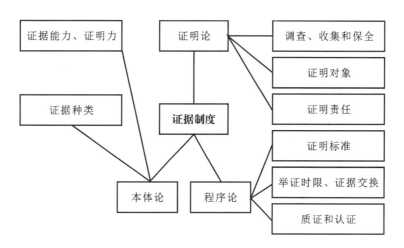

在民事诉讼活动中，作为居中裁判的法官需要运用三段论的方法裁判案件，即以法律为大前提，案件事实为小前提，最后作出结论。认定事实是适用法律的前提和基础，而认定事实需要证据为依据。证据是法院查明案件事实、依法正确裁判的基础，证据问题是诉讼的核心问题，任何一起案件的审判过程中，都需要通过证据再现还原事件的本来面目，依据充足的证据作出的裁判才有可能是公正的裁判。

在审判为中心的证据裁判主义原则下，诉讼证明要求诉讼主体依照法律的程序和要求，运用证据和已知事实，阐明系争事实及论证诉讼主张，以期查明、认定案件事实，得以说服特定主体，证实或证伪特定的案件要证事实。就"过程"而言，诉讼证明是指证据的收集、提供、展示和审查判断等过程，即当事人及司法机构收集、提供和展示证据的一系列（对抗性的）活动，同时也是法官对案件事实形成心证的过程。就"结果"而言，诉讼证明是指证明对象得到了证实或者法官确信要证事实达到法定标准的状态。

诉讼证明的基础在于案件真相或真实的发现，由于多种因素的制约，诉讼证明中的

"事实"并非绝对的客观真实,而是相对的法律真实。但是,"发现真实"作为诉讼证明努力实现的价值之一,可以说具有超越法体系和法文化的普遍意义。

一般说来,诉讼证明要素包括证明主体、证明对象、证明方法、证明标准、证明责任和证明程序。就案件事实的证明来说,证明主体遵循证明程序,运用证明方法来证明证明对象是否真实,对案件事实的证明达到证明标准即认定其真实,若没有达到证明标准,则根据证明责任来确定由谁承担事实不明所产生的不利法律后果。按照不同的标准,可将诉讼证明划分为不同的类别,证明的种类不同,证明责任主体、证明标准、证明的方式和程序均不相同。证据制度由一系列关于诉讼证明的法律规则构成,涉及证据能力、证明力、证据收集、证明对象、证明责任、证明标准、举证时限、证据交换、质证和认证等方面。

二、基本原理与制度

(一)证据的概念

英美法学界自18世纪英国法学家布莱克斯通较早研究证据的概念以来,证据法领域的学者们就不断地尝试着给证据作出一个能够被广泛接受的定义,这其中比较有影响的就有十几种。[①] 然而,时至今日,学者们仍然莫衷一是。如英国法学家边沁认为:"在最广泛意义上,把证据假定为一种真实的事实,成为相信另一种事实存在或不存在的理由的当然事实。"[②] 英国证据学家摩菲认为:"证据是能够说服法官认定某个案件事实为真实或者可能的人和材料。"[③] 美国法学家里查森认为:"证据包含用来确认或否定提供审查的、任何事实真相的一切方法和手段。"[④] 美国《联邦证据规则》也没给证据作出任何定义,而是直接定义了什么是相关性证据。在英美司法实务中,律师和法官都在按照直觉频繁使用证据这一概念。可能他们对这一概念的理解实际上也会略有不同,但这似乎并没有导致什么严重的后果的发生。也许正是由于上述原因,在当今美国出版的各种有关证据法的书籍或者文章中,已经很少有学者对如何给证据作定义这样的问题感兴趣。[⑤]

在大陆法国家,德国最流行的教科书认为,"当事人双方和法院将围绕事实问题展开活动,以使法院获得对所提出的事实主张真实性或不真实的确信。这里展开的活动,人们称为证据"。并认为,"证据也通常称作证据手段,通过证据调查如讯问当事人获得的证据,以及通过其他方式提供的证据都被认为是证据手段"。[⑥] 日本学者也认为,证据是认定事实的材料即证明的手段,并强调提出,这里所说的"证据",不是说无论什么样的证据材料都可以,而应当是具备了法定资格的证据,即具有证据能力以及调查证据程序合法;

---

① 在1983年版《威格摩尔论证据》第1卷第7-12页中收集了这些关于证据的定义并进行了讨论,详见高忠志:《美国证据法新解:相关性证据及其排除规则》,法律出版社2004年版,第1页。

② 转引自安·扬·维辛斯基:《苏维埃法律上的诉讼证据理论》,王之相译,法律出版社1957年版,第267页。

③ Peter Merphy: *A Practical Approach to Evidence* (4th ed.), Blaek Stone Press Ltd., 1992, pp.1-2.

④ 参见巫宇甦主编:《证据学》,群众出版社1983年版,第76页。

⑤ 参见高忠志:《美国证据法新解:相关性证据及其排除规则》,法律出版社2004年版,第2页。

⑥ 参见奥特马·尧厄尼希:《民事诉讼法》(第27版),周翠译,法律出版社2003年版,第258页。

这里所说的"事实",不是诉讼中成为问题的一切事实,而是指案件的事实。对于案件的事实必须要有严格的证明。也就是说,是根据《日本民事诉讼法》规定承认证据能力,并且经过法庭合法调查的证据,才能作为认定案件事实的依据。①

司法实践中,在大陆法系国家和地区,依据诉讼程序的不同,在制度上将证据分为不同阶段的证据,并赋予其不同的含义。当事人提出的用以支持其主张或者其抗辩的材料称为证据方法;法院对证据方法调查或者评价所取得的基本认识称为证据材料;将这样的证据材料与证明标准等相比较,最终作为定案依据的称为证据原因。对此我国台湾地区学者王甲乙曾有经典的论述:"证据一语,在有形方面,指法院为取得某事项之认定资料,而作为调查对象之有形物而言(证据方法)。在无形方面,指因调查证据,由证据方法获得心证形成之资料而言(证据资料)。在结果方面,指就该事项,能使法院确信之原因而言(证据原因)。"②

总体而言,证据的含义属于学术争论的范畴,各国的立法很少有在成文法中设定证据概念,因其内容如何对司法人员的诉讼行为产生的规范意义不大。目前英美法国家的诉讼实践侧重从证据规则的角度理解认识证据,大陆法系国家侧重从诉讼程序中理解认识证据。而无论是从证据规则还是从诉讼程序视角理解证据,均意味着证据的含义是在动态的证明过程中被塑造的。程序的运动性以及程序参与主体的多元性,决定了证据品性的多样化,由此也使证据这一概念基于不同的认识判断主体、不同的诉讼阶段有了不同的内涵,从而形成了不同层次的证据内涵。

长期以来,我国学者对证据的定义也可谓众说纷纭,有"事实说""材料说""反映说""信息及信息资料说""根据说"等。③

(二)证据能力和证明力

证据能力指一定的材料作为诉讼证据的法律上的资格。我国证据立法中至今也没有明确证据能力的概念,它是理论界从大陆法系国家引入的,大体和英美法系的可采性相当。我国民事诉讼领域创设了若干证据能力规则,实务界也逐步接受了证据能力的概念。我国《民事诉讼法》和相关司法解释中涉及对证据能力的规定,从用语来看,一般是用"可以作为证据使用"或"可以作为定案的根据"等对证据能力进行正面肯定。而在对证据能力表示否定时,立法和司法解释则一般使用"对该证据应当予以排除""不得(能)作为证据使用""不得(能)作为定案的根据""不得作为判决的依据""不予采纳"等用语。

理解证据能力首先是要把握证据的相关性。证据的相关性是指某一证据与案件具有以下两个方面的联系:一是证明关系,即一项证据的存在必须使某一事实主张更有可能成立或更无可能成立;二是实质性,证据具有实质性,意味着证据所要证明的某一事实主张与实体法之间具有直接的联系。对于证据所要证明的任何一项事实主张而言,证据都要么与原告的主张具有相关性,要么与被告方的抗辩有直接的联系,而不可能与这两者都互不相干。英美法系国家对此一般都有明确规定,如澳大利亚1995年《证据法》第55条规定,诉讼程序中有相关性的证据,是指如果该证据被采纳时,可能合理地直接或间接影响对诉讼中争议事实存

---

① 参见中村英郎:《新民事诉讼法讲义》,陈刚等译,法律出版社2001年版,第197页。
② 参见王甲乙等:《民事诉讼法新论》,台湾三民书局1981年版,第336页。
③ 参见王桂芳:《证据法精要》,法律出版社2015年版,第27页。

在的可能性进行评价的证据。美国《联邦证据规则》第401条将"相关证据"定义为：证据具有某种倾向，使决定某项在诉讼中待确认的争议事实的存在比没有该项证据时更有可能或更无可能。我国立法和理论界对关联性的观点众说纷纭，立法也没有对相关性概念作出明确规定，但立法和司法解释对于证据相关性运用规则均有所体现。如对于关联性证据规则，我国《最高人民法院关于民事诉讼证据的若干规定》（简称《民事证据规定》）第88条规定，审判人员对案件的全部证据，应当从各证据与案件事实的关联程度、各证据之间的联系等方面进行综合审查判断。《民事诉讼法解释》第95条规定，当事人申请调查收集的证据，与待证事实无关联、对证明待证事实无意义或者其他无调查收集必要的，法院不予准许。

相关性和证据能力（可采性）的联系是，具备证据能力（可采性）的证据必然具有相关性，但具备相关性的证据并不必然具备证据能力。相关性是证据适格的基础性条件，相关性完全受逻辑经验法则支配，而证据能力则是一个法律问题，即证据资格问题是一个法律问题。如《民事诉讼法解释》第106条对非法证据的排除规则就是典型的证据能力规则。该条规定，对以严重侵害他人合法权益、违反法律禁止性规定或者严重违背公序良俗的方法形成或者获取的证据，不得作为认定案件事实的根据。[①] 再如《民事诉讼法解释》第120条规定，证人拒绝签署保证书的，不得作证。该解释第115条规定，法院就单位出具的证明材料，可以向单位及制作证明材料的人员进行调查核实。必要时，可以要求制作证明材料的人员出庭作证。单位及制作证明材料的人员拒绝法院调查核实，或者制作证明材料的人员无正当理由拒绝出庭作证的，该证明材料不得作为认定案件事实的根据。从我国目前法律和司法解释规定来看，就证据能力的消极排除方面而言，主要可分为非法证据排除和证据基本要素欠缺的排除两个基本类别。前者主要是对取证主体因采取法律禁止性规定或者严重违背公序良俗的方法形成或获取的证据或严重侵犯他人合法权益的方法等收集的证据材料的排除，后者则是对取证主体及证据材料的形式、来源、内容等方面有重大问题情形下的排除。需要指出的是，我国民事诉讼在立法和司法解释中通常用"不得（能）作为定案的根据""不予采纳"等用语表示对证据能力的否定，但也不乏表示对证明力的限制，即有一些条款不是单纯对证据能力的否定。

所谓证据证明力，一般认为是指证据在同待证事实的关系上，能否证明待证事实以及在多大程度上证明待证事实。即证据材料对于案件的事实作出证明作用的有无和强弱。这些主要散见在《民事诉讼法》和司法解释中。如《民事诉讼法解释》第114条规定，国家机关或者其他依法具有社会管理职能的组织，在其职权范围内制作的文书所记载的事项推定为真实，但有相反证据足以推翻的除外。《民事证据规定》第90条规定了证据非独立性证明力规则，具体而言，下列证据不能单独作为认定案件事实的依据：① 当事人的陈述；② 无民事行为能力人或者限制民事行为能力人所作的与其年龄、智力状况或者精神健康状况不相当的证言；③ 一方当事人或当事人代理人有利害关系的证人陈述的证言；④ 存有疑点的视听资料、电子数据；⑤ 无法与原件、原物核对的复制件、复制品。该规定第91条规定了证据完全证明力规则，即公文书证的制作者根据文书原件制作的载有部分或者全部内容的副本，与正本具有相同的证明力。在国家机关存档的文件，其复制件、副本、节录本经档案部门或者

[①] 参见（2017）最高法民申2958号、（2017）最高法民再313号。

制作原本的机关证明其内容与原本一致的,该复制件、副本、节录本具有与原本相同的证明力。

(三)法定证据种类和理论分类

证据种类有狭义和广义之分。狭义的证据各类指法律上根据证据的存在及其表现形式而对证据所确定的类别,可称之为证据法定的分类。广义的证据种类并非限于法定分类,还指对证据的理论分类。基于立法和学理上的差异,有的国家采狭义证据种类观点,有的国家采广义证据种类说。证据种类是建立证据规则的前提,没有证据种类的准确划分,就不可能提出和建立起完备的证据规则。每一种证据规则都是指向特定的证据形式的,如意见规则是针对以意见或结论的方式提供的证人证言,传闻规则是针对以书面或口头转述的方式提供的证人证言,自白任意性规则是针对被告人口供,非法证据排除规则是针对非法获得的人证和物证。《民事诉讼法》第66条规定的法定证据种类有当事人的陈述、书证、物证、视听资料、电子数据、证人证言、鉴定意见、勘验笔录。

1. 物证和书证

1)物证、书证的概念和特征

物证,从狭义上说,是指能够证明案件情况的物品或者物质痕迹。物证是以其存在的形状、质量、规格、特征等来证明案件事实的,不受人们主观因素的影响和制约,稳定性较强,但证明范围相对狭小,证明方式间接。

书证是指以文字、符号、图形等所记载的内容或表达的思想来证明案件事实的书面材料或其他材料。从书证的表达方式上来看,有书写的、打印的,也有刻制的等;从书证的载体上来看,有纸张、竹木、布料以及石块等。而具体的表现形式上,常见的有合同、文书、票据、商标图案等。书证和物证都是以实体物质形态作为存在和表现形式,因此,广义的物证包含书证。有些材料,集狭义物证与和书证于一身。

2)书证的种类

根据不同的区分标准,书证可以分为不同种类,不同种类的书证的证明资格和证明力有不同,审查判断和运用规则也不同。

以制作书证的主体为标准进行分类,书证可分为公文书①和私文书。根据《民事诉讼法解释》第114条规定,国家机关或者其他依法具有社会管理职能的组织,在其职权范围内制作的文书所记载的事项推定为真实,但有相反证据足以推翻的除外。必要时,人民法院可以要求制作文书的机关或者组织对文书的真实性予以说明。可见,公文书所记载的事项除非有相反证据足以推翻的除外,一般推定为真实。这是因为该类文书是经国家机关或者其他依法具有社会管理职能的组织依照一定程序和格式,在自己职权范围内制作的,有较强的公信

---

① 我国加入的《取消外国公文书认证要求的国际公约》(《海牙认证公约》)已于2023年11月7日在我国生效。今后中国和其他缔约国间,公文书不再需要办理使领馆认证,只需办理一次附加证明书即可。《海牙认证公约》第1条明确,公文书包括:① 与一国法院或法庭相关的机关或官员出具的文书,包括由检察官、法院书记员或司法执行员("执达员")出具的文书;② 行政文书;③ 公证文书;④ 对以私人身份签署的文件的官方证明,如对文件的登记或在特定日期存在的事实进行记录的官方证明,以及对签名的官方和公证证明。

力,例如法院的调解书、判决书,婚姻登记机关颁发的结婚证、离婚证等,与其他书证相比更具客观性。私文书是指前述国家机关或组织之外的主体制作的文书,证明力相对不及公文书。但需要注意的是,民事诉讼实践中,遇到当事人提交的书证证据系由国家机关出具,但其所载内容并不属于该国家机关的职权范围的,此时该书证也并不具有公文书证的性质。①

以书证是否经过了公证程序为标准进行分类,书证可分为公证书证和非公证书证。明确这一种类的意义有二:一是某些材料必须经过公证才具有证据能力。如《民事证据规定》第16条规定,当事人提供的公文书证系在中国领域外形成的,该证据应当经所在国公证机关证明,或者履行中国与该所在国订立的有关条约中规定的证明手续。中国领域外形成的涉及身份关系的证据,应当经所在国公证机关证明并经中国驻该国使领馆认证,或者履行中国与该所在国订立的有关条约中规定的证明手续。二是某些书证经过公证的比没经过公证的证明力大。如法院就数个证据对同一事实的证明力,经过公证的书证,其证明力一般大于其他书证、视听资料和证人证言。

以书证的制作方式和来源的不同进行分类,书证可分为原本、副本、复印件、节录本。原本是指文件制作人最初制作的文件;照原本全文抄录、印刷而具有原本效力的文件,称为副本;复印件是指用复印机复制的材料;节录本是指仅摘抄原本或正本文件部分内容的文件。

我国法律和司法解释对于书证的提交有不同的规定。例如,《民事诉讼法》第73条规定,书证应当提交原件,物证应当提交原物。提交原件或者原物确有困难的,可以提交复制品、照片、副本、节录本。提交外文书证,必须附有中文译本。《民事证据规定》第23条明确要求,法院调查收集视听资料、电子数据,应当要求被调查人提供原始载体。提供原始载体确有困难的,可以提供复制件。提供复制件的,法院应当在调查笔录中说明其来源和制作经过。法院对视听资料、电子数据采取证据保全措施的,适用前款规定。

2. 证人证言

《民事诉讼法》第75条规定,凡是知道案件情况的单位和个人,都有义务出庭作证。有关单位的负责人应当支持证人作证。不能正确表达意思的人,不能作证。

1)证人作证的要求和证人证言的特征

关于对证人作证要求:首先,证人应对案件情况有亲身感受,耳闻目睹了案件有关情况。我国立法没有限制传闻证据的使用,对证人转述他人陈述的证言,采取有限度承认的做法。一般要求证人说明传闻的来源。其次,证人只能对自己亲身感知的案件情况进行陈述,而不能对这些情况进行分析评价,也不能对案件事实发表看法和意见。这是法律原则上的普遍要求。该规则的理论根据是,从已证事实得出结论是法庭而非证人的职责。证人作证时,不得使用猜测、推断或者评论性的语言。再次,证人证言原则上应当由证人出庭以口头形式提供,在例外情形下可以以书面、视频等其他方式向法庭提供,由法庭在案件审理时对证人证言进行宣读、播放。如《民事诉讼法》第76条规定,经法院通知,证人应当出庭作证。有下列情形之一的,经法院许可,可以通过书面证言、视听传输技术或者视听资料等方式作证:因健康原因不能出庭的;因路途遥远,交通不便不能出庭的;因自然灾害等不可抗力不

---

① 参见(2018)最高法民申4183号。

能出庭的；其他有正当理由不能出庭的。《民事证据规定》第 76 条、第 77 条规定，证人确有困难不能出庭作证，申请以书面证言、视听传输技术或者视听资料等方式作证的，应当向法院提交申请书。申请书中应当载明不能出庭的具体原因。符合《民事诉讼法》第 73 条情形的，法院应当准许。证人经法院准许，以书面证言方式作证的，应当签署保证书；以视听传输技术或者视听资料方式作证的，应当签署保证书并宣读保证书的内容。

关于证人证言的主要特征：第一，任何一个证言的形成都要经历感知、记忆和表达的过程，而这三个过程都可能受到证人自身的原因以及外界因素的影响，从而导致其真实性出现问题。它不像书证、物证那么稳定，其所蕴涵的信息的质量会随着时间的流逝而递减，在量上表现为证人对案件事实记忆的衰退与模糊，在质上则表现证人证言内容的自然以及人为的变迁。第二，证人因为感知了案件的情况而提供证言，证人对案件情况的认知先于案件诉讼过程。第三，证人证言能动态地、形象地证明案件事实，尤其是当证人是整个案件事实的亲历者时。第四，证人证言不可替代。特定案件中的证人总是特定的、有限的。某人或某些人了解案件情况，这是特定的和无法选择的。不仅不了解案件情况的人不能代替证人作证，即使了解同样案情的人也不可相互代替作证。因为每一个证人的品德素质和感受、判断、记忆、复述能力各不相同，不同证人所作的证词必定有一定的差异。

2）证人资格

证人资格，是指哪些人可作为证人，哪些人不可以作为证人，它决定了证人的范围。证人资格看似简单，却是一个涉及是否有足够的证人出庭作证，并保证证言的真实，从而顺利查明案情，正确处理案件的重要问题。根据《民事诉讼法》规定，凡是知道案件情况的单位和个人，都有义务出庭作证。有关单位的负责人应当支持证人作证。不能正确表达意思的人，不能作为证人。待证事实与其年龄、智力状况或者精神健康状况相适应的无民事行为能力人和限制民事行为能力人，可以作为证人。

3. 当事人的陈述

根据《民事证据规定》第 63 条规定，当事人应当就案件事实作真实、完整的陈述。当事人故意作虚假陈述妨碍法院审理的，法院应当根据情节，依法进行处罚。

1）当事人的陈述的内涵

当事人的陈述有广义和狭义之分，狭义上仅指当事人在诉讼中就与本案有关的事实，尤其是作为诉讼请求根据或反驳诉讼请求根据的事实，向法院所作的陈述；广义上还包括关于与案件有关的其他陈述、关于证据来源的陈述、关于案件性质和法律问题的陈述等。

当事人的陈述不仅是证据，而且也是当事人作为诉讼主体的体现。其功能主要体现在如下两方面：首先有助于法官总体把握案情。当事人的陈述能够比较全面、具体、深刻地反映案件发生、发展的全过程。在当事人的陈述的基础上，法庭可以归纳争议的焦点，为进一步展开法庭调查奠定基础。其次是证明案件事实的功能。诉讼中的当事人是发生争执的实体法律关系的主体，没有人能比亲身经历过案件的人更了解事实真相，所以当事人的陈述为独立证据的一种。

为了查明案件事实，根据《民事证据规定》第 64—66 条规定，法院认为有必要的，可以要求当事人本人到场，就案件的有关事实接受询问。法院要求当事人到场接受询问的，应当通知当事人询问的时间、地点、拒不到场的后果等内容。法院应当在询问前责令当事人签署保证书并宣读保证书的内容。保证书应当载明保证据实陈述，绝无隐瞒、歪曲、增减，如有虚假陈述应当接受处罚等内容。当事人应当在保证书上签名、捺印。当事人有正当理由不能宣读保证书的，由书记员宣读并进行说明。当事人无正当理由拒不到场、拒不签署或宣读保证书或者拒不接受询问的，法院应当综合案件情况，判断待证事实的真伪。待证事实无其他证据证明的，法院应当作出不利于该当事人的认定。

2) 自认

在当事人的陈述中值得关注的一种情形是，一方当事人在诉讼中对于己不利的事实予以承认的陈述或表示，这种陈述即为民事诉讼法上的自认。我国立法和司法解释有专门的适用规则对自认予以规制。

根据《民事证据规定》第 3 条、第 4 条，在诉讼过程中，一方当事人陈述的于己不利的事实，或者对于己不利的事实明确表示承认的，另一方当事人无需举证证明。在证据交换、询问、调查过程中，或者在起诉状、答辩状、代理词等书面材料中，当事人明确承认于己不利的事实的，适用前款规定。一方当事人对于另一方当事人主张的于己不利的事实既不承认也不否认，经审判人员说明并询问后，其仍然不明确表示肯定或者否定的，视为对该事实的承认。

（1）自认的法理基础。

自认是指一方当事人在诉讼中对于己不利的事实予以承认的陈述或表示。从我国目前司法解释内容看，强调的是对于己不利的事实明确表示承认，对对方当事人诉讼请求的承认没有纳入自认范围。

首先，自认是基于当事人可以对自己的实体权利和诉讼权利自由支配，是对当事人处分权的尊重。其次，自认对当事人的约束力来源于诚信原则，诚信原则要求当事人在实施一定诉讼行为之后如无正当理由不得实施否定或作出与前一行为相矛盾的诉讼行为，即不得自食其言。诚信原则要求当事人在实施诉讼行为时必须诚实和善意，不在民事诉讼中作虚假陈述影响法院对案件事实的正确判断。

（2）自认的分类。

以自认的表现形式区分，自认有明示自认和默示自认。明示自认是指一方当事人对对方当事人主张的事实，以口头或书面形式明确地表示承认。默示自认是指一方当事人对对方当事人主张的事实，既未明确表示承认，也未明确予以否认，而法律规定应视为自认的情形。如根据《民事证据规定》第 4 条，对一方当事人陈述的事实，另一方当事人既未表示承认也未否认，经审判人员充分说明并询问后，其仍不明确表示肯定或否定的，视为对该项事实的承认。

以自认的内容区分，自认有完全自认和限制自认。完全自认是指一方当事人所主张的事实，经过对方当事人在诉讼中或在法官面前，或在法庭辩论时予以全部承认，并产生使主张该事实的一方当事人免除举证效果的行为方式。限制自认是当事人一方对他方所主张的事实，承认其中一部分而否认其他部分或者自认时附加独立的攻击或防御的方法。

以自认主体区分，自认有本人的自认和代理的自认。根据《民事证据规定》第 5 条规定，当事人委托诉讼代理人参加诉讼的，除授权委托书明确排除的事项外，诉讼代理人的自认视为当事人的自认。当事人在场对诉讼代理人的自认明确否认的，不视为自认。

以自认涉及的共同诉讼种类区分，自认有普通共同诉讼的自认和必要共同诉讼的自认。

普通共同诉讼中，共同诉讼人中一人或者数人作出的自认，对作出自认的当事人发生效力。必要共同诉讼中，共同诉讼人中一人或者数人作出自认而其他共同诉讼人予以否认的，不发生自认的效力。其他共同诉讼人既不承认也不否认，经审判人员说明并询问后仍然不明确表示意见的，视为全体共同诉讼人的自认。

以自认是否附有条件限制区分，自认有附条件自认和无条件自认。例如，根据《民事证据规定》第7条规定，一方当事人对于另一方当事人主张的于己不利的事实有所限制或者附加条件予以承认的，由法院综合案件情况决定是否构成自认。

（3）自认的效力。

自认效力是指自认作出后的法律后果，主要体现在三个方面。第一，对自认者本人的效力。对于作出自认的当事人而言，除非有法定原因，不得提出反对自认的意见，也失去提出反证的可能性。如《民事诉讼法解释》第340条规定，当事人在第一审程序中实施的诉讼行为，在第二审程序中对该当事人仍具有拘束力。当事人推翻其在第一审程序中实施的诉讼行为时，法院应当责令其说明理由。理由不成立的，不予支持。第二，对法院的效力。在诉讼中自认一经成立便产生拘束法院的效力，法院无需对自认的事实进行证据调查。当然，自认的事实与已经查明的事实不符的，法院不予确认。第三，对对方当事人的效力。首先，一方当事人对己不利的事实予以承认后，另一方当事人就该事实可以免除举证责任，但若自认人因具备法定情形而对自认撤销后，则另一方当事人仍需就该事实负举证责任。其次，自认除了可以免除对方当事人的举证责任外，也对其产生一定的拘束力，即自认一旦成立生效，随着诉讼的发展，即使自认人自认的事实原来对对方当事人有利，而现在已经对对方当事人不利，也不再允许对方当事人撤销自认。这是由于在民事纠纷的审理过程中，随着新证据不断出现，以及受其他一些因素的影响，诉讼的发展方向具有多种可能性，案件事实的性质也会发生一定的变化，某个阶段对对方当事人有利的事实后来却变成不利因素的情况时有发生，法律平等地约束双方当事人有助于维护自认所创造的法秩序的安定性。

（4）自适用例外情形。

只要成立自认就可排除法官对事实的调查，在审判上也不允许法官作出与自认事实相反的事实认定。然而由于案件的复杂性、多样性，以及自认作为一种证明方式的特殊性，在一些特殊的情况下，出于对诉讼政策的考虑、价值冲突的协调或者基于发现客观真实、实现正义的司法功能等目的，往往在立法上或学理上对自认的效力作必要的限制或者对自认规则设置一些例外情形。根据《民事证据规定》第8条和《民事诉讼法解释》第92条、第96条规定，如下自认不予确认：第一，自认的事实与已经查明的事实不符的；第二，涉及可能损害国家利益、社会公共利益的；第三，涉及身份关系的；第四，涉及民事诉讼法规定公益诉讼的；第四，当事人有恶意串通损害他人合法权益可能的；第五，涉及依职权追加当事人、中止诉讼、终结诉讼、回避等程序性事项的。

此外，为消除当事人的顾虑，鼓励他们进行调解、和解，在诉讼调解、和解中当事人的承认或让步就不应作为自认对待，法院在认定事实时，也不受此承认或让步的拘束。对于显著的事项或者其他为法院应予知悉的事项，当事人也不得再为与法院认知事项相反的自认。对于一些凭一般生活经验就可以判断真伪的显著事实、可以用推论而得知的事实或已经被证明的事实，各国通常将之列为免证事项。免证事项有一个共同的特征就是不需经当事人证明，法院就可以将之作为定案的依据。如果允许当事人对于上述免证事项进行自认并对法院产生拘束力,那么可能会给审判带来混乱,损害法律的公正,削弱判决的公信力。

(5) 自认的撤回。

由于当事人一般不会明确承认对自己不利的案件事实,况且撤销已作出的自认不但会影响到对方当事人的诉讼利益,使其重新负担起已被免除的举证责任,而且使本来已变得简明的诉讼趋于复杂化。因此,原则不允许撤销自认。但是,为了兼顾公平,在有的情况下也应该允许作出自认的当事人主张无效或撤销。当事人在法庭辩论终结前撤销自认的,法院应当准许。根据《民事证据规定》第9条规定,这些情况主要包括经对方当事人同意的,以及自认是在受胁迫或者重大误解情况下作出的。法院准许当事人撤销自认的,应当作出口头或者书面裁定。

3) 具有专门知识的人之意见

早在2002年《民事证据规定》第61条就曾规定,当事人可以向法院申请由1~2名具有专门知识的人员出庭就案件的专门性问题进行说明。审判人员和当事人可以对出庭的具有专门知识的人员进行询问。经法院准许,可以由当事人各自申请的具有专门知识的人员就有关案件中的问题进行对质。具有专门知识的人员可以对鉴定人进行询问。2012年修正后的《民事诉讼法》第79条规定,当事人可以申请法院通知有专门知识的人出庭,就鉴定人作出的鉴定意见或者专业问题提出意见。2017年、2021年和2023年《民事诉讼法》修正案均保留此规定。2015年、2020年和2022年《民事诉讼法解释》也均规定,当事人可以依照《民事诉讼法》规定,在举证期限届满前申请具有专门知识的人出庭。前述司法解释和立法中出现了"具有专门知识的人员"这一概念,被学界称为专家辅助人,即在科学、技术以及其他专业知识方面具有特殊的专门知识或经验的人员,根据当事人的请托并经法院准许,出庭辅助当事人对讼争的案件事实所涉及的专门性问题进行说明或发表专业意见和评论的人。

关于专家辅助人的诉讼功能,主要体现在两个方面:一是为维护聘请方当事人的法益,就对方提出的涉及鉴定意见或专业知识方面的问题质询、作出说明或对质;二是协助聘请方对鉴定人或对方聘请的"专家辅助人"进行询问,并对案件涉及的鉴定意见加以质证。两个方面皆是对鉴定意见进行实质性质证,使鉴定意见在质证中得到检验。专家辅助人的出现,使得鉴定人在诉讼中不再掌握"话语霸权",使得法官真正做到"兼听则明"。我国现行法律规定证据采信必须经过法庭质证。但是因为需要鉴定的内容涉及专业,专业的难度对于当事人、法官甚至律师成为不可逾越的障碍,他们的审查触不到鉴定意见形成依据、科学原理等影响结论的本质问题,通常普通人针对鉴定的质证都仅仅围绕程序和形式提问。而专家辅助人参与,依靠专业的知识或经验,和鉴定人质证,提出自己的意见,可以直击问题的核心,准确发现问题所在,从而及时向法庭指出。与此同时,专家辅助人出庭对专业问题进行质证,能针对专业性的问题答疑解惑,即使专家作出的意见不利于自己,在当事人内心也非常认可鉴定意见,从而促进当事人更加认同法院的判决,这样就增加了服判息诉率。此外,鉴于目前我国鉴定机构多且杂,鉴定人的队伍参差不齐,专家辅助人参加诉讼,从鉴定的方式方法、程序、步骤、鉴定意见的科学性中发现问题,表达自己的意见,有利于提高鉴定人的专业素质。

关于具有专门知识的人员的定位,从立法精神而言,可从以下两个方面来理解:第一,从其所从事的职业来理解,他是专家,是在科学、技术和其他专业方面具有特殊的专门知识或经验的人。第二，从其在诉讼中的地位和所起的作用来理解，他是辅助人，是就专门性问题辅助当事人进行诉讼的人，他所陈述的专家意见，仅是替补一方当事人对案件涉及的专业问题的说明意见。但他又不是诉讼代理人或辩护人。

关于专门知识的人员意见的属性，首先，专门知识的人员所陈述的专家意见，具有专门性、独立性、中立性，并不是当事人意志的体现，而是要尊重科学和自然的规律以及经验法则，虽然它仅是替补一方当事人对案件涉及的专业问题的说明意见。其次，根据《民事诉讼法解释》第122条规定，具有专门知识的人在法庭上就专业问题提出的意见，视为当事人的陈述。实践中，最高人民法院的态度也是如此。①

4. 勘验笔录

《民事诉讼法解释》第124条规定，法院认为有必要的，可以根据当事人的申请或者依职权对物证或者现场进行勘验。所谓勘验笔录，是指审判人员为了调查核实有争议的事实或标的物，对有关的物品、场所进行勘查、检验查验、拍照、测量后所作的客观记载。

勘验物证或者现场，勘验人必须出示法院的证件，并邀请当地基层组织或者当事人所在单位派人参加。当事人或者当事人的成年家属应当到场，拒不到场的，不影响勘验的进行。有关单位和个人根据法院的通知，有义务保护现场，协助勘验工作。勘验人应当将勘验情况和结果制作笔录，由勘验人、当事人和被邀参加人签名或者盖章。勘验笔录和照片、绘制的图表，在开庭审理时，应当当庭宣读或出示，使每个参加诉讼的人都能了解勘验的事实情况，并听取他们的意见。当事人要求重新勘验的，如要求合理，确有必要的，可以重新勘验。

此外，勘验时应当保护他人的隐私和尊严。法院可以要求鉴定人参与勘验。必要时，可以要求鉴定人在勘验中进行鉴定。

5. 鉴定意见

鉴定意见，是由鉴定人接受委托或聘请，运用自己的专门知识和现代科学技术手段，对诉讼中所涉及的某些专门性问题进行检测、分析、判断后，所得出结论性书面意见。

1）鉴定程序的启动

《民事诉讼法》第79条规定，当事人可以就查明事实的专门性问题向法院申请鉴定。当事人申请鉴定的，由双方当事人协商确定具备资格的鉴定人；协商不成的，由法院指定。当事人未申请鉴定，法院对专门性问题认为需要鉴定的，应当委托具备资格的鉴定人进行鉴定。

关于鉴定程序启动方式，一种是依据申请启动，即当事人可以就查明事实的专门性问题向法院申请鉴定。当事人申请鉴定的，由双方当事人协商确定具备资格的鉴定人；协商不成的，由法院指定。当事人申请鉴定的时间，可以在举证期限届满前提出。申请鉴定的事项与待证事实无关联，或者对证明待证事实无意义的，法院不予准许。当事人申请鉴定，应当在法院指定期间内提出，并预交鉴定费用。逾期不提出申请或者不预交鉴定费用的，视为放弃申请。对需要鉴定的待证事实负有举证责任的当事人，在法院指定期间内无正当理由不提出鉴定申请或者不预交鉴定费用，或者拒不提供相关材料，致使待证事实无法查明的，应当承

---

① 参见（2017）最高法民申2944号、（2015）最高法民申字第1366号等。

担举证不能的法律后果。

鉴定的另一种启动方式是依据职权启动，即当事人未申请鉴定，法院对专门性问题认为需要鉴定的，应当委托具备资格的鉴定人进行鉴定。符合依职权调查收集证据条件的，法院应当依职权委托鉴定，在询问当事人的意见后，指定具备相应资格的鉴定人。法院在审理案件过程中认为待证事实需要通过鉴定意见证明的，应当向当事人释明，并指定提出鉴定申请的期间。根据《民事证据规定》第30条第2款，法院对符合《民事诉讼法解释》第96条第1款规定情形，即法院认为审判需要应当调查收集证据的，法院应当依职权委托鉴定。

2）鉴定人的权利义务

鉴定人有权了解进行鉴定所需要的案件材料，必要时可以询问当事人、证人。法院在鉴定开始之前，应当要求鉴定人签署承诺书。承诺书中应当载明鉴定人保证客观、公正、诚实地进行鉴定，保证出庭作证，如作虚假鉴定应当承担法律责任等内容。鉴定人故意作虚假鉴定的，法院应当责令其退还鉴定费用，并根据情节，依照《民事诉讼法》规定的妨害司法行为情形进行处罚。鉴定人完成鉴定后，应当提出书面鉴定意见，在鉴定书上签名或者盖章。当事人对鉴定意见有异议或者法院认为鉴定人有必要出庭的，鉴定人应当出庭作证。经法院通知，鉴定人拒不出庭作证的，鉴定意见不得作为认定事实的根据；支付鉴定费用的当事人可以要求返还。当事人因鉴定人拒不出庭作证申请重新鉴定的，法院应当准许。

此外，《民事证据规定》第35条明确规定，鉴定人无正当理由未按期提交鉴定书的，当事人可以申请法院另行委托鉴定人进行鉴定。法院准许的，原鉴定人已经收取的鉴定费用应当退还；拒不退还的，法院应当在3日内作出裁定，责令鉴定人退还，拒不退还的，由法院依法执行。

6. 视听资料、电子数据

随着科学技术的发展，录音、录像等设备大量出现，人们可以很方便地利用这些设备收集证据，并以此来证明自己的诉求。1982年《民事诉讼法（试行）》首次规定了视听资料这一新的证据种类，并把录音、录像等划归其中。近年来信息储存技术的突飞猛进，使得视听资料和电子数据有了进一步区分的必要。2015年、2020年和2022年《民事诉讼法解释》均规定，视听资料包括录音资料和影像资料，而电子数据是指通过电子邮件、域名等形成或者存储在电子介质中的信息，适用电子数据的规定。《民事证据规定》第14条还对电子数据作了详细列举，包括下列信息、电子文件：网页、博客、微博客等网络平台发布的信息；手机短信、电子邮件、即时通信、通信群组等网络应用服务的通信信息；用户注册信息、身份认证信息、电子交易记录、通信记录、登录日志等信息；文档、图片、音频、视频、数字证书、计算机程序等电子文件；其他以数字化形式存储、处理、传输的能够证明案件事实的信息。

法院对于电子数据的真实性审查判断，应当结合下列因素综合判断：电子数据的生成、存储、传输所依赖的计算机系统的硬件、软件环境是否完整、可靠；电子数据的生成、存储、传输所依赖的计算机系统的硬件、软件环境是否处于正常运行状态，或者不处于正常运行状态时对电子数据的生成、存储、传输是否有影响；电子数据的生成、存储、传输所依赖的计算机系统的硬件、软件环境是否具备有效防止出错的监测、核查手段；电子数据是否被完整地保存、传输、提取，保存、传输、提取的方法是否可靠；电子数据是否在正常的往来活动中形成和存储；保存、传输、提取电子数据的主体是否适当；影响电子数据完整性和可靠性的其他因素。

当事人以视听资料作为证据的，应当提供存储该视听资料的原始载体。当事人以电子数据作为证据的，应当提供原件。电子数据的制作者制作的与原件一致的副本，或者直接来源于电子数据的打印件或其他可以显示、识别的输出介质，视为电子数据的原件。

对前述法定证据，依据不同划分标准，还可以归为不同的类别，即为证据理论上的分类。理论界常见的证据种类有如下几种：① 本证和反证。根据诉讼证据与证明责任的关系，本证就是能够证明负有证明责任的一方当事人主张的事实的证据；反证则是能够否定负有证明责任的一方当事人主张的事实的证据。② 原始证据和传来证据。根据诉讼证据的来源，可将诉讼证据分为原始证据和传来证据两种。原始证据是指直接来源于案件客观事实的证据。传来证据也称派生证据，是指经过一定的中间环节、间接来源于案件事实的证据。③ 直接证据和间接证据。根据诉讼证据与待证事实之间的关系，可将诉讼证据分为直接证据和间接证据。直接证据是能够单独地、直接地证明案件主要事实的证据。间接证据是指不能单独、直接地证明案件主要事实，但能和其他证据结合起来，共同证明和确定案件事实的证据。①

（四）证据的调查、收集和保全

民事诉讼中，当事人对自己提出的主张，有责任提供证据。负有举证责任的一方无法提供相关证据证明其主张的，承担相应不利后果。但实践中，对待证事实承担举证责任的当事人由于各种原因，需要借助于法院的职权才能完成或者减轻举证负担，切实维护自身实体权益。

1. 书证提出命令

所谓书证提出命令，是指书证在对方当事人控制之下的，承担举证证明责任的当事人可以在举证期限届满前书面申请法院责令对方当事人提交。申请理由成立的，法院应当责令对方当事人提交，因提交书证所产生的费用，由申请人负担。对方当事人无正当理由拒不提交的，法院可以认定申请人所主张的书证内容为真实。书证提出令的范围不仅局限于书证，还包括视听资料和电子数据。

司法实践中，当事人并不是总能掌握所有对其有利的证据，一些能够直接证明案件事实的证据可能由对方当事人所掌握。此时会出现对方当事人拒绝将于己不利的证据提交给法院，导致负有举证责任的一方因无法提供该证据而承担相应不利后果的不公局面。而关键证据的缺席也会导致法院查明的事实偏离客观真实，影响裁判的正当性和公正性。为扩展当事

---

① 如在民商法领域对协同行为的认定，在现代反垄断法的严厉规制下，通过非正规手段达成垄断协议的趋势越来越明显，由此出现了非书面、非口头的卡特尔形式——协同行为（默示共谋）。协同行为遗留的证据可能非常零散，也可能非常单一。零星的证据片段在不能排除"只是公司的一般市场行为"的情况下，如果能够按照一定的标准和方法将证据片段串联起来，形成一种关联性证明，即两个以上主体的行为只能是服务于一个违法的目的，那么这些间接证据片段就具有了不同寻常的价值。意大利"婴儿奶粉"案便是成功利用间接证据的典型。意大利竞争管理局有机结合了几种不同类型的间接证据，并通过一定的推理证明了经营者间存在勾结。参见刘继峰：《依间接证据认定协同行为的证明结构》，《证据科学》2010年第1期。

人收集证据手段、增强当事人举证能力，我国借鉴大陆法系其他国家和地区的文书提出命令制度，通过《民事诉讼法解释》第112条、第113条创设了"书证提出命令"制度，并与《民事证据规定》第45—48条形成较为完整规范体系，对申请人提出理由、法院审查内容、持有人不遵守法院命令的后果等作了规定。

1）书证提出命令的申请条件

根据《民事证据规定》第45条规定，当事人申请法院责令对方当事人提交书证的，申请书应当载明所申请提交的书证名称或者内容、需要以该书证证明的事实及事实的重要性、对方当事人控制该书证的根据以及应当提交该书证的理由。对方当事人否认控制书证的，法院应当根据法律规定、习惯等因素，结合案件的事实、证据，对于书证是否在对方当事人控制之下的事实作出综合判断。

2）书证提出命令的审查程序

法院须对当事人提交书证的申请进行审查。根据《民事证据规定》第46条规定，审查时应当听取对方当事人的意见，必要时可以要求双方当事人提供证据、进行辩论。当事人申请提交的书证不明确、书证对于待证事实的证明无必要、待证事实对于裁判结果无实质性影响、书证未在对方当事人控制之下或者不符合书证提出义务范围情形的，法院不予准许。当事人申请理由成立的，法院应当作出裁定，责令对方当事人提交书证；理由不成立的，通知申请人。

3）书证提出义务的范围

根据《民事证据规定》第47条规定，如下情形当事人应当提交书证：① 控制书证的当事人在诉讼中曾经引用过的书证；② 为对方当事人的利益制作的书证；③ 对方当事人依照法律规定有权查阅、获取的书证；④ 账簿、记账原始凭证；⑤ 法院认为应当提交书证的其他情形。

4）不遵守"书证提出命令"的后果

根据《民事证据规定》第48条规定，控制书证的当事人无正当理由拒不提交书证的，法院可以认定对方当事人所主张的书证内容为真实。同时，控制书证的当事人存在以妨碍对方当事人使用为目的，毁灭有关书证或实施其他致使书证不能使用行为的，法院可以认定对方当事人主张以该书证证明的事实为真实。

根据《民事诉讼法解释》第113条规定，持有书证的当事人以妨碍对方当事人使用为目的，毁灭有关书证或者实施其他致使书证不能使用行为的，法院可以依照《民事诉讼法》妨碍民事诉讼相关规定，对其处以罚款、拘留。

2. 当事人申请法院收集证据和法院依照职权收集证据

1）当事人申请法院收集证据

当事人及其诉讼代理人因客观原因不能自行收集的证据，可以依法申请法院收集。根据《民事诉讼法解释》第95条规定，当事人申请调查收集的证据，与待证事实无关联、对证明待证事实无意义或者其他无调查收集必要的，法院不予准许。

法院依据申请收集与待证事实有关联、对证明待证事实有意义或者必要的证据无疑对查清案件事实、实现司法公正至关重要。

在实质要件方面主要包括：① 证据由国家有关部门保存，当事人及其诉讼代理人无权查阅调取的；② 涉及国家秘密、商业秘密或者个人隐私的；③ 当事人及其诉讼代理人因客观原因不能自行收集的其他证据。

在申请程序方面，首先，当事人应该在举证期限届满前；其次，必须是当事人本人或其代理人提出；再次，在申请形式上，须提交申请书。申请书应当载明被调查人的姓名或者单位名称、住所地等基本情况，所要调查收集的证据名称或者内容，需要由法院调查收集证据的原因及其要证明的事实以及明确的线索。

2）法院依照职权收集证据

《民事诉讼法》第67条第2款规定，当事人及其诉讼代理人因客观原因不能自行收集的证据，或者法院认为审理案件需要的证据，法院应当调查收集。

在民事诉讼中，法院不宜主动收集，收集证据仅限于在审理需要范围内。《民事诉讼法解释》第96条规定，《民事诉讼法》第67条第2款规定的法院认为审理案件需要的证据包括：① 涉及可能损害国家利益、社会公共利益的；② 涉及身份关系的；③ 涉及民事公益诉讼的；④ 当事人有恶意串通损害他人合法权益可能的；⑤ 涉及依职权追加当事人、中止诉讼、终结诉讼、回避等程序性事项的。

3）律师调查令 ①

《民事强制执行法（草案）》首次确立律师调查令制度。草案规定，法院通过网络信息平台无法查询的某项财产信息，申请执行人通过委托律师客观上无法自行调取的，可以委托律师向法院申请调查令。法院经审查，认为确有必要的，可以向其授予调查令。调查令由执行机构负责人签发。可见，草案将调查令的适用条件限制为法院无法通过网络信息平台查询，且申请执行人通过委托律师客观上无法自行调取，这是合理的，也是必要的。一方面有利于充分有效利用网络执行查控系统高效发现财产，提高执行效率；另一方面也是为了避免滥用调查令，侵害当事人和他人合法权益。

自2006年《最高人民法院关于认真贯彻律师法依法保障律师在诉讼中执业权利的通知》中提出法院可以在民事诉讼中积极探索和试行证据调查令以来，全国各地法院在民事诉讼法中对律师调查令进行了积极探索。2011年《最高人民法院关于依法制裁规避执行行为的若干意见》中提出，各地法院可根据本地的实际情况，在执行工作中探索尝试以调查令、委托调查函等方式赋予代理律师法律规定范围内的财产调查权。各地法院积极响应。比如，江苏省高级人民法院在2017年专门制定《关于执行案件使用调查令的实施意见（试行）》，并制作了执行调查令申请书、人民法院执行调查令文书模板，在实践中运行效果良好。再如《重庆市高级人民法院关于在民事诉讼中推行律师调查令的意见》（2020年修订）规定，持律师调查令调查遭拒绝，法院可以向接受调查人发出限期纠正的司法建议，也可视情节轻重，依照《民事诉讼法》第114条以及其他有关规定予以处罚。有协助调查义务的单位和公职人员拒不接受调查的，法院可以向监察机关或者有关机关提出予以纪律处分的司法建议。必要时，可以向当地党委、政府及有关部门通报情况。

---

① 参见夏从杰：《让律师调查令在执行实践中发挥更大作用》，《人民法院报》2022年8月16日，第2版。

律师调查令本质上属于司法授权调查法律关系，有法院公权力作为后盾支持，具有较强的强制性。一旦运用不当，极易损害当事人及其他人合法权益。为此，《民事强制执行法（草案）》十分注重滥用律师调查令的预防，规定调查令应当载明律师姓名、执业证号、执业机构、当事人的姓名或者名称、案号、具体调查事项以及有效期等内容，律师存在超出调查令范围进行调查、以违背公序良俗的方式使用调查令等滥用调查令情形的，法院应当责令其交回，并可以予以罚款、拘留，当然还可以通报律师协会处理。

目前司法实践中，部分协助执行单位认为法律并未明文规定法院签发律师调查令的权限，同时其也未收到本部门条线上的有关文件，对调查令不予认可。部分银行认为银行存款涉及个人隐私，以保护客户权益为由不予提供。少数部门则以调查内容涉密为由不予配合。①

4）技术调查官调查

2014年12月，最高人民法院颁行《关于知识产权法院技术调查官参与诉讼活动若干问题的暂行规定》，基于该暂行规定，北京知识产权法院技术调查室于2015年正式成立，任命了首批37名技术调查官和27名技术专家，帮助法官解决审理知识产权案件时遇到的技术难题。2019年《最高人民法院关于技术调查官参与知识产权案件诉讼活动的若干规定》颁布，该规定明确将技术调查官划分在司法辅助人员序列，在技术性或专业性较强的案件中，法院可以指派技术调查官参与诉讼活动，并且该规定还明确了技术调查官的回避以及责任承担等问题。

技术调查官不是法官，而是法官的技术助手，为法官提供辅助工作。主要是协助法官认定和理解案件的技术事实，辅助法官行使公权力，即审判权，这种"官"的定位，是其行为性质、效果使然。虽然技术调查官不是法官，但技术调查官依然属于法院内部（专职技术调查官）的司法人员，其与专家辅助人、有专门知识的人、专家证人、鉴定人、技术咨询专家等诉讼地位不同。经法官同意，技术调查官可以与当事人直接互动，参与调解、证据交换或庭前会议、证据保全、现场勘验、出具技术调查意见等，并独立地作出判断，提供相应意见给法官参考，但技术调查官的意见不对外公开，也无法进行质证，这一点上与鉴定人、专家辅助人等也有明显区别。同时，技术调查官仅对技术问题或事实认定问题发表意见，而对法律问题不应当发表意见，强化了技术调查官是法官的技术助手这一定位，并且规定中明确了合议庭对技术事实认定依法承担责任，而技术调查官仅有建议权。

3. 证据保全

《民事诉讼法》第84条规定，在证据可能灭失或者以后难以取得的情况下，当事人可以在诉讼过程中向法院申请保全证据，法院也可以主动采取保全措施。因情况紧急，在证据可能灭失或者以后难以取得的情况下，利害关系人可以在提起诉讼或者申请仲裁前向证据所在地、被申请人住所地或者对案件有管辖权的法院申请保全证据。证据保全的其他程序，参照适用《民事诉讼法》第九章保全的有关规定。《民事证据规定》第25—29条对证据保全制度作了进一步补充规定。

1）证据保全的种类

根据《民事证据规定》第25条规定，法律、司法解释对诉前证据保全有规定的，依

---

① 《银行"怂"了! 拒绝律师调查令，法院通知：预罚款50万》，https：//www.sohu.com/a/451416895_100004243，2023年10月24日最后访问。

照其规定办理。依据保全提起时间的不同，保全可分为诉前和诉中两个大类别：① 诉前证据保全。因情况紧急，在证据可能灭失或者以后难以取得的情况下，利害关系人可以在提起诉讼或者申请仲裁前向证据所在地、被申请人住所地或者对案件有管辖权的法院申请保全证据。可以在举证期限届满前书面提出。法院采取诉前证据保全措施后，当事人向其他有管辖权的法院提起诉讼的，采取保全措施的法院应当根据当事人的申请，将保全的证据及时移交受理案件的法院。法律、司法解释对诉前证据保全有规定的，依照其规定办理。② 诉中证据保全。即根据《民事诉讼法》规定，在证据可能灭失或者以后难以取得的情况下，当事人可以在诉讼过程中向法院申请保全证据，法院也可以主动采取保全措施。当事人或者利害关系人根据《民事诉讼法》申请证据保全的，申请书应当载明需要保全的证据的基本情况、申请保全的理由以及采取何种保全措施等内容。

2）证据保全程序要求

首先，遵守申请时间和形式。根据《民事证据规定》第25条规定，当事人申请诉讼中证据保全的，应当在举证期限届满前向法院提出。申请书应当载明需要保全的证据的基本情况、申请保全的理由以及采取何种保全措施等内容。

其次，提供担保。根据《民事证据规定》第26条规定，证据保全可能对他人造成损失的，法院应当责令申请人提供相应的担保。当事人或者利害关系人申请采取查封、扣押等限制保全标的物使用、流通等保全措施，或者保全可能对证据持有人造成损失的，法院应当责令申请人提供相应的担保。担保方式或者数额由法院根据保全措施对证据持有人的影响、保全标的物的价值、当事人或者利害关系人争议的诉讼标的金额等因素综合确定。根据《民事证据规定》第27条规定，法院进行证据保全，可以要求当事人或者诉讼代理人到场。根据当事人的申请和具体情况，法院可以采取查封、扣押、录音、录像、复制、鉴定、勘验等方法进行证据保全，并制作笔录。在符合证据保全目的的情况下，法院应当选择对证据持有人利益影响最小的保全措施。

再次，根据《民事证据规定》第29条规定，法院采取诉前证据保全措施后，当事人向其他有管辖权的法院提起诉讼的，采取保全措施的法院应当根据当事人的申请，将保全的证据及时移交受理案件的法院。

此外，申请证据保全错误造成财产损失，当事人请求申请人承担赔偿责任的，法院应予支持。

（五）证明对象

1. 证明对象的概念和意义

一般认为，民事诉讼证明对象是指有争议的待证事实，包括民事实体法要件事实、程序法事实和证据法事实三个部分。证明对象是诉讼证明活动中的首要环节，只有先有的放矢地解决证明对象问题，证明活动才会接下来触及证明责任、证明标准、证明方法、证明程序等方面的问题。证明对象决定着诉讼证明活动如何进行，证明到何种程度。证明对象不仅仅是诉讼证明活动的起点和归宿，明确证明对象，使得裁判者在作出裁判的时候受到诉讼双方主张约束，还有助于一事不再理原则的落实。

2. 证明对象的范围

1）实体法要件事实

民事实体法要件事实，是指对处理案件具有法律意义的民事实体法上的法律事实。它分为民事法律关系产生、变更、消灭或者民事权利受到妨害的基本要件事实。民事实体法要件事实，是我国民事诉讼举证责任分配的直接依据。

2）程序法事实

程序法事实是指对解决诉讼程序问题具有法律意义的事实。这些事实如不加以证明，就会影响诉讼活动的顺利进行，影响案件得到正确、合法、及时的处理。需要证明的程序法事实通常包括有关回避的事实、对妨碍民事诉讼的人采取一定措施的事实、有关诉讼期限的事实以及违反法定程序的事实等。

根据是否依据当事人申请，程序法事实可分为如下两大类。① 需要当事人向法院主张后，才需要证明的，如关于存在仲裁协议或协议管辖的事实、关于耽误期限有正当理由的事实等。② 不需要当事人主张，法院应主动查明的。如提起诉讼的原告是否是本案的当事人，受诉法院是否对案件有管辖权，是否存在应当采取民事强制措施的法定情形等。如《民事诉讼法解释》第96条第5项规定的涉及依职权追加当事人、中止诉讼、终结诉讼、回避等程序性事项的事实。

值得注意的是，违反《民事诉讼法》及相关司法解释中关于证据能力的规定，将导致证据资格的丧失，在诉讼中出现对某材料的证据能力的争议时，该材料是否具有证据资格问题也会成为待证事实。

3. 免证事实

免证事实是无争议，当事人无需举证证明的事实，不属于证明对象。根据《民事证据规定》第10条[①]和《民事诉讼法解释》第93条规定，免证事实有如下几类：① 自然规律以及定理、定律；② 众所周知的事实；③ 根据法律规定推定的事实；④ 根据已知的事实和日常生活经验法则推定出的另一事实；⑤ 已为仲裁机构的生效裁决所确认的事实；⑥ 已为法院发生法律效力的裁判所确认的基本事实；⑦ 已为有效公证文书所证明的事实。

---

① 关于"已为仲裁机构的生效裁决所确认的事实"能否作为免证事实的问题，2019年在修改《民事证据规定》过程中存在很大争议。反对将其作为免证事实的观点认为，其一，法院的裁判受仲裁庭认定的事实约束是没有理论依据的，也违背自由心证原则；其二，仲裁庭对事实认定并不需要遵循严格的证据规则，在认定事实上有很大的自由和空间，其事实认定可靠性不足；其三，仲裁庭对事实的认定不受法院生效裁判拘束，法院裁判反受仲裁庭约束，逻辑上不成立；其四，审判实践中，当事人利用仲裁程序确认事实后，再进行关联诉讼，给法院的审判活动带来很大困扰。因此，已为仲裁机构生效裁决所确认的事实不宜作为免证事实保留。支持其作为免证事实的观点认为，仲裁作为当事人协议选择的争议解决方式，对于及时解决纠纷、减少诉讼案件具有积极意义；将仲裁裁决确认的事实从免证事实中删除，不利于仲裁的发展，与国家积极倡导的大力支持仲裁发展的政策相悖。最高人民法院对这两种意见进行折中，在保留生效仲裁裁决作为免证事实的同时，降低其反证的标准，认为由于仲裁机构并非具有社会管理职能的组织，仲裁裁决本身不属于公文书证，因此对于仲裁裁决的反证不需要按照公文书证的标准，达到有相反证据足以推翻的程度，而应当按照私文书证的反证标准，以有"相反证据足以反驳"作为其反证标准。

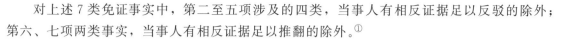

对上述 7 类免证事实中,第二至五项涉及的四类,当事人有相反证据足以反驳的除外;第六、七项两类事实,当事人有相反证据足以推翻的除外。①

可见,上述免证事实不是绝对不可以质疑的,允许当事人反驳或者推翻。但质疑的标准不同,对前述第六、七项两类事实要求的标准比第二至五项涉及的四类要高。

(六)证明责任与证明标准

1. 证明责任的内涵

诉讼中存在两个基本问题,即认定事实和适用法律。认定事实是适用法律的前提,事实认定在很大程度上决定着法律的适用,也直接影响最终裁判。因此,审理案件首先应查明案件事实。支撑案件事实的是证据。一般而言,司法裁判的作出是以法律规范为大前提,以具体的事实为小前提,进而得出结论的三段论的过程。抽象的法律规范在适用中必然以具体的事实为对象,而事实的认定须是以证据为基础。对于一些简单案件运用证据通过三段论进行推理往往可以快速而准确地得到案件事实或真或假的结论。然而鉴于人们认识手段的不足和认识能力的局限性,诉讼中出现案件事实真伪不明的情形难以避免,法官对案件事实,尤其是对裁决有重大意义的事实无法达到心证的程度。但此情形下法官也不得拒绝裁判,这就会产生由谁承担不利后果的问题,也由此引起举证责任问题。司法实践中举证责任问题是每一个民事案件都会遇到的问题,而个案举证责任的分配又错综复杂、情况各异。因此,如何科学、公正、公平地分配举证责任显得至关紧要。《民事诉讼法解释》第 91 条对我国民事诉讼举证责任分配原则作了明确规定。

证明责任包括行为意义上的证明责任和结果意义上的证明责任。行为意义上的证明责任指的是当事人对自己提出的主张有提供证据的责任。结果责任是指法庭辩论结束后,案件事实仍处于真伪不明状态(达不到证明标准)时应当判谁败诉的问题。当诉讼终结,一旦案件事实陷入真伪不明,法律预先设置的潜在的结果责任,则可能转化为现实。举证责任的实质在于结果责任,结果责任事关当事人诉讼的成败。举证责任的分配所要解决的问题首先是谁

---

① 笔者认为,相较于 2022 年修改的《民事诉讼法解释》第 93 条而言,根据最高人民法院的回复精神,2019 年修改的《民事证据规定》应优先适用。最高人民法院在关于"已为仲裁机构的生效裁决所确认的事实"的反证标准问题的答复中是这样回答的:"2019 年 12 月 25 日公布的法释〔2019〕19 号《最高人民法院关于民事诉讼证据的若干规定》(以下简称《民事证据规定》),对 2001 年公布的法释〔2001〕33 号《关于民事诉讼证据的若干规定》进行了修改、补充和完善。其中第 10 条,对于'已为仲裁机构的生效裁决所确认的事实'的反证标准进行了修改,在保留生效仲裁裁决作为免证事实的同时,降低其反证的标准,由 2015 年《最高人民法院关于适用〈中华人民共和国民事诉讼法〉的解释》(以下简称《民诉法司法解释》)第 93 条、2001 年《民事证据规定》第 9 条规定的'足以推翻'变更为'足以反驳',意味着排除仲裁裁决确认的事实作为免证事实的要求有所降低,当事人提出的反证不必达到推翻该事实的程度,只需要动摇免证事实对法官的心证基础,使其处于真伪不明状态即可。因《民事证据规定》是对民事诉讼法有关证据制度的规定在审判实践中如何适用的进一步解释,属于特别规则,相对于 2020 年《民诉法司法解释》继续沿用的第 93 条,2019 年《民事证据规定》第 10 条应当优先适用。"详见最高人民法院:《关于"对〈民事诉讼法〉司法解释疑问"的回复》,https://www.court.gov.cn/zixun/xiangqing/301111.html,2024 年 7 月 9 日最后访问。

应就何种案件事实负举证责任,以及在争议的案件事实处于真伪不明的状态时谁应当承受不利的诉讼后果。

2. 我国证明责任分配的一般原则

《民事诉讼法解释》第91条规定,法院应当依照下列原则确定举证证明责任的承担,但法律另有规定的除外:① 主张法律关系存在的当事人,应当对产生该法律关系的基本事实承担举证证明责任;② 主张法律关系变更、消灭或者权利受到妨害的当事人,应当对该法律关系变更、消灭或者权利受到妨害的基本事实承担举证证明。① 该解释第108条规定,对负有举证证明责任的当事人提供的证据,法院经审查并结合相关事实,确信待证事实的存在具有高度可能性的,应当认定该事实存在。对一方当事人为反驳负有举证证明责任的当事人所主张事实而提供的证据,法院经审查并结合相关事实,认为待证事实真伪不明的,应当认定该事实不存在。

从上述两条可知,第一,《民事诉讼法解释》将"真伪不明"作为举证责任的内容,明确了结果意义上的证明责任的内涵。该解释第108条中明确规定了待证事实真伪不明时法官如何作出判断,体现了结果意义举证责任的基本内容。第二,《民事诉讼法》将实体法要件基本事实即权利及法律关系的构成要件所依赖的事实作为理解举证责任分配的基础,对举证责任分配规则作出明确规定。将民事实体法规范分为权利发生规范、权利限制规范、权利消灭规范、权利妨碍规范,后三种规范属于否定权利规范,即主张权利的人应当对权利发生规范的要件事实负担举证责任,否定权利发生的人应当对否定权利发生规范的要件事实承担举证责任。该标准指引裁判者直接将案件适用的法律规范进行分类,判断该规范属于权利发生的规范还是否认权利发生的规范,进而确定举证责任的分配,裁判者在举证责任分配问题上是适用法律的过程,是通过对实体法规范的分析发现法律确定的举证责任分配规则的过程,有效地防止了法官的自由裁量权,维护了司法的统一和权威。即举证责任是由实体法律规范分配而非由法官进行分配,法官的职责是通过分析实体法律规范关于权利要件的规定,识别其中隐含的举证责任分配规则。

3. 我国证明责任分配一般原则的例外

《民事诉讼法解释》第91条第1款规定了民事诉讼证明责任分配的一般原则,同时该条第2款规定除了按照一般原则分配举证责任,对法律另有规定的依据法律规定。目前这种对举证责任另有规定的法律典型之一就是《民法典》中侵权责任的规定。比如污染环境侵权适

---

① 例如,转账凭证的附言中虽然标明了款项用途,但仅是当事人单方备注,不能证明其与对方存在借贷合意。在对方提供证据证明其与当事人存在其他债权债务关系时,当事人仍应当就借贷关系的成立负有证明义务。当事人未能进一步举证证明系借贷关系,原判决对其上诉请求不予支持并无不当。参见(2022)最高法民申117号。根据《最高人民法院关于审理民间借贷案件适用法律若干问题的规定》第2条规定,出借人向法院提起民间借贷诉讼时,应当提供借据、收据、欠条等债权凭证以及其他能够证明借贷法律关系存在的证据。当事人持有的借据、收据、欠条等债权凭证没有载明债权人,持有债权凭证的当事人提起民间借贷诉讼的,法院应予受理。被告对原告的债权人资格提出有事实依据的抗辩,法院经审查认为原告不具有债权人资格的,裁定驳回起诉。第16条规定,原告仅依据金融机构的转账凭证提起民间借贷诉讼,被告抗辩转账系偿还双方之前借款或者其他债务的,被告应当对其主张提供证据证明。被告提供相应证据证明其主张后,原告仍应就借贷关系的成立承担举证责任。

用无过错归责原则，根据《民法典》第1230条规定，因污染环境、破坏生态发生纠纷，污染者应当就法律规定的不承担责任或者减轻责任的情形及其行为与损害之间不存在因果关系承担举证责任。由此可知，除了过错要件事实因《民法典》相关规定实行无过错责任归责原则而不再考虑外，对因果关系要件实行举证责任倒置。故在此类侵权诉讼中，受害人只需对侵权行为、损害结果两个要件事实承担举证责任。对因果关系的证明责任如何卸除，《最高人民法院关于审理环境侵权责任纠纷案件适用法律若干问题的解释》第7条给出了标准，即污染者举证证明下列情形之一的，法院应当认定其污染行为与损害之间不存在因果关系：排放污染物的行为没有造成该损害可能的；排放的可造成该损害的污染物未到达该损害发生地的；该损害于排放污染物之前已发生的；其他可以认定污染行为与损害之间不存在因果关系的情形。

再如《民法典》第1254条规定，从建筑物中抛掷物品或者从建筑物上坠落的物品造成他人损害，难以确定具体侵权人的，除能够证明自己不是侵权人外，由可能加害的建筑物使用人给予补偿。可见该条归责原则是公平补偿责任，在此原则下所有可能加害的建筑物使用人并不是对受害人赔偿损失，而是给予补偿。公平补偿原则下的免责事由只有一个，即举证证明自己不是侵权人或指明具体侵权人。

4. 证明标准

证明标准是诉讼中承担证明责任的诉讼主体对案件待证事实进行证明必须达到的程度。唯有达到证明标准，该诉讼主体才能卸去其承担的证明责任，法院也必须根据证明标准衡量待证事实已经得到证明还是仍然处于真伪不明的状态。

根据《民事诉讼法解释》第108—109条、《民事证据规定》第85—86条规定，我国民事诉讼证明标准的确定依据不同证明对象情形分为不同层次，主要有这样几个类别。

（1）对负有举证责任的当事人提供的证据，法院经审查并结合相关事实，确信待证事实的存在具有高度可能性的，应当认定该事实存在。对一方当事人为反驳负有举证证明责任的当事人所主张事实而提供的证据，法院经审查并结合相关事实，认为待证事实真伪不明的，应当认定该事实不存在。

（2）当事人对欺诈、胁迫、恶意串通事实的证明，以及对口头遗嘱或者赠与事实的证明，法院确信该待证事实存在的可能性能够排除合理怀疑的，应当认定该事实存在。

（3）与诉讼保全、回避等程序事项有关的事实，法院结合当事人的说明及相关证据，认为有关事实存在的可能性较大的，可以认定该事实存在。

（4）法律对于待证事实所应达到的证明标准另有规定的，从其规定。

（七）举证时限、证据交换

1. 举证时限

举证时限制度是指负有举证责任的当事人应当在法律规定和法院指定的期限内提出证明其主张的相应证据，逾期不举证则承担证据失权等不利法律后果的一项民事诉讼制度。法院在举证通知书中可根据案件情况指定举证期限以及逾期提供证据的法律后果等内容。同时举证期限可以由当事人协商，并经法院准许。《民事诉讼法》第68条规定，当事人对自己提出的主张应当及时提供证据。法院根据当事人的主张和案件审理情况，确定当事人应当提供的证据及其期限。当事人在该期限内提供证据确有困难的，可以向法院申请延长期限，法院根据当事人的申请适当延长。当事人逾期提供证据的，法院应当责令其说明理由；拒不说明理由或者理由不成立的，法院根据不同情形可以不予采纳该证据，或者采纳该证据但予以训诫、罚款。《民事证据规定》第49—56条、《民事诉讼法解释》第99—102条对举证时限作了补充规定。

1) 一般情形下举证期限的计算

根据《民事诉讼法解释》第99条规定，法院应当在审理前的准备阶段确定当事人的举证期限。举证期限可以由当事人协商，并经法院准许。法院确定举证期限，第一审普通程序案件不得少于15日，当事人提供新的证据的第二审案件不得少于10日。举证期限届满后，当事人对已经提供的证据，申请提供反驳证据或者对证据来源、形式等方面的瑕疵进行补正的，法院可以酌情再次确定举证期限，该期限不受前款规定的限制。

2) 其他特殊情形下的举证期限

《民事证据规定》第53—56条规定了如下不同情形下的举证时限。① 诉讼过程中，当事人主张的法律关系性质或者民事行为效力与法院根据案件事实作出的认定不一致的，法院应当将法律关系性质或者民事行为效力作为焦点问题进行审理。但法律关系性质对裁判理由及结果没有影响，或者有关问题已经当事人充分辩论的除外。存在前述情形，当事人根据法庭审理情况变更诉讼请求的，法院应当准许并可以根据案件的具体情况重新指定举证期限。② 当事人申请延长举证期限的，应当在举证期限届满前向法院提出书面申请。申请理由成立的，法院应当准许，适当延长举证期限，并通知其他当事人。延长的举证期限适用于其他当事人。申请理由不成立的，法院不予准许，并通知申请人。③ 当事人依照《民事诉讼法》规定提出管辖权异议的，举证期限中止，自驳回管辖权异议的裁定生效之日起恢复计算。④ 追加当事人、有独立请求权的第三人参加诉讼或者无独立请求权的第三人经法院通知参加诉讼的，法院应当为新参加诉讼的当事人确定举证期限，该举证期限适用于其他当事人。⑤ 发回重审的案件，第一审法院可以结合案件具体情况和发回重审的原因，酌情确定举证期限。⑥ 当事人增加、变更诉讼请求或者提出反诉的，法院应当根据案件具体情况重新确定举证期限。⑦ 公告送达的，举证期限自公告期间届满之次日起计算。⑧ 法院依照民事诉讼法规定，通过组织证据交换进行审理前准备的，证据交换之日举证期限届满。证据交换的时间可以由当事人协商一致并经法院认可，也可以由法院指定。当事人申请延期举证经法院准许的，证据交换日相应顺延。

此外，对申请法院调查收集证据、申请证据保全、申请法院责令对方当事人提交在其控制之下的书证、申请证人出庭作证、申请鉴定、申请专家辅助人出庭等均明确为在举证期限届满前提出即可。除了申请证人出庭作证、申请鉴定、申请专家辅助人出庭这三种情形外，其余情形的相关申请均须书面提出。

3) 逾期举证的法律后果

根据《民事诉讼法》第68条、《民事诉讼法解释》第101—102条和《民事证据规定》第59条规定，当事人对自己提出的主张应当及时提供证据，法院根据当事人的主张和案件审理情况，确定当事人应当提供的证据及其期限。当事人在该期限内提供证据确有困难的，可以向法院申请延长期限，法院根据当事人的申请适当延长。当事人逾期提供证据的，法院应当责令其说明理由；拒不说明理由或者理由不成立的，法院根据不同情形可以不予采纳该证据，或者采纳该证据但予以训诫、罚款。

首先，对于逾期举证，法院应当责令逾期举证的当事人说明理由，并且在必要时，可以让其提供相应证据予以证明。不视为逾期提供的情形有两种：一是对方当事人对逾期未提出异议；二是客观原因。即当事人在举证期限内提供证据存在客观障碍，属于《民事诉讼法》规定的当事人在该期限内提供证据确有困难的情形。法院应当根据当事人的举证能力、不能在举证期限内提供证据的原因等因素综合判断。必要时，可以听取对方当事人的意见。

逾期举证的法律后果有如下几种情形：① 因故意或者重大过失逾期举证，原则上发生证据失权的后果；不过若该证据与案件的基本事实有关的，不发生失权后果，但是应当对逾期举证的当事人进行训诫、罚款。② 非以故意或者重大过失逾期提供证据的，均不发生失权后果，法院可以对逾期举证的当事人进行训诫。③ 无论逾期举证的当事人是否出于故意或者重大过失的主观心态，另一方当事人因此而增加的交通食宿、误工费用以及证人出庭作证等必要费用均可以向逾期举证方主张赔偿，法院对此部分费用可以支持。法院对逾期提供证据的当事人处以罚款的，可以结合当事人逾期提供证据的主观过错程度、导致诉讼迟延的情况、诉讼标的金额等因素，确定罚款数额。

2. 证据交换

1）证据交换的概念和意义

所谓证据交换是法院在审理民事案件时，经当事人申请启动或依职权在答辩期限届满后，开庭审理前主持，由双方当事人将能够证明各自主张的所有证据进行交换，从而固定、限制或撤销部分证据，明确案件争议焦点的诉讼活动的总称。其意义主要表现在，第一，有助双方当事人知己知彼，便于法院组织质证和进行认证，助于诉讼争点。第二，有助于固定证据，防止证据突袭，限制当事人滥用诉权。第三，有助于促进当事人在开庭前进行和解提高纠纷解决的效率和减少成本。《民事证据规定》第56—58条对证据交换范围、交换时间等内容作了具体规定。

2）证据交换的时限

证据交换适用的案件，主要是证据较多或者复杂疑难的案件。在证据交换的时限方面应遵守如下规定。第一，法院依照《民事诉讼法》第136条第4项的规定（需要开庭审理的，通过要求当事人交换证据等方式，明确争议焦点），通过组织证据交换进行审理前准备的，证据交换之日举证期限届满。证据交换的时间可以由当事人协商一致并经法院认可，也可以由法院指定。当事人申请延期举证经法院准许的，证据交换日相应顺延。第二，当事人收到对方的证据后有反驳证据需要提交的，法院应当再次组织证据交换。当事人在第一审程序中提供新的证据的，应当在第一审开庭前或者开庭审理时提出。当事人在第二审程序中提供新的证据的，应当在第二审开庭前或者开庭审理时提出；第二审不需要开庭审理的，应当在法院指定的期限内提出。一方当事人提出新的证据的，法院应当通知对方当事人在合理期限内提出意见或者举证。

《民事证据规定》第 57 条规定，在证据交换的过程中，审判人员对当事人无异议的事实、证据应当记录在卷；对有异议的证据，按照需要证明的事实分类记录在卷，并记载异议的理由。通过证据交换，确定双方当事人争议的主要问题。

（八）质证和认证

1. 质证

所谓质证是指当事人、诉讼代理人及第三人在法庭的主持下，对当事人及第三人提出的证据就其真实性、合法性、关联性以及证明力的有无、大小予以说明和质辩的活动或过程。质证程序的意义在于使审理更加公开，法院能够正确地认定证据，保障当事人的程序权利。《民事证据规定》第 60—84 条对各类法定证据的质证要求作了具体规定。例如，《民事证据规定》第 61 条规定，对书证、物证、视听资料进行质证时，当事人应当出示证据的原件或者原物。但出示原件或者原物确有困难并经法院准许出示复制件或复制品的或者原件或原物已不存在，但有证据证明复制件、复制品与原件或原物一致的除外。

1）质证一般顺序

首先，原告出示证据，被告、第三人与原告进行质证；其次，被告出示证据，原告、第三人与被告进行质证；再次，第三人出示证据，原告、被告与第三人进行质证。法院根据当事人申请调查收集的证据，审判人员说明情况后，由提出申请的当事人与对方当事人、第三人进行质证。法院依职权调查收集的证据，审判人员说明情况后，听取当事人的意见。

2）质证形式与原则

《民事诉讼法》第 71 条规定，证据应当在法庭上出示，并由当事人互相质证。对涉及国家秘密、商业秘密和个人隐私的证据应当保密，需要在法庭出示的，不得在公开开庭时出示。

当事人在审理前的准备阶段或者法院调查、询问过程中发表过质证意见的证据，视为质证过的证据。当事人要求以书面方式发表质证意见，法院在听取对方当事人意见后认为有必要的，可以准许。法院应当及时将书面质证意见送交对方当事人。涉及国家秘密、商业秘密、个人隐私或者法律规定应当保密的证据，不得公开质证。

2. 认证

所谓民事诉讼中的认证，是指审判组织在诉讼过程中，对向法庭出示并经过质证的与待证事实有关联的证据材料进行审查、确认证据证明力的有无与强弱的一种民事诉讼活动。《民事证据规定》第 85 条规定，法院应当以证据能够证明的案件事实为根据依法作出裁判。审判人员应当依照法定程序，全面、客观地审核证据，依据法律的规定，遵循法官职业道德，运用逻辑推理和日常生活经验，对证据有无证明力和证明力大小独立进行判断，并公开判断的理由和结果。《民事证据规定》第 85—97 条对证据的审核认定作了规定。

认证在庭审中的实际操作方法大致可分为三种。

1）逐一认定

将证据材料的认证分割为每一个证据单位，每出示一个证据材料，经当事人双方质证后，法官作出确认，说明证据材料是否采信及具体理由，各个证据材料依次进行。逐一认证对法官要求较高，工作量也大，但比较直观、层次分明，容易接受，当事人对自己提供证据材料的作用与效力有一个较清晰的认识。审判人员对单一证据可以从下列方面进行审核认定：第一，证据是否为原件、原物，复制件、复制品与原件、原物是否相符；第二，证据与本案事实是否相关；第三，证据的形式、来源是否符合法律规定；第四，证据的内容是否真实；第五，证人或者提供证据的人与当事人有无利害关系。

2）分组集中认证

即一组证据材料质证完毕后进行认证。法官先引导当事人将诸多证据材料分成若干组，每组证据材料举证、质证完毕后，法官对一组证据材料进行集中认证。对证据材料的分组，有的可按证据材料的种类进行分组，有的可按证据材料与案件某一事实的关系分组，有的特殊组合，如视听材料、当事人的陈述等，不能单独作为证据，应结合其他证据材料。集中认证要求法官对一组证据材料间的关系有全面的了解，较好地引导当事人分组举证、质证。

3）综合认证

全部证据材料质证完毕后，法官作出综合判断分析，采纳有关的证据材料作为定案依据，或不予采证，并说明采证与否的理由。综合认证是从全案出发，用全案证据来确认全案事实，其认证较为准确。应当从各证据与案件事实的关联程度、各证据之间的联系等方面进行综合审查判断。注意下列证据不能单独作为认定案件事实的根据：第一，当事人的陈述；第二，无民事行为能力人或者限制民事行为能力人所作的与其年龄、智力状况或者精神健康状况不相当的证言；第三，与一方当事人或者其代理人有利害关系的证人陈述的证言；第四，存有疑点的视听资料、电子数据；第五，无法与原件、原物核对的复制件、复制品。

三、自测练习

（一）单项选择题

1. 根据《民事诉讼法》的规定，下列不可以作为证人的是（   ）。

   A. 与案件有利害关系的人
   B. 被剥夺政治权利的人
   C. 未成年人
   D. 不能正确表达意志的人

第六章自测练习
参考答案

2. 不属于《民事诉讼法》规定的提交书证原件确有困难的情形是（   ）。

   A. 书证原件遗失、灭失或者毁损
   B. 原件在对方当事人控制之下，经合法通知提交而拒不提交
   C. 原件在他人控制之下，而其有权不提交
   D. 原件对自己不利

3. 法院应当在（   ）确定当事人的举证期限。

   A. 审理前的准备阶段
   B. 管辖权异议阶段

C. 被告答辩阶段

D. 法庭调查阶段

4. 视听资料包括录音资料和（　　）。

A. 影像资料

B. 网上聊天记录

C. 博客、微博客

D. 手机短信

5. 依照《民事诉讼法》规定，具有专门知识的人在法庭上就专业问题提出的意见，视为（　　）。

A. 当事人的陈述

B. 证人证言

C. 鉴定意见

D. 诉讼代理人意见

（二）多项选择题

1. 在因斗殴引发的侵权诉讼中，目睹该斗殴全过程的证人提供的证言属于（　　）。

A. 直接证据

B. 间接证据

C. 原始证据

D. 派生证据

E. 传来证据

2. 下列证据不能单独作为认定案件事实的是（　　）。

A. 原告的陈述

B. 与一被告有利害关系的证人出具的证言

C. 存有疑点的视听资料

D. 无法与原件核对的书证复印件

3. 一方当事人在（　　）中对不利的事实明确表示承认的，另一方当事人无需举证证明。

A. 起诉状

B. 答辩状

C. 代理词

D. 法庭审理

4. 下列事实，当事人无需举证证明的是（　　）。

A. 自然规律以及定理

B. 众所周知的事实

C. 根据法律规定推定的事实

D. 已为法院发生法律效力的裁判所确认的事实

5. 《民事诉讼法》规定的当事人及其诉讼代理人因客观原因不能自行收集的证据包括（   ）。

A. 证据由国家有关部门保存，当事人及其诉讼代理人无权查阅调取的

B. 涉及国家秘密、商业秘密或者个人隐私的

C. 当事人及其诉讼代理人因客观原因不能自行收集的其他证据

D. 涉及依职权追加当事人、中止诉讼等事项的

6. 关于举证责任分配，正确的是（   ）。

A. 县供电局安装的高压线电死了刘某的牛，刘某诉请损害赔偿，县供电局应就其对刘某的牛的死不存在过错承担举证责任

B. 张某因被李某养的狗咬伤诉至法院，要求李某赔偿。李某应就其对张某被狗咬伤不存在过错承担举证责任

C. 在李某诉王某人身伤害赔偿案件中，受害人李某须对王某的非法侵权行为、自己被伤害的结果、非法侵权行为与伤害结果之间存在因果关系及行为人王某的过错要件事实承担证明责任

D. 王某因被 A 公司辞退不服而诉至法院，A 公司应对辞退王某的事实承担举证责任

7. 电子数据存在（   ）情形的，法院可以确认其真实性，但有足以反驳的相反证据的除外。

A. 由当事人提交或者保管的于己不利的电子数据

B. 由记录和保存电子数据的中立第三方平台提供或者确认的

C. 在正常业务活动中形成的

D. 以档案管理方式保管的

（三）判断题

1. 在一起离婚案件中，王某承认自己所生的孩子不是丈夫李某的，其在证据中属于自认的范畴。（   ）

2. 申请证据保全的，必须在举证期限届满前书面提出。（   ）

3. 因故意或者重大过失逾期提供的证据，法院一律不予采纳。（   ）

4. 普通共同诉讼中，共同诉讼人中一人或者数人作出的自认，对作出自认的当事人发生效力。（   ）

5. 以侵害他人合法权益或者违背公序良俗的方法形成或者获取的证据，不得作为认定案件事实的根据。（   ）

6. 当事人对口头遗嘱或者赠与事实的证明，法院经审查并结合相关事实，确信待证事实的存在具有高度可能性的，应当认定该事实存在。（   ）

7. 国家机关或者其他依法具有社会管理职能的组织，在其职权范围内制作的文书所记载的事项推定为真实，但有相反证据足以推翻的除外。（   ）

8. 法院准许证人出庭作证申请的，应当通知申请人预缴证人出庭作证费用。证人拒绝签署保证书的，不得作证，并自行承担相关费用。（   ）

9. 我国民事诉讼举证责任分配的一般原则是谁主张，谁举证。（   ）

10. 书证在对方当事人控制之下的，承担举证证明责任的当事人可以在举证期限届满前书面申请法院责令对方当事人提交。对方当事人无正当理由拒不提交的，法院可以认定申请人所主张的书证内容为真实。（   ）

11. 电子数据的内容经公证机关公证的，法院应当确认其真实性，但有相反证据足以推翻的除外。（   ）

12. 私文书证的真实性，由主张以私文书证证明案件事实的当事人承担举证责任。私文书证由制作者或者其代理人签名、盖章或捺印的，推定为真实。（   ）

（四）案例分析题

1. 个体户王丽曾向张红借人民币1万元，因为二人是朋友关系，张红没有让王丽打借条。半年后的一天，张红进货缺钱，向王丽索要时，王丽否认曾有借款一事。无奈中，张红愤而向法院提起诉讼。开庭过程中，张红拿出王某写给她的一封信，称在该信中王丽提及借款一事，可以作为借款的证据。

问：

（1）张红称在该信中王红提及借款一事，可以作为借款的证据。此时，该信作为借款的证据是民事诉讼法规定的哪一类证据？为什么？

（2）王丽辩称该信不是她写的，信上的字迹可以为证。此时，该信作为是否是王丽所写的证据属于民事诉讼法规定的哪一类证据？为什么？

（3）法院将该信指定某研究所进行"认定"，要求其作出信上的字迹是否是王丽所写的报告。最后，该研究所作出书面报告，"认定"该信是王丽所写。该研究所所作的书面报告是民事诉讼法规定的哪一类证据？为什么？

2. 原告诉称：该公司为电影《无极》的国内独家许可发行人，享有该作品的信息网络传播权、音像制品复制、发行等各项权利。被告山东某大学未经许可，擅自将该影片通过其主办的网站的图书馆板块中的"影视在线"提供在线播放，使公众可以通过其网站进行在线观看，请求被告停止侵权，赔偿经济损失4万元，维权的合理开支3000元，并承担诉讼费。2008年3月，某律师事务所委托代理人律师陈某申请某公证处对该大学未经许可在互联网使用《无极》等影像资料的行为进行保全。该公证处的公证员张某和王某与申请人的代理人陈某在该大学某学院的微机室内，由陈某进行了相关操作，该公证处作出公证书，记载：开机后出现开始画面，双击桌面"Internet Explorer"图标，进入百度首页，点击该大学进入页面；点击"图书馆"进入页面，点击"影视在线"进入页面，在页面显示的"电影搜索"栏目中输入"无极"，点击搜索，进入页面，开始播放该片。该公证书中仅有一幅《无极》影片介绍的画面截图。陈某将过程制作成文档后保存并复制到随身所带的移动硬盘，之后将上述移动硬盘中保存的内容刻录成光盘3份，作为公证书的附件。在庭审中播放时，该公证书所附的2份封存光盘刻录的均是操作人员在网上点击播放并截图制作《闯关东》的过程。原告主张此为公证处装订失误，并由公证处出具一份补正后公证书。一、二审判决：该公证书因具有重大瑕疵，不能作为认定案件事实的依据，判决驳回原告诉讼请求。

问：你认为本案法院的做法是否正确？

3. 原告人杨某系莘县莘亭街道办事处杨家村农民，经营鸡苗生意，被告人马某是杨某的业务员，为其推销鸡苗。杨某起诉马某不当占有其鸡苗款 7 笔，合计款 88790 元，要求马某偿还。开庭审理时，对其中一笔 20790 元欠款，在法庭调查中被告马某认可，主张已还清，但对还款时间及如何还款说法前后不一致，杨某坚持说被告没还，但也没拿出没还的证据。最后法院以杨某提供的证据不充分而未予支持，判决马某偿还杨某鸡苗款 68000 元。

问：根据我国证明责任分配的法律规定，你认为法院做法是否正确？

（五）简述题

1. 我国民事诉讼举证时限是如何规定的？
2. 我国民事诉讼举证责任分配标准是如何规定的？
3. 我国民事诉讼证明标准是如何规定的？
4. 如何理解证据相关性和证据能力的关系？
5. 书证提出义务的范围及不遵守书证提出命令的后果是什么？
6. 自认的效力和撤回条件是如何规定的？
7. 免证事实有哪些？
8. 法院依照职权收集证据的范围是如何规定的？

四、拓展与思考：不当得利的证明责任分配

不当得利"没有法律根据"要件事实是不当得利构成要件中最难证明的一环，该要件证明责任的分配在很大程度上影响案件结果。《民法典》第 985 条是不当得利请求权规范，其规定，"因他人没有法律根据，取得不当利益，受损失的人有权请求其返还不当利益"。通说认为，不当得利返还请求权包含四项构成要件，即一方取得利益，他方受到损失，取得利益与受到损失之间存在因果关系以及获利没有法律根据。[1] 诉讼实践中，不当得利纠纷的争议焦点与法官事实认定的难点往往集中于"没有法律根据"要件。究竟应由原告承担对方"没有法律根据"的证明责任，还是由被告承担自己"有法律根据"的证明责任，一直众说纷纭。

我国学界对"没有法律根据"要件证明责任分配的立场大体可分为三种：一是请求权人（原告、债权人、受损方）证明说，[2] 其主要理论依据是法律要件分类说，认为"没有法律根据"作为不当得利请求权之构成要件应由请求人证明。二是被请求人（被告、债务人、受益

---

[1] 参见陈甦主编：《民法总则评注》（下册），法律出版社 2017 年版，第 849 页；马俊驹、余延满：《民法原论》，法律出版社 2010 年版，第 770-772 页。《民法典》第 985 条的表述较《民法通则》第 92 条虽稍有变化，但未实质性改变不当得利返还请求权的构成要件。

[2] 参见刘言浩：《不当得利诉讼中的证明责任分配与法官的释明权》，《人民司法》2009 年第 23 期；邹砚：《不当得利"没有合法根据"证明责任的分配》，《国家检察官学院学报》2015 年第 2 期。

方)证明说。① 三是类型化对待说。内部还可具体细分有积极事实和消极事实、给付型和非给付型、侵害型和其他类型等。如不当得利根据其发生原因将个案中原告主张的具体事实区分为给付型与非给付型,② 在给付型不当得利中将上述举证责任分配给原告。对于指示给付,被指示人向领取人进行给付是基于指示人的要求,被指示人若要就其给付主张不当得利也只能向指示人主张,而不能直接向领取人主张。③ 还有人将非给付型进一步细分为求偿、费用支出、侵权或基于受益人行为、受损人行为、第三人行为等类型,针对不同类型主张具体分析、区别对待。④ 再如有人主张将不当得利分为侵害型不当得利和其他类型两大类,侵害型不当得利的"没有法律根据"由义务人(被告)承担证明责任,其他类型的则由权利人(原告)承担证明责任。其主要理由在于,在侵害型不当得利中,权利人是使财产发生变动的主体,由其承担举证责任困难的风险较为合理,也有助于减少滥诉。而在权益侵害型不当得利中,义务人侵入他人受法律保护之财产领域,通常即可认为无法律上原因,由其负担举证责任较为合理;而财产变动通常并非权利人的行为所致,由其举证具有极大困难。⑤ 有学者进一步指出,根据《民诉法解释》第 91 条确立的证明责任分配规则,无论在给付不当得利还是权益侵害型不当得利中,应由原告/受损人固定地对"没有法律根据"要件承担证明责任。在权益侵害型不当得利纠纷中,"没有法律根据"要件的基础事实与"侵害他人权益"要件的内容一致,通过证明"侵害他人权益"要件,原告对于"没有法律根据"要件基础事实的证明也就同时完成。由被告/受益人证明其受益有法律根据并没有改变证明责任的分配,只是使提供证据的责任转移至被告。⑥

前述三种理论观点在我国裁判实践中均有所体现。如有法官认为,在没有法律明确规定其他证明责任规则的情况下,不当得利之债也应适用规范说,即原告应对包括"没有法律根据"在内的四项构成要件承担证明责任。⑦ 与之相对,有的法官认为,在不当得利案件中,失利方无法就得利方无法定或者约定的理由这一消极事实承担证明责任,应由得利方就其获利有法定或者约定的理由承担证明责任。⑧ 此外,在很多案件中,法官会对财产变动主体提出更高的证明要求:"给付不当得利中,原告作为不当得利请求权人,应当对欠缺给付原因的具体情形负举证责任,因为原告乃主动给付该款,是使财产发生变动的主体,应当由其承

---

① 参见杨剑、窦玉梅:《论消极要件事实的证明——以法律要件分类说为基础》,《法律适用》2007年第7期;江伟:《中国证据法草案(建议稿)及立法理由书》,中国人民大学出版社2004年版,第355页;汤维建:《民事证据立法的理论立场》,北京大学出版社2008年版,第377页。

② 参见陈维君:《类型化基础法律关系视角下不当得利"没有法律根据"要件之证明责任分配》,《河北法学》2019年第7期。

③ 参见陈亢睿:《给付型不当得利的举证责任分配》,《人民司法》2019年第11期。

④ 参见张江莉:《不当得利中"无法律上原因"之证明》,《政法论坛》2010年第2期;张江莉、亓培冰:《非给付型不当得利证明责任辨析》,《法学杂志》2010年第4期;毕玉谦:《民事证据案例实务问题解析》,人民法院出版社2009年版,第442-444页。

⑤ 参见谢鸿飞、朱广新主编:《民法典评注 合同编 典型合同与准合同》(4),中国法制出版社2020年版,第640-641页。

⑥ 参见袁琳:《不当得利"没有法律根据"要件的证明》,《国家检察官学院学报》2020年第3期。

⑦ 参见广西壮族自治区高级人民法院(2018)桂民申101号。

⑧ 参见广东省肇庆市中级人民法院(2018)粤12民终1741号。

担举证困难的风险。"① "本案中原告给付款项系积极处分财产的行为,原告作为控制财产利益变动的主体,理应更有能力对自身转移财产行为提供证据,由其承担举证不能的风险也更为合理。"② 实践中的不统一不仅在地方各级法院,在最高人民法院判决中也有体现。③

"没有法律根据"是不当得利请求权之所以产生的本质性、原则性要件,这一性质并不会因为不当得利的类型化而有所变化。因此,其在诉讼中对应的要件事实,应当始终由受损人(原告)负担主张证明责任。至于受损人(原告)在诉讼中可能面临的证明困难问题,与证明责任分配问题在本质上是不同的,前者属于诉讼中事实认定领域,而后者属于诉讼中裁判规范的适用领域。④ 事实认定问题不宜也不应通过转换证明责任的方式加以解决。⑤ 作者赞同此观点。

---

① 参见广东省广州市番禺区人民法院(2014)穗番法石民初字第151号。
② 参见浙江省海宁市人民法院(2015)嘉海商初字第24号。
③ 例如(2018)最高法民终314号案。于该案情境下(即给付型不当得利的场合)"获利无法律依据"要件之证明责任分配,主要有两种观点:一种观点主张应由被告承担证明责任,即本案第一审法院的立场,其理由可概述为:① 其系消极事实,对原告而言强人所难,应由被告证明;② 基于公平原则,要求被告证明。另一种观点主张应由原告承担证明责任,即本案第二审法院的立场,其理由可概述为:① 根据"谁主张,谁举证"的规则,应由原告证明;② "获利无法律依据"并非皆属消极事实,应由原告证明。在(2021)最高法民申5260号案中,最高人民法院的观点认为,被告(得利人)应举证证明其得利具有合同和法律依据,不能证明的,应承担不利的法律后果,在原告证明了不当得利其他3项构成要件的情况下,被告将构成不当得利。
④ 参见许可:《〈民法典〉第985条(不当得利)诉讼评注》,《云南社会科学》2023年第1期。
⑤ 以证明责任转换来解决证明难的误区也体现于其他民法制度的讨论之中,如善意取得。参见吴泽勇:《论善意取得制度中善意要件的证明》,《中国法学》2012年第4期。

第七章 临时性救济措施

一、导引

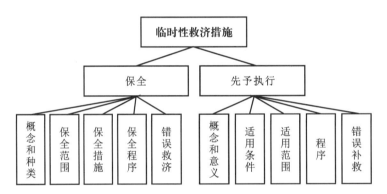

在民事诉讼实践中，民事纠纷利害关系人在寻求诉讼救济前或救济后，时常会遇到一方合法权益正在遭受侵害且无法等待耗时的诉讼救济程序终结的情形，或者等到诉讼救济程序终结会产生将来执行难以实现的情形。民事诉讼临时性救济措施正是为专门解决这一问题而设计的制度，其目的在于通过对当事人提供事先的、及时的和充分合理的救济，预防尚未发生的损害或者发生进一步的损害。我国《民事诉讼法》规定了保全和先予执行两大类民事诉讼临时性救济措施，并对其适用对象、条件和程序作了较为详细的规定。我国民事诉讼临时性救济范围覆盖诉讼前和诉讼中，从财产保全、先予执行发展到包括诉前禁令、人身安全保护令等在内的各种行为保全救济。

二、基本原理与制度

（一）保全制度

1. 保全制度的概念和种类

所谓保全，是法院依职权或当事人、利害关系人申请对于可能因当事人一方的行为或者其他原因，使判决难以执行或者造成当事人其他损害的案件，裁定对其财产进行保护、责令其作出一定行为或者禁止其作出一定行为的保障性措施。

按照引发主体的不同，保全可以分为因当事人或利害关系人申请的保全和法院依职权采取的保全；按照保全程序开启时间的不同，可以分为诉前保全和诉讼保全；按照保全的对象不同，可以分为财产保全、证据保全和行为保全。保全的种类不同，保全管辖、开启时间和保全措施的适用情形等均有很大区别。

1) 诉前保全与诉讼保全的主要区别

(1) 申请的主体不同。诉前保全由利害关系人提出申请，法院不得依职权采取保全措施。而诉讼保全一般由案件当事人提出申请，必要时法院可以依职权启用。

(2) 申请保全的时间不同。诉前保全是在起诉前向有管辖权的法院提出申请，且申请人必须在法院采取保全措施后 30 日内提起诉讼或者申请仲裁，否则法院应当解除保全。而诉讼保全，则应当在案件受理后、判决生效前向案件受理法院提出。

(3) 提起的原因不同。诉前保全的发生，是因情况紧急，利害关系人不立即申请保全将会使其合法权益受到难以弥补的损害；而诉讼保全，则是因一方当事人的行为或其他原因，有可能使判决难以执行或者造成当事人其他损害的情况。

(4) 对申请人是否提供担保的要求不同。诉前保全，申请人必须提供担保，不提供担保的，驳回申请。而诉讼保全，法院责令提供担保的，申请人必须提供担保，不提供担保的，驳回申请；没有责令申请人提供担保的或者法院依职权采取保全措施的，申请人可以不提供担保。

(5) 作出裁定的时间不同。诉前保全，法院必须在接受申请后 48 小时内作出裁定，裁定采取保全措施的，应当立即开始执行。而诉讼保全，对情况紧急的，必须在 48 小时内作出裁定，对情况不紧急的，可以适当决定作出裁定的时间。

2) 行为保全与财产保全的主要区别

两者均有保障将来判决执行的目的，均可在诉前或诉讼中适用，法院都可以视情况要求申请人提供相应的担保。但是，两者仍有显然差别。

(1) 目的侧重不同。行为保全一方面是为了确保判决执行，另一方面还有预防损失发生或防止损失进一步扩大的目的；而财产保全的重点落在为将来的判决执行提供保障上。

(2) 适用对象不同。行为保全适用案件的诉讼请求为非金钱类，保全对象为被申请人的行为；财产保全的对象是被申请人的财产，适用案件的诉讼请求为金钱类。

(3) 保全措施类型及实现的方式不同。财产保全多是采取查封、扣押、冻结、变卖等方式；行为保全则一般是通过责令被申请人作出一定行为或禁止其作出一定行为的方式。由于措施不同，落实执行的方式也不同，财产保全或由法院主动完成，或由被申请人、第三方配合完成；而行为保全裁定的执行主要是被申请人履行，遇有拒不履行时，只能靠替代履行或罚款、拘留等间接强制措施来促使其履行。

(4) 对反担保的处理方式不同。被申请人在财产保全中提供反担保的，法院应该解除财产保全；而行为保全是否因被申请人提供反担保而解除，法律尚无明确规定。

2. 保全管辖

保全管辖地涉及被保全财产所在地、被申请人住所地或者对案件有管辖权的法院地等。根据《民事诉讼法》第 104 条、《民事诉讼法解释》第 160—163 条等相关规定，主要涉及如下方面。① 诉前财产保全当事人向财产所在地的法院申请。在法院采取财产保全措施后，申请人起诉的，可以向采取诉前财产保全的法院或者其他有管辖权的法院提起诉讼。当事人申请诉前财产保全后没有在法定的期间起诉，因而给被申请人造成财产损失引起诉讼的，由采取该财产保全措施的法院管辖。② 对当事人不服第一审判决提起上诉的案件，在第二审法院接到报送的案件之前，当事人有转移、隐匿、出卖或者毁损财产等行为，必须采取保全措施的，由第一审法院依当事人申请或者依职权采取。第一审法院的保全裁定，应当及时报送第二审法院。③ 第二审法院裁定对第一审法院采取的保全措施予以续保或者采取新的保全措施的，可以自行实施，也可以委托第一审法院实施。④ 再审法院裁定对原保全措施予以续保或者采取新的保全措施的，可以自行实施，也可以委托原审法院或者执行法院实施。⑤ 法律文书生效后，进入执行程序前，债权人因对方当事人转移财产等紧急情况，不申请保全将可能导致生效法律文书不能执行或者难以执行的，可以向执行法院申请采取保全措施。债权人在法律文书指定的履行期间届满后 5 日内不申请执行的，法院应当解除保全。⑥ 当事人申请诉前保全后没有在法定期间起诉或者申请仲裁，给被申请人、利害关系人造成损失引起的诉讼，由采取保全措施的法院管辖。当事人申请诉前保全后在法定期间内起诉或者申请仲裁，被申请人、利害关系人因保全受到损失提起的诉讼，由受理起诉的法院或者采取保全措施的法院管辖。⑦ 当事人向采取诉前保全措施以外的其他有管辖权的法院起诉的，采取诉前保全措施的法院应当将保全手续移送受理案件的法院。诉前保全的裁定视为受移送法院作出的裁定。⑧ 诉前行为保全应该向被申请人住所地申请。

3. 保全程序的开启

法院一般不能主动参与保全程序，体现了裁判机关的中立原则，特别是诉前保全强调依当事人申请方可启动。

诉前保全由利害关系人提出申请而启动，法院不得依职权采取保全措施。诉前保全是因情况紧急，利害关系人不立即申请保全将会使其合法权益受到难以弥补的损害，所以，对诉前保全，法院必须在接受申请后 48 小时内作出裁定，裁定采取保全措施的，应当立即开始执行。法院采取诉前保全措施后，如果利害关系人在 30 日内没提起诉讼或者申请仲裁，法院应当解除保全。

诉讼保全由案件当事人提出申请，必要时法院可以依职权裁定采取。诉讼保全是因一方当事人的行为或其他原因，有可能使判决难以执行或者造成当事人其他损害的情况。对诉讼保全中情况紧急的，法院必须在 48 小时内作出裁定，对情况不很紧急的，则可以适当决定作出裁定的时间。

4. 保全担保

诉讼保全只是一种临时性、预防性的保障措施，而不是解决民事实体争议的手段，当事人之间的纠纷争议最终只能是通过法院的裁判、调解或者当事人自行和解、仲裁等方式来解决。保全措施的采取必然会对被申请人的权益造成一定的不利影响或损害，因此法律既要防止被申请人转移、隐藏财产逃避债务或者出现其他有损申请人权益的行为出现，也要防止申请人错误申请给被申请人造成的损失得不到赔偿或者难以挽回的其他风险，以体现对诉讼各方当事人合法权益的平等保护。法律规定申请人在申请保全时提供担保，目的正是在于为被申请人可能出现的损失赔偿请求权提供诉讼制度上的保障。

（1）对诉前保全，利害关系人必须提供担保，不提供担保的，驳回申请。其中利害关系人申请诉前财产保全的，应当提供相当于请求保全数额的担保，情况特殊的，法院可以酌情处理；利害关系人申请诉前行为保全的，担保的数额由法院根据案件的具体情况决定。

（2）对诉讼保全，法院责令提供担保的，申请人必须提供担保，不提供担保的，驳回申请；法院没有责令申请人提供担保的或者法院依职权采取保全措施的，申请人可以不提供担保。法院依应当根据案件的具体情况，决定当事人是否应当提供担保。

根据《民事诉讼法解释》第167条规定，财产保全的被保全人提供其他等值担保财产且有利于执行的，法院可以裁定变更保全标的物为被保全人提供的担保财产。根据该规定精神，法院裁定变更保全财产的条件是被保全人提供其他等值且有利于执行的财产，并不以保全申请人同意为前提。①

此外，根据《民事诉讼法解释》第152条规定，法院依照《民事诉讼法》第103条、第104条规定，在采取诉前保全、诉讼保全措施时，责令利害关系人或者当事人提供担保的，应当用书面通知的方式。

5. 保全措施的采取

保全限于请求的范围，或者与本案有关的财物。这里的与本案有关的财物，系指本案的标的物，以及可供将来执行法院判决的财物或利害关系人请求予以保全的财物。保全的种类不同，采取的保全措施种类也不同。

1）财产保全措

根据《民事诉讼法》第106条、《民事诉讼法解释》第153—159条规定，财产保全的措施有查封、扣押、冻结或法律规定的其他方法。法院采取财产保全的方法和措施，依照执行程序相关规定办理。① 被查封、扣押物是季节性商品，鲜活、易腐易烂以及其他不易长期保存的物品，法院可以责令当事人及时处理，由法院保存价款，必要时，可以由法院予以变卖，保存价款。② 在财产保全中采取查封、扣押、冻结财产措施时，应当妥善保管被查封、扣押、冻结的财产。不宜由法院保管的，法院可以指定被保全人负责保管；不宜由被保全人保管的，可以委托他人或者申请保全人保管。③ 查封、扣押、冻结担保物权人占有的担保财产，一般由担保物权人保管。由法院保管的，质权、留置权不因采取保全措施而消灭。④ 由法院指定被保全人保管的财产，如果继续使用对该财产的价值无重大影响，可以允许被保全人继续使用；由法院保管或者委托他人、申请保全人保管的财产，法院和其他保管人不得使用。⑤ 法院对不动产或不易提取、封存的动产采取查封、扣押措施时，可以采取扣押有关财产权证照的措施，并通知有关产权登记机关在财产保全期间不予办理该项财产转移手续。财产已被查封、冻结的，其他任何单位不得重复查封、冻结。⑥ 法院对抵押物、留置物可以采取财产保全措施，但抵押权人、留置权人有优先受偿权。⑦ 法院对债务人到期应得的收益，可以采取保全措施，限制其支取，有关单位

---

① 参见（2021）最高法民终848号。

有义务协助法院执行。债务人的财产不能满足保全请求,但对他人有到期债权的,法院可以依债权人的申请裁定该他人不得对本案债务人清偿。该他人要求偿付的,由法院提存财物或者价款。

2) 行为保全的措施

行为保全的适用范围限于金钱请求以外的请求,通常是请求相对人为一定的行为(作为)或不为一定行为(不作为)。作为方面,包括办理证照手续、转移所有权、交付特定物、返还原物、恢复原状等各类行为;不作为方面,主要包括排除妨碍、停止侵害等行为。所有上述行为,都必须限于与本案请求有关的事项。

在程序上,法院作出行为保全裁定后,一般应当向被请求人发出命令或强制令,责令被请求人作为或不作为。如果被请求人不履行命令,法院可以采取强制措施,迫使其履行,或者采取替代性方式,确保权利人权利受到保护,相关费用由被请求人承担。

需要注意的是,无论行为保全还是财产保全,根据《民事诉讼法解释》第168条规定,保全裁定未经法院依法撤销或者解除,进入执行程序后,自动转为执行中的查封、扣押、冻结措施,期限连续计算,执行法院无需重新制作裁定书,但查封、扣押、冻结期限届满的除外。

6. 对保全措施的解除和对保全裁定不服的救济

1) 对保全措施的解除

法院裁定采取保全措施后,除作出保全裁定的法院自行解除或者其上级法院决定解除外,在保全期限内,任何单位不得解除保全措施。有下列情形之一的,法院应当作出解除保全裁定:① 诉前保全措施采取后,利害关系人在法定期间内未起诉或申请仲裁的;② 财产纠纷案件,被申请人向法院提供担保的;③ 申请人在财产保全期间撤回申请,法院同意其撤回申请的;④ 法院确认被申请人申请复议意见有理,而作出新裁定,撤销原保全裁定的;⑤ 被申请人依法履行了法院判决的义务,保全已没有存在意义的;⑥ 保全错误的;⑦ 申请人的起诉或者诉讼请求被生效裁判驳回的。

解除以登记方式实施的保全措施的,法院还应当向登记机关发出协助执行通知书。

2) 对保全错误的处理

根据《民事诉讼法》第108条规定,对申请保全错误的,申请人应当赔偿被申请人因保全所遭受的损失。故而对保全金额超过实际债权的也应赔偿损失,赔偿的具体数额应参照被执行人被冻结资金客观存在的相关损失,以及被执行人在基础法律关系中存在的违约事实等因素综合判断。被保全财产的孳息等损失完全由被执行人承担显然有失公平,应酌情裁判由申请人承担相应责任。[①]

3) 对保全裁定不服的救济

根据《民事诉讼法解释》第171条、第172条规定,当事人对保全裁定不服的,可以自收到裁定书之日起5日内向作出裁定的法院申请复议。法院应当在收到复议申请后10日内审查。裁定正确的,驳回当事人的申请,裁定不当的,变更或者撤销原裁定;利害关系人对

---

① 参见(2015)最高法民申字第115号。

保全或者先予执行的裁定不服申请复议的，由作出裁定的法院依照《民事诉讼法》相关规定处理。

（二）先予执行

先予执行是指在法院终局判决之前，为解决权利人生活或生产经营的急需，依法裁定义务人预先履行义务的制度。

1. 先予执行的适用范围

先予执行应当限于当事人诉讼请求的范围，并以当事人的生活、生产经营的急需为限。根据《民事诉讼法》第109条规定，适用下列案件：① 追索赡养费、扶养费、抚养费、抚恤金、医疗费用的；② 追索劳动报酬的；③ 因情况紧急需要先予执行的。其中，根据《民事诉讼法解释》第170条，第三类中的情况紧急包括：需要立即停止侵害、排除妨碍的；需要立即制止某项行为的；追索恢复生产、经营急需的保险理赔费的；需要立即返还社会保险金、社会救助资金的；不立即返还款项，将严重影响权利人生活和生产经营的。同时，生态环境修复具有时效性、季节性、紧迫性，不立即修复将导致生态环境损害扩大的，也属于《民事诉讼法》第109条第3项规定的"因情况紧急需要先予执行的"情形。[①]

2. 先予执行的适用条件

根据《民事诉讼法》第110条规定，法院裁定先予执行的，应当符合下列条件。

（1）当事人之间权利义务关系明确。即当事人之间谁享有权利、谁负有义务十分清楚。先予执行是预先实现权利人的权利，如果当事人之间谁享有权利、谁承担义务都不明确，所谓预先实现权利就失去了实现基础。权利义务关系明确，在司法实践中要求案件的基本事实清楚，法院根据案情能够判断出谁是权利人以及权利人享有什么性质的权利。就被申请人承担的义务的性质而言，大多属给付、返还或赔偿义务的性质。

（2）不先予执行将严重影响申请人的生活[②]或者生产经营。

（3）法院应当在受理案件后、终审判决作出前采取。

3. 先予执行的程序

（1）先予执行根据当事人的申请而开始。当事人未申请的，法院不能主动采取先予执行措施。申请以书面的形式提出。法院接受当事人申请后应视具体情况决定是否要求申请人提供担保，如有必要提供担保的，责令其提供，不提供担保的则驳回申请。

（2）法院对当事人提出的申请进行审查。先予执行限于当事人诉讼请求的范围，且以当事人生活、生产经营的急需为限。审查的内容主要是两个方面：一是申请先予执行的案件是否属于先予执行的范围；二是申请是否符合先予执行的条件。法院对符合先予执行条件的申请，应当及时作出先予执行的裁定，裁定送达后即发生法律效力。拒不履行义务的，法院可以根据权利人的申请或依职权决定强制执行。

---

① 参见指导案例209号：浙江省遂昌县人民检察院诉叶继成生态破坏民事公益诉讼案（最高人民法院2022年12月30日发布）。
② 参见吴波：《八旬老人急需医疗费 法院先予执行解民忧》，https：//www.qynews.gov.cn/content/2022/10/12/11925249.html，2024年6月1日最后访问。

4. 对先予执行裁定不服的救济

根据《民事诉讼法》第 111 条、《民事诉讼法解释》第 171—172 条规定，当事人和利害关系人对先予执行裁定不服，可通过如下途径维权。

（1）当事人对先予执行裁定不服的，可以自收到裁定书之日起 5 日内向作出裁定的法院申请复议。法院应当在收到复议申请后 10 日内审查。裁定正确的，驳回当事人的申请；裁定不当的，变更或者撤销原裁定。

（2）利害关系人对先予执行的裁定不服可以申请复议一次，复议期间不停止裁定的执行。义务人申请复议有理的，法院应当裁定撤销原裁定。原裁定已执行的，法院应当采取执行回转措施。

5. 先予执行裁定的最终处理

根据《民事诉讼法》的规定，法院在案件审理终结时，应当在裁判中对先予执行的裁定及该裁定的执行情况予以说明及提出处理意见。权利人胜诉，先予执行正确的，法院应在判决中说明权利人应享有的权利在先予执行中已得到全部或部分的实现；权利人败诉，先予执行错误的，法院应在判决中指出先予执行是错误的，责令申请人返还因先予执行所取得的利益或裁定采取执行回转措施强制执行，被申请人因先予执行遭受损失的，申请人应当赔偿，拒不返还或赔偿的，予以强制执行。

三、自测练习

（一）单项选择题

第七章自测练习
参考答案

1. 在诉讼中，为了保证将来生效判决能够得以执行，根据当事人的申请或者法院依职权对当事人有关财产可采取的强制性保护措施的制度是（　　）。

A. 先予执行
B. 强制执行
C. 财产保全
D. 行为保全

2. 诉前财产保全程序的启动是由（　　）。

A. 法院依职权开始的
B. 利害关系人申请开始的
C. 当事人申请开始的
D. 法院依职权或当事人申请开始的

3. 当事人申请诉前财产保全，法院在收到申请书后（　　）。

A. 必须在 48 小时内作出裁定
B. 必须在 24 小时内作出裁定
C. 对于情况紧急的，必须在 48 小时内作出裁定
D. 对于情况紧急的，必须在 24 小时内作出裁定

4. 原告甲与被告乙因纠纷诉至 A 县法院，甲在诉讼中要求财产保全，应当向（　　）。
  A. 甲的住所地法院申请
  B. A 县法院申请
  C. 乙的住所地法院申请
  D. 被申请保全财产所在地法院申请

5. 根据法律规定，当事人可以申请先予执行的案件是（　　）。
  A. 要求返还不当得利的案件
  B. 追索劳动报酬的案件
  C. 侵害名誉权的案件
  D. 要求返还借款的案件

6. 位于 A 省 B 县的甲公司和 A 省 C 县的乙公司订立水果买卖合同，甲公司付款后，乙公司迟迟不发货。甲担心乙的发货能力，于是向水果仓库所在地 D 县法院申请保全。法院采取相应保全措施后，甲向 C 县法院提起诉讼。下列选项正确的是（　　）。
  A. 甲公司应当提供担保
  B. D 县法院应当查封这批水果
  C. C 县法院受理案件后，D 县法院无需将保全的财产移送 C 县法院
  D. C 县法院受理案件后应当将案件移送 D 县法院

（二）多项选择题

1. 当事人可以向法院申请先予执行的案件包括（　　）。
  A. 甲向法院起诉，要求乙公司支付所欠工费
  B. 甲向法院起诉，要求对方支付儿子的抚养费
  C. 甲将乙打伤，乙向法院起诉要求赔偿医疗费
  D. 甲与乙对某项财产发生争议，要求法院判决该项财产归己所有
  E. 甲与乙对合同的效力发生争议，甲起诉要求法院确认合同效力

2. 孙某建新房时雇用赵某来帮工。一日，赵某在建房中不慎跌落受伤，需长期住院治疗，但赵某本人无力支付医疗费。而孙某以赵某是自己跌落为由，拒绝支付医疗费。赵某诉至法院，并申请让孙某先行支付医疗费。法院审查后裁定先予执行。下列说法正确的是（　　）。
  A. 赵某申请先予执行时，法院可以责令赵某提供担保
  B. 法院可以不经赵某申请而直接裁定先予执行
  C. 孙某可以自己无履行能力为由提出复议申请
  D. 法院在审查复议期间不停止先予执行裁定的执行
  E. 如果先予执行错误的，对孙某因此蒙受的损失，应当予以国家赔偿

3. 裁定采取保全措施后，法院应当作出解除保全裁定的情形包括（　　）。
  A. 保全错误的
  B. 申请人撤回保全申请的
  C. 申请人的起诉或者诉讼请求被生效裁判驳回的
  D. 债权人在法律文书指定的履行期间届满后 5 日内不申请执行的

4. 保全裁定未经法院依法撤销或者解除，进入执行程序后，自动转为执行中的（　　）措施，期限连续计算，执行法院无需重新制作裁定书。

A. 查封

B. 扣押

C. 冻结

D. 提存

5. A 地甲公司与 B 地乙公司签订买卖合同，约定合同履行地在 C 地。乙公司到期未能交货，甲公司多方催货未果，便向 B 地基层人民法院起诉，要求判令乙按照合同约定交付货物，并支付违约金。法院受理后，甲公司得知乙公司将货物放置于其设在 D 地的仓库，并且随时可能转移。在此情况下，以下说法不正确的是（　　）。

A. 甲公司如果想申请财产保全，必须向货物所在地的 D 地基层人民法院提出

B. 甲公司如果要向法院申请财产保全，其必须提供担保

C. 法院如果认为确有必要，可以直接作出财产保全的裁定

D. 法院受理甲公司的财产保全申请后，应当在 48 小时内作出裁定

6. 下列可以作为财产保全对象的财产有（　　）。

A. 债务人的银行存款

B. 债务人居住的其配偶享有所有权的房子

C. 债务人与他人合伙经营运输的车辆

D. 债务人享有所有权的已作为银行贷款抵押的房产

（三）判断题

1. 财产保全的被保全人提供其他等值担保财产且有利于执行的，法院可以裁定变更保全标的物为被保全人提供的担保财产。（　　）

2. 由法院指定被保全人或者委托他人保管的财产，如果继续使用对该财产的价值无重大影响，可以允许被保全人或者委托的他人使用。（　　）

3. 法院对抵押物、质押物、留置物可以采取财产保全措施，但不影响抵押权人、质权人、留置权人的优先受偿权。（　　）

4. 法律文书生效后，进入执行程序前，债权人可向执行法院申请采取保全措施。债权人在法律文书指定的履行期间届满后 10 日内不申请执行的，法院应解除保全。（　　）

5. 对民事诉讼先予执行，法院应当在受理案件后、终审判决作出前采取。（　　）

（四）案例分析题

2023 年 1 月，年逾八旬的老汉甲因向两个女儿乙、丙索要赡养费诉至法院。法院在审理过程中发现老汉甲生活相当困难，并且身患重疾急需医治，遂裁定乙、丙两人先分别给付甲生活费和医疗费 600 元。该裁定作出后，乙表示不同意，法院告知乙此裁定乃终局裁定，不得上诉，只能立即执行。法院在审理后判处乙、丙每人每月各负担甲生活费 500 元。丙以自己下岗为由不服提出上诉。第二审法院为保障甲的生活不受影响，在案件审结前裁定乙、丙两人分别先给付 600 元。

问：法院的哪些做法不正确？

（五）简述题

1. 诉前保全与诉讼保全有何区别？
2. 适用先予执行需要具备哪些条件？
3. 保全措施的解除情形有哪些？
4. 对先予执行裁定不服如何救济？

四、拓展与思考：行为保全与人格权禁令、人身安全保护令的关系

《民法典》第997条确立的人格权禁令究竟只是对民事实体法上请求权要件的规定，还是确立了人格权请求权的独特的程序实现机制？如果是后者，该程序的性质如何？其与《民事诉讼法》规定的行为保全及《反家庭暴力法》规定的人身安全保护令的关系怎样？如果认为人格权禁令制度只是对民事实体法上权利要件的规定，没有建立新的或独立的程序制度，就完全可以利用或改造现有的行为保全程序或人身安全保护令程序作为人格权禁令的具体程序规则。倘若认为《民法典》第997条的人格权禁令制度本身就是独立的、新的程序，则不能简单地将人格权禁令强行纳入行为保全或人身安全保护令程序中，而应单独设计程序规则并实现三者间的协调与对接。①

目前，学说上关于人格权禁令制度的性质问题有两种观点。第一种观点认为，《民法典》第997条只是规定了民事主体除了通过请求法院判决外，还可向法院申请采取责令行为人停止有关行为的措施，属于实体法的规定。至于如何通过程序加以具体实现，其他法律对此有规定的，应当适用其他法律的规定，如《民事诉讼法》第103条关于行为保全的规定以及《反家庭暴力法》第4章关于"人身安全保护令"的规定等，皆可适用于人格权禁令。此观点是由全国人大常委会法制工作委员会民法室在撰写的《民法典》释义书中提出的。② 第二种观点是目前多数学者的观点，该观点认为，人格权禁令是《民法典》所规定的独特制度，是人格权请求权发生作用的方式之一，性质上属于实体法上的禁令，与《民事诉讼法》第103条规定的行为保全程序并不相同。首先，二者性质不同。诉前行为保全的请求权基础是诉权，其法律属性是诉讼（行为）保全制度；人格权禁令的请求权基础是人格权请求权，本质上属于实体法上权利保护请求权的产物，是人格权的自我防卫功能的外化，其正当性来自人格权自我保护的必要性，以恢复权利主体对人身自由、人格尊严的自我控制为目的。③ 故此，立法者将人格权禁令规定在《民法典》的人格权编而非《民事诉讼法》中。其次，二者目的不同。故此，立法者将人格权禁令规定在《民法典》的人格权编而非《民事诉讼法》中。其次，二者目的不同。《民事诉讼法》上的行为保全（无论是诉前保全还是诉中保全）制度的初衷以及行为保全概念本身都是以保全裁判结果的实现为目的，是一项程序上或程序性措施。但是，《民法典》规定的人格权禁令制度并不是以保全裁判结果为目的的。④ 最后，二者在与诉讼程序有无关联方面也有不同。人格权禁令的适用并不必然伴随着诉讼程序，即

---

① 参见程啸：《论我国民法典中的人格权禁令制度》，《比较法研究》2021年第3期。
② 参见黄薇主编：《中华人民共和国民法典人格权编解读》，中国法制出版社2020年版，第43-44页。
③ 参见吴英姿：《人格权禁令程序研究》，《法律科学》2021年第2期。
④ 参见张卫平：《民法典的实施与民事诉讼法的协调和对接》，《中外法学》2020年第4期。

民事主体申请禁令后，只是请求通过法院颁发禁令，采取责令行为人停止有关行为的措施，达到制止侵害人格权行为的目的。法院颁布禁令后，该禁令即可生效，权利人在申请禁令后并不负有提起诉讼的义务，而不提起诉讼也并不影响禁令的生效。① 换言之，人格权禁令并不需要依托人格权诉讼，它可以独立存在，《民法典》的制定者也将人格权禁令设计为一种独立的、无需通过诉讼判决程序就可以获得的命令。②

---

① 参见王利明、程啸：《中国民法典释评：人格权编》，中国人民大学出版社2020年版，第111-112页。
② 参见郭小冬：《人格权禁令的基本原理与程序法落实》，《法律科学》2021年第2期。

第八章　对妨害民事诉讼的强制措施

一、导引

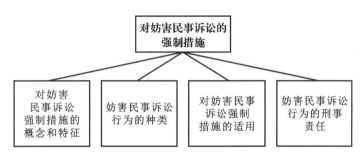

在民事诉讼过程中，时常会遇到妨害民事诉讼的情形发生，而一旦发生此种情况，为了保证诉讼的正常进行，法院会对妨害民事诉讼的相关人员采取相应的排除手段。对妨害民事诉讼的强制措施本身不是诉讼程序，而是保障诉讼程序正常进行的方法，包括拘传、训诫、责令退出法庭、罚款和拘留5种，每一种措施的适用条件、范围和程序各不同。有效运用对妨害民事诉讼的强制措施，对保护当事人的诉权和实体权、保障法院调查取证、保障开庭审判的正常进行、保障生效裁判的执行和营造良好的诉讼秩序起着非常重要的作用。性质上它不是法律制裁，而是一项保障民事诉讼正常进行的辅助性制度。民事诉讼法是程序法，只能对妨害民事诉讼秩序的行为人采取强制教育的方法，使行为人遵守诉讼秩序，履行诉讼义务。其目的在于排除妨害，保证民事诉讼顺利进行。如果教育的目的达到了，行为人保证不再进行妨害民事诉讼秩序的，法院可以随时改变原来的决定。

二、基本原理与制度

（一）对妨害民事诉讼的强制措施的概念和特征

对妨害民事诉讼的强制措施，是指在民事诉讼中，对有妨害民事诉讼秩序行为的行为人采用的排除其妨害民事诉讼行为的各种手段。

这种排除措施具有以下特征。

(1) 它适用于民事诉讼的全过程，既包括审判阶段，也包括执行阶段。

(2) 它适用的对象比较广泛。除了案件当事人、诉讼代理人以及其他诉讼参与人，还包括案件以外的人，例如旁听群众，只要他实施了妨害诉讼秩序的行为，阻碍了诉讼的正常进行，法律都要对其采取相应的强制措施。

(3) 在适用时，依照行为人妨害民事诉讼的程度轻重不同，既可单独适用某一种强制措施，也可以将几种强制措施合并适用。

(4) 它具有公权强制性。强制措施决定权和实施权是法院职权的重要组成部分，强制措施一旦作出，就会产生强制力。根据《民事诉讼法》第120条规定，采取对妨害民事诉讼的强制措施必须由法院决定。任何单位和个人采取非法拘禁他人或者非法私自扣押他人财产追索债务的，应当依法追究刑事责任，或者予以拘留、罚款。

（二）妨害民事诉讼行为的主要种类

妨害民事诉讼的行为，必须是在诉讼过程中已经发生的，同时必须是故意的。根据《民事诉讼法》第112—120条和相关司法解释规定，妨害民事诉讼的行为主要有如下六大类。这些行为如果按照发生的时间看，遍及民事诉讼全程，从审判阶段到执行阶段，其中有相当大比例发生在执行阶段。

(1) 必须到庭的被告，经传票传唤，无正当理由拒不到庭。必须到庭的被告，一般是指给付赡养费、扶养费、抚养费等案件中的被告和离婚案件中的被告，以及被告不到庭就无法查清案情的案件的被告。

(2) 违反法庭规则，扰乱法庭秩序的行为。如未经允许在开庭时录音、录像、拍照，冲击法庭，在法庭上哄闹等。

(3) 妨害司法行为，即妨害法院调查证据、阻碍法院依法执行职务、破坏诉讼正常进行等行为。这些行为主要有如下7类：① 伪造、毁灭重要证据，妨害法院审理案件。② 以暴力、威胁、贿买方法阻止证人作证或指使、贿买、胁迫他人作伪证。③ 隐藏、转移、变卖、毁损已被查封、扣押的财产或已被清点并责令其保护的财产，转移已被冻结的财产。④ 对司法工作人员、诉讼参与人、证人、翻译人员、鉴定人、勘验人、协助执行的人，进行侮辱、诽谤、诬陷、殴打或打击报复。⑤ 以暴力、威胁或其他方法阻碍司法工作人员执行职务。包括：在法院哄闹、滞留，不听从司法工作人员劝阻的；故意毁损、抢夺法院法律文书、查封标志的；哄闹、冲击执行公务现场，围困、扣押执行或者协助执行公务人员的；毁损、抢夺、扣留案件材料、执行公务车辆、其他执行公务器械、执行公务人员服装和执行公务证件的；以暴力、威胁或者其他方法阻碍司法工作人员查询、查封、扣押、冻结、划拨、拍卖、变卖财产的；以暴力、威胁或者其他方法阻碍司法工作人员执行职务的其他行为。⑥ 拒不履行法院已生效的裁判。在法律文书发生法律效力后隐藏、转移、变卖、毁损财产或者无偿转让财产、以明显不合理的价格交易财产、放弃到期债权、无偿为他人提供担保等，致使法院无法执行的；隐藏、转移、毁损或者未经法院允许处分已向法院提供担保的财产的；违反法院限制高消费令进行消费的；有履行能力而拒不按照法院执行通知履行生效法律文书确定的义务的；有义务协助执行的个人接到法院协助执行通知书后，拒不协助执行的。⑦ 冒充他人提起诉讼或者参加诉讼的；证人签署保证书后作虚假证言，妨碍法院审理案件的；伪造、隐藏、毁灭或者拒绝交出有关被执行人履行能力的重要证据，妨碍法院查明被执行人财产状况的；擅自解冻已被法院冻结的财产的；接到法院协助执行通知书后，给当事人通风报信，协助其转移、隐匿财产的。

（4）有义务协助调查、执行的单位或组织拒不履行协助义务，包括：① 有关单位拒绝或妨碍法院调查取证。② 银行、信用合作社和其他有储蓄业务的单位接到法院协助执行通知书后，拒不协助查询、冻结或划拨存款的。③ 有关单位接到法院协助执行通知书后，拒不协助扣留被执行人的收入，拒不办理有关财产权证照转移手续，拒不转交有关票证、证照或其他财产。④ 有关单位接到法院协助执行通知书后，有下列行为之一的：允许被执行人高消费的；允许被执行人出境的；拒不停止办理有关财产权证照转移手续、权属变更登记、规划审批等手续的；以需要内部请示、内部审批，有内部规定等为由拖延办理的。

（5）以虚假诉讼方式逃避债务、侵占他人财产或者获取其他非法利益。主要是《民事诉讼法》第115条第1款规定中当事人之间恶意串通，企图通过诉讼、调解等方式侵害国家利益、社会公共利益或者他人合法权益的行为，以及该条第2款中当事人单方捏造民事案件基本事实，向法院提起诉讼，企图侵害国家利益、社会公共利益或者他人合法权益的行为。

（6）规避强制执行。这类行为是被执行人与他人恶意串通，通过诉讼、仲裁、调解等方式逃避履行法律文书确定的义务。

对前述妨害民事诉讼行为的人，法院除了根据其情节采取相应排除妨害措施外，对妨害行为严重者，依法追究其刑事责任。如《民事诉讼法》第114条第1款规定，诉讼参与人或者其他人有该条规定行为的，法院可以根据情节轻重予以罚款、拘留；构成犯罪的，依法追究刑事责任。接下来该条第2款第6项明列了拒不履行法院已经发生法律效力的判决、裁定的行为，而对该行为情节严重的，《刑法》第313条专门规定了其构罪要件和量刑幅度，对实践中发生的符合构罪要件的行为人予以刑事惩罚。①

（三）对妨害民事诉讼强制措施的适用

民事诉讼活动中的当事人及诉讼参与人应正确行使诉讼权利，自觉履行诉讼义务，按照法定程序进行各项诉讼专属行为。同时也要求案外人员遵守诉讼秩序，不得以任何借口阻碍诉讼活动的进行。否则，对实施妨害民事诉讼行为的人，法院有权依法采取强制措施以排除干扰，保障诉讼顺利进行。正确地运用强制措施，必须遵守法定条件和程序。

1. 拘传的适用条件和程序

拘传是法院在法定情况下强制被告到庭参加诉讼的强制措施。根据《民事诉讼法》第112条和《民事诉讼法解释》第174条、第175条规定，拘传的适用需要遵守如下条件和程序。

（1）适用条件。对被告而言，应该是必须到庭经两次传票传唤，无正当理由拒不到庭。如负有赡养、扶养、抚养义务和不到庭就无法查清案情的被告，再如给国家、集体或他人造成损害的未成年人的法定代理人，如需要其必须到庭，经两次传票传唤无正当理由拒不到庭的，也可以适用拘传。对原告而言，应该是法院对必须到庭才能查清案件基本事实的原告，

---

① 参见《最高人民法院发布依法打击拒执罪十大典型案例》，https：//www.court.gov.cn/zixun/gengduo/24_129.html，2023年12月1日最后访问。

经两次传票传唤，无正当理由拒不到庭的，可以拘传。可见，我国将拘传制度的适用范围主要限定于赡养、扶养、抚养、离婚、必须出庭才能查明案情等类型案件中的被告，以及给国家、集体或他人造成损害的未成年人的法定代理人。

（2）适用程序。首先，由审判人员或执行人员填写拘传票并报经院长批准。拘传票应当直接送达被拘传人。其次，执行拘传前，还应向被拘传人说明拒不到庭的后果，经教育仍不到庭的，才对其执行拘传。最后，拘传应由司法警察执行。

2. 训诫、责令退出法庭的适用条件和程序

《民事诉讼法》第113条规定，诉讼参与人和其他人应当遵守法庭规则。法院对违反法庭规则的人，可以予以训诫，责令退出法庭或者予以罚款、拘留。训诫、责令退出法庭是对法庭审理过程中出现的妨害民事诉讼的行为的较为轻微的强制措施。如果出现了训诫、责令退出法庭不足以规制影响法庭审理的情形，就采取罚款、拘留。

（1）所谓训诫，是指法院对妨害民事诉讼行为人教育、警告、责令其改正错误的强制措施。适用训诫的条件是行为人违反法庭规则。根据《民事诉讼法解释》第176条，诉讼参与人或者其他人有下列行为之一的，法院可以适用《民事诉讼法》第113条规定处理：未经准许进行录音、录像、摄影的；未经准许以移动通信等方式现场传播审判活动的；其他扰乱法庭秩序，妨害审判活动进行的。有前述规定情形的，法院可以暂扣诉讼参与人或者其他人进行录音、录像、摄影、传播审判活动的器材，并责令其删除有关内容；拒不删除的，法院可以采取必要手段强制删除。

（2）所谓责令退出法庭，是指法院责令违反法庭规则、扰乱法庭秩序的人离开法庭的强制措施。适用责令退出法庭的条件是行为人违反法庭的规则。实践中还应该掌握在训诫无效的条件下采用，如果训诫能够排除妨害，则不应采用责令退出法庭。对违反法庭规则的当事人、诉讼参与人，要慎用责令退出法庭，以免影响法庭查清案件事实；必须到庭的被告违反法庭规则，不能适用责令其退出法庭，而应适用其他强制措施。

在适用程序上，《民事诉讼法解释》第177条规定，训诫、责令退出法庭由合议庭或者独任审判员决定。训诫的内容、被责令退出法庭者的违法事实应当记入庭审笔录。

3. 罚款、拘留的适用条件和程序

《民事诉讼法》第113—116条对各种妨害民事诉讼行为情节较重情形适用罚款、拘留作了规定，第117—118条专门对罚款适用情形作了规定，第119—120条则是罚款、拘留适用程序与救济方面的规定。而《民事诉讼法解释》第178—193条则进一步充实了相关规定。

1）罚款的适用条件和程序

罚款是指法院强制妨害民事诉讼行为情节较重的人缴纳一定数额金钱的措施。对个人的罚款金额，为人民币10万元以下。对单位的罚款金额，为人民币5万元以上100万元以下。法院对个人或者单位采取罚款措施时，应当根据其实施妨害民事诉讼行为的性质、情节、后果，当地的经济发展水平，以及诉讼标的额等因素，在《民事诉讼法》规定的限额内确定相应的罚款金额。罚款必须经院长批准，应当用决定书。

关于罚款的适用情形较多，主要如下。①《民事诉讼法》第113条中的违反法庭规则的人以及哄闹、冲击法庭，侮辱、诽谤、威胁、殴打审判人员，严重扰乱法庭秩序的人中的情节较轻者。②《民事诉讼法》第114条和《民事诉讼法解释》对该条补充的各种妨害司法行为。① ③《民事诉讼法》第115条、第116条中的当事人之间恶意串通，企图通过诉讼②、调解等方式侵害他人合法权益的或被执行人与他人恶意串通，通过诉讼、仲裁、调解等方式逃避履行法律文书确定的义务的。④ 当事人虚构事实起诉、故意作虚假陈述妨碍法院审理的。③ ⑤《民事诉讼法》第117条中的有义务协助调查、执行的单位的种种违法行为，包括：拒绝或者妨碍法院调查取证的；接到法院协助执行通知书后，拒不协助查询、扣押、冻结、划拨、变价财产的；接到法院协助执行通知书后，拒不协助扣留被执行人的收入，办理有关财产权证照转移手续，转交有关票证、证照或者其他财产的；其他拒绝协助执行的（如接到法院协助执行通知书后允许被执行人高消费的，允许被执行人出境的，拒不停止办理有关财产权证照转移手续、权属变更登记、规划审批等手续的，以需要内部请示、内部审批、有内部规定等为由拖延办理的）。

需要注意的是，单位出现《民事诉讼法》第114条、第117条规定行为之一的，法院还可以对其单位主要负责人或直接责任人员予以罚款。

2）拘留的适用条件和程序

拘留是指法院对妨害民事诉讼行为情节较重的人，在一定期限内限制其人身自由的措施。拘留适用于除被告无正当理由拒不到庭以外的各种严重妨害民事诉讼的行为（前述罚款适用情形的情节达到一定程度即适用于拘留）。④《民事诉讼法解释》第178—182条对拘留适用作了进一步规定。拘留作为最严厉的妨害民事诉讼的强制措施，直接涉及行为人的人身

---

① 包括以下十种情形：① 诉讼参与人或者其他人有伪造、毁灭重要证据，妨碍法院审理案件的。② 以暴力、威胁、贿买方法阻止证人作证或者指使、贿买、胁迫他人作伪证的。③ 隐藏、转移、变卖、毁损已被查封、扣押的财产或者已被清点并责令其保管的财产，转移已被冻结的财产的。④ 对司法工作人员、诉讼参加人、证人、翻译人员、鉴定人、勘验人、协助执行的人，进行侮辱、诽谤、诬陷、殴打或者打击报复的。⑤ 以暴力、威胁或者其他方法阻碍司法工作人员执行职务的（如在法院哄闹、滞留，不听从司法工作人员劝阻的；故意毁损、抢夺法院法律文书、查封标志的；哄闹、冲击执行公务现场，围困、扣押执行或者协助执行公务人员的；毁损、抢夺、扣留案件材料，执行公务车辆，其他执行公务器械，执行公务人员服装和执行公务证件的；以暴力、威胁或者其他方法阻碍司法工作人员查询、查封、扣押、冻结、划拨、拍卖、变卖财产的；以暴力、威胁或者其他方法阻碍司法工作人员执行职务的其他行为）。⑥ 拒不履行法院已经发生法律效力的判决、裁定的（如在法律文书发生法律效力后隐藏、转移、变卖、毁损财产或者无偿转让财产，以明显不合理的价格交易财产、放弃到期债权、无偿为他人提供担保等，致使法院无法执行的；隐藏、转移、毁损或者未经法院允许处分已向法院提供担保的财产的；违反法院限制高消费令进行消费的；有履行能力而拒不按照法院执行通知履行生效法律文书确定的义务的；有义务协助执行的个人接到法院协助执行通知书后，拒不协助执行的）。⑦ 冒充他人提起诉讼或者参加诉讼，或者证人签署保证书后作虚假证言，妨碍法院审理案件的。⑧ 伪造、隐藏、毁灭或者拒绝交出有关被执行人履行能力的重要证据，妨碍法院查明被执行人财产状况的。⑨ 擅自解冻已被法院冻结的财产的。⑩ 接到法院协助执行通知书后，给当事人通风报信，协助其转移、隐匿财产的。
② 最高人民法院认定首例虚假诉讼，罚款50万元。参见（2015）最高法民二终字第324号。
③ 参见赵艾：《苏州虎丘法院对虚假陈述开出5万"罚单"》，《人民法院报》2018年4月18日，第3版。
④ 参见刘惠楠：《郑某辱骂追打法官且拒不履行生效法律文书被拘留案》，《人民法院报》2022年12月6日，第7版。

自由，因而法律规定了严格的适用程序。

（1）采取拘留措施的，应经院长批准，作出拘留决定书。即先由审判人员或执行人员核实查清违法事实，经合议庭合议作出决定并报经院长批准，作出拘留决定书，送达被拘留人。因哄闹、冲击法庭，用暴力、威胁等方法抗拒执行公务等紧急情况，必须立即采取拘留措施的，可在拘留后，立即报告院长补办批准手续。

（2）由司法警察将被拘留人送交公安机关看管。提前解除拘留的，也应报院长批准，并作出提前解除拘留决定书，交负责看管的公安机关执行。院长认为拘留不当的，应当解除拘留。

（3）法院对被拘留人采取拘留措施后，应当在24小时内通知其家属；确实无法按时通知或者通知不到的，应当记录在案。

（4）被拘留人不在本辖区的，作出拘留决定的法院应当派员到被拘留人所在地法院，请该院协助执行，受委托法院应当及时派员协助执行。被拘留人申请复议或者在拘留期间承认并改正错误，需要提前解除拘留的，受委托法院应当向委托法院转达或者提出建议，由委托法院审查决定。

（5）拘留的最长期限不得超过15日，被拘留人在拘留期间认错悔改的，可以责令其具结悔过，提前解除拘留。提前解除拘留，应报经院长批准，并作出提前解除拘留决定书，交负责看管的公安机关执行。

3）罚款、拘留的合并适用①

根据《民事诉讼法解释》第183条、第184条规定，《民事诉讼法》第113—116条规定的罚款、拘留可以单独适用，也可以合并适用。对同一妨害民事诉讼行为的罚款、拘留，不得连续适用。发生新的妨害民事诉讼行为的，法院可以重新予以罚款、拘留。

4）对罚款、拘留不服的救济

《民事诉讼法解释》第185条、第186条对被罚款、拘留的人不服罚款、拘留决定的，规定了救济渠道和方式。

首先，被罚款、拘留的人不服罚款、拘留决定申请复议的，应当自收到决定书之日起3日内向上一级法院申请复议一次，上一级法院应当在收到复议申请后5日内作出决定，并将复议结果通知下级法院和当事人，复议期间不停止执行。其次，上一级法院复议时认为强制措施不当的，应当制作决定书，撤销或者变更下级法院作出的拘留、罚款决定。情况紧急的，可以在口头通知后3日内发出决定书。

需要注意的是，采取对妨害民事诉讼的强制措施必须由法院决定。任何单位和个人采取非法拘禁他人或者非法私自扣押他人财产追索债务的，应当依法追究刑事责任，或者予拘留、罚款。

（四）妨害民事诉讼行为的刑事责任

对妨害民事诉讼的行为，除了根据妨害情节进行拘传、训诫、责令退出法庭或者予以罚

---

① 参见乌日柴胡：《孟某抢夺证据扰乱法庭秩序被拘留罚款案》，《人民法院报》2022年12月6日，第7版。

款、拘留外，对情节严重构成犯罪的适用刑罚手段予以制裁。对妨害民事诉讼的强制措施追究刑事责任[①]须具备以下四个条件：① 犯罪主体是普通主体，可能是诉讼参与人，也可能是案外其他人。② 犯罪的主观方面是故意，即行为人持有明知其行为会妨害民事诉讼的正常活动，损害公民的合法权益，还希望或放任危害后果出现的心理态度。③ 犯罪客体方面，妨碍行为不同，妨碍行为危害的客体也不同。例如，扰乱法庭秩序罪侵害的是法庭的正常秩序；拒不执行判决、裁定罪，[②] 侵害的是法院裁判的正常执行活动；非法处置查封、扣押、冻结的财产罪侵害的是司法机关的正常活动，等等。④ 犯罪的客观方面，行为主体实施了妨害民事诉讼顺利进行的行为，而且达到一定严重程度。

三、自测练习

（一）单项选择题

第八章自测练习
参考答案

1. 法院对违反法庭规则，并且情节显著轻微的诉讼参与人和案外人，以批评、教育的方式指出行为人所作所为的违法之处，并责令其加以改正或不得再犯的措施，称为（　　）。

A. 责令退出法庭

B. 训诫

C. 具结悔过

D. 拘留

2. 当事人对法院作出的罚款决定不服，有权实施的行为是（　　）。

A. 向本院申请再审

B. 向上一级法院申请再审

C. 向本院申请复议一次

D. 向上一级法院申请复议一次

3. 对于实施了妨害民事诉讼行为的人决定拘留的，应当（　　）。

A. 由法院自行看管

B. 交由当地公安机关看管

C. 交由当地司法行政部门看管

D. 交由当地监所看管

4. 下列妨害民事诉讼的强制措施，无需院长批准的是（　　）。

A. 拘传

B. 拘留

---

① 参见张旭：《马某某袭击司法警察被刑事处罚案》，《人民法院报》2022年12月6日，第7版。

② 《刑法》第313条规定了"拒执罪"；全国人大常委会对第313条的"有能力执行而拒不执行，情节严重"解释为五种情形。针对前述解释（五）这一兜底条款，《最高人民法院关于审理拒不执行判决、裁定刑事案件适用法律若干问题的解释》第2条又细化为8种，所以目前《刑法》第313条总计有12种情节严重应该追究刑事责任的情形。

C. 罚款

D. 责令退出法庭

5. 法院在审理一起赡养费案件时，在受理后两次依法传唤被告人，其根本置之不理，也没有向法院说明任何理由。此时法院可以采取的措施有（　　）。

A. 决定罚款

B. 决定拘留

C. 决定拘传

D. 再次依法用传票传唤，仍不到庭的，方得拘传

6. 关于妨害民事诉讼强制措施的说法正确的是（　　）。

A. 民事诉讼中的强制措施实际上是一种民事制裁

B. 民事诉讼中的强制措施只能适用于审判阶段

C. 民事诉讼中的强制措施只能对当事人适用

D. 民事诉讼中的强制措施是法院依职权采取的强制性手段

7. 李香诉张慧一案执行终结后的第二天，李香到法院找到该案的执行员李猛吵闹，执行员对其进行了批评，李香仍不罢休，继续辱骂执行员。执行员将此情况报告执行庭庭长，由庭长批准，以李香妨害民事诉讼为由，决定对其拘留。下列说法错误的是（　　）。

A. 李香的行为不构成妨害民事诉讼的行为

B. 李香的行为虽然构成妨害民事诉讼的行为，但其情节轻微，法院对其采取拘留措施不妥

C. 当事人对拘留不服的，可向上一级法院申请复议一次

D. 如果李香的行为发生在执行过程中，便构成妨害民事诉讼的行为

（二）多项选择题

1. 在某案件的法庭审理中，旁听的原告妻子王某对被告的发言多次表示不满，并站起来谩骂律师，经审判长多次警告制止无效。法院对王某可以进行的处理有（　　）。

A. 由审判长责令王某具结悔过

B. 由审判长决定将王某强行带出法庭

C. 经法院院长批准，对王某处以 600 元罚款

D. 经法院院长批准，对王某处以 16 日拘留

2. 在某案件审理过程中，由于不满法官的决定，被告的代理律师对法官大打出手。此时，可以采取的强制措施有（　　）。

A. 拘传

B. 训诫

C. 责令退出法庭

D. 罚款

E. 拘留

3. 下列对妨害民事诉讼的强制措施中，应当由院长批准的有（　　）。

A. 拘传

B. 训诫

C. 责令退出法庭

D. 罚款

E. 拘留

4. 有义务协助调查、执行的单位接到法院协助执行通知书后,（　　　　）,法院除责令其履行协助义务外,并可以予以罚款。

A. 拒绝或者妨碍法院调查取证的

B. 拒不协助查询财产的

C. 拒不协助扣留被执行人的收入的

D. 拒不协助办理有关财产权证照转移手续的

5. 采取对妨害民事诉讼的强制措施必须由法院决定。任何单位和个人采取非法拘禁他人或者非法私自扣押他人财产追索债务的,应当依法（　　　　）。

A. 追究刑事责任

B. 拘留

C. 罚款

D. 训诫

（三）判断题

1. 对同一妨害民事诉讼行为的罚款、拘留可以连续适用。　　　　　　（　　）
2. 训诫可以由独任审判员决定。　　　　　　　　　　　　　　　　（　　）
3. 法院对必须到庭才能查清案件基本事实的原告,经两次传票传唤,无正当理由拒不到庭的,可以拘传。　　　　　　　　　　　　　　　　　　　　　（　　）
4. 被拘留的人在拘留期间,被拘留人承认并改正错误的,法院可以决定提前解除拘留。
　　　　　　　　　　　　　　　　　　　　　　　　　　　　　（　　）
5. 对个人的罚款金额为人民币 10 万元以下。对单位的罚款金额为人民币 5 万元以上 100 万元以下。　　　　　　　　　　　　　　　　　　　　　　　（　　）

（四）案例分析题

2022 年 6 月 9 日,在某农村田野上,几人在火堆旁烤火。突然,从火堆里发出巨响,村民王某某被炸伤眼睛。原来是在场少年武某某捡到一只鞭炮,他两次将鞭炮埋火堆中引起爆炸。武某某的父亲将王某某送医院并支付 2000 多元。王某某被鉴定为 8 级伤残,后续治疗费无着落。武某某的父亲认为孩子不懂事,责任应该由成年人承担。王某某遂将武某某及其父告上了法庭。法院受理此案后认为,双方争执的焦点即责任的认定,取决于事发现场的成年人是否看到孩子向火堆里埋鞭炮。在场的另一小孩证明王某某看到而不加制止。在法院最初调查时,在场的另一成年人王某说自己啥也没看到,可是后来在庭上却说王某某没有看到武某某往火堆里埋鞭炮。法庭对王某耐心询问后他说出了实情:因王某某曾帮王某的侄女找到工作,所以王某某找到他要他作伪证时便答应了。据此,合议庭当场作出了口头决定,对王某罚款 100 元,拘留 3 天。

问：
(1) 罚款和拘留的强制措施是否可以同时适用？
(2) 合议庭的做法是否正确？为什么？
(3) 王某不服法院的决定是否可以上诉？

（五）简述题

1. 有义务协助调查、执行的单位或组织拒不履行协助义务有哪些主要表现？
2. 拘留适用程序是如何规定的？
3. 拘传的适用条件和程序是什么？

四、拓展与思考：民事诉讼当事人伪造证据行为的定性入罪问题

伪造民事证据的行为主要包括他人伪造、当事人自己伪造以及当事人指使他人伪造三种行为。这三种行为中，他人伪造民事证据以及当事人指使他人伪造民事证据的行为在《刑法》中均有明确定性，但是对于诉讼当事人自己伪造证据行为，《刑法》目前尚无明确规定，这与《民事诉讼法》第114条第1款（诉讼参与人或者其他人伪造、毁灭重要证据，妨碍法院审理案件……构成犯罪的，依法追究刑事责任）的内容很不协调，司法实践中这种妨碍民事诉讼的行为时有发生，给正常的司法秩序以及正常的诉讼活动造成了不利影响。对其如何定性、应否入罪，理论界存在争议。[①]

学者们大体把当事人伪造证据行为分为如下两个大类别，在此基础上针对不同类别就伪证行为的定性展开讨论。第一个类别是有学者把当事人伪造证据行为从民事诉讼当事人有无诉权这一角度分为有诉权的伪造民事证据行为与无诉权的伪造民事证据行为。其中，前者主要是指行为人是在真实的民事法律关系中进行证据的虚假伪造的行为，后者则是指行为人在民事诉讼中，其民事证据与民事法律关系均是伪造的，行为人以虚构民事法律关系以及伪造虚假证据的手段向法院提起民事诉讼，从而获得有利判决。[②] 第二个类别是从当事人提起诉讼的目的这一角度出发，将伪造行为分为两种。一是行为的当事人提起诉讼是为了损害及占有他人合法的财产性利益，这也是我国大多数学者所认为的"虚假诉讼"或者"诉讼欺诈"。二是行为的当事人提起诉讼是为了侵害他人非财产性的其他合法权益，是为了诋毁他人名誉、扩大个人及组织或者企业的知名度等。对当事人以获取非财产性权益为目的进行证据的伪造主张不属于诉讼欺诈行为。[③]

第一类的诉讼欺诈行为的定性，一直是学术界以及司法界讨论与关注的焦点，但观点尚未统一。一部分学者认为，诉讼欺诈行为在《刑法》中并没有明确的定论，该行为应按无罪处理。也有学者认为，诉讼欺诈行为是敲诈勒索中的特殊行为方式，该行为应该以敲诈勒索罪定罪。还有一部分学者认为，诉讼欺诈行为应当以诈骗罪定罪。而对第二类侵害性伪造证据行为的定性，一部分学者认为事实上没有必要对其单独设罪进行刑事处罚，因为这种行为

---

① 参见石春雷：《当事人违反民事诉讼诚实信用原则的刑法规制》，《琼州学院学报》2015年第4期。
② 参见赵红艳：《当事人伪造民事证据行为的刑法分析》，《延边党校学报》2011年第6期。
③ 参见王圆圆：《民事诉讼当事人伪造证据的刑法适用》，《山东警察学院学报》2016年第1期。

主要是以损害他人非财产性质的合法权益为目的,包括损害他人的名誉权、荣誉权、商业信誉等。这些行为所涉及的主要是平等主体之间的人身关系,因此对这些行为所造成的情节较轻者可以采用赔礼道歉、赔偿损失等方式进行补救,这种情况可以被当作一般的侵权行为,依据民事责任来处理。若这种行为所造成的损失非常严重,其行为的社会危害性非常巨大,情节及造成后果严重者可按照损害商业信誉罪或者诽谤罪来定罪。①

---

① 参见黄继坤、王静云:《论帮助毁灭、伪造证据罪中的"当事人"的范围——基于"期待可能性"原理的实质考察》,《湖北民族学院学报(哲学社会科学版)》2014年第5期。

第九章 期间、送达和诉讼费用

一、导引

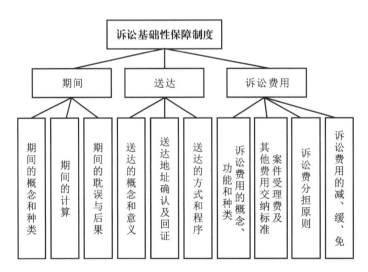

期间、送达和诉讼费用均属于民事诉讼中的基础性保障制度，对保障民事诉讼顺畅进行、保障当事人获得相应的司法救济具有重要意义。在民事诉讼中，无论是法院的审判行为，还是当事人和其他诉讼参与人的诉讼行为，都必须遵守一定的时间要求，否则不发生相应的法律效力。期间制度有利于促使诉讼主体及时行使诉讼权利，履行诉讼义务。诉讼期间以法律直接规定还是法院指定为标准，可分为法定期间和指定期间。送达是法院在法定期间内将诉讼文书送交当事人或其他诉讼参与人的一种诉讼活动，它贯穿民事诉讼的始终，影响整个民事诉讼活动的进程。《民事诉讼法》规定了直接送达、留置送达、电子送达、委托送达、转交送达、公告送达、邮寄送达等7种方式，每一种方式的适用条件和程序各不相同，这些方式在保障诉讼活动的连续性和顺畅性方面有着不替代的功能。诉讼费用是指当事人进行诉讼时应当交纳和支付的费用，是当事人诉讼成本的重要组成部分，也是我国法院业务经费的主要来源之一。我国诉讼费用制度从当事人的诉权、当事人的财产权和国家财政角度考量设计了收费标准、种类、范围问题。

二、基本原理与制度

(一)期间

1. 期间的概念和意义

民事诉讼中的期间,是指法院、当事人和其他诉讼参与人进行诉讼行为的期限和期日。广义的诉讼期间包括期日和期限两种,狭义的诉讼期间仅指期限。

诉讼主体遵守诉讼期间规定,对保障及时地解决纠纷、提高诉讼效率有重要意义,同时也有助于保证各个诉讼法律关系主体诉讼行为的协调性,有利于法院组织诉讼的进程,维护法律的统一性和审判机关的严肃性与权威性。

2. 期间的种类

根据《民事诉讼法》第 85 条规定,期间包括法定期间和指定期间。

法定期间仅指期限,即自某一特定时间起至某一特定时间止的一段时间,如寻找失踪人公告期间为 1 年,不服第一审判决提起上诉的期限为 15 日。它是由法律明文规定的诉讼期间。法律将法院、当事人及其他诉讼参与人进行某项诉讼行为的时间规定在相关法律条文中,只有在法律规定的期间内完成该行为才具有法律效力。

指定期间包括期限和期日。期日指为某一特定诉讼行为的某一特定具体时间,如开庭审理、现场勘验、宣告判决、民事执行程序中交付特定物或票证的期日等。期日以诉讼行为的实际开始和完毕为开始和终结。例如开庭审理期日自宣告开庭开始,至宣告辩论终结时终结。因此,期日可以变更和延展。变更指取消原定期日,另定新的期日;延展指期日开始后,因未终了,再定期日继续进行。

3. 期间的一般计算①

《民事诉讼法》第 85 条对期间作了规定。① 期间以时、日、月、年计算。② 期间开始的时和日不计算在内。③ 期间届满的最后一日是法定休假日的,以法定休假日后的第一日为期间届满的日期。④ 在途期间不包括在内,诉讼文书在期满前交邮的,不算过期。确定期满前是否交邮,应当以邮局的邮戳为准,只要邮戳上的时间证明在期间届满前,当事人或者法院已将需邮寄的诉讼文书交付邮局,就不算过期。

4. 期间的耽误及后果

所谓期间的耽误,是指当事人或其他诉讼参与人在法定期间或指定期间内本应进行一定诉讼活动而没有进行或没有完成。根据《民事诉讼法》第 86 条规定,当事人因不可抗拒的事由或者其他正当理由耽误期限的,在障碍消除后的 10 日内,可以申请顺延期限,是否准

---

① 个案期间计算还要结合案情分析。如根据当事人的诉讼保全申请冻结了案涉租金,法院在送达协助执行通知书时未明确记载冻结期限,应该适用法定最长期限,即冻结期不得超过 3 年。参见(2022)最高法执监 67 号。再如申请再审的期限应自最后一方当事人收到之日起开始计算。参见(2021)最高法民申 7062 号。第二审判决的生效时间是最后一个当事人签收判决书的时间。参见(2022)最高法民再 111 号。

许，由法院决定。

耽误期间的原因不同，其后果也不同。如果因主观上的原因，不论出于故意或过失，其直接后果就是当事人丧失进行某项诉讼活动的权利，或者要承担因耽误期间而产生的其他法律后果。如果是客观上的原因，致使期间耽误，可以根据《民事诉讼法》的规定申请顺延期限，或者由法院依职权决定顺延期限或重新指定期日。这里顺延是指补足耽误了的期限，耽误了几天，就延展几天。耽误期限后能发生顺延之法律后果，必须具备以下条件：① 不可抗拒的事由或其他正当理由耽误期限；② 需要当事人申请，法院不能主动依职权顺延期限；③ 申请时间为障碍消除后10日内。

（二）送达

1. 送达的概念和意义

送达是指法院依照法律规定的程序和方式将诉讼文书交付给当事人及其他诉讼参与人的诉讼行为。送达作为一种具有强制性的诉讼行为，送达的主体只能是法院，而且是法院在诉讼过程中实施的行为，送达的内容是各种诉讼文书。

诉讼活动始于送达，终于送达，送达推动诉讼进程的发展。如法院将受理案件通知送达原告引起第一审程序，随着第一审判决的送达，第一审程序终结，第二审程序则可以引起，诉讼进程在送达中往前推进。送达是保障法院依法公正审理民事案件、及时维护当事人合法权益的基础。

2. 送达地址确认

送达地址的确认是送达落实的前提，《最高人民法院关于进一步加强民事送达工作的若干意见》对如何确定送达地址作了较为明确的规定。

1) 当事人签送达地址确认书

法院应当告知送达地址确认书的填写要求和注意事项以及拒绝提供送达地址、提供虚假地址或者提供地址不准确的法律后果。当事人确认提供的送达地址（包括邮政编码、详细地址以及受送达人的联系电话等；同意电子送达的，应当提供并确认接收民事诉讼文书的传真号、电子信箱、微信号等电子送达地址；当事人委托诉讼代理人的，诉讼代理人确认的送达地址视为当事人的送达地址），保证送达地址准确、有效，同意法院通过其确认的地址送达诉讼文书等，并由当事人或者诉讼代理人签名、盖章或者捺印。

当事人在送达地址确认书中确认的送达地址，适用于第一审程序、第二审程序和执行程序。当事人变更送达地址，应当以书面方式告知法院。当事人未书面变更的，以其确认的地址为送达地址。

2) 对当事人提供地址不准及规避送达的处理

因当事人提供的送达地址不准确、拒不提供送达地址、送达地址变更未书面告知法院，导致民事诉讼文书未能被受送达人实际接收，若是直接送达，民事诉讼文书留在该地址之日为送达之日，若是邮寄送达，文书被退回之日为送达之日。

当事人拒绝确认送达地址或以拒绝应诉、拒接电话、避而不见送达人员、搬离原住所等躲避、规避送达，法院不能或无法要求其确认送达地址的，可以分别以下列情形处理：① 当事人在诉讼所涉及的合同、往来函件中对送达地址有明确约定的，以约定的地址为送达地址；② 没有约定的，以当事人在诉讼中提交的书面材料中载明的自己的地址为送达地址；③ 没有约定、当事人也未提交书面材料或者书面材料中未载明地址的，以1年内进行其他诉讼、仲裁案件中提供的地址为送达地址；④ 无以上情形的，以当事人1年内进行民事活动时经常使用的地址为送达地址。

法院按照上述地址进行送达的，可以同时以电话、微信等方式通知受送达人。

在用前述方法仍不能确认送达地址的，自然人以其户籍登记的住所或者在经常居住地登记的住址为送达地址，法人或者其他组织以其工商登记或其他依法登记、备案的住所地为送达地址。

3. 送达回证

所谓送达回证是指法院或其他司法机关按照法定格式制作的，用以证明送达法律文书的凭证。它既是送达行为证明，又是受送达人接受送达的证明，是法院或其他司法机关与受送达人之间发生诉讼法律关系的凭证。《民事诉讼法》第87条规定，送达诉讼文书必须有送达回证，由受送达人在送达回证上记明收到日期，签名或者盖章。受送达人在送达回证上的签收日期为送达日期。

作为例外，如下情形下无需制作送达回证：① 送达行为已依法定程序与方式完成，且有其他书面证明。② 法院在客观上已穷尽各种送达手段仍无法获取送达回证。③ 法律明确规定无需制作送达回证，主要有5种：一是公告送达的，无需送达回证；二是定期宣判而当事人拒不签收裁判文书的，无需送达回证，但必须在宣判笔录中记明；三是邮寄送达而当事人没有或拒绝寄、送回送达回证的，无需送达回证，可以邮件回执作为送达的凭证；四是以拍照、录像等记录送达过程的方式留置送达的，无需送达回证；五是采用传真、电子邮件等能够确认其收悉的方式送达诉讼文书的，无需送达回证。

4. 送达方式和程序

民事诉讼送达的方式和每一种送达方式的程序是《民事诉讼法》及相关解释明确规定的。送达主体法院无权随意创设法律规定以外的其他送达方式。法院以非法定的方式送交诉讼文书，属程序违法，不产生送达效力。目前，《民事诉讼法》规定的送达方式分别为直接送达、留置送达、电子送达、委托送达、转交送达、公告送达、邮寄送达。直接送达系首选，直接送达遭当事人拒绝的，适用留置送达。直接送达与留置送达均无法送达的，适用委托送达和邮寄送达。公告送达应严格限制适用。对于电子送达，其适用以受送达人的同意为前提。

1) 直接送达

《民事诉讼法》第88条规定，送达诉讼文书，应当直接送交受送达人。受送达人是公民的，本人不在，交他的同住成年家属签收；受送达人是法人或者其他组织的，应当由法人的法定代表人、其他组织的主要负责人或者该法人、组织负责收件的人（如办公室、收发室、值班室等负责收件的人）签收；受送达人有诉讼代理人的，可以送交其代理人签收；受送达人已向法院指定代收人的，送交代收人签收。受送达人的同住成年家属、法人或者其他组织的负责收件的人、诉讼代理人或者代收人在送达回证上签收的日期为送达日期。

此外，直接送达的程序还要求，法院直接送达诉讼文书的，可以通知当事人到法院领取。当事人到达法院，拒绝签收送达回证的，视为送达。审判人员、书记员应当在送达回证上注明送达情况并签名。法院在定期宣判时，当事人拒不签收判决书、裁定书的，应视为送达，并在宣判笔录中记明。

2）留置送达

根据《民事诉讼法》第89条规定，留置送达是指在受送达人或其同住成年家属拒绝接收诉讼文书时，送达人依法将诉讼文书留在受送达人的住所即视为送达的一种送达方式。其适用条件是受送达人或者他的同住成年家属拒绝接收诉讼文书，调解书不适用留置送达。

留置送达的程序要求如下。① 邀请有关基层组织或者所在单位的代表到场，说明情况，在送达回证上记明拒收事由和日期，由送达人、见证人签名或者盖章，然后把诉讼文书留在受送达人的住所。有关基层组织和所在单位的代表，可以是受送达人住所地的居民委员会、村民委员会的工作人员以及受送达人所在单位的工作人员。② 也可以把诉讼文书留在受送达人的住所，并采用拍照、录像等方式记录送达过程，即视为送达。③ 受送达人有诉讼代理人的，法院既可以向受送达人送达，也可以向其诉讼代理人送达。受送达人指定诉讼代理人为代收人的，向诉讼代理人送达时，适用留置送达。④ 向法人或者其他组织送达诉讼文书，应当由法人的法定代表人、该组织的主要负责人或者办公室、收发室、值班室等负责收件的人签收或者盖章；拒绝签收或者盖章的，适用留置送达。

3）电子送达

2018年《最高人民法院关于人民法院通过互联网公开审判流程信息的规定》第14条第1款就明确规定，经受送达人书面同意，法院可以通过中国审判流程信息公开网向民事、行政案件的当事人及其法定代理人、诉讼代理人电子送达除判决书、裁定书、调解书以外的诉讼文书。根据《民事诉讼法》第90条规定，经受送达人同意，法院可以采用能够确认其收悉的电子方式送达诉讼文书。通过电子方式送达的判决书、裁定书、调解书，受送达人提出需要纸质文书的，法院应当提供。采用前款方式送达的，以送达信息到达受送达人特定系统的日期为送达日期。

根据《人民法院在线诉讼规则》第29条规定，经受送达人同意，法院可以通过送达平台，向受送达人的电子邮箱、即时通信账号、诉讼平台专用账号等电子地址，按照法律和司法解释的相关规定送达诉讼文书和证据材料。具备下列情形之一的，法院可以确定受送达人同意：① 受送达人明确表示同意的；② 受送达人在诉讼前对适用电子送达已作出约定或者承诺的；③ 受送达人在提交的起诉状、上诉状、申请书、答辩状中主动提供用于接收送达的电子地址的；④ 受送达人通过回复收悉、参加诉讼等方式接受已经完成的电子送达，并且未明确表示不同意电子送达的。

电子送达适用于各种司法文书，送达程序的主要求包括：① 电子送达可以采用传真、电子邮件、移动通信等即时收悉的特定系统作为送达媒介。采用传真、电子邮件方式送达的，送达人员应记录传真发送和接收号码、电子邮件发送和接收邮箱、发送时间、送达诉讼文书名称，并打印传真发送确认单、电子邮件发送成功网页，存卷备查。② 采用短信、微信等方式送达的，送达人员应记录收发手机号码、发送时间、送达诉讼文书名称，并将短信、微信等送达内容拍摄照片，存卷备查。③ 对于移动通信工具能够接通但无法直接送达，可以采取电话送达的方式,由送达人员告知当事人诉讼文书内容,并记录拨打/接听电话号码、通话时间、送达诉讼文书内容,通话过程应当录音以存卷备查。

送达需要注意以下几点。第一,电子送达以到达主义为生效标准。以传真、电子邮件等到达受送达人特定系统的日期为送达日期。到达受送达人特定系统的日期,为法院对应系统显示发送成功的日期。受送达人证明到达其特定系统的日期与法院对应系统显示发送成功的日期不一致的,以受送达人证明到达其特定系统的日期为准。第二,遵循当事人同意的基本适用条件。第三,通过电子方式送达的判决书、裁定书、调解书,受送达人提出需要纸质文书的,法院应当提供。根据《人民法院在线诉讼规则》第31条规定,法院向受送达人主动提供或者确认的电子地址送达的,送达信息到达电子地址所在系统时,即为送达。受送达人未提供或者未确认有效电子送达地址,法院向能够确认为受送达人本人的电子地址送达的,根据下列情形确定送达是否生效:① 受送达人回复已收悉,或者根据送达内容已作出相应诉讼行为的,即为完成有效送达。② 受送达人的电子地址所在系统反馈受送达人已阅知,或者有其他证据可以证明受送达人已经收悉的,推定完成有效送达,但受送达人能够证明存在系统错误、送达地址非本人使用或者非本人阅知等未收悉送达内容的情形除外。法院开展电子送达,应当在系统中全程留痕,并制作电子送达凭证。电子送达凭证具有送达回证效力。③ 对同一内容的送达材料采取多种电子方式发送受送达人的,以最先完成的有效送达时间作为送达生效时间。

4)委托送达

委托送达是法院直接送达诉讼文书有困难的,委托受送达人所在地法院代为送交诉讼文书的一种送达方式。根据《民事诉讼法》第91条规定,直接送达诉讼文书有困难的,可以委托其他法院代为送达。其程序要求主要有以下两点:① 委托其他法院代为送达的,委托法院应当出具委托函,并附需要送达的诉讼文书和送达回证,以受送达人在送达回证上签收的日期为送达日期。② 委托送达的,受委托法院应当自收到委托函及相关诉讼文书之日起10日内代为送达。

5)转交送达

转交送达是指法院将诉讼文书送交受送达人所在单位代收后,再由该单位转交给受送达人的送达方式。根据《民事诉讼法》第92—94条规定,其程序要求主要如下:① 受送达人是军人的,通过其所在部队团以上单位的政治机关转交。② 受送达人被监禁的,通过其所在监所转交。③ 受送达人被采取强制性教育措施的,通过其所在强制性教育机构转交。代为转交的机关、单位收到诉讼文书后,必须立即交受送达人签收,以在送达回证上的签收日期为送达日期。

6)公告送达

公告送达是指法院以张贴公告、登报等方式,将需送达的诉讼文书公之于众,经过法定期间,即视为送达的方式。根据《民事诉讼法》第95条规定,受送达人下落不明,或者用本法规定的其他方式无法送达的①,公告送达。自发出公告之日起,经过30日,即视为送达,但简易程序的案件不适用公告送达。

---

① 参见(2020)最高法知民申6号。

关于公告程序需要注意如下方面：① 公告送达可以在法院的公告栏和受送达人住所地张贴公告，也可以在报纸、信息网络等媒体上刊登公告。② 对公告送达方式有特殊要求的，应当按要求的方式进行。③ 法院在受送达人住所地张贴公告的，应当采取拍照、录像等方式记录张贴过程。④ 公告送达，应当在案卷中记明原因和经过。

关于公告内容需要注意如下几点：① 公告送达应当说明公告送达的原因；公告送达起诉状或者上诉状副本的，应当说明起诉或者上诉要点、受送达人答辩期限及逾期不答辩的法律后果。② 公告送达传票，应当说明出庭的时间和地点及逾期不出庭的法律后果。③ 公告送达判决书、裁定书的，应当说明裁判主要内容，当事人有权上诉的，还应当说明上诉权利、上诉期限和上诉法院。

关于公告日期的计算及后果方面需要注意的是，发出公告日期以最后张贴或者刊登的日期为准，公告送达自发出公告之日起，经过30日，视为送达。只有在受送达人下落不明，或者用《民事诉讼法》规定的其他方式无法送达的，才能适用公告送达。

公告送达30日时间，适应了互联网时代特点，满足了人民群众及时、高效的解纷需求。实践中，大量需公告送达的案件，其实是当事人故意逃避诉讼、恶意拖延诉讼所致，对于不诚信诉讼者给予过度权利保障，既违背公告送达制度初衷，也侵害了其他当事人的诉讼利益。随着互联网技术日益普及，对穷尽法定方式无法送达的，在线公告送达方式体现出其有别于传统公告送达的即时性、便捷性、全覆盖、易查询等突出特点。随着法院逐步建立统一、权威、规范的公告送达平台，大力推进电子公告的步伐，公告送达的覆盖面和精准度将得到大幅、全面提升。

7）邮寄送达

根据《民事诉讼法》第91条规定，一般情况下，只有在直接送达诉讼文书有困难的，才可以邮寄送达。邮寄送达的，以回执上注明的收件日期为送达日期。

第一，邮寄送达的基本要求是：邮寄送达时，应采用挂号信或法院专递形式寄送，并写明送达法院、案号、诉讼文书名称、受送达人姓名、送达地址等信息，同时应附有送达回证。邮寄送达过程中，邮件的在途时间应从期间内扣除，并以邮政机构返回的回执上注明的收件日期为送达日期。

需要注意的是，有下列情形之一的，即为送达：受送达人在邮件回执上签名、盖章或者捺印的；受送达人是无民事行为能力或者限制民事行为能力的自然人，其法定代理人签收的；受送达人是法人或者其他组织，法人的法定代表人、该组织的主要负责人或者办公室、收发室、值班室的工作人员签收的；受送达人的诉讼代理人签收的；受送达人指定的代收人签收的；受送达人的同住成年家属签收的。受送达人本人或者受送达人指定的代收人拒绝签收，导致诉讼文书未能被受送达人实际接收的，除受送达人能够证明自己在诉讼文书送达的过程中没有过错的情形外，文书退回之日视为送达之日。

第二，不适用法院专递邮寄送达的情形。法院专递即邮政机构开展的法院诉讼文书特快专递业务，是邮寄送达的一种。因法院与邮政机构之间在法院专递中系代理关系，故邮政机构的送达与法院送达具有同等法律效力。根据《法院专递送达规定》，下列三种情形不得适用法院专递邮寄送达：受送达人或者其诉讼代理人、指定代收人同意在指定的期间内到法院接受送达的；受送达人下落不明的；法律规定或我国缔结或参加的国际条约中约定有特别送达方式的。

第三,邮寄送达异议的提出与邮件的退回。在邮寄送达中,有时会出现邮寄送达异议的提出与邮件的退回的情形,根据《最高人民法院关于以法院专递方式邮寄送达民事诉讼文书的若干规定》,对前述情形应该如下处理:签收人是受送达人本人或者是受送达人的法定代表人、主要负责人、法定代理人、诉讼代理人的,签收人应当场核对邮件内容。签收人发现邮件内容与回执上的文书名称不一致的,应当场向邮政机构的投递员提出,由投递员在回执上记明情况后将邮件退回法院。签收人是受送达人办公室、收发室、值班室的工作人员或者是与受送达人同住的成年家属,受送达人发现邮件内容与回执上的文书名称不一致的,应当在收到邮件后3日内将该邮件退回法院,并以书面方式说明退回的理由。

(三)诉讼费用

1. 诉讼费用的概念和功能

诉讼费用是指当事人进行诉讼时应当交纳和支付的费用。通过立法规定收取诉讼费用是世界各国通例。诉讼收费制度的立法本意,一是体现诉讼当事人对司法成本的适当补偿原则。诉讼当事人为维护自己的合法权益而参与民事诉讼,其产生的司法成本不应当全部由全体纳税人承担。适当收取诉讼费用,由败诉方当事人对国家承担的司法成本给予适当补偿,对全体纳税人来说更显公平。二是诉讼费用的承担具有对经济活动不诚信一方给予惩戒的作用。公民或组织参与经济活动,如果不能遵循诚信、公平原则,必将损害其经济活动相对方的利益。诉讼费用由败诉方承担,有利于促进经济活动参与者遵循经济规则、履行民事义务。三是收取诉讼费用有助于防止或减少滥诉现象的发生。诉讼活动不设门槛,必然增加由国家财政负担的司法成本。四是有助于维护国家主权和经济利益。

根据《民事诉讼法》第121条规定,当事人进行民事诉讼,应当按照规定交纳案件受理费,财产案件除交纳案件受理费外,并按照规定交纳其他诉讼费用。① 目前我国民事诉讼费用包括案件受理费、申请费和其他诉讼费用三大类,《诉讼费用交纳办法》确定了诉讼费用预交规则和由败诉方承担诉讼费用的原则。在诉讼费用的管理上,法院实行收支两条线,所收取的诉讼费用直接进入国库管理。对于有困难的人民群众打官司,《诉讼费用交纳办法》也明确规定了司法救助制度,凡是符合该办法规定的司法救助条件的,可以申请法院减、免、缓交诉讼费用。根据《民事诉讼法解释》第207条规定,判决生效后,胜诉方预交但不应负担的诉讼费用,法院应当退还,由败诉方向法院交纳,但胜诉方自愿承担或者同意败诉方直接向其支付的除外。

2. 案件受理费

案件件受理费,是指法院决定受理民事、经济纠纷案件及海事等案件时,依法由原告预交的费用。案件审结后,这笔费用应当由败诉方的当事人负担或者由法院决定负担。案件受理费的征收标准,因案件的性质不同而有所不同。

1)财产案件的受理费

关于交纳标准,一般情形下以诉讼标的额大小,分段依一定比例分别计算,然后将各段

---

① 起诉最终未按期缴纳诉讼费,按撤诉处理,仍然能引起诉讼时效中断。参见(2017)最高法民申3316号。

的数额相加即为案件的受理费的总额。具体有如下不同档次：① 不超过1万元的，每件交纳50元；② 超过1万元至10万元的部分，按2.5%交纳；③ 超过10万元至20万元的部分，按2%交纳；④ 超过20万元至50万元的部分，按1.5%交纳；⑤ 超过50万元至100万元的部分，按1%交纳；⑥ 超过100万元至200万元的部分，按0.9%交纳；⑦ 超过200万元至500万元的部分，按0.8%交纳；⑧ 超过500万元至1000万元的部分，按0.7%交纳；⑨ 超过1000万元至2000万元的部分，按0.6%交纳；⑩ 超过2000万元的部分，按0.5%交纳。

当然，除了以上一般情形的计算标准外，还存在对一些特殊情形案件受理费的专门处理标准。① 支付令失效后转入诉讼程序的，债权人应当按照《诉讼费用交纳办法》补交案件受理费。支付令被撤销后，债权人另行起诉的，按照《诉讼费用交纳办法》交纳诉讼费用。② 诉讼标的物是证券的，按照证券交易规则并根据当事人起诉之日前最后一个交易日的收盘价、当日的市场价或者其载明的金额计算诉讼标的金额。③ 诉讼标的物是房屋、土地、林木、车辆、船舶、文物等特定物或者知识产权，起诉时价值难以确定的，法院应当向原告释明主张过高或者过低的诉讼风险，以原告主张的价值确定诉讼标的金额。④ 破产程序中有关债务人的民事诉讼案件，按照财产案件标准交纳诉讼费，但劳动争议案件除外。⑤ 既有财产性诉讼请求，又有非财产性诉讼请求的，按照财产性诉讼请求的标准交纳诉讼费。⑥ 有多个财产性诉讼请求的，合并计算交纳诉讼费。⑦ 原告、被告、第三人分别上诉的，按照上诉请求分别预交第二审案件受理费。同一方多人共同上诉的，只预交一份第二审案件受理费；分别上诉的，按照上诉请求分别预交第二审案件受理费。对财产案件提起上诉的，按照不服第一审判决部分的上诉请求数额交纳案件受理费；被告提起反诉、有独立请求权的第三人提出与本案有关的诉讼请求，法院决定合并审理的，分别减半交纳案件受理费。⑧ 以调解方式结案或者当事人申请撤诉的，减半交纳案件受理费。⑨ 适用简易程序审理的案件减半交纳案件受理费；适用简易程序审理的案件转为普通程序的，原告自接到法院交纳诉讼费用通知之日起7日内补交案件受理费。原告无正当理由未按期足额补交的，按撤诉处理，已经收取的诉讼费用退还一半。⑩ 依照《诉讼费用交纳办法》第9条规定需要交纳案件受理费的再审案件，按照不服原判决部分的再审请求数额交纳案件受理费。⑪ 承担连带责任的当事人败诉的，应当共同负担诉讼费用。

2）非财产案件的受理费

在非财产案件中涉及财产争议的，按不同的情况分别收取。按照《诉讼费用交纳办法》，非财产案件按照下列标准交纳：① 离婚案件每件交纳50元至300元。涉及财产分割，财产总额不超过20万元的，不另交纳；超过20万元的部分，按照0.5%交纳。② 侵害姓名权、名称权、肖像权、名誉权、荣誉权以及其他人格权的案件，每件交纳100元至500元。涉及损害赔偿，赔偿金额不超过5万元的，不另行交纳；超过5万元至10万元的部分，按照1%交纳；超过10万元的部分，按照0.5%交纳。③ 其他非财产案件每件交纳50元至100元。

3）知识产权的受理费

知识产权民事案件，没有争议金额或者价额的，每件交纳500元至1000元；有争议金额或者价额的，按照财产案件的标准交纳。

4）劳动争议案件的受理费

劳动争议案件受理费按照件数计算，每件交纳10元。需要注意的是，对上述所有案件，当事人提出案件管辖异议，异议不成立的，每件交纳50元至100元。诉讼请求中有多个非财产性诉讼请求的，按一件交纳诉讼费。

3. 申请费

申请费是指当事人依法向法院申请相关事项应当交纳的费用。申请费分别按照下列标准交纳。

（1）依法向法院申请执行法院发生法律效力的判决、裁定、调解书，仲裁机构依法作出的裁决和调解书，公证机关依法赋予强制执行效力的债权文书，申请承认和执行外国法院判决、裁定以及国外仲裁机构裁决的，按照下列标准交纳：① 没有执行金额或者份额的，每件交纳50元至500元。② 执行金额或者价额不超过1万元的，每件交纳50元；超过1万元至50万元的部分，按照1.5%交纳；超过50万元至500万元的部分，按照1%交纳；超过500万元至1000万元的部分，按照0.5%交纳；超过1000万元的部分，按照0.1%交纳。③ 符合《民事诉讼法》不确定代表人诉讼规定，未参加登记的权利人向法院提起诉讼的，按规定的标准交纳申请费，不再交纳案件受理费。

（2）申请保全措施的①，根据实际保全的财产数额按照下列标准交纳：财产数额不超过1000元或者不涉及财产数额的，每件交纳30元；超过1000元至10万元的部分，按照1%交纳；超过10万元的部分，按照0.5%交纳。但是，当事人申请保全措施交纳的费用最多不超过5000元。

（3）依法申请支付令的，比照财产案件受理费标准的1/3交纳。

（4）依法申请公示催告的，每件交纳100元。

（5）申请撤销仲裁裁决或者认定仲裁协议效力的，每件交纳400元。

（6）破产案件依据破产财产总额计算，按照财产案件受理费标准减半交纳，但最高不超过30万元。

（7）海事案件的申请费按照下列标准交纳：① 申请设立海事赔偿责任限制基金的，每件交纳1000元至1万元；② 申请海事强制令的，每件交纳1000元至5000元；③ 申请船舶优先权催告的，每件交纳1000元至5000元；④ 申请海事债权登记的，每件交纳1000元；⑤ 申请共同海损理算的，每件交纳1000元。

（8）实现担保物权的案件，法院裁定拍卖、变卖担保财产的，申请费由债务人、担保人负担；法院裁定驳回申请的，申请费由申请人负担。申请人另行起诉的，其已经交纳的申请费可以从案件受理费中扣除。

（9）拍卖、变卖担保财产的裁定作出后，法院强制执行的，按照执行金额收取执行申请费。

4. 其他诉讼费用

（1）证人、鉴定人、翻译人员、理算人员在法院指定日期出庭发生的交通费、住宿费、生活费和误工补贴，由法院按照国家规定标准代为收取。

---

① 根据《诉讼费用交纳办法》第43条第3款规定，当事人对法院决定诉讼费用的计算有异议的，可以向作出决定的法院请求复核。诉讼费用的承担问题不属于再审事由，本院不予审查。参见（2020）最高法民申6914号。鉴定费也属于这种类型，参见（2021）最高法民申3649号。

(2) 当事人复制案件卷宗材料和法律文书应当按实际成本向法院交纳工本费。

(3) 采取诉讼保全措施的申请费和实际支出的费用。

(4) 诉讼过程中因鉴定、公告、勘验、翻译、评估、拍卖、变卖、仓储、保管、运输、船舶监管等发生的依法应当由当事人负担的费用。

需要指出的是，法院依照《民事诉讼法》规定提供当地民族通用语言、文字翻译的，不收取费用。

5. 诉讼费用的减、缓、免

诉讼费用的减、缓、免属于司法救助范畴，是针对困难群体、弱势群体的一种特殊的制度保护。旨在让那些合法权益受到侵害而经济有困难的人打得起官司，彰显法律面前人人平等的精神。

1) 不交纳案件受理费的案件

不交纳案件受理费的案件包括四类：依照《民事诉讼法》规定的特别程序审理的案件；裁定不予受理、驳回起诉、驳回上诉的案件；对不予受理、驳回起诉和管辖权异议裁定不服，提起上诉的案件；根据《民事诉讼法》规定的审判监督程序审理的案件。但是，下列两种情形除外：一是当事人有新的证据，足以推翻原判决、裁定，向法院申请再审，法院经审查决定再审的案件；二是当事人对法院第一审判决或者裁定未提出上诉，第一审判决、裁定或者调解书发生法律效力后又申请再审，法院经审查决定再审的案件。

2) 诉讼费用的免交、减交和缓交

诉讼费用的免交包括五种情形：残疾人无固定生活来源的；追索赡养费、扶养费、抚养费、抚恤金的；最低生活保障对象、农村特困定期救济对象、农村五保供养对象或者领取失业保险金人员，无其他收入的；因见义勇为或者为保护社会公共利益致使自身合法权益受到损害，本人或者其近亲属请求赔偿或者补偿的；确实需要免交的其他情形。

诉讼费用的减交情形包括四种：因自然灾害等不可抗力造成生活困难，正在接受社会救济，或者家庭生产经营难以为继的；属于国家规定的优抚、安置对象的；社会福利机构和救助管理站；确实需要减交的其他情形。法院准予减交诉讼费用的，减交比例不得低于30%。

诉讼费用的缓交涉及如下四种：追索社会保险金、经济补偿金的；海上事故、交通事故、医疗事故、工伤事故、产品质量事故或者其他人身伤害事故的受害人请求赔偿的；正在接受有关部门法律援助的；确实需要缓交的其他情形。

需要注意的是，法院对一方当事人提供司法救助，对方当事人败诉的，诉讼费用由对方当事人负担；对方当事人胜诉的，可以视申请司法救助的当事人的经济状况决定其减交、免交诉讼费用。在前述情形中，第一种不交纳案件受理费的案件不属于司法救助范畴，是因为案件的性质特殊而不需要缴费。

根据《民事诉讼法解释》第206条规定，法院决定减半收取案件受理费的，只能减半一次。

三、自测练习

（一）单项选择题

第九章自测练习
参考答案

1. 李某与赵某是夫妻。2022年7月，李某向某县法院起诉要求离婚，法院经审理判决不准离婚。该案书记员两次到李某家送达判决书，李某均拒绝接收。对此，（　　）。
   A. 书记员将该判决书交给李某的邻居王某转交
   B. 书记员在有关人员的见证下将判决书留置在李某的住所
   C. 书记员将该判决书交给李某所在地居委会转交
   D. 书记员将该判决书交给李某所在地派出所转交

2. 不符合法律关于期间的规定的是（　　）。
   A. 被告张某收到第一审判决书后第15日到法院递交上诉状，但恰逢周日，法院不上班，张某等到下周一向法院递交
   B. 刘某向法院起诉，5月6日收到法院不予受理的裁定书，5月14日他寄出上诉状，法院在5月17日收到信件
   C. 黄某9月21日向法院递交起诉状，法院认为起诉状欠缺内容要求其补正，9月23日黄某补正后又向法院递交，9月30日法院立案
   D. 当事人因不可抗拒的事由未能在15日内递交上诉状，在障碍消除后第4天，当事人直接向法院递交上诉状

3. 根据《民事诉讼法》及相关司法解释的规定，下列有关送达的表述中不正确的是（　　）。
   A. 张涛诉李铭侵犯其肖像权一案，经法院调解，双方达成调解协议，法院制作调解书，该调解书只能向张涛和李铭本人送达
   B. 当事人段英是现役军人，法院应当找到段英所在部队的团长，通过团长向段英转交相关司法文书
   C. 张明正在被采取强制性教育措施，法院应当通过其所在的强制性教育机构转交司法文书
   D. 海浪公司收发室负责收件的王大爷尽管是临时工，但仍有权签收司法文书

4. 法院送达时不可以采用留置送达形式的法律文书是（　　）。
   A. 财产保全裁定书
   B. 先予执行裁定书
   C. 离婚诉讼的调解书
   D. 侵权纠纷的判决书

5. 下列有关诉讼费用负担的说法错误的是（　　）。
   A. 调解结案的，由当事人协商负担
   B. 诉讼费用一般由败诉方负担
   C. 双方都有责任的，按比例分担
   D. 法院无权决定诉讼费用的负担

6. 下列有关诉讼费用负担的说法，错误的是（　　）。
A. 破产程序中有关债务人的民事诉讼案件及劳动争议案件，按照财产案件标准交纳诉讼费
B. 既有财产性诉讼请求，又有非财产性诉讼请求的，按照财产性诉讼请求的标准交纳诉讼费
C. 有多个财产性诉讼请求的，合并计算交纳诉讼费；诉讼请求中有多个非财产性诉讼请求的，按一件交纳诉讼费
D. 原告、被告、第三人分别上诉的，按照上诉请求分别预交第二审案件受理费。同一方多人共同上诉的，只预交一份第二审案件受理费；分别上诉的，按照上诉请求分别预交第二审案件受理费

（二）多项选择题

1. 下列关于送达的说法不正确的是（　　）。
A. 法院向甲送达判决书，甲不在家，法院将判决书交其 10 岁的儿子乙
B. 法院向甲送达调解书，甲不在家，法院将调解书交给其配偶丙
C. 法院向甲送达判决书，甲拒不接受，法院将判决书交由甲的邻居丁转交
D. 法院向甲送达开庭通知书，甲不在家，法院将通知书送交给甲的诉讼代理人

2. 根据《民事诉讼法》及相关司法解释的规定，下列有权接受转交送达的单位有（　　）。
A. 基层人民法院
B. 对受送达人进行劳动教养的单位
C. 监禁受送达人的监狱
D. 受送达人所在部队团以上政治机关

3. 根据《民事诉讼法》及相关司法解释关于送达的规定，下列说法正确的是（　　）。
A. 受送达人李某拒绝接收起诉状副本，其所在单位的代表及其他见证人因怕得罪李某，也不愿在送达回证上签字。送达人在送达回证上记明情况，并将文书留于受送达人处，即视为送达
B. 在法院的公告栏、受送达人原住所地张贴公告，以便公告送达，上述行为完毕后即视为送达
C. 离婚诉讼中，受送达的一方当事人不在，又无其他同住的成年家属，直接交由对方当事人签收
D. 公告送达方式如有特殊要求的，按要求的方式公告，公告期满，视为送达

4. 下列选项中，关于特别程序有关期间的表述，正确的是（　　）。
A. 法院适用特别程序审理的案件，应当在立案之日起 30 日内或者公告期满后 30 日内审结，但审理选民资格的案件除外
B. 法院受理选民资格案件，必须在选举日前审结
C. 法院受理宣告失踪、宣告死亡案件后，应当发出寻找下落不明人的公告。宣告失踪的公告期间为 3 个月，宣告死亡的公告期间为 1 年

D. 法院受理认定财产无主的申请后，经审查核实，应当发出财产认领公告，公告期为 1 年

5. 根据《民事诉讼法》及相关司法解释关于诉讼费用的规定，下列说法正确的是（　　）。

A. 诉讼标的物是证券的，按照证券交易规则并根据当事人起诉之日前最后一个交易日的收盘价、当日的市场价或者其载明的金额计算诉讼标的金额

B. 既有财产性诉讼请求，又有非财产性诉讼请求的，按照财产性诉讼请求的标准交纳诉讼费

C. 法院决定减半收取案件受理费的，只能减半一次

D. 适用简易程序审理的案件转为普通程序的，原告自接到法院交纳诉讼费用通知之日起 7 日内补交案件受理费

（三）判断题

1. 所有根据《民事诉讼法》规定的审判监督程序审理的案件，当事人均不交纳案件受理费。（　　）

2. 对向法人组织值班室负责收件的人拒绝签收或者盖章的，可以适用留置送达。（　　）

3. 法院直接送达诉讼文书的，可以通知当事人到法院领取。当事人到达法院，拒绝签署送达回证的，视为送达。（　　）

4. 当事人因不可抗拒的事由或者其他正当理由耽误期限的，在障碍消除后的 5 日内，可以申请顺延期限，是否准许，由法院决定。（　　）

5. 裁定不予受理、驳回起诉、驳回上诉的案件不需要缴纳受理费。（　　）

（四）案例分析题

女工小李与丈夫小赵因感情破裂诉讼离婚，在庭上经法院调解双方达成离婚协议。其后法院制作调解书，法院对双方进行了送达，小李接受了送达并签字。

问：

（1）如小赵不在家，法院工作人员是否可交与其同住的小李签收？

（2）如小赵在家但拒绝签收调解书，法院工作人员邀请小赵所在街道的居委会主任到场，说明情况，在送达回证上记明拒收事由和日期，由送达人、居委会主任签名，将调解书留在小赵家中，视为送达。这种做法是否可行？

（3）该调解书的效力如何？小赵是否可再起诉？

（4）如小赵正好出差在外，法院工作人员找到小赵的诉讼代理人律师丁，让他代为签收。该律师是否有权代当事人签收调解书？

（五）简述题

1. 期间如何计算？
2. 《民事诉讼法》规定的送达方式有哪些？
3. 法院如何确定电子送达中的经受送达人同意？
4. 诉讼费用的减、缓、免情形有哪些？

四、拓展与思考：诉讼费用的构成与负担

诉讼费用制度的规定，很大程度上影响着当事人是否以及能否选择以民事诉讼的方式解决纠纷和实现权利。正如日本学者棚濑孝雄所言："无论审判能够怎样完美地实现正义，如果付出的代价过于昂贵，则人们往往只能放弃通过审判来实现权利的愿望。"① 按照《诉讼费用交纳办法》规定，诉讼费用包括当事人向法院交纳的案件受理费和申请费，还包括法院向当事人代为收取的，以补偿证人、鉴定人、翻译人员、理算人员参与诉讼所花费的费用。该规定突出的缺陷是诉讼费用实际只涵盖了程序费用和法院实际支出即裁判费用，而将当事人费用和律师费用排除在法定诉讼费用构成外，单纯关注公共成本的负担，忽略对私人成本负担问题的调整，带有浓重的职权主义色彩。

诉讼费用构成和负担的规定是诉讼费用制度最能体现民事诉讼模式特征的部分。在职权主义模式的诉讼制度下，当事人在诉讼进程中的作用有限，致使私人成本微乎其微，因而诉讼费用规则自然只需要解决国家和当事人对公共成本如何分担的问题。在当事人主义模式下，当事人在承担举证责任、质证和辩论过程中投入了更多的成本，公共成本在整体的正义生产成本中所占的比重越来越小。其诉讼费用规则既需要调整国家和当事人之间的关系，也需要调整当事人之间的关系。我国诉讼模式经历了由超职权主义向混合主义的过渡，在现阶段的司法改革中，进一步向当事人主义模式的过渡特性更加明显。将合理的私人成本部分纳入法定诉讼费用的范畴，并就当事人之间如何负担该部分费用作出规定，是我国民事诉讼模式改革和提升司法公信力的需要。②

从比较法的角度来看，各国规定的法定诉讼费用既调整国家与当事人的关系，也调整当事人之间的关系。如在美国、法国，国家向当事人收取低廉的费用，这一部分审判费用或称裁判费用，在诉讼费用中仅占很小的比例。诉讼成本中的公共成本大部分由国家承担，这些国家的诉讼费用制度所调整的主要是当事人之间的关系。而就当事人之间对私人成本的分担而言，主要涉及当事人为进行诉讼而支付的食宿费和差旅费等费用和当事人向证人、鉴定人和翻译人员等所支付的费用，原则上都属于法定的诉讼费用范畴；德国、日本及我国台湾地区都认为当事人因进行诉讼，尤其是因出庭而支出的必要费用，其作为参与分担的诉讼费用。③

需要注意的是，在实行律师强制代理制度的国家，律师费用是法定诉讼费用的一部分，典型代表为德国。此外，法国也规定了在特定类型的案件审理中实行律师强制代理，从而将该类案件的律师费用纳入诉讼费用当中。也有未确立律师强制代理制度的国家，如英国。当然也有国家，如美国，规定律师费用不属于法定诉讼费用范畴，即便当事人聘请了代理律师，法院也不会将其向律师支付的手续费和报酬作为诉讼费用而写入裁判文书当中，而是由

---

① 参见棚濑孝雄：《纠纷的解决与审判制度》，王亚新译，中国政法大学出版社2004年版，第267页。
② 参见廖永安：《民事诉讼费用：构成及影响因素》，载《南京大学法律评论》（2002年秋季号），第137页。
③ 参见穆昌亮：《试论我国民事诉讼费用制度》，《政治与法律》2007年第4期。

当事人各自负担。①

总体而言，把当事人为进行诉讼而支付的食宿费和差旅费等费用以及当事人向证人、鉴定人和翻译人员等所支付的费用纳入法定诉讼费用的范围，是较为普遍的做法。而是否把律师费用作为法定诉讼费用的一部分，在各国有所不同。

---

① 参见汤维建、李海尧:《〈诉讼费用法〉立法研究》,《苏州大学学报（哲学社会科学版）》2017年第3期。

第十章 第一审普通程序

一、导引

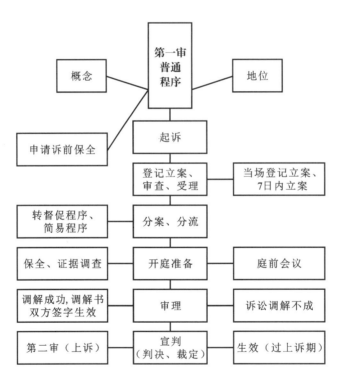

第一审普通程序是法院审理第一审民事诉讼案件时通常所适用的程序,它是法院审理民事案件最基本的程序,第一审程序的核心就是普通程序,它起着各种诉讼程序通则的作用。从立法上看,第一审普通程序被规定在众多程序之首,这部分条文在《民事诉讼法》中数量最多,是通常程序中的基础程序,是整个民事审判中最完整的一种程序,具有广泛的适用性。第一审普通程序的基础性集中体现在它在整个审判程序中居于核心地位,第一审程序中的简易程序实质上是以普通程序为基础的,没有第一审程序就不会有第二审程序,也不会有审判监督程序;第一审普通程序的广泛适用性则表现为,不仅对各类民事诉讼案件都适用,而且各级法院审理第一审民事诉讼案件也都可以适用;第一审普通程序的完整性则表现为,它包括了第一审诉讼程序从当事人起诉、法院受理、庭前准备、开庭审理到第一审法院作出裁判的整个诉讼流程。每一个诉讼阶段相互衔接,体系完整,反映了审判活动和诉讼活动的基本规律。第一审普通程序对各个前后相继的诉讼环节的具体内容均作出了具体明确的规定,并且对一些必要的诉讼制度也作了规定,如撤诉、缺席判决、诉讼中止和诉讼终结等,它们虽然不属于某一个诉讼阶段,但对于处理诉讼中可能出现的特殊问题必不可少。

我国民事诉讼中的简易程序、第二审程序、审判监督程序是专门用于处理简单民事案件、上诉案件和再审案件的诉讼程序,针对性强,但不系统完整。法院在审理这些案件的过程中,凡是相应的程序没有专门规定的,就仍然适用普通程序的有关规定。

二、基本原理与制度

(一)起诉

1. 起诉的概念和条件

起诉是指自然人、法人或其他民事主体认为自己享有的或依法由自己管理、支配的民事权益受到侵害或与他人发生了争议,以自己的名义请求法院通过审判予以保护的诉讼行为。根据《民事诉讼法》第122条规定,起诉必须符合下列条件:① 原告是与本案有直接利害关系的公民、法人或其他组织。② 有明确的被告。③ 有具体的诉讼请求和事实、理由。④ 属于人民法院主管范围和受诉法院管辖。

2. 起诉状

民事起诉状是指民事案件原告或者其法定代理人,为了维护其民事权益,就有关民事权利和义务的争执纠纷,向法院提起诉讼的书状。民事起诉状是法院立案受理和审理案件的依据。可以用书面起诉,也可以口头起诉。根据《民事诉讼法》第124条规定,起诉状应记载如下内容:① 原告的姓名、性别、年龄、民族、职业、工作单位、住所、联系方式,法人或者其他组织的名称、住所和法定代表人或者主要负责人的姓名、职务、联系方式。② 被告的姓名、性别、工作单位、住所等信息,法人或者其他组织的名称、住所等信息。③ 诉讼请求和所根据的事实与理由。④ 证据和证据来源,证人姓名和住所。根据《民事诉讼法解释》第209条规定,原告提供被告的姓名或者名称、住所等信息具体明确,足以使被告与他人相区别的,可以认定为有明确的被告。① 起诉状列写被告信息不足以认定明确的被告的,法院可以告知原告补正。原告补正后仍不能确定明确的被告的,法院裁定不予受理。

此外,根据《民事诉讼法解释》第210条、第211条规定,原告在起诉状中有谩骂和人身攻击之辞的,法院应当告知其修改后提起诉讼。对本院没有管辖权的案件,告知原告向有

---

① 需要明确的是身份证并不是必须。"在实际中,能使被告区别于他人的信息很多,如姓名、性别、年龄、住址、社会关系、身份证号码、工作单位、其他户籍登记内容等。信息越多,越利于确定具体的被告。"详见2019年9月16日《最高人民法院关于立案是否要提供被告人身份证信息的答复》。

管辖权的法院起诉；原告坚持起诉的，裁定不予受理；立案后发现本院没有管辖权的，应当将案件移送有管辖权的法院。

（二）立案与立案调解

1. 立案登记

2015年，中央全面深化改革领导小组第11次会议通过《关于人民法院推行立案登记制改革的意见》，其中明确规定变立案审查制为立案登记制，规定了实行立案登记制的范围、条件、流程等内容，更加充分保障了当事人诉权。

对起诉、自诉，一律接收诉状，出具书面凭证并注明收到日期；接收诉状后，对符合法律规定的当场予以登记立案，对不符合法律规定的应当予以释明，需要补充必要相关材料的，法院应当及时告知当事人。对当场不能判定是否符合法律规定的，应当在收到起诉状之日起7日内决定是否立案，在登记立案阶段，法院一般依照当事人起诉主张对案件争议法律关系的性质进行审查判断，当事人起诉符合法律规定的其他条件但就案涉法律关系性质可能存在争议的，法院应当依法先行立案受理，并在受理后根据审理查明的事实，对争议法律关系性质依法作出认定。[①] 需要注意的是，如下情形不予登记：违法起诉或者不符合法律规定的；涉及危害国家主权和领土完整的；危害国家安全的；破坏国家统一和民族团结的；破坏国家宗教政策的；所诉事项不属于人民法院主管范围的。

为保障当事人诉权，法院应当提供诉状样本，为当事人书写诉状提供示范和指引；对当事人书写诉状有困难的，可以口头提出，由法院记入笔录，符合法律规定条件的，予以登记立案；当事人提交的诉状和材料不符合要求的，法院应当一次性书面告知在指定期限内补正，不得未经告知补正退回诉状；提供网上立案、预约立案、巡回立案等诉讼服务，为当事人行使诉权提供便利。

对立案工作中存在的不接收诉状、接收诉状后不出具书面凭证、不一次性告知当事人补正诉状内容，以及有案不立、拖延立案、干扰立案、既不立案又不作出裁定或者决定等违法违纪情形，当事人可以向受诉法院或者上级法院投诉。法院应当在受理投诉之日起15日内，查明事实，并将情况反馈当事人。发现违法违纪行为的，依法依纪严肃追究相关人员责任；构成犯罪的，依法追究刑事责任。

当然，对干扰立案秩序、虚假诉讼的当事人，应根据《民事诉讼法》《行政诉讼法》有关规定予以罚款、拘留；构成犯罪的，依法追究刑事责任。

2. 予以立案和不予受理

根据《民事诉讼法解释》第208条规定，法院接到当事人提交的民事起诉状时，对符合《民事诉讼法》第122条规定，且不属于第127条规定情形的，应当立案。

对如下特定情形也应立案：① 夫妻一方下落不明，另一方诉至法院，只要求离婚，不申请宣告下落不明人失踪或者死亡的案件，法院应受理，对下落不明人公告送达诉讼文书。② 赡养费、扶养费、抚养费案件，裁判发生法律效力后，因新情况、新理由，一方当事人再行起诉要求增加或者减少费用的，法院应作为新案受理。③ 当事人超过诉讼时效期间起诉

[①] 参见（2022）最高法民终295号。

的,法院应予受理。受理后对方当事人提出诉讼时效抗辩,法院经审理认为抗辩事由成立的,判决驳回原告的诉讼请求。④ 裁定不予受理、驳回起诉的案件,原告再次起诉,符合起诉条件且不属于《民事诉讼法》第124条规定情形的,法院应予受理。⑤ 原告应当预交而未预交案件受理费,法院应当通知其预交,通知后仍不预交或者申请减、缓、免未获批准而仍不预交的,裁定按撤诉处理。原告撤诉或者法院按撤诉处理后,原告以同一诉讼请求再次起诉,法院应予受理。⑥ 对判决、裁定、调解书已经发生法律效力的案件,当事人又起诉的,告知原告申请再审,但法院不准许撤诉的裁定除外。

如下情形法院不予受理:①《行政诉讼法》规定,属于行政诉讼受案范围的,告知原告提起行政诉讼。② 依照法律规定,双方当事人达成书面仲裁协议申请仲裁、不得向法院起诉的,告知原告向仲裁机构申请仲裁。在法院首次开庭前,被告以有书面仲裁协议为由对受理民事案件提出异议的,法院应当进行审查。对仲裁机构或者法院已经确认仲裁协议有效的、当事人没有在仲裁庭首次开庭前对仲裁协议的效力提出异议的,以及仲裁协议符合《仲裁法》第16条规定且不具有《仲裁法》第17条规定情形的,法院应当裁定驳回起诉。③ 依照法律规定,应当由其他机关处理的争议,告知原告向有关机关申请解决。④ 对不属于本院管辖的案件,告知原告向有管辖权的法院起诉。⑤ 对判决、裁定、调解书已经发生法律效力的案件,当事人又起诉的,告知原告申请再审,但法院准许撤诉的裁定除外。⑥ 依照法律规定,在一定期限内不得起诉的案件,在不得起诉的期限内起诉的,不予受理。如《民法典》第1082条规定:"女方在怀孕期间、分娩后一年内或者终止妊娠后六个月内,男方不得提出离婚;但是,女方提出离婚或者人民法院认为确有必要受理男方离婚请求的除外。"⑦ 判决不准离婚和调解和好的离婚案件,判决、调解维持收养关系的案件,没有新情况、新理由,原告在6个月内又起诉的,不予受理。

此外,司法实践中,尽管原告可以针对同一被告就双方之间相关联或者同种类的数个法律关系同时起诉,但法院有权决定是否一并受理、合并审理。如法院经审查发现原告同时就多种法律关系起诉,导致难以理清各项诉求与法律关系、案件事实之间对应关系的,可向其释明需要修改、补正起诉状。起诉人可择一或分别起诉。如原告笼统根据多种法律关系起诉,存在各项诉求与法律关系、案件事实之间的对应关系不易理清的问题,不便于法院审理和对方当事人答辩,法院释明其修改补正起诉状、明确诉请后,其仍坚持按原诉请起诉的,法院可认定其起诉不符合《民事诉讼法》规定的立案条件,并裁定不予受理。①

3. 重复起诉和反诉

1) 重复起诉

当事人就已经提起诉讼的事项在诉讼过程中或者裁判生效后再次起诉,同时符合下列三个条件的,构成重复起诉②:第一,后诉与前诉的当事人相同;③ 第二,后诉与前诉的诉讼标的相同;第三,后诉与前诉的诉讼请求相同,或者后诉的诉讼请求实质上否定前诉裁判结

---

① 参见(2021)最高法知民终2524号。
② 法院对仲裁机构议决案件实体审理,构成重复起诉,违反"一事不再理原则"。参见(2022)最高法民再312号。
③ 即使前后诉原告和被告地位完全相反,仍然应当认定当事人为同一。参见(2022)最高法民申65号。

果。当事人重复起诉的①，裁定不予受理；已经受理的，裁定驳回起诉，但法律、司法解释另有规定的除外。

2）反诉

反诉是在已经提出的诉讼中，本诉被告以原诉（或称本诉）原告为被告，向法院提起与原诉有直接联系的独立的诉讼请求，以达到抵消、动摇或吞并原诉的目的。根据《民事诉讼法解释》第233条规定，反诉的当事人应当限于本诉的当事人的范围。反诉与本诉的诉讼请求基于相同法律关系、诉讼请求之间具有因果关系，或者反诉与本诉的诉讼请求基于相同事实的，法院应当合并审理。反诉应由其他法院专属管辖，或者与本诉的诉讼标的及诉讼请求所依据的事实、理由无关联的，裁定不予受理，告知另行起诉。

反诉的构成要件如下：① 反诉必须针对本诉原告提起，反诉的当事人应当限于本诉的当事人的范围，而不能对原告以外的其他人提起。② ② 只能向审理本诉的法院提起。反诉应由其他法院专属管辖的不予受理。③ 提起的时间，必须在案件受理后，法庭辩论结束前。④ 反诉提出的问题必须与本诉有牵连。即反诉与本诉的诉讼请求基于相同法律关系、诉讼请求之间具有因果关系，或者反诉与本诉的诉讼请求基于相同事实。对与本诉的诉讼标的及诉讼请求所依据的事实、理由无关联的，不予受理。

4. 立案调解

所谓立案调解，是法院立案庭对已经立案受理的民事案件，在案件移送审判庭之前，由立案法官主持双方当事人协商，化解民事纠纷的诉讼活动。根据《民事诉讼法》第125条规定，当事人起诉到法院的民事纠纷，适宜调解的，先行调解，但当事人拒绝调解的除外。

立案调解工作由法院立案庭负责。立案调解将简易民事案件化解于立案阶段，其前提是民事纠纷已经立案，调解案件的人员是法院立案庭的法官，立案调解的结果是双方当事人达成调解协议；如果在规定的期限内未达成调解协议，案件移送审判庭继续审理。

立案调解与诉前调解的功能都是化解社会矛盾纠纷，但两者又存在着一定的区别。一是调解纠纷的性质不同。立案调解是诉讼调解，诉前调解是人民调解。二是调解对象不同。立案调解的对象是已经立案受理的民事案件，诉前调解的对象是当事人虽向法院提起诉讼，但法院并未立案受理，而是转交"人民调解工作室"安排调解的矛盾纠纷。三是主持调解的人员不同。立案调解是由法院立案庭的法官组织进行的，诉前调解则是由"人民调解工作室"安排人民调解员主持的。四是调解协议的效力不同。立案调解达成调解协议，双方当事人在调解协议上签名或捺印后即具有法律效力，当事人一方不自觉履行的，对方可以申请法院强制执行；诉前调解达成的调解协议，具有民事合同的法律性质，一方不履行调解协议内容的，对方可以申请法院确认调解协议的法律效力。

（三）审理前准备

根据《民事诉讼法》第128—135条及第224—225条规定，主要有如下几方面工作。

---

① 原告先以不当得利纠纷为由起诉，被法院驳回诉请后，又以其他案由起诉的，不构成重复起诉。参见（2019）最高法民申4935号。
② 参见（2020）最高法民申3283号。

1. 向被告送达起诉书副本，限期被告提出答辩状

法院应当在立案之日起 5 日内将起诉状副本发送被告，被告应当在收到之日起 15 日内提出答辩状。答辩状应记明被告的姓名、性别、年龄、民族、职业、工作单位、住所、联系方式；法人或者其他组织的名称、住所和法定代表人或者主要负责人的姓名、职务、联系方式。被告不提出答辩状的，不影响法院审理。法院应当在收到答辩状之日起 5 日内将答辩状副本发送原告。

2. 发送受理案件通知书、应诉通知书和举证通知书，告知合议庭组成

法院应当在受理案件通知书和应诉通知书中向当事人告知有关的诉讼权利义务，或者口头告知。审判人员确定后，应当在 3 日内告知当事人。

3. 处理管辖异议、追加当事人事宜

法院当事人对管辖权有异议的，应当在提交答辩状期间提出。法院对当事人提出的异议，应当审查。异议成立的，裁定将案件移送有管辖权的法院；异议不成立的，裁定驳回。当事人未提出管辖异议并应诉答辩的，视为受诉法院有管辖权，但违反级别管辖和专属管辖规定的除外。法院对必须共同进行诉讼的当事人没有参加诉讼的，应当通知其参加诉讼。

4. 审核诉讼材料，调查收集必要的证据

法院在审前通过审核诉讼材料，发现需要调查收集必要的证据的，应当依法进行调查。法院派出人员进行调查时，应当向被调查人出示证件。调查笔录经被调查人校阅后，由被调查人、调查人签名或者盖章。法院在必要时可以委托外地法院调查。委托调查，必须提出明确的项目和要求。受委托法院可以主动补充调查。受委托法院收到委托书后，应当在 30 日内完成调查。因故不能完成的，应当在上述期限内函告委托法院。

5. 通过组织证据交换、召集庭前会议等方式，做好审理前的其他准备

组织证据交换、召集庭前会议等工作的时间一般在答辩期届满后。庭前会议内容主要包括：① 明确原告的诉讼请求和被告的答辩意见；② 审查处理当事人增加、变更诉讼请求的申请和提出的反诉，以及第三人提出的与本案有关的诉讼请求；③ 根据当事人的申请决定调查收集证据，委托鉴定，要求当事人提供证据，进行勘验，进行证据保全；④ 组织交换证据；⑤ 根据当事人的诉讼请求、答辩意见以及证据交换的情况，归纳争议焦点，并就归纳的争议焦点征求当事人的意见；⑥ 进行调解。

需要注意的是，在审理前准备阶段，对当事人没有争议，符合督促程序规定条件的，可以转入督促程序；开庭前可以调解的，采取调解方式及时解决纠纷；可以确定适用简易程序的，适用简易程序。

（四）开庭审判

开庭审理是指法院于确定的日期在当事人和其他诉讼参与人的参加下，依照法定的程序和形式，在法庭上对案件进行实体审理的诉讼活动。开庭审理是普通程序中最基本和最主要的阶段，是当事人行使诉权进行诉讼活动和法院行使审判权进行审判活动最集中、最生动的体现，对法院正确审理民事案件具有重要的意义。

法院审理民事案件，除涉及国家秘密、个人隐私或者法律另有规定的以外，应当公开进行。离婚案件，涉及商业秘密的案件（即生产工艺、配方、贸易联系、购销渠道等当事人不愿公开的技术秘密、商业情报及信息），当事人申请不公开审理的，可以不公开审理。法院审理民事案件，根据需要进行巡回审理，就地办案。法院审理民事案件，应当在开庭3日前通知当事人和其他诉讼参与人。公开审理的，应当公告当事人姓名、案由和开庭的时间、地点。

根据《民事诉讼法》第140—145条规定，开庭审判阶段的步骤可分为如下五个阶段。

1. 预备阶段

即正式开庭审理之前，由书记员查明原告、被告、第三人、诉讼代理人、证人、鉴定人、翻译人员等是否到庭，并向审判长报告。同时宣布法庭纪律，告知全体诉讼参与人和旁听人员必须遵守。

2. 宣布开庭

开庭审理时，由审判长或者独任审判员核对当事人。核对的顺序是原告、被告、第三人，核对的内容包括姓名、性别、年龄、民族、籍贯、工作单位、职业和住所。当事人是法人和其他组织的，核对其法定代表人和主要行政负责人的姓名、职务。对于诉讼代理人，应当查明其代理资格和代理权限。核对完毕，审判长或独任审判员宣布案由，宣布审判人员、书记员名单，告知当事人有关的诉讼权利义务，询问当事人是否提出回避申请。

3. 法庭调查阶段

法庭调查是指审判人员在法庭上对案件事实、证据进行全面审查、核实的诉讼活动。案件中所涉及的所有证据，无论是当事人提供的，还是法院依职权调查收集到的，都必须经过当事人的相互质证。合议庭或独任审判员在当事人质证的基础上，对证据的真实性、关联性、合法性及证明力加以认定，未经过庭审质证的证据材料不能作为法院裁判的根据。根据《民事诉讼法》第141条规定，调查顺序如下：① 当事人陈述；② 告知证人的权利义务，证人作证，宣读未到庭的证人证言；③ 出示书证、物证、视听资料和电子数据；④ 宣读鉴定意见；⑤ 宣读勘验笔录。

当事人在法庭上可以提出新的证据，当事人经法庭许可，可以向证人、鉴定人、勘验人发问。当事人要求重新进行调查、鉴定或者勘验的，是否准许，由法院决定。

法庭调查结束前，审判长应当就法庭调查认定的事实和当事人争议的问题进行归纳总结，并询问当事人的意见。然后，由审判长宣布法庭调查结束，进入法庭辩论阶段。

需要注意的是，为规制当事人的诉讼行为，落实诚信原则，《民事诉讼法》及相关解释从两个方面规制当事人的诉讼行为。第一是事前。即在法院就案件事实询问当事人之前，责令当事人签署保证书，并口头宣读保证书的内容，保证据实陈述，没有隐瞒、歪曲、增减，如有虚假陈述应当接受处罚等，增强对当事人陈述之前的心理约束。第二是事后落实，加强事后处罚。明确"当事人对于案件的事实具有真实陈述和完整陈述的义务"，违反这项义务，故意作虚假陈述，妨碍法院审理的，法院应当根据《民事诉讼法》规定的妨碍民事诉讼强制措施的规定对其进行处罚。对出庭的证人也采取了类似的措施。

4. 辩论阶段

法庭辩论是指当事人及其诉讼代理人在合议庭或独任审判员的主持下，根据法庭调查阶段查明的事实和证据，阐明自己的观点和意见，相互进行言词辩驳的诉讼活动。法庭辩论是辩论原则最生动和最集中的体现，为法院正确适用法律、作出公正裁判打下基础。根据《民事诉讼法》第144条规定，辩论的顺序如下：原告及其诉讼代理人发言；被告及其诉讼代理人答辩；第三人及其诉讼代理人发言或者答辩；互相辩论。

法庭辩论终结，由审判长或独任审判员按照原告、被告、第三人的先后顺序征询各方最后意见。

5. 合议庭评议（独任审判）、宣判

法庭辩论终结，审判长或独任审判员在征得各方当事人的同意后，可依法进行调解，判决前能够调解的，还可以进行调解，调解不成的，应当及时判决。

庭审结束后，法庭笔录由书记员宣读，也可以告知当事人和其他诉讼参与人当庭或者在5日内阅读。法庭笔录经宣读或阅读，当事人和其他诉讼参与人认为记录无误的，应当在笔录上签名或盖章；拒绝签名、盖章的，记明情况附卷；认为对自己的陈述记录有遗漏或者差错，申请补正的，允许在笔录后面或者另页补正。

法院对公开审理或者不公开审理的案件，一律公开宣告判决。当庭宣判的，应当在10日内发送判决书；定期宣判的，宣判后立即发给判决书。宣告判决时，必须告知当事人上诉权利、上诉期限和上诉的法院。需要注意的是，宣告离婚判决，必须告知当事人在判决发生法律效力前不得另行结婚。

当庭宣判的案件，除当事人当庭要求邮寄发送裁判文书的外，法院应当告知当事人或者诉讼代理人领取裁判文书的时间和地点以及逾期不领取的法律后果。上述情况，应当记入笔录。根据《民事诉讼法解释》第254条、第255条规定，公民、法人或者其他组织申请查阅发生法律效力的判决书、裁定书的，应当向作出该生效裁判的法院提出。申请应当以书面形式提出，并提供具体的案号或者当事人姓名、名称。对于查阅判决书、裁定书的申请，法院根据下列情形分别处理：① 判决书、裁定书已经通过信息网络向社会公开的，应当引导申请人自行查阅；② 判决书、裁定书未通过信息网络向社会公开，且申请符合要求的，应当及时提供便捷的查阅服务；③ 判决书、裁定书尚未发生法律效力，或者已失去法律效力的，不提供查阅并告知申请人；④ 发生法律效力的判决书、裁定书不是本院作出的，应当告知申请人向作出生效裁判的法院申请查阅；⑤ 申请查阅的内容涉及国家秘密、商业秘密、个人隐私的，不予准许并告知申请人。

根据《民事诉讼法》第152规定，法院适用普通程序审理的案件，应当在立案之日起6个月内审结。有特殊情况需要延长的，经本院院长批准，可以延长6个月；还需要延长的，报请上级法院批准。

（五）延期审理、诉讼中止和终结

1. 延期审理

延期审理是指在法院已确定开庭审理的日期，或者在开庭审理过程中，由于出现某种法定情形，使案件在原定的庭审日期无法进行或案件的庭审无法继续进行，从而推延开庭审理日期的制度。根据《民事诉讼法》第149条规定，有下列情形之一，可以延期开庭审理：① 必须到庭的当事人和其他诉讼参与人有正当理由没有到庭的；② 当事人临时提出回避申请的；③ 需要通知新的证人到庭，调取新的证据，重新鉴定、勘验，或者需要补充调查的；④ 其他应当延期的情形。

2. 中止审理

中止审理是指法院在受理案件后、作出判决之前，出现了某些使审判在一定期限内无法继续进行或不宜进行的情况时，裁定暂时停止案件审理，待有关情形消失后，再行恢复审判的制度。根据《民事诉讼法》第153条规定，有下列情形之一的，中止诉讼，中止诉讼的原因消除后，恢复诉讼：① 一方当事人死亡，需要等待继承人表明是否参加诉讼的；② 一方当事人丧失诉讼行为能力，尚未确定法定代理人的；③ 作为一方当事人的法人或者其他组织终止，尚未确定权利义务承受人的；④ 一方当事人因不可抗拒的事由，不能参加诉讼的；⑤ 本案必须以另一案的审理结果为依据，而另一案尚未审结的；⑥ 其他应当中止诉讼的情形。

出现中止的法定事由后，法院应当作出中止诉讼的裁定。裁定一经宣布，立即生效，当事人不得上诉，也不得申请复议。裁定中止诉讼后，法院、当事人和其他诉讼参与人应当停止与本案有关的诉讼活动，但财产保全和证据保全除外。中止诉讼的原因消除后，由当事人申请或法院依职权恢复诉讼程序。恢复诉讼程序时，不必撤销原裁定，从法院通知或准许当事人双方继续进行诉讼时起，中止诉讼的裁定即失去效力。在中止诉讼前进行的诉讼行为继续有效。

3. 审理终结

审理终结是指在诉讼进行过程中，因发生某种法定的诉讼终结的原因，使诉讼程序继续进行已没有必要或不可能继续进行，从而由法院裁定终结诉讼程序的制度。根据《民事诉讼法》第154条规定，有下列情形之一的，终结诉讼：① 原告死亡，没有继承人，或者继承人放弃诉讼权利的；② 被告死亡，没有遗产，也没有应当承担义务的人的；③ 离婚案件一方当事人死亡的；④ 追索赡养费、扶养费、抚养费以及解除收养关系案件的一方当事人死亡的。

诉讼终结的原因出现时，法院应当作出终结诉讼的裁定。诉讼终结的裁定一经送达当事人，即发生法律效力，当事人既不得上诉，也不得申请复议。诉讼终结的法律后果，一是法院不再对案件进行审理，二是当事人不能基于同一事实、同一理由就同一诉讼标的再行起诉。

（六）民事判决、裁定、决定

民事判决是指法院通过对民事案件的审理，在对案件的事实依法定程序进行全面审查的基础上，依据法律、法规的规定，对双方当事人之间的实体问题所作的结论性的判定。

民事裁定是指法院在审理案件过程中，对一些程序上应解决的事项所作的判定。

民事裁定与民事判决的区别主要在于：第一，解决的问题不同。裁定解决的是诉讼过程中的程序性问题；判决解决的是当事人双方争执的权利义务问题，即实体法律关系。第二，作出的依据不同。裁定依据的法律是诉讼法，可以在诉讼过程中的任何阶段作出；但是判决根据的法律是实体法，例如民法、婚姻法、继承法、经济法等，判决只能在案件审理的最后阶段作出。第三，裁定可以采用书面形式或者口头形式，但是判决必须采用书面形式。裁定中只有不予受理、对管辖权有异议和驳回起诉的裁定，可以上诉，其他的裁定一经作出，即发生法律效力；但是判决全部都可以上诉。第四，两者的上诉期不同，裁定上诉的期限10日，判决是15日。根据《民事诉讼法》第157条规定，民事裁定的适用范围包括如下几方面：① 不予受理；② 对管辖权有异议的；③ 驳回起诉；④ 保全和先予执行；⑤ 准许或者不准许撤诉；⑥ 中止或者终结诉讼；⑦ 补正判决书中的笔误；⑧ 中止或者终结执行；⑨ 撤销或者不予执行仲裁裁决；⑩ 不予执行公证机关赋予强制执行效力的债权文书；⑪ 其他需要裁定解决的事项。需要注意的是，对于前三项的裁定，可以上诉。

民事决定是指法院为保证诉讼的顺利进行，就诉讼上某些特殊事项或者与诉讼有关的问题，依法作出的断定。民事决定的适用范围有如下几个方面：① 审判人员或有关人员是否回避；② 是否准许顺延期限；③ 延期审理；④ 对妨害民事诉讼的行为采取强制措施；⑤ 审判委员会对已生效的裁判认为应当再审；⑥ 诉讼费用的减、缓、免。

（七）互联网法院

《民事诉讼法》第16条规定，经当事人同意，民事诉讼活动可以通过信息网络平台在线进行。民事诉讼活动通过信息网络平台在线进行的，与线下诉讼活动具有同等法律效力。[①]

目前我国已先后设立了杭州、北京、广州三家互联网法院，浙江法院正推进"全域数字法院"改革，大力推进"平台化整合、无纸化应用、智能化赋能"。贵州、山东、辽宁等地法院纷纷推进无纸化办案。比传统审理模式相比，互联网法院更节约时间，一审服判息诉率高，法院通过电话、邮箱、微信、短信、公众号等方式在线送达文书，审判质量、效率和效果等诸多方面呈现良好态势。

各地法院广泛运用大数据、云计算、人工智能、区块链、物联网等前沿科技，全面推进信息技术在司法中的深度应用。在区块链领域，最高人民法院已建设"人民法院司法区块链统一平台"，完成数以亿计条数据链存证固证，利用区块链技术分布式存储、防篡改的特点，有效保障了证据的真实性，也极大减轻了法官认定证据的难度。在大数据领域，最高人民法院建设了人民法院大数据管理和服务平台，可以实时汇集全国3500多家法院的审判执行、人事政务、研究信息等数据，目前已成为全世界最大的审判信息资源库。在人工智能领域，各地法院积极开发各类智能化审判辅助系统，不同程度实现案件繁简甄别分流、案件智能画像、庭审自动巡查、法条及类案精准推送、自动生成文书、文书瑕疵自动纠错、裁判风险偏离度预警等功能，成为法官办案和群众诉讼的有力辅助。

互联网司法作为新生事物，还处在不断生长和成熟过程中，它代表着未来司法发展的方向，标志着崭新司法纪元的开端。[②]

[①] 2021年6月16日，最高人民法院发布《人民法院在线规则》，并于2021年8月1日起施行。该规则首次提出，在线诉讼应当坚持"公正高效""合法自愿""权利保障""便民利民""安全可靠"五个基本原则，明确了在线诉讼的价值取向和基本特征。规则明确了在线诉讼的案件适用范围并规定在线诉讼适用以当事人同意、案件适宜在线办理、诉讼主体具备相应技术能力为基本条件，充分尊重当事人审理方式选择权，确保案件审理的质量和效率。

[②] 参见刘泽：《中国法院的互联网司法》白皮书，https：//www.chinacourt.org/article/detail/2019/12/id/4704955.shtml，2023年5月28日最后访问。

三、自测练习

（一）单项选择题

第十章自测练习
参考答案

1. 赵某被撞伤，肇事者逃逸。赵某不明肇事车辆及肇事者，便向法院起诉，要求法院寻找肇事者，并判决肇事者赔偿医疗费、误工费等3万元。法院应当（   ）。

   A. 予以受理

   B. 不予受理

   C. 予以受理，但应驳回诉讼请求

   D. 予以受理，但应延期审理

2. 在审理前的准备中，下列属于法院应当完成的工作是（   ）。

   A. 认定案件事实

   B. 组织当事人进行质证

   C. 证据交换

   D. 组织当事人进行辩论

3. 诉讼中出现下列事由，法院应当决定延期审理的情形是（   ）。

   A. 原告经法院传票传唤无正当理由拒不到庭的

   B. 当事人临时提出回避申请的

   C. 离婚案件中一方当事人死亡的

   D. 原告未经许可中途退庭的

4. 对于第一审法院作出的不予受理的裁定，当事人不服的可以（   ）。

   A. 提起上诉

   B. 申请复议

   C. 另行起诉

   D. 重新起诉

5. 根据《民事诉讼法》的规定，法庭调查的正确顺序是（   ）。

   A. ① 宣读鉴定意见；② 宣读勘验笔录；③ 证人作证；④ 出示书证、物证、视听资料和电子数据；⑤ 当事人陈述

   B. ① 当事人陈述；② 告知证人的权利义务，证人作证，宣读未到庭的证人证言；③ 出示书证、物证、视听资料和电子数据；④ 宣读鉴定意见；⑤ 宣读勘验笔录

   C. ① 证人作证；② 出示书证、物证和视听资料；③ 当事人陈述；④ 宣读鉴定意见；⑤ 宣读勘验笔录

   D. ① 当事人陈述；② 证人作证；③ 宣读鉴定意见；④ 宣读勘验笔录；⑤ 出示书证、物证、视听资料和电子数据

6. 在离婚案件的审理过程中，原告突然死亡，法院应当（   ）。

   A. 终结诉讼

   B. 继续审理

C. 中止诉讼

D. 延期审理

7. 在民事诉讼中追加当事人，发生在（　　）。

A. 无独立请求权第三人参加诉讼的情况下

B. 必要共同诉讼的情况下

C. 第三人参加诉讼的情况下

D. 被告反诉的情况下

8. 原告请求被告支付赔偿金，被告要求原告偿还损失，这在诉讼上叫作（　　）。

A. 起诉

B. 反驳

C. 反诉

D. 申诉

9. 开庭前一天，被告因急病住院，生命垂危，法院应当（　　）。

A. 延期审理

B. 诉讼终结

C. 缺席判决

D. 诉讼中止

10. 法院在追加共同诉讼的当事人时，对那些既不参加诉讼，又不放弃实体权利的当事人，应当追加为共同原告，如果其不参加诉讼，法院（　　）。

A. 审判活动不受影响

B. 应当中止诉讼

C. 应当终结诉讼

D. 应当强制其到庭参加诉讼

（二）多项选择题

1. 起诉必须符合下列条件（　　）。

A. 原告是与本案有直接利害关系的公民、法人和其他组织

B. 有明确的被告

C. 有具体的诉讼请求和事实、理由

D. 属于法院受理民事诉讼的范围和受诉法院管辖

2. 根据案件具体情况，庭前会议的内容包括（　　）。

A. 明确原告的诉讼请求和被告的答辩意见

B. 审查处理当事人增加、变更诉讼请求的申请和提出的反诉，以及第三人提出的与本案有关的诉讼请求

C. 根据当事人的申请决定调查收集证据，委托鉴定，要求当事人提供证据，进行勘验，进行证据保全

D. 组织交换证据

3. 法院应当合并审理的反诉应具备的条件是（　　）。

A. 反诉的当事人限于本诉的当事人的范围

B. 反诉与本诉的诉讼请求基于相同法律关系

C. 诉讼请求之间具有因果关系

D. 反诉与本诉的诉讼请求基于相同事实

4. 根据《民事诉讼法》及司法解释规定，当事人就已经提起诉讼的事项在诉讼过程中或者裁判生效后再次起诉，同时符合（　　）条件的，构成重复起诉。

　A. 后诉与前诉的当事人相同

　B. 后诉与前诉的诉讼标的相同

　C. 后诉与前诉的诉讼请求相同

　D. 后诉的诉讼请求实质上否定前诉裁判结果

5. 根据《民事诉讼法》及司法解释规定，对于查阅判决书、裁定书的申请，法院应当分别处理（　　）。

　A. 判决书、裁定书已经通过信息网络向社会公开的，应当引导申请人自行查阅

　B. 判决书、裁定书未通过信息网络向社会公开，且申请符合要求的，应当及时提供便捷的查阅服务

　C. 判决书、裁定书尚未发生法律效力，或者已失去法律效力的，不提供查阅并告知申请人

　D. 发生法律效力的判决书、裁定书不是本院作出的，应当告知申请人向作出生效裁判的法院申请查阅；申请查阅的内容涉及国家秘密、商业秘密、个人隐私的，不予准许并告知申请人

6. 判决书应当写明判决结果和作出该判决的理由。判决书内容包括（　　）。

　A. 案由、诉讼请求、争议的事实和理由

　B. 判决认定的事实和理由、适用的法律和理由

　C. 判决结果和诉讼费用的负担

　D. 上诉期间和上诉法院

7. 可以上诉的裁定包括（　　）。

　A. 不予受理

　B. 对管辖权有异议

　C. 驳回起诉

　D. 保全和先予执行

8. 民事诉讼需要用裁定解决的事项有（　　）。

　A. 准许或者不准许撤诉

　B. 撤销或者不予执行仲裁裁决

　C. 补正判决书中的笔误

　D. 中止或者终结执行

9. 法院应当受理的案件有（　　）。

　A. 甲起诉乙支付拖欠的货款5万元，但已超过诉讼时效

　B. 甲诉乙离婚，法院于2022年3月判决不准离婚；2022年7月乙起诉甲，请求离婚

　C. 某女甲已怀孕7个月，因丈夫乙有外遇，甲起诉乙，请求离婚

　D. 李某下落不明3年，其妻子不申请宣告失踪，直接起诉离婚

E. 甲村民想承包本村鱼塘，故起诉乙村民，请求判决解除乙村民与本村村委会的鱼塘承包合同

（三）判断题

1. 原告提供被告的姓名或者名称、住所等信息具体明确，足以使被告与他人相区别的，可以认定为有明确的被告。（   ）

2. 夫妻一方下落不明，另一方诉至法院，只要求离婚，不申请宣告下落不明人失踪或者死亡的案件，法院应当受理，对下落不明人公告送达诉讼文书。（   ）

3. 无民事行为能力人的离婚诉讼，当事人的法定代理人应当到庭；法定代理人不能到庭的，法院应当在查清事实的基础上，依法作出判决。（   ）

4. 公民、法人或者其他组织申请查阅发生法律效力的判决书、裁定书的，应当向作出该生效裁判的法院提出。申请应当以书面形式提出，并提供具体的案号或者当事人姓名、名称。（   ）

5. 原告在起诉状中直接列写第三人的，视为其申请法院追加该第三人参加诉讼。是否通知第三人参加诉讼，由法院审查决定。（   ）

（四）案例分析题

1. 2021年3月，洪山区兴旺建材公司需水泥400吨，便与青山区商贸公司订立合同，约定由商贸公司组织供应水泥，每吨300元。同年4月，商贸公司同汉口区某水泥厂进行洽谈，向其购买水泥400吨，约定货到付款。4个月后，水泥厂委托该区货运公司将400吨水泥运到商贸公司，但商贸公司不久前被撤销。这时武昌区纺织厂声称与水泥厂有债务关系，而洪山区兴旺建材公司认为水泥是商贸公司为其定购的，于是货运公司将所运水泥分送纺织厂和建材公司各200吨。当水泥厂索取货款时，纺织厂和建材公司各持理由拒绝给付。水泥厂无奈，于同年9月向武昌区人民法院提起诉讼。第一审法院以纺织厂和建材公司为共同被告，货运公司为第三人，组成合议庭审理此案。合议庭未经双方当事人同意便进行了两次调解，但因双方争议较大，而未能达成协议，只好于11月1日开庭审理此案，判决纺织厂和建材公司及货运公司分别承担民事责任。判决后，货运公司不服，以货已到位，不应由其承担责任为由提出上诉。第二审法院组成合议庭对此案进行了全面审查，发现第一审法院在认定水泥价格上不符合国家标准，于是开庭审理此案，判决纺织厂和建材公司付给水泥厂货款及承担诉讼费用。

问：

（1）如果货运公司发现商贸公司已被撤销，遂将水泥卖给建材公司，则此案当事人如何列明？

（2）如果建材公司在第一审调解中提出，水泥厂的经理与本案审判长是同学，可能影响案件公正裁判，故不应由武昌区人民法院受理，而应移送洪山区人民法院审理，此异议能否成立？为什么？

（3）如果水泥厂起诉商贸公司不履行合同，则此诉如何进行？

(4) 如果纺织厂在第一审调解中提出反诉，要求原告偿还纺织厂欠款及利息，此反诉能否成立？为什么？

(5) 如果货运公司不参与诉讼，法院应如何处理？

(6) 请指出本案在程序上的错误之处。

2. 甲住P县，乙住C县。甲从乙处借款10万元，到期拒不偿还，乙遂将甲轿车扣押。甲起诉至C县法院，要求乙返还原物，乙提起反诉要求甲偿还借款本息。甲认为本诉与反诉没有任何关系，乙无权反诉，根据"原告就被告"原则，乙应该在P县法院另案起诉甲。

问：法院能否受理、审理乙的反诉？

（五）简述题

1. 如何理解第一审普通程序的地位？
2. 简述立案调解。
3. 原告的起诉应当具备哪些法定条件？
4. 裁定和判决的适用范围有哪些主要区别？
5. 第一审普通程序开庭审判由几个阶段构成？
6. 延期审理的情形有哪些？
7. 庭前会议的内容有哪些？
8. 开庭审理前准备工作有哪些？

四、拓展与思考：民事诉讼立案登记制存在的问题与完善

立案登记制作为保障当事人诉权、解决"立案难"的方案，系直接借鉴大陆法系相关法律制度经验而创设。立案审查制变为立案登记制度迄今，与该制度改革提出之初社会各界对其寄予的厚望相比差距较大。我国民事诉讼长期面临"起诉难"的问题，当前的立案登记制度仍然停留在形式上，对当事人的诉权未能形成有效保障。[①]

首先，立案标准仍过高。根据大陆法系民事诉讼法学理论，启动诉讼程序并获得法院支持需具备诉成立、诉合法与诉有理[②]三个条件，对诉的评价也相应地经过成立、合法和有理三个阶段，相应各阶段分别以起诉要件、诉讼要件和本案要件为评价对象。而我国有关当事人适格、审判管辖、诉讼标的及证据等具体起诉条件与大陆法系民事诉讼中诉讼要件基本相同[③]，但立案标准明显被拔高。如《民事诉讼法》第122条关于原告资格的规定，将与本案有直接利害关系标准作为原告起诉条件，使本应通过诉讼审理才能作出裁判的要件，有可能

---

① 参见张伟：《论我国民事诉讼立案登记制度的完善》，《黑龙江省政法管理干部学院学报》2018年第4期。

② 参见段文波：《起诉条件前置审理论》，《法学研究》2016年第6期；中村英郎：《新民事诉讼法讲义》，陈刚等译，法律出版社2001年版，第152-153页。

③ 参见张卫平：《起诉条件与实体判决要件》，《法学研究》2004年第6期。

在程序性审查阶段就因认为不符合起诉条件而被排除在外。①

其次,对起诉状及诉讼材料要求依然严格。我国《民事诉讼法》第 124 条、《民事诉讼法解释》第 209 条以及《最高人民法院关于人民法院登记立案若干问题的规定》(简称《规定》)第 4 条、第 6 条对于民事起诉状载明事项及需提供的诉讼材料要求进行了明确规定。比较《民事诉讼法》与《规定》关于起诉状载明事项要求可以发现,两者基本相同,只是后者将前者第 4 项的"证据和证据来源,证人姓名和住所"拆分为两项来规定。而《民事诉讼法解释》第 209 条还就"明确的被告"提出了进一步要求:"原告提供被告的姓名或者名称、住所等信息具体明确,足以使被告与他人相区别的,可以认定为有明确的被告。"因此,在立案登记制度下,法院在立案时虽然不再要求原告提交被告身份证复印件或公安机关出具的证明文件,但原告仍需提供被告的身份证号或准确地址,而这对于那些起诉相对陌生被告的原告来说是强人所难。

最后,立案范围仍显较窄。《民事诉讼法》第 3 条仅将平等主体间的财产关系和人身关系作为民事诉讼立案范围,使部分民事纠纷无法顺利进入法院通过诉讼途径得到解决。例如涉及对国家经租房、企业改制导致的职工下岗纠纷和安置纠纷等政策敏感类案件,社会热点及突发案件(如出嫁女拆迁补偿权诉讼和社会突发对群体性事件处置的起诉),还有一些不能纳入财产权利或人身权利(如受教育权诉讼等权益)的案件。②

由于民事诉讼的立法本位、对诉讼效率的错误考量和国家管控理念的突出,起诉条件苛刻、范围狭窄、讼效率低下等问题突出,鉴于以上问题,学者们提出如下建议:一是扩大民事立案登记范围。将受案范围原则性地规定为"平等主体间合法权益争议"或"私法上权益争议",从而使平等主体间的争议特别是一些新类型案件走进司法。二是统一民事立案登记标准。首先是统一审查内容。借鉴大陆法系民事诉讼构造和诉讼要件理论,并结合当下我国民事审理构造及司法实际,将地域管辖、当事人适格和诉的利益等诉讼要件从起诉条件中分离并后置于诉讼审理阶段;而人民法院主管、专属管辖、级别管辖、当事人存在及当事人能力等诉讼要件可仍作为起诉条件③。其次是明确审查方式,法院对于当事人的起诉只针对重置后的起诉条件进行表面的形式审。三是简化民事起诉状要求。当事人没有提供相应证据资料但起诉状记载事项完整的也可立案,当然在必要时立案庭需对当事人进行可能的诉讼风险提醒。

---

① 参见陈元庆:《民事诉讼立案登记制实践检视——以中国裁判文书网不予受理和驳回起诉裁定书为研究视角》,《河南财经政法大学学报》2019 年第 2 期。

② 参见包剑平:《实行立案登记制 依法保障当事人诉权——民事诉讼法司法解释解读》,《人民司法》2015 年第 11 期;沈德咏主编:《最高人民法院民事诉讼法司法解释理解与适用》,人民法院出版社 2015 年版,第 556 页。

③ 参见唐力、高翔:《我国民事诉讼程序事项二阶化审理构造论——我国民事诉讼程序事项二阶化审理构造论》,《法律科学》2016 年第 5 期。

第十一章 简易程序与小额诉讼

一、导引

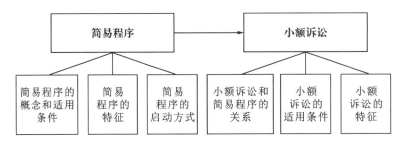

"司法公共资源论"和"诉讼资源有限论"是民事诉讼法重要的理论基础。换言之，司法是重要的公共资源，总量有限，增扩不易，不可能无限投入。面对海量案件，只能区分轻重，按照所涉利益、繁简程度，统筹调配人力、设置程序、分配法庭、安排审限，不可能对所有案件和当事人平均摊派资源。否则，明明可以一人审理、快捷处理的案件，却要安排多人审理、烦琐程序，既浪费司法资源，也损害了真正有"精审"需求者的利益。明明可以繁简分流分道、精准匹配资源，如果要求审判人员平均用力、层层加压，一旦超过"临界点"和"饱和度"，只会导致案件质量总体偏低。案件有简单和复杂之分，审判程序因而也有简易程序和普通程序之别。简易程序是与第一审普通程序相并列存在的独立的一审程序，是普通程序的简化。简易程序并不是普通程序的附属性程序，和普通程序有区别，又有一定的联系，简易程序没有规定的内容，需适用普通程序的有关规定。简易程序的设立，既有助于保障和方便当事人依法行使诉讼权利，也有助于保证法院公正、及时审理民事案件，并为法院集中力量审理好复杂、重大的民事案件腾出必要的时间和精力。

2019年1月，习近平总书记在中央政法工作会议上指出，"要深化诉讼制度改革，推进案件繁简分流、轻重分离、快慢分道"。中央办公厅随后印发的《关于政法领域全面深化改革的实施意见》，将"推进民事诉讼制度改革"确定为重大改革任务。2019年12月，全国人大常委会作出《关于授权最高人民法院在部分地区开展民事诉讼程序繁简分流改革试点工作的决定》。2020年，最高人民法院印发《民事诉讼程序繁简分流改革试点方案》和《民事诉讼程序繁简分流改革试点实施办法》，后者就优化司法确认程序、完善小额诉讼程序、完善简易程序规则、扩大独任制适用范围、健全电子诉讼规则等内容作出规定。2021年《民事诉讼法》第四次修正时将《民事诉讼程序繁简分流改革试点实施办法》中的部分内容纳入其中。① 2023年《民事诉讼法》第五次修正时，这些内容被继续保留。

二、基本原理与制度

（一）简易程序

1. 简易程序的概念和适用条件

根据《民事诉讼法》第160条和《最高人民法院关于适用简易程序审理民事案件的若干规定（2020修正）》（简称《简易程序若干规定》）第2条规定，基层人民法院和它派出的法庭审理事实清楚、权利义务关系明确、争议不大的简单的民事案件，适用简易程序；基层人民法院和它派出的法庭适用第一审普通程序审理的民事案件，当事人各方自愿选择适用简易程序，经法院审查同意的，可以适用简易程序进行审理。但法院不得违反当事人自愿原则，将普通程序转为简易程序。

可见，我国民事简易程序的适用，一种是法院依职权适用。即基层人民法院及其派出法庭审理的事实清楚、权利义务关系明确、争议不大的简单民事案件，适用简易程序；另一种则是对基层人民法院及其派出法庭依职权适用范围以外的民事案件，经过当事人双方约定适用简易程序。当事人约定适用简易程序审理的不得违反关于适用简易程序的禁止性规定，其要件包括：① 原本属于基层人民法院和它派出的法庭适用普通程序审理的案件；② 当事人可以通过协商自愿选择适用简易程序，经法院审查同意，当事人双方应当在开庭前提出。

简易程序之所以"简易"，是因为在案件审理过程中相比较普通程序，不管在传唤送达方面还是在庭审环节过程中都体现了简捷、高效。并非基层人民法院及其派出法庭审理的第一审民事案件都可以适用简易程序，依职权适用该程序的条件是事实清楚、权利义务关系明确、争议不大的简单民事案件。

根据《民事诉讼法解释》第256条规定，所谓事实清楚，是指当事人双方对争议的事实陈述基本一致，并能提供可靠的证据，无须法院调查收集证据即可判明事实、分清是非；所谓权利义务关系明确，是指谁是责任的承担者、谁是权利的享有者，关系明确，无须审判人员作深入的分析判断，就可以认定双方当事人之间的权利义务关系；所谓的争议不大，是指当事人对案件的是非、责任无原则分歧。

根据《民事诉讼法解释》第257条规定，下列案件不适用简易程序：① 起诉时被告下落不明的；② 当事人一方人数众多的；③ 发回重审的；④ 适用审判监督程序再审的；⑤ 涉及国家利益、社会公共利益的；⑥ 第三人撤销之诉；⑦ 其他不适用简易程序审理的案件。实践中遇有因经济纠纷，甲以乙为被告向法院提起诉讼，法院于开庭3日前通知双方当事人。但乙在收到开庭传票后下落不明，此时法院是否仍可适用简易程序审理此案？从前述解释，

---

① 该次修法新增7个条文，修改调整26个条文。这33处中有13处修改是为与《民法典》相关规定表述衔接一致，而另外20处均与民事诉讼程序繁简分流改革试点相关。

起诉时被告下落不明的案件不适用简易程序立法本意看，其理由在于简易程序能够及时解决简单的民事案件，方便当事人诉讼，便于法院办案，促进司法资源的合理配置，有利于实现诉讼经济和诉讼效率的目标。结合《民事诉讼法》第95条的规定，起诉时被告下落不明，需要公告送达，会造成审理拖延，不符合简易程序快审快结的特点。但被告收到了开庭传票后下落不明的，已不存在公告送达开庭时间的问题，法院可以适用简易程序进行审理。

2. 简易程序的特征

简易程序是简化了的普通程序，和普通程序相比，在起诉方式、传唤方式以及开庭审理等方面比普通程序更简便易行，极大地方便了当事人进行诉讼。同时，快速、及时审结案件，可以减少当事人的讼累，提高办案效率，节省诉讼成本。根据《民事诉讼法》第161—164条和相关司法解释规定，简易程序的简约化主要体现在如下几个方面。

1）起诉方式简便

《民事诉讼法》第161条第1款规定，对简单的民事案件，原告可以口头起诉。在现实中，对口头起诉的，法院应当将当事人的姓名、性别、工作单位、住所、联系方式等基本信息，诉讼请求，事实及理由等准确记入笔录，由原告核对无误后签名或者捺印。对当事人提交的证据材料，应当出具收据。这里一个值得注意的问题是，在适用简易程序审理的案件中，原告口头起诉的，被告等是否具有口头答辩的权利。《民事诉讼法》对被告等的口头答辩权没有作出规定，只在《民事诉讼法》第128条第2款规定，被告不提出答辩状的，不影响法院审理。这是因为我国尚不承认答辩失权制度和律师强制代理制度，但并不能因此得出被告等没有口头答辩权利的结论。

根据《民事诉讼法解释》第263条规定，适用简易程序审理案件，卷宗中应当具备起诉状或者口头起诉笔录、答辩状或者口头答辩笔录。由此可见，《民事诉讼法》等相关规定虽未明确规定被告有口头答辩的权利，但司法解释事实上已经间接允许被告进行口头答辩。从简易程序的特征、适用简易程序案件的性质以及当事人自身法律素养等情况来看，允许被告等提出口头答辩既有其现实合理性，又符合法院对当事人的诉讼权利平等保护的要求。在适用简易程序审理的案件中，原告口头起诉的，法院对被告口头答辩的权利应当予以保护。

2）受理程序简便

法院受理不需要发出受理案件通知书，开庭审理也不用同普通程序一样进行公告、通知。当事人双方可以同时到基层人民法院或者它派出的法庭，请求解决纠纷。基层人民法院或者它派出的法庭可以当即受理并审理，也可以另定日期审理。

3）传唤、通知等送达方式多样

适用简易程序审理案件可以用捎口信、电话、短信、传真、电子邮件等简便方式传唤双方当事人、通知证人和送达裁判文书以外的诉讼文书。当然，以简便方式送达的开庭通知，未经当事人确认或者没有其他证据证明当事人已经收到的，法院不得缺席判决，应当保障当事人陈述意见的权利。

根据《简易程序若干规定》第9—11条规定，被告到庭后拒绝提供自己的送达地址和联系方式的，法院应当告知其拒不提供送达地址的后果；经法院告知后被告仍然拒不提供的，按下列方式处理：① 被告是自然人的，以其户籍登记中的住所或者经常居所为送达地址；② 被告是法人或者非法人组织的，应当以其在登记机关登记、备案中的住所为送达地址。

法院应当将上述告知的内容记入笔录。因当事人自己提供的送达地址不准确、送达地址变更未及时告知法院，或者当事人拒不提供自己的送达地址而导致诉讼文书未能被当事人实际接收的，按下列方式处理：① 邮寄送达的，以邮件回执上注明的退回之日视为送达之日；② 直接送达的，送达人当场在送达回证上记明情况之日视为送达之日。上述内容，法院应当在原告起诉和被告答辩时以书面或者口头方式告知当事人。受送达的自然人以及他的同住成年家属拒绝签收诉讼文书的，或者法人、非法人组织负责收件的人拒绝签收诉讼文书的，送达人应当根据《民事诉讼法》的规定邀请有关基层组织或者所在单位的代表到场见证，被邀请的人不愿到场见证的，送达人应当在送达回证上记明拒收事由、时间和地点以及被邀请人不愿到场见证的情形，将诉讼文书留在受送达人的住所或者从业场所，即视为送达。

4) 实行独任制审理

简易程序一律采用审判员一人独任审理。从开庭前的准备、开庭审理到依法裁判或调解，都是只有审判员一人担任，不必进行合议。审判员一人独任审理时，应当由书记员担任记录。

5) 庭审方式便捷

庭审方式灵活便捷首先表现为审前的准备灵活简便，不受庭审前通知当事人的手续和时间的限制。根据《简易程序若干规定》第 7 条规定，双方当事人到庭后，被告同意口头答辩的，法院可以当即开庭审理。其次是开庭方式简便。当事人双方可就开庭方式向法院提出申请，由法院决定是否准许。经当事人双方同意，可以采用视听传输技术等方式开庭。再次是法庭交代权利义务和调查方式灵活。对没有委托律师、基层法律服务工作者代理诉讼的当事人，法院在庭审过程中可以对回避、自认、举证证明责任等相关内容向其作必要的解释或者说明，并在庭审过程中适当提示当事人正确行使诉讼权利、履行诉讼义务。法庭调查不必受普通程序中法庭调查的法定顺序的限制，而可以查清案件事实为目的，依据案件的具体情况选择程序的先后。

6) 审结期限较短，答辩、举证期限短且灵活

法院适用简易程序审理案件，应当在立案之日起 3 个月内审结。有特殊情况需要延长的，经本院院长批准，可以延长 1 个月。即简易程序延长后的审理期限累计不得超过 4 个月。

简易程序的举证期限由法院确定，也可以由当事人协商一致并经法院准许，但不得超过 15 日。被告要求书面答辩的，法院可在征得其同意的基础上合理确定答辩期间。法院应当将举证期限和开庭日期告知双方当事人，并向当事人说明逾期举证以及拒不到庭的法律后果，由双方当事人在笔录和开庭传票的送达回证上签名或者捺印。

7) 裁判文书简化

根据《民事诉讼法解释》第 270 条规定，适用简易程序审理的案件，有下列情形之一的，法院在制作判决书、裁定书、调解书时，对认定事实或者裁判理由部分可以适当简化：① 当事人达成调解协议并需要制作民事调解书的；② 一方当事人明确表示承认对方全部或者部分诉讼请求的；③ 涉及商业秘密、个人隐私的案件，当事人一方要求简化裁判文书中的相关内容，法院认为理由正当的；④ 当事人双方同意简化的。

在适用简易程序中，仍然应当落实依法自愿调解原则，遇到如下 6 类案件应当先行调

解；婚姻家庭和继承纠纷；劳务合同纠纷；交通事故和工伤事故引起的权利义务关系较为明确的损害赔偿纠纷；宅基地和相邻权纠纷；合伙协议纠纷；诉讼标的额较小的纠纷。这些案件都是涉及人身关系、依附关系密切的，同时调解更有利于化解矛盾，节省诉讼成本，提高案件审理效率。

此外，法院适用普通程序审理的案件可以转化为简易程序，但是已经按照普通程序审理，在开庭后不得转为简易程序审理。而在法院适用简易程序审理过程中，如果认为案情复杂需要转为普通程序审理的，应裁定转为普通程序。当事人就案件适用简易程序提出异议，法院经审查，异议成立的，也应裁定转为普通程序。需要注意的是，遇有简易程序转为普通程序的情形，法院应当将合议庭组成人员及相关事项以书面形式通知双方当事人。[①] 程序转为普通程序前，双方当事人已确定的事实，可以不再进行举证、质证。[②] 简易程序转入普通程序审理的民事案件的审理期限仍然从法院最初立案的次日起开始计算。

需要注意的是，根据《民事诉讼法解释》第262条、第263条规定，人民法庭制作的判决书、裁定书、调解书，必须加盖基层人民法院印章，不得用人民法庭的印章代替基层人民法院的印章。同时适用简易程序审理案件，卷宗中应当具备以下材料：① 各种笔录，包括起诉状或者口头起诉笔录、答辩状或者口头答辩笔录、送达和宣判笔录、询问当事人笔录、审理（包括调解）笔录、委托他人代理诉讼的授权委托书或者口头委托笔录；② 证据；③ 当事人身份证明材料；④ 判决书、裁定书、调解书或者调解协议；⑤ 执行情况；⑥ 诉讼费收据。

（二）简易程序中的小额诉讼

1. 小额诉讼和简易程序的关系

小额诉讼是指基层人民法院适用比普通简易程序更加简易化的诉讼程序审理数额甚小的案件过程中所进行的各种诉讼活动。

小额诉讼和简易程序的关系十分密切。小额诉讼程序系2012年《民事诉讼法》修改时增设。《民事诉讼法》并未单列专章，依然是规定在简易程序之下。小额诉讼程序可谓是特殊的简易程序。适用小额诉讼程序的案件，必须是首先能够适用简易程序审理的案件，其次才是标的额符合条件。法院审理小额诉讼案件，《民事诉讼法》及司法解释没有特殊规定的，仍适用简易程序的其他规定。

两者的主要区别在于：① 案件适用范围不同。简易程序是根据诉讼标的额或纠纷的性质及复杂性进行划分；而小额诉讼程序适用范围的划分标准更加单纯，侧重在案件种类和标的额度的限上，范围更小。② 程序灵活与便民度不同。简易程序是对第一审普通程序的简化，而小额诉讼程序则是在简易程序基础上的进一步简化，其极大淡化了程序的专门性，而代之以贴近民众常识化的方式运行。例如使用填充式诉状、允许口头答辩、灵活的传唤方式、不开示证据、非工作时间开庭、判决可不说明理由等。③ 审级不同。简易程序适用两审终审制，但小额诉讼程序审理的案件只能一审终审，不允许上诉。④ 举证时限和审限不同。小

[①] 如河南省正阳县人民法院（2015）正民初字第42号案。
[②] 《最高院司法观点：简易程序转为普通程序后被告未到庭，原简易程序中被告的辩解和提供的证据可作为判决依据》，https：//www.thepaper.cn/newsDetail_forward_8732390，2023年9月1日最后访问。

额诉讼的举证期限一般不超过 7 日，审限一般为 2 个月，而简易程序举证期限一般不超过 15 日，审限一般为 3 个月。

2. 小额诉讼程序的适用条件

根据《民事诉讼法》第 165—166 条以及相关司法解释的规定，小额诉讼程序的适用必须符合法律规定的案情和标的额要求，具体而言应满足如下要求。

第一，事实清楚、权利义务关系明确、争议不大的简单民事案件（不包括当事人约定适用简易程序的民事案件）。

第二，标的额为各省、自治区、直辖市上年度就业人员年平均工资百分之五十以下；标的额超过各省、自治区、直辖市上年度就业人员年平均工资百分之五十但在二倍以下的，当事人双方也可以约定适用小额诉讼的程序。①

根据《民事诉讼法解释》第 272—273 条规定，前述各省、自治区、直辖市上年度就业人员年平均工资，是指已经公布的各省、自治区、直辖市上一年度就业人员年平均工资。在上一年度就业人员年平均工资公布前，以已经公布的最近年度就业人员年平均工资为准；同时，审理海事、海商小额诉讼案件，案件标的额应当以实际受理案件的海事法院或者其派出法庭所在的省、自治区、直辖市上年度就业人员年平均工资百分之五十为限。

根据《民事诉讼法》第 166 条规定，下列案件不适用小额诉讼程序：① 人身关系、财产确权案件；② 涉外案件；③ 需要评估、鉴定或者对诉前评估、鉴定结果有异议的案件；④ 一方当事人下落不明的案件；⑤ 当事人提出反诉的案件；⑥ 其他不宜适用小额诉讼的程序审理的案件。

3. 小额诉讼审判程序的特征

小额诉讼程序的优势在于诉讼效率的高效、诉讼成本的低廉，以及一审终审的便捷。程序简便灵活，例如使用填充式诉状、允许口头答辩、灵活的传唤方式、不开示证据、非工作时间开庭、判决可不说明理由等。根据《民事诉讼法》及相关司法解释，小额诉讼审判程序的特征主要体现在以下几方面。

1）权利告知方面

根据《民事诉讼法解释》第 274 条规定，法院受理小额诉讼案件，应当向当事人告知该类案件的审判组织、一审终审、审理期限、诉讼费用交纳标准等相关事项。该规定的目的是提高审理效率，增强当事人在诉讼中的互动性，减少当事人的抵触情绪。

2）对不符合起诉条件、管辖权异议的处理

法院受理小额诉讼案件后，发现起诉不符合《民事诉讼法》第 122 条规定的起诉条件的，裁定驳回起诉。裁定一经作出即生效。当事人对小额诉讼案件提出管辖异议的，法院应当作出裁定，裁定一经作出即生效。

3）小额诉讼程序的举证与答辩

根据《民事诉讼法解释》第 275 条规定，小额诉讼案件的举证期限由法院确定，也可以由当事人协商一致并经法院准许，但一般不超过 7 日。被告要求书面答辩的，法院可以在征

---

① 如重庆市合川区（市）人民法院（2022）渝 0117 民初 3833 号案。

得其同意的基础上合理确定答辩期间,但最长不能超过 15 日。当事人到庭后表示不需要举证期限和答辩期间的,法院可立即开庭审理。

4) 小额诉讼程序裁判

适用小额诉讼程序审理的案件中所有的判决、裁定,包括实体判决以及驳回起诉、管辖权异议裁定均为一审终审。

根据《民事诉讼法解释》第 280 条规定,小额诉讼案件的裁判文书可以简化,主要记载当事人基本信息、诉讼请求、裁判主文等内容。在适用小额诉讼程序审理案件中,因当事人申请增加或者变更诉讼请求、提出反诉、追加当事人等,致使案件不符合小额诉讼案件条件的,应当适用简易程序的其他规定审理。应当适用普通程序审理的,裁定转为普通程序。当事人对按照小额诉讼案件审理有异议的,应当在开庭前提出。法院经审查,异议成立的,适用简易程序的其他规定审理。适用简易程序的其他规定或者普通程序审理前,双方当事人已确认的事实,可以不再进行举证、质证。

法院适用小额诉讼的程序审理案件,可以一次开庭审结并且当庭宣判。法院适用小额诉讼的程序审理案件,应当在立案之日起 2 个月内审结。有特殊情况需要延长的,经本院院长批准,可以延长 1 个月。

需要指出的是,法院在审理过程中,发现案件不宜适用小额诉讼的程序的,应当适用简易程序的其他规定审理或者裁定转为普通程序。当事人认为案件适用小额诉讼的程序审理违反法律规定的,可以向法院提出异议。法院对当事人提出的异议应当审查,异议成立的,应当适用简易程序的其他规定审理或者裁定转为普通程序;异议不成立的,裁定驳回。

三、自测练习

(一)单项选择题

第十一章自测练习
参考答案

1. 下列案件可以适用简易程序审理的是( )。
   A. 甲起诉请求与其已下落不明 3 年的丈夫离婚
   B. 某侵权纠纷案,法院适用普通程序审理过程中,发现案件事实清楚,权利义务关系明确,争议不大
   C. 某甲诉其 4 个子女追索赡养费
   D. 被第二审法院发回重审的李某诉赵某追索欠款一案

2. 下列关于简易程序说法正确的是( )。
   A. 刘某诉某公司侵犯其发明专利,在一审过程中,双方协商后自愿选择适用简易程序,法院应当同意
   B. 法院决定对一起农具纠纷适用简易程序后,可以用电话的方式通知被告到庭参加诉讼
   C. 简易程序的审判组织由审判员独任或合议庭审理,不包括陪审员
   D. 法院对一起自然人之间的借款纠纷适用简易程序判决生效后,发现判决确有错误,依法庭程序决定对该案进行再审,并决定对此案仍适用简易程序

3. 小额诉讼案件的举证期限由法院确定,也可以由当事人协商一致并经法院准许,但一

般不超过（　　）。

　　A. 7 日

　　B. 10 日

　　C. 15 日

　　D. 30 日

4. 张某和李某是朋友关系，2013 年 5 月张某到法院起诉，要求李某还其借款 8000 元。法院受理后，适用简易程序由审判员单任审理。在审理过程中发现案情复杂，不是简单的借款纠纷，而是因两人合伙购买机器引发的纠纷，需要进一步调查取证并进行书证笔迹鉴定。在此种情况下，应该（　　）。

　　A. 报请院长批准延长案件的审理期限。

　　B. 终结简易程序，告知当事人提起普通程序之诉。

　　C. 将简易程序直接转为普通程序，审理期限另行计算。

　　D. 将简易程序直接转为普通程序，审理期限从立案次日起计算。

5. 法院受理简单的民事案件，（　　）。

　　A. 应当当即受理，另定日期审理

　　B. 应当当即受理并当即审理

　　C. 可以当即受理和审理，也可以另定日期审理

　　D. 应当在收到起诉状之日起 7 日内决定

（二）多项选择题

1. 下列金钱给付的案件，适用小额诉讼程序审理的有（　　）。

　　A. 买卖合同、借款合同、租赁合同纠纷

　　B. 供用水、电、气、热力合同纠纷

　　C. 银行卡纠纷

　　D. 物业、电信等服务合同纠纷

2. 下列案件中不适用小额诉讼程序审理的有（　　）。

　　A. 人身关系、财产确权纠纷

　　B. 涉外民事纠纷

　　C. 知识产权纠纷

　　D. 需要评估、鉴定或者对诉前评估、鉴定结果有异议的纠纷

3. 依照《民事诉讼法》的相关规定，法院在审理（　　）时，不得适用简易程序。

　　A. 张某诉新科开发公司侵犯其专利权的纠纷案件

　　B. 齐立诉蔡强借款纠纷案件发回重审时的案件

　　C. 李红诉陈辉因损害其自行车应当赔偿 1500 元的侵权纠纷案件

　　D. 赵键诉下落不明的刘庆返还所借的 1000 元钱的案件

4. 下列适用简易程序审理的案件中，法院可以在制作裁判文书时对认定事实或者判决理由部分适当简化的情形有（　　）。

　　A. 王某诉上司李某性骚扰，王某认为涉及其隐私，向法院申请对判决的事实部分进行简化，法院认为理由正当

B. 甲公司和乙公司的采购合同纠纷最终调解结案并由法院制作了调解书
C. 王某和李某因遗产纠纷诉至法庭，但双方对案件事实争议不大
D. 甲公司诉乙公司侵犯其商业秘密，要求其停止侵权并赔偿损失，乙公司承认了其侵权但在赔偿数额方面有异议

5. 关于简易程序与普通程序的关系，下列说法正确的是（　　）。
A. 简易程序是普通程序的前置程序
B. 简易程序与普通程序在一定条件下可相互转化
C. 简易程序与普通程序都是独立的程序
D. 普通程序适用于所有法院，简易程序只适用于基层人民法院及其派出法庭

6. 下列关于简易程序的审理和判决，不正确的是（　　）。
A. 适用简易程序审理的案件，当事人同时到庭的，可以直接开庭进行调解，调解前必须询问当事人是否同意
B. 适用简易程序时，人民法庭制作的判决书，可以加盖基层人民法院的印章，也可以加盖人民法庭的印章
C. 如果发现案情复杂，需要转化为普通程序审理的，可以转为普通程序，此时，审理期限仍应当从法院决定适用普通程序审理此案之日起计算
D. 人民法庭应当在立案之日起3个月内审结

7. 适用简易程序审理简单的民事案件，可以（　　）。
A. 组织合议庭审理
B. 不按照普通程序的法庭辩论顺序进行
C. 不按照普通程序的法庭调查顺序进行
D. 当即审理

（三）判断题

1. 法院受理小额诉讼案件后，发现起诉不符合《民事诉讼法》第119条规定的起诉条件的，裁定驳回起诉，裁定一经作出即生效。　　　　　　　　　　　　　　（　　）
2. 小额诉讼案件的裁判文书可以简化，主要记载当事人基本信息、诉讼请求、裁判主文等内容。　　　　　　　　　　　　　　　　　　　　　　　　　　　　（　　）
3. 当事人就案件适用简易程序提出异议，法院经审查，异议不成立的，口头告知当事人，并记入笔录即可。转为普通程序的，法院应当将合议庭组成人员及相关事项以书面形式通知双方当事人。　　　　　　　　　　　　　　　　　　　　　　　　（　　）
4. 适用简易程序审理的案件，审理期限到期后，双方当事人同意继续适用简易程序的，由本院院长批准，可以延长审理期限。延长后的审理期限累计不得超过3个月。（　　）
5. 已经按照普通程序审理的案件，在开庭后不得转为简易程序审理。　（　　）

（四）案例分析题

村民甲离家出走失踪6年之久，其妻乙女欲与另一村民丙结婚，遂向县法院提起诉讼要求判决离婚。法院的派出法庭于2021年7月21日受理并适用简易程序审理，由审判员李某一人独任审理，同时自己担任记录。审理过程中，甲某回家，发

现妻子另有新欢，也欲离婚。人民法庭经审理当庭作出判决：判决甲某和李某离婚。2022年5月9日，法庭向双方当事人送达了判决书，判决书上加盖了人民法庭的印章。

问：

（1）法院能否适用简易程序审理本案？

（2）本案中的简易程序有哪些方面与法律的规定不符？

（五）简述题

1. 适用简易程序的案件范围是如何规定的？
2. 如何理解简易程序和小额诉讼程序的关系？
3. 小额诉讼程序的主要特征有哪些？

四、拓展与思考：我国小额诉讼程序存在的问题

小额诉讼程序在我国2012年立法确立，但实践适用一直低迷，成为繁简分流改革的重点。虽然2021年《民事诉讼法》围绕繁简分流进行了重点修改，但对现行立法修正后的内容是否能够扭转小额诉讼适用难问题仍然有待实践检验。

第一，从我国《民事诉讼法》和相关司法解释规定来看，仅重点对适用小额诉讼程序的案件范围、条件等进行了概括列举，而对起诉的方式、当事人的救济方式等仅以其他参照简易程序这一补充条款笼统代之，小额诉讼程序完全依附于简易程序之下，没有独立。从域外来看，各国设立小额诉讼程序已有多年的摸索。其中，美国各州有了专为小额诉讼法庭制定的诉讼程序规则，英国在其《民事诉讼规则》里专章规定了小额索赔审理制度，日本经历长达6年的立法探索，将小额程序与简易程序分章立法，在其《民事诉讼法》第六编规定"关于小额诉讼的特则"。① 小额诉讼程序不仅是为了分流民事案件，减轻法院的负担，更主要的目的还在于实现司法的大众化，即"通过简易化的努力使一般国民普遍能够得到具体的有程序保障的司法服务"②。它鼓励当事人诉讼，限制律师参与，以降低诉讼成本，赋予法官更大的自由裁量权，一反普通程序中的消极态度，可根据案件进展直接提出和解方案。如此这般，都是为了简便、迅速、经济地解决纠纷。③

第二，我国小额诉讼程序小额不"小"、简单不"简"。我国2012年修正的《民事诉讼法》将小额诉讼程序的适用范围限定在"标的额为各省、自治区、直辖市上年度就业人员年平均工资百分之三十以下"的简单案件。2020年《民事诉讼程序繁简分流改革试点实施办法》在其他条件不变的前提下，将小额诉讼程序适用的标的额基准调整至人民币5万元以下，当事人双方可合意放宽至人民币5万元以上、10万元以下。现行《民事诉讼法》最终选择将小额诉讼程序适用的标的额基准由原来的30%以下上调至50%以下。由于小额诉讼程序自诞生以来即以效率作为优先价值导向，在程序保障方面较普通程序与简易程序薄弱，且

---

① 参见白绿铉编译：《日本新民事诉讼法》，中国法制出版社2000年版，第121页。
② 参见棚濑孝雄：《纠纷的解决与审判制度》，王亚新译，中国政法大学出版社1994年版，第275页。
③ 参见郭士辉：《小额诉讼程序的运行困局和改革进路》，《人民司法》2019年第10期。

多数大陆法系国家和地区普遍采取法定的或司法裁量的强制性模式,因此大陆法系主要国家和地区普遍将小额诉讼的适用范围控制在特别小的金额以内。① 我国 2012 年修正的就业人员年平均工资的 30% 以下的标的额基准对比大陆法系其他国家及地区已经偏高,而现行《民事诉讼法》进一步将小额诉讼程序适用的标的额基准提高到了就业人员年平均工资的 50% 以下,这致使大量不应适用小额诉讼程序解决的中等数额案件最终一并被归入小额诉讼程序的适用范围,直接损害了当事人应有的与案件标的额相适应的最基本的程序保障。

第三,按照 2012 年《民事诉讼法》第 162 条的规定,"简单民事案件"是适用小额诉讼程序的前提。从文义解释角度,"简单民事案件"不仅包括纯金钱给付案件。繁简分流改革试点期间,2015 年、2020 年、2022 年《民事诉讼法解释》均将之进一步限定为"金钱给付案件",《民事诉讼程序繁简分流改革试点实施办法》也将"简单民事案件"的概念范围缩小为"简单金钱给付类案件"。现行《民事诉讼法》第 165 条确定为"简单金钱给付民事案件",如此,小额诉讼程序的适用范围不包括金钱给付争议之外的诉讼请求,也给了当事人通过有意增加非金钱诉讼请求规避小额诉讼程序适用的空间。

此外,小额诉讼程序一审终审。当事人对最终裁判不服,只能选择申请再审一条途径,这导致部分当事人认为小额诉讼程序不利于保护自己的程序利益,进而采取恶意虚增诉讼标的等不当手段选择简易程序甚至是普通程序来规避小额诉讼程序的适用。② 从域外来看,各国的民事诉讼法对小额诉讼程序都规定了一定的救济途径。如德国的小额诉讼程序以裁判结果为原则,但考虑到法律发展与司法统一的因素,其民事诉讼法允许小额速裁程序的案件上诉;日本的立法也赋予小额速裁程序其他的救济途径,即允许对小额裁判提出异议,若异议成功,则程序恢复至口头辩论终结前的状态③;英国的小额诉讼程序经法官允许后可以上诉,但其条件在于法律错误或程序存在严重违法的情形;韩国的小额诉讼程序允许上诉的前提系裁判存在违反宪法、法律等情形④。我国设立小额诉讼制度是为了将案件纠纷化解在基层人民法院,让公众更加容易接近司法,就应当赋予当事人对适用该程序后对其结果提起异议的权利,若理由成立,应当指定本院其他的法官重新审理此案,以保障当事人的程序权益。⑤

---

① 参见汪静:《小额诉讼程序制度比较研究与思考》,《江西社会科学》2011 年第 1 期。
② 参见陈岭、王根财:《激活休眠:小额诉讼当事人程序保障的破解之道——以某地区法院小额诉讼程序实证为样本》,载《金陵法律评论》(2017 年秋季卷),第 101 页。
③ 新《日本民事诉讼法》第 374 条规定,在口头辩论终结后立即宣布判决的,宣布判决可以不基于判决书原本进行。法院可以依口头辩论期日的笔录代替判决书,此笔录有与判决书同样的效力。该法第 377 条、第 378 条规定,对小额诉讼的终局判决,不得提起控诉,而采取提出异议制度,即若对判决不服,可在两周不变期间内向作出判决的法院提出异议。详见臧威:《试论我国小额诉讼裁判制度的建立与完善》,https://www.chinacourt.org/article/detail/2017/10/id/3025041.shtml,2024 年 6 月 1 日最后访问。
④ 参见孙汉琦:《韩国民事诉讼法导论》,陈刚审译,中国法制出版社 2010 年版,第 531 页。
⑤ 参见陈岭、王根财:《激活休眠:小额诉讼当事人程序保障的破解之道——以某地区法院小额诉讼程序实证为样本》,载《金陵法律评论》(2017 年秋季卷),第 106 页。

第十二章 公益诉讼

一、导引

我国经济在快速发展的同时也不可避免地导致环境污染侵权、食品安全事故、消费者权益保护等涉及公共利益保护的案件大量出现。法院审理案件实行"不告不理"原则，无人起诉或者无人有能力起诉，就无法启动诉讼程序，无法有效地保护社会公共利益，更无法追究违法者的法律责任，其结果必然是放任某些违法行为。对社会公共利益保护的现实需求催生民事公益诉讼立法。我国 2012 年修订《民事诉讼法》时首次明确规定了民事公益诉讼制度。

公益诉讼不是一种单独的诉讼形式，而是一种以诉讼目的为基准界定的概念，旨在描述有关国家机关、社会组织进行的具有公益性质的诉讼活动。公益诉讼属于民事诉讼的特别形态，审理方式、证据规则、裁判方式等方面与传统的诉讼模式存在明显区别。公益诉讼通过扩大当事人适格的范围，实现公众参与司法、发挥民事诉讼的潜能，监督各种违法行为，并可作为化解行政执法不足之策。另一方面，公益诉讼对于多数人利益的保护，是在无法通过私益诉讼加以救济或者单纯的私益诉讼救济不充分、不足够的情况下，所提供的另一种应对策略，其适用具有辅助性、补充性。在公益诉讼和一般诉讼（私诉）的关系上，宜奉行私益诉讼优先规则，凡是能够通过私益诉讼维权的，没有必要提起公益诉讼。

公益诉讼是司法机关和相关职能部门在党的统一领导下，共同维护国家、社会、人民根本利益，推进国家治理体系和治理能力现代化的有力手段，其实质归根结底是为了人民利益。公益诉讼作为一项着眼于维护公共利益的司法制度，是党和国家的一项重大民心工程，这些问题与老百姓休戚相关，事关国计民生。

二、基本制度与原理

（一）公益诉讼的概念和特征

所谓公益诉讼，是指对污染环境、侵害众多消费者合法权益等损害社会公共利益的行为，法律规定的机关和有关组织可以向法院提起诉讼，要求法院通过审判程序来维护国家或者社会的公共利益的制度。公益诉讼的特征主要有两点：首先，诉讼的目的是保护社会公共利益；其次，民事公益诉讼涉及不特定多数人的利益。

（二）提起公益诉讼的条件

法院受理公益诉讼的条件，应当适用起诉与受理条件的一般规定，《民事诉讼法》第122条规定的积极条件、第127条规定的消极条件，在不与《民事诉讼法》第58条规定冲突的情况下，可以适用。具体而言，除了《民事诉讼法》第122条第1项关于"原告是与本案有直接利害关系的公民、法人和其他组织"的规定不能完全适用于公益诉讼外，其他规定可以直接适用。《民事诉讼法解释》第282条对此进一步明确符合下列4个条件：有明确的被告；有具体的诉讼请求；有社会公共利益受到损害的初步证据；属于法院受理民事诉讼的范围和受诉法院管辖。

为审查确认公共利益是否受到损害，法院在受理公益诉讼案件时，要求原告在起诉时不能概括性地提出诉讼请求和事实理由，而是提出具体事实和初步证据材料，表明公共利益被损害的事实，以及其诉讼请求存在的合理性。和私益诉讼不同的是，原告起诉应当提出理由让法院相信其主张具有价值，表明其获得救济不仅仅是一种猜测，而且具有推论上的合理性，其诉讼主张的论证从私益诉讼的"可能性"提高到公益诉讼的合理性。

具体到人民检察院提起民事公益诉讼，还应增加检察机关已经履行公告程序的证明材料。即人民检察院在履行职责中发现破坏生态环境和资源保护、食品药品安全领域侵害众多消费者合法权益等损害社会公共利益的行为，拟提起公益诉讼的，应当依法公告，公告期间为30日。公告期满，法律规定的机关和有关组织不提起诉讼的，人民检察院可以向法院提起诉讼。

此外，根据《民事诉讼法解释》第284—286条规定，法院受理公益诉讼案件后，应当在10日内书面告知相关行政主管部门。法院受理公益诉讼案件后，依法可以提起诉讼的其他机关和有关组织，可以在开庭前向法院申请参加诉讼。法院准许参加诉讼的，列为共同原告。并且，法院受理公益诉讼案件，不影响同一侵权行为的受害人根据《民事诉讼法》第122条规定提起诉讼。当然，根据《民事诉讼法解释》第289条规定，公益诉讼案件的裁判发生法律效力后，其他依法具有原告资格的机关和有关组织就同一侵权行为另行提起公益诉讼的，法院裁定不予受理，但法律、司法解释另有规定的除外。

（三）提起公益诉讼的主体

《民事诉讼法》第58条规定，对污染环境、侵害众多消费者合法权益等损害社会公共利益的行为，法律规定的机关和有关组织可以向法院提起诉讼。人民检察院在履行职责中发现破坏生态环境和资源保护、食品药品安全领域侵害众多消费者合法权益等损害社会公共利益的行为，在没有前款规定的机关和组织或者前款规定的机关和组织不提起诉讼的情况下，可以向法院提起诉讼。前款规定的机关或者组织提起诉讼的，人民检察院可以支持起诉。这里的"法律"是指立法机关制定颁布的法律。例如，《海洋环境保护法》第 114 条第 2 款和第 3 款规定：对污染海洋环境、破坏海洋生态，给国家造成重大损失的，由依照本法规定行使海洋环境监督管理权的部门代表国家对责任者提出损害赔偿要求。前款规定的部门不提起诉讼的，人民检察院可以向法院提起诉讼。前款规定的部门提起诉讼的，人民检察院可以支持起诉。

1. 法律规定的机关

根据立法本意，这里的"机关"限缩解释为有关行政机关。虽然行政机关的行政执法权受地域限制，但提起公益诉讼不受此限制；有关行政机关是国家和社会公共事务的管理者，是社会公益的代表，掌握有关环境评价、环境监测、检验、评估报告、现场检查记录等方面的信息资料，收集证据的能力也比较高，参与诉讼的能力和专业素养相对于社会团体和个人而言更加强大，其公信力和权威性更高。而且行政机关提起诉讼，法院在处理这类诉讼时，遇到的压力和阻力相对较小，法院审理判决不会与政府发生冲突。

2. 检察机关

人民检察院可以提起公益诉讼[①]，这是因为，首先，检察机关在我国宪政中居于法律监督者的特殊地位，检察机关本是作为国家利益和社会公共利益的代表者、维护者和实现者的职能角色。其次，检察机关在收集证据与调查证据的权限、担负诉讼成本的能力和进行诉讼所必需的法律专业素养等方面优于享有公益诉权的社会团体或民间组织。最后，现行《刑事诉讼法》已经赋予人民检察院提起附带民事诉讼的公诉权，即当国家财产、集体财产因被告人的犯罪行为而遭受损失时，人民检察院在提起刑事公诉的同时可以提起附带民事公益诉讼，并已经积累了提起公益诉讼的实践经验。

2014 年，党的十八届四中全会通过了《中共中央关于全面推进依法治国若干重大问题的决定》，明确提出"探索建立检察机关提起公益诉讼制度"。习近平总书记就此专门作了说明，突出强调"由检察机关提起公益诉讼，有利于优化司法职权配置、完善行政诉讼制度，也有利于推进法治政府建设"。2017 年，检察机关提起公益诉讼明确写入修改后的《民事诉讼法》和《行政诉讼法》。2019 年，党的十九届四中全会进一步提出要求：拓展公益诉讼案件范围，完善生态环境公益诉讼制度。2021 年《中共中央关于加强新时代检察机关法律监督工作的意见》再次强调，积极稳妥推进公益诉讼检察。公益诉讼检察制度从顶层设计到实践落地，从局部试点到全面推开、健康发展，形成了公益司法保护的"中国方案"，受到广泛关注。

从办案规模看，2018 年 10 万件，2019 年 11 万件，2020 年 15 万件，2021 年 16.9 万件。2022 年 1 月至 9 月，全国检察机关共立案办理公益诉讼案件 15.3 万件，同比上升 21%。截至 2022 年底，全国检察机关共办理各类公益诉讼案件 71 万多件。从办案范围看，新制定或修订实施的《安全生产法》《个人信息保护法》《军人地位和权益保障法》《未成年人保护法》

[①] 如全国首例未成年人文身问题公益诉讼案件，参见检例第 142 号，最高人民检察院 2022 年 3 月 7 日发布。

《反垄断法》《反电信网络诈骗法》《农产品质量安全法》《妇女权益保障法》等均对检察机关提起公益诉讼作出规定，检察公益诉讼法定领域在《民事诉讼法》《行政诉讼法》确定的生态环境和资源保护、食药品安全、国有财产保护、国有土地使用权出让及《英烈保护法》确定的英雄烈士权益保护领域之外，增加了安全生产、个人信息保护、未成年人保护、军人地位和权益保障、反垄断、反电信网络诈骗、农产品质量保障领域的公益诉讼案件等，即"4＋1"大幅扩展到"4＋9"，且还在进一步规范、延展中。从办案效果看，实现了"双赢、多赢、共赢"的公益诉讼检察助力政府部门依法行政，促进相关职能部门、主体协同合作，形成公益保护合力，共同维护了国家、社会、人民根本利益，彰显了党中央推进全面依法治国的巨大成效，是中国式现代化在法治领域的重要体现。公益诉讼检察实践对于在法治轨道上建设社会主义现代化国家发挥了积极作用。从国际影响看，公益诉讼检察制度实践成效得到国际社会广泛认同。2021年，在世界自然保护大会、联合国生物多样性大会等重要国际会议上，在最高人民检察院与越南等国检察机关交流中，公益诉讼检察制度作为中国特色社会主义司法制度的靓丽名片，获得相关国际组织、司法界人士的关注和好评。

党的二十大报告专门强调"完善公益诉讼制度"，这既是对公益诉讼检察实践的充分肯定，更是对公益诉讼检察工作的更高期许和要求。检察机关作为国家法律监督机关和保护国家利益、社会公共利益的重要力量，仍需不断完善公益诉讼制度，为服务、保障中国式现代化作出新的贡献。

3. 有关组织

有关组织也可作为公益诉讼的提起主体[①]，这有利于扩大公众参与民事司法、弥补行政执法供给的不足。一般通过司法解释对可以起诉的有关组织的范围进行必要的过滤和限制。限制和过滤主要考虑如下因素：第一，依法设立或者依法登记或备案，无违法记录；第二，起诉必须符合组织或团体章程目的和业务范围；第三，符合组织或团体活动的区域要求；第四，组织或团体设立时间的限制；第五，应当具有一定的经费来源和经费保障；第六，社团法人应当有一定数量的会员。例如，根据《最高人民法院关于审理消费民事公益诉讼案件适用法律若干问题的解释》第1条规定，中国消费者协会以及在省、自治区、直辖市设立的消费者协会，对经营者侵害众多不特定消费者合法权益或者具有危及消费者人身、财产安全危险等损害社会公共利益的行为有权提起消费民事公益诉讼。再如，根据《最高人民法院关于审理环境民事公益诉讼案件适用法律若干问题的解释》第2条规定，依照法律、法规的规定，在设区的市级以上人民政府民政部门登记的社会团体、基金会以及社会服务机构等，可以认定为《环境保护法》第58条规定的社会组织。

4. 起诉主体竞合的处理

法院受理公益诉讼案件后，依法可以提起诉讼的其他机关和有关组织，可以在开庭前向法院申请参加诉讼。法院准许参加诉讼的，列为共同原告。法院受理公益诉讼案件，不影响同一侵权行为的受害人根据《民事诉讼法》第122条规定提起诉讼。诉讼案件的裁判发生法

---

① 如北京市朝阳区自然之友环境研究所诉中国水电顾问集团新平开发有限公司、中国电建集团昆明勘测设计研究院有限公司生态环境保护民事公益诉讼案，指导案例173号，最高人民法院2021年12月1日发布；中国生物多样性保护与绿色发展基金会诉雅砻江流域水电开发有限公司生态环境保护民事公益诉讼案，指导案例174号，最高人民法院2021年12月1日发布。

律效力后，其他依法具有原告资格的机关和有关组织就同一侵权行为另行提起公益诉讼的，法院裁定不予受理，但法律、司法解释另有规定的除外。

（四）关于公益诉讼程序的特殊规则

民事诉讼法是以私益诉讼为中心制定的，公益诉讼在管辖、法院证据收集、公益损害鉴定、处分权、法院调解、裁判的执行等诸多方面有别于普通程序。主要体现在如下方面。

1. 公益诉讼管辖级别较高

在管辖的确定方面，主要是考虑到公益诉讼社会影响大，关注度高，处理难度较大，一般第一审管辖法院级别较高。

《民事诉讼法解释》第283条规定，公益诉讼案件由侵权行为地或者被告住所地中级人民法院管辖，但法律、司法解释另有规定的除外。因污染海洋环境提起的公益诉讼，由污染发生地、损害结果地或者采取预防污染措施地海事法院管辖。对同一侵权行为分别向两个以上的法院提起公益诉讼的，由最先立案的法院管辖，必要时由它们的共同上级法院指定管辖。

对于环境公益诉讼，根据《最高人民法院关于审理环境民事公益诉讼案件适用法律若干问题的解释》第6条规定，第一审环境民事公益诉讼案件由污染环境、破坏生态行为发生地、损害结果地或者被告住所地的中级以上人民法院管辖。中级人民法院认为确有必要的，可以在报请高级人民法院批准后，裁定将本院管辖的第一审环境民事公益诉讼案件交由基层人民法院审理。同一原告或者不同原告对同一污染环境、破坏生态行为分别向两个以上有管辖权的法院提起环境民事公益诉讼的，由最先立案的法院管辖，必要时由共同上级法院指定管辖。该解释第7条规定，经最高人民法院批准，高级人民法院可以根据本辖区环境和生态保护的实际情况，在辖区内确定部分中级人民法院受理第一审环境民事公益诉讼案件。中级人民法院管辖环境民事公益诉讼案件的区域由高级人民法院确定。

2. 处分原则的限制

民事公益诉讼不同于一般民事诉讼，除了民法、环境法等实体法赋予原告实体请求权提起公益诉讼的情况以外，对原告放弃诉讼请求、承认对方请求、和解等诉讼行为均有一定限制，同时限制被告反诉。

例如，《民事诉讼法解释》第287条、第288条规定，公益诉讼案件的原告在法庭辩论终结后申请撤诉的，法院不予准许。对公益诉讼案件，当事人可以和解，法院可以调解。当事人达成和解或者调解协议后，法院应当将和解或者调解协议进行公告。公告期间不得少于30日。公告期满后，法院经审查，和解或者调解协议不违反社会公共利益的，应当出具调解书；和解或者调解协议违反社会公共利益的，不予出具调解书，继续对案件进行审理并依法作出裁判。①再如，《最高人民法院关于审理环境民事公益诉讼案件适用法律若干问题的解释》第17条规定，环境民事公益诉讼案件审理过程中，被告以反诉方式提出诉讼请求的，法院不予受理。

---

① 如山东省淄博市人民检察院对A发展基金会诉B石油化工有限公司、C化工有限公司民事公益诉讼检察监督案。参见检例第165号，最高人民检察院2022年9月19日发布。

3. 辩论主义的限制

公益诉讼中，当事人不主张的事实，如果事关公共利益的保护，法院也应当审理，即法院认为人民检察院提出的诉讼请求不足以保护社会公共利益的，可以向其释明变更或者增加停止侵害、恢复原状等诉讼请求。法院裁判不受当事人诉讼请求的限制，判决主文与诉讼请求不具有对应性，多判、漏判不构成违反法定程序的行为。为公共利益考虑，法院享有高度的自由裁量权。

4. 法院依职权调查范围增大

公益诉讼中，法院调查范围不限于当事人申请调查的范围，对双方自认的事实也要进行审查。例如，根据《最高人民法院关于审理环境民事公益诉讼案件适用法律若干问题的解释》第14条规定，对于审理环境民事公益诉讼案件需要的证据，法院认为必要的，应当调查收集。对于应当由原告承担举证责任且为维护社会公共利益所必要的专门性问题，法院可以委托具备资格的鉴定人进行鉴定。第15条规定，当事人申请通知有专门知识的人出庭，就鉴定人作出的鉴定意见或者就因果关系、生态环境修复方式、生态环境修复费用以及生态环境受到损害至修复完成期间服务功能丧失导致的损失等专门性问题提出意见的，法院可以准许。前款规定的专家意见经质证，可以作为认定事实的根据。第16条规定，原告在诉讼过程中承认的对己方不利的事实和认可的证据，法院认为损害社会公共利益的，应当不予确认。

5. 公益诉讼判决执行方式灵活

法院强制执行公益诉讼判决时，可以结合判决的目的、判决的内容、判决的理由，以及强制执行时的客观实际情况，裁定采取相应的执行措施和执行方法。

法院可以根据实际需要，对于已经采取的执行措施和执行方法进行必要的调整。判决被告恢复原状时，可引入替代履行机制。例如，在环境公益诉讼中，法院可以指定具有资质的专业机构完成环境治理与恢复，由被告支付费用。

此外，法院受理人民检察院提起的民事公益诉讼案件后，应当在立案之日起5日内将起诉书副本送达被告。人民检察院已履行诉前公告程序的，法院立案后不再进行公告。法院受理公益诉讼案件后，应当在10日内书面告知相关行政主管部门。

三、自测练习

（一）选择题

1. 某品牌手机生产商在手机出厂前预装众多程序，大幅侵占标明内存，某省消费者保护协会以侵害消费者知情权为由提起公益诉讼，法院受理了该案。下列说法正确的是（　　）。

第十二章自测练习
参考答案

A. 本案应当由侵权行为地或者被告住所地中级人民法院管辖
B. 本案原告没有撤诉权
C. 本案当事人不可以和解，法院也不可以调解
D. 因该案已受理，购买该品牌手机的消费者甲若以前述理由诉请赔偿，法院不予受理

2. 根据《民事诉讼法》相关规定，关于公益诉讼的表述错误的是（　　）。

A. 公益诉讼规则的设立，体现了依法治国的法治理念

B. 公益诉讼的起诉主体只限于法律授权的机关或团体

C. 公益诉讼规则的设立，有利于保障我国经济社会全面协调发展

D. 公益诉讼的提起必须以存在实际损害为前提

3. 人民检察院提起民事公益诉讼应当提交的材料包括（   ）。

A. 民事公益诉讼起诉书，并按照被告人数提出副本

B. 被告的行为已经损害社会公共利益的证明材料

C. 检察机关已经履行公告程序的证明材料

D. 检察机关已经通知被告整改的材料

4. 法庭检察人员履行的职责有（   ）。

A. 宣读公益诉讼起诉书

B. 对人民检察院调查收集的证据予以出示和说明，对相关证据进行质证

C. 参加法庭调查，进行辩论并发表意见

D. 依法从事其他诉讼活动

5. 消费公益诉讼的范围包括（   ）。

A. 提供的商品或者服务存在缺陷，侵害众多不特定消费者合法权益的

B. 提供的商品或者服务可能危及消费者人身、财产安全，未作出真实的说明和明确的警示，未标明正确使用商品或者接受服务的方法以及防止危害发生方法的

C. 宾馆、商场、餐馆、银行、机场、车站、港口、影剧院、景区、娱乐场所等经营场所存在危及消费者人身、财产安全危险的

D. 以格式条款、通知、声明、店堂告示等方式，作出排除或者限制消费者权利、减轻或者免除经营者责任、加重消费者责任等对消费者不公平、不合理规定的

（二）判断题

1. 经最高人民法院批准，高级人民法院可以根据本辖区实际情况，在辖区内确定部分中级人民法院受理第一审消费民事公益诉讼案件。（   ）

2. 法院受理消费民事公益诉讼案件后，应当公告案件受理情况，并在立案之日起 10 日内书面告知相关行政主管部门。（   ）

3. 消费民事公益诉讼案件审理过程中，被告提出反诉的，法院不予受理。（   ）

4. 原告请求被告提供其排放的主要污染物名称、排放方式、排放浓度和总量等环境信息，法律、法规、规章规定被告应当持有或者有证据证明被告持有而拒不提供，如果原告主张相关事实不利于被告的，法院可以推定该主张成立。（   ）

5. 环境民事公益诉讼当事人达成调解协议或者自行达成和解协议后，法院应当公告协议内容。公告期满后，法院审查认为调解协议或者和解协议的内容不损害社会公共利益的，应当出具调解书。当事人以达成和解协议为由申请撤诉的，不予准许。（   ）

（三）案例分析题

2021 年 8 月至 2022 年 7 月间，张某在桐乡市乌镇镇陈庄大桥附近从事工业用废旧铁桶加工。明知铁桶内的工业残液具有污染性，却不经处理而任意倾倒，直接排入土壤、水体和大气，造成环境污染。"自然之友"（公益组织）于 2022

年8月向桐乡法院提起了针对自然人的环保公益诉讼。提起环保公益诉讼后,在县环保部门积极监督下,被告张某主动全额赔偿环境污染造成的12万元损失,并停止继续倾倒行为,造成的后果2个月后已消除,环境公共利益损害得到及时修复。2022年10月,原告在接到法院开庭通知后,没去应诉,而是提出撤诉。

问:你认为原告的撤诉合法吗?

(四)简述题

1. 提起公益诉讼的条件有哪些?
2. 公益诉讼的提起主体是如何规定的?
3. 简述公益诉讼程序的特殊规则。

四、拓展与思考:环境公益诉讼的诉讼时效问题

《环境保护法》第66条规定,提起环境损害赔偿诉讼的时效期间为3年,从当事人知道或者应当知道其受到损害时起计算。该条规定是关于环境民事私益诉讼时效的规定。《最高人民法院最高人民检察院关于检察公益诉讼案件适用法律若干问题的解释》和《民法典》都未涉及检察机关提起公益诉讼的诉讼时效与起诉期限问题。由于缺少关于环境公益诉讼时效与起诉期限的明确规定,学术界对此问题众说纷纭,实践中面对被告针对超过环境公益诉讼时效与起诉期限的质疑与抗辩,不同法院掌握的标准与适用的规则较为混乱。① 国内关于环境公益诉讼时效与起诉期限的学术观点主要有以下几种。

一是时效完全不受限制说。该观点根据过去《民法通则》有关司法解释②的规定,认为根据该司法解释出于保护国家利益所需而不受诉讼时效限制的精神,同样作为保护环境公益的环境公益诉讼也不应受诉讼时效限制,使侵害环境公益的违法行为在任何时候均能受到法律追究。③ 可见,该说主张在环境民事公益诉讼中不用考虑诉讼时效问题。

---

① 环境司法中,法院已经遇到处理被告关于超过公益诉讼时效与起诉期限的质疑与抗辩问题。如常州市中级人民法院在(2016)苏04民初214号民事判决书中记载,被告常宇公司另辩称:"两原告应当在2011年就知道污染的事实,但未在3年内提起诉讼,显然已经超过诉讼时效。"本案中,法院回避了对该对抗辩理由作出裁决,显然有违规定。又如,常州市武进区人民法院(2017)苏0412行初118号行政判决书,针对被告辩称检察机关对于本案提起的诉讼违反了"法不溯及既往"原则以及起诉超过起诉期限问题时,法院认为根据《人民检察院提起公益诉讼试点工作实施办法》的规定,检察机关依法履行诉前程序后,被诉行政机关在一定期限内仍未履行法定职责,检察机关提起行政公益诉讼符合规定。另如江苏省高级人民法院(2017)苏民终232号民事判决书,针对被上诉人提出的超过环境公益诉讼时效的抗辩问题,认为根据《最高人民法院关于审理环境侵权责任纠纷案件适用法律若干问题的解释》被上诉人的主张并不成立。

② 参见《最高人民法院关于贯彻执行〈中华人民共和国民法通则〉若干问题的意见(试行)》第170条。

③ 参见余艳清:《建立我国环境公益诉讼制度》,《福建金融管理干部学院学报》2005年第3期;李艳芳、李斌:《论我国环境民事公益诉讼制度的构建与创新》,《法学家》2006年第5期;陈彪、蒋华林、叶进:《环境公益诉讼的面纱揭启与本体纲要性预设研究》,《甘肃社会科学》2009年第2期;刘乔发:《不断创新海事审判理论研究着力解决海事审判工作难点——第十九届全国海事审判研讨会综述》,《法律适用》2011年第1期;王德新:《环境公益诉权及其程序保障——以检察机关提起环境公益诉讼为视角》,《甘肃理论学刊》2011年第3期;等等。

二是弹性时效说。该说认同为了保护环境公益，环境公益诉讼不应当有诉讼时效的限制，同时主张实行由审判者依据实际情况来判定的弹性时效制度。① 显然，与完全不受限制或取消说有所不同，该学说只是主张环境民事公益诉讼不受确定的诉讼时效限制，在实践中根据案件情况实行弹性时效制度。

三是时效延长说。该说认为现行 3 年的环境民事诉讼时效期限对于环境民事公益诉讼而言过短，主张应予以延长。② 根据主张延长期限长度的差别，该说又可以分为 5 年③、10 年④、10~30 年⑤时效说等亚说。可见，该说认为环境民事公益诉讼应该有一个比环境民事私益诉讼更长的确定期限。

四是延长时效或不受制均可说。该说认为当前关于私益诉讼时效期限的规定不适合公益诉讼，法律不宜规定严格的公益诉讼时效期限，主张法律要么规定在损害结果发生后的 5 年或 10 年里或者损害结果消失前任何时间都可以提起公益诉讼，要么规定公益诉讼不受诉讼时效限制。⑥ 显然，该说主张要么环境民事公益诉讼不受时效限制，要么在时效起算点上往后推迟并对时效期限加以延长。

就域外经验来看，在环境公益案件中采用不同于私益诉讼的特殊时效以更有效地保护环境公益是共通做法。譬如，巴西高等法院在一些环境集体诉讼案件中排除诉讼时效适用，认为环境法保护的是"生命所固有的权利"，在集体诉讼中排除时效限制是与环境法的代际公平原则相一致的，对生态环境公共利益表现出极高的价值趋向。在 2007 年一例煤炭开采案中法官写道："关于诉讼时效，对于寻求恢复退化地区的环境的主张，采取集体行动的权利不受诉讼时效限制。"⑦ 在日本，环境污染损害赔偿的诉讼时效适用《日本民法典》第 724 条的规定，其同时适用 3 年期和 20 年的最长诉讼时效期间，3 年期从受害人或者其法定代理人知道损害及加害人时起算。⑧《俄罗斯联邦环境保护法》对于"生态环境损害"则采用了最长诉讼期间内不设具体年限的特别规定。该法第 78 条第 3 款规定，关于违反环境保护法规造成的环境损害的赔偿诉讼，可以在 20 年期限内提起。⑨

---

① 参见郑莉：《环境司法中的公众参与法律问题探析》，《生态经济》2013 年第 12 期。
② 参见王灿发：《环境损害赔偿立法框架和内容的思考》，《法学论坛》2005 年第 5 期。
③ 参见李亚兰、赵国新、吴静怡：《公益诉讼制度的本土化探究》，《中国律师》2009 年第 10 期；陈文华：《我国检察机关提起民事公益诉讼的实务评析与程序设计》，《法学杂志》2010 年第 12 期；等等。
④ 参见齐喜三：《检察机关提起公益诉讼若干问题研究》，《甘肃行政学院学报》2004 年第 4 期。
⑤ 参见廖深基：《试论中国特色公益诉讼制度的构建》，《福建师范大学学报（哲学社会科学版）》2004 年第 6 期；梅宏：《由新〈民事诉讼法〉第 55 条反思检察机关公益诉讼的法律保障》，《中国海洋大学学报（社会科学版）》2013 年第 2 期；邓乐：《环境公益诉讼相关问题思考》，《黑龙江省政法管理干部学院学报》2014 年第 6 期；等等。
⑥ 参见邓思清：《公益诉讼制度的程序构想》，《当代法学》2008 年第 2 期。
⑦ 参见巩固、陈瑶：《环境侵权诉讼时效规则的问题与完善——从"常州毒地案"切入》，《中国地质大学学报（社会科学版）》2020 年第 3 期。
⑧ 参见王书江译：《日本民法典》，中国法制出版社 2000 年版，第 28 页。
⑨ 参见中国-东盟环境保护合作中心：《"一带一路"生态环境保护俄罗斯重要环保法律法规（2017）》，白芸等译，外文出版社 2018 年版，第 96 页。

第十三章　第二审程序

一、导引

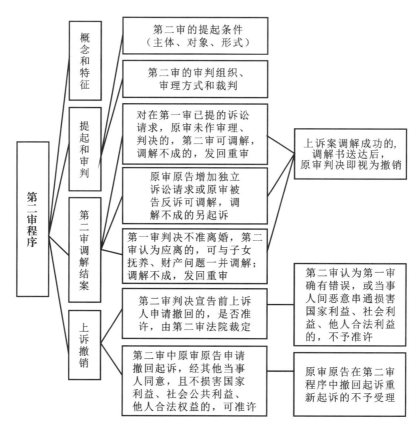

就民事诉讼审判程序第一审而言，第二审称为上诉审程序，而按照两审终审制的审判原则，第二审程序又是终结审判的终审程序。在民事诉讼第二审程序中，第二审法院具有同第一审法院同样的审判权，一方面可以继续解决当事人之间的纠纷，另一方面又发挥着审判监督的作用，纠正第一审裁判中存在的错误，维护法律的统一性和法律的权威性，保障社会秩

序的稳定。民事诉讼第二审程序在整个民事诉讼程序中居于非常重要的地位，在引发机制、审理范围、审判方式等方面均与第一审程序有着明显不同。

二、基本原理与制度

（一）第二审程序的概念和特征

所谓第二审程序，也称上诉审程序，是民事诉讼当事人不服地方各级人民法院未生效的第一审判决、裁定，在法定期限内提起上诉，请求上一级法院进行审判，上一级法院对当事人的上诉案件进行审理所适用的程序。法院适用第二审程序对上诉案件进行审理后所作的判决、裁定，是终审判决、裁定，当事人不得上诉。因此，第二审程序又称终审程序。

第二审程序是上诉人要求上一级法院审查第一审法院的裁判是否正确、合法，以维护自己的合法权益的诉讼程序，也是上一级法院根据当事人的上诉请求，对第一审法院裁判的有关内容进行检查、监督，使有错误的裁判在发生法律效力前得到纠正的诉讼程序。第二审程序并不是每个案件的必经程序。如果一个案件经过第一审程序审理，当事人达成了调解协议，或者在上诉期限内当事人没有提出上诉，就不会引起第二审程序的发生。

第二审程序有自己的独立性，不同于第一审程序，也不同于再审程序。第二审程序和第一审程序虽是两个审级不同的程序，但第二审程序与第一审程序有着密切的联系。具体地说，第一审程序是第二审程序的前提和基础；第二审程序是第一审程序的继续和发展，即对同一民事案件继续进行审理，而不是开始审理另一个新的案件。第二审程序发生后，上一级法院就要根据上诉人的请求范围审查第一审法院的判决、裁定在认定事实、适用法律、执行审判程序上是否正确、合法，继续行使国家赋予的审判权，最终解决当事人之间的争议，以保护当事人的合法权益。根据《民事诉讼法》规定，按照审判监督程序再审的案件，发生法律效力的判决、裁定是由第二审法院作出的，或者上级法院按照审判监督程序提审的，也都按照第二审程序审理，然而提审、再审的案件适用第二审程序与上诉案件适用第二审程序是有区别的，比如当事人的诉讼地位。称谓不同，当事人的诉讼权利不完全一样、法院对案件的审理范围也不完全相同。

（二）第二审程序的提起条件

上诉是当事人依法享有的权利，但并非对所有的裁判不服都有权提起上诉。同时，即使对可以提起上诉的裁判，上诉权利的行使也必须符合一定的条件。

1. 第二审的提起主体

1）有权提起的主体

根据《民事诉讼法解释》第 315 条、第 316 条规定，双方当事人和第三人提起上诉的，均列为上诉人，法院可以依职权确定第二程序中当事人的诉讼地位。而对方当事人包括被上诉人和原审其他当事人。

因此，有权提起的主体是当事人，包括原告、被告、有独立请求权第三人、判决承担义务的无独立请求权第三人；无民事行为能力人、限制民事行为能力人的法定代理人，可以代理当事人提起上诉；上诉案件的当事人死亡或者终止的，法院依法通知其权利义务承继者参加诉讼。在第二审程序中,作为当事人的法人或者其他组织分立的,法院可以直接将分立后的法人或者其他组织列为共同诉讼人;合并的,将合并后的法人或者其他组织列为当事人。如果是一般委托代理人,则需要经过特别授权才能代为提起上诉。

2) 主体的称谓

由于上诉主体的多样性,使得其称谓有明确区分的必要。一般情况下,主体称谓的确定原则是谁上诉谁是上诉人;对谁提起,谁是被上诉人;都上诉,都是上诉人,没有被上诉人。

作为特殊情形,根据《民事诉讼法解释》第317条规定,必要共同诉讼人的一人或者部分人提起上诉的,按下列情形分别处理:第一,上诉仅仅对与对方当事人之间的权利义务分担有意见,不涉及其他共同诉讼人利益的,对方当事人为被上诉人,未上诉的同一方当事人依原审诉讼地位列明;第二,上诉仅仅对共同诉讼人之间的权利义务分担有意见,不涉及对方当事人利益的,未上诉的同一方当事人为被上诉人,对方当事人依原审诉讼地位列明;第三,上诉对双方当事人之间以及共同诉讼人之间的权利义务承担有意见的,未提起上诉的其他当事人均为被上诉人。

2. 可提起的裁判类型

第一审裁判种类很多,当事人对其不满,并非都可以走上诉途径,根据《民事诉讼法》规定,当事人对实体判决和不予受理、驳回起诉、管辖权异议三类裁定不服有权提起上诉。

当事人对如下裁判不能上诉,包括:最高人民法院的第一审判决、裁定;调解书和除不予受理、驳回起诉、驳回管辖权异议之外的裁定书;依照特别程序所作出的第一审终审判决;小额诉讼程序判决和有关婚姻效力的判决。

(三) 上诉提起程序

根据《民事诉讼法》第171—174条规定,当事人上诉必须符合法定要求,即第一审宣判时或者判决书、裁定书送达时,当事人口头表示上诉的,法院应告知其必须在法定上诉期间内递交上诉状。未在法定上诉期间内递交上诉状的,视为未提起上诉。

上诉状的内容,应当包括当事人的姓名、法人的名称及其法定代表人的姓名或者其他组织的名称及其主要负责人的姓名;原审法院名称、案件的编号和案由;上诉的请求和理由。同时上诉状要在法定期间提交交纳诉讼费,其中对判决上诉期为15日,不服裁定为10日,自送达之日起计算;虽递交上诉状,但未在指定的期限内交纳上诉费的,按自动撤回上诉处理。

上诉状应当通过原审法院提出,并按照对方当事人或者代表人的人数提出副本。当事人直接向第二审法院上诉的,第二审法院应当在5日内将上诉状移交原审法院。

原审法院收到上诉状,应当在5日内将上诉状副本送达对方当事人,对方当事人在收到之日起15日内提出答辩状。法院应当在收到答辩状之日起5日内将副本送达上诉人。对方当事人不提出答辩状的,不影响法院审理。

原审法院收到上诉状、答辩状,应当在5日内连同全部案卷和证据,报送第二审法院。

（四）第二审审判

1. 审判组织及审限

根据《民事诉讼法》第 41 条第 2 款规定，中级人民法院对第一审适用简易程序审结或者不服裁定提起上诉的第二审民事案件，事实清楚、权利义务关系明确的，经双方当事人同意，可以由审判员一人独任审理。

法院审理对判决的上诉案件，应当在第二审立案之日起 3 个月内审结。有特殊情况需要延长的，由本院院长批准。法院审理对裁定的上诉案件，应当在第二审立案之日起 30 日内作出终审裁定。有特殊情况需要延长审限的，由本院院长批准。

2. 第二审的审理范围

根据《民事诉讼法解释》第 321 条规定，第二审法院应当围绕当事人的上诉请求进行审理。当事人没有提出请求的，不予审理，但第一审判决违反法律禁止性规定，或者损害国家利益、社会公共利益、他人合法权益的除外。

第二审的审理范围有其特殊性，它不是第一审程序的简单重复，所要解决的主要是第一审程序已经审理，但仍然存在争议的问题。第二审法院仅涉及与上诉请求有关的事实认定和法律适用，[①] 对当事人未提出上诉的问题重复处理，不仅没有必要，浪费人力、物力、拖延时间，而且对解决当事人争议不利，容易引起新的纠纷。

当事人在第一审程序中实施的诉讼行为，[②] 在第二审程序中对该当事人仍具有拘束力。当事人推翻其在第一审程序中实施的诉讼行为时，法院应当责令其说明理由，理由不成立的，不予支持。

3. 第二审的审理方式

根据《民事诉讼法》第 176 条规定，第二审法院对上诉案件，应当开庭审理。经过阅卷、调查和询问当事人，对没有提出新的事实、证据或者理由，法院认为不需要开庭审理的，可以不开庭审理。第二审法院审理上诉案件，可以在本院进行，也可以到案件发生地或者原审法院所在地进行。

开庭审理的上诉案件，第二审法院可以依照《民事诉讼法》第一审程序进行审理前的准备，要求当事人交换证据等方式，明确争议焦点。

此外，根据《民事诉讼法解释》第 331 条规定，对下列上诉案件不开庭审理：① 不服不予受理、管辖权异议和驳回起诉裁定的；② 当事人提出的上诉请求明显不能成立的；③ 原判决、裁定认定事实清楚，但适用法律错误的；④ 原判决严重违反法定程序，需要发回重审的。

[①] 可否对第一审裁判理由或者认定事实提起上诉？最高人民法院判例的观点是：裁判主文是法院就当事人的诉讼请求作出的结论，裁判理由是法院在认定案件事实的基础上就裁判主文如何作出进行的阐述，本身不构成判项内容。故原则上，如果当事人对裁判主文认可，不会因为裁判理由遭受不利益，所以，当事人对此不能提起上诉。但当法院在裁判文书中论述的裁判理由影响到其切身利益，其中所作相关认定与之具有法律上的利害关系时，应当认定其具有上诉利益，可以提起上诉。参见（2020）最高法民终 934 号、（2020）最高法民终 1205 号、（2022）最高法民终 37 号等。

[②] 当事人在第一审中不配合鉴定，是否可以在第二审中继续申请鉴定？最高人民法院裁判观点是：为进一步查清事实、保障合法权益，应发回第一审法院重审，进行鉴定。参见（2021）最高法民终 1302 号。

4. 第二审裁判

根据《民事诉讼法》第 177 条规定，第二审法院对上诉案件，经过审理，按照下列情形，分别处理：

(1) 原判决、裁定认定事实清楚，适用法律正确的，以判决、裁定方式驳回上诉，维持原判决、裁定；原判决、裁定认定事实或者适用法律虽有瑕疵，但裁判结果正确的，第二审法院可以在判决、裁定中纠正瑕疵后，以判决、裁定方式驳回上诉，维持原判决、裁定。

(2) 原判决、裁定认定事实错误或者适用法律错误的，以判决、裁定方式依法改判、撤销或者变更。

(3) 原判决认定基本事实不清的，裁定撤销原判决，发回原审法院重审，或者查清事实后改判；这里的基本事实，是指用以确定当事人主体资格、案件性质、民事权利义务等对原判决、裁定的结果有实质性影响的事实。

(4) 原判决遗漏当事人或者违法缺席判决等严重违反法定程序的[①]，裁定撤销原判决，发回原审法院重审。《民事诉讼法解释》第 323 条规定，下列情形，可以认定为严重违反法定程序：① 审判组织的组成不合法的；② 应当回避的审判人员未回避的；③ 无诉讼行为能力人未经法定代理人代为诉讼的；④ 违法剥夺当事人辩论权利的。

需要注意的是：第一，发回重审，原审法院适用第一审程序审理，判决为第一审判决，当事人可以上诉；第二，原审法院对发回重审案件作出判决后，当事人上诉的，第二审法院不得再次发回重审。

第二审法院的裁判为终审裁判，是对当事人之间实体权利义务的最终确认，一经送达当事人，即发生法律效力，当事人不得就此再行上诉。如果当事人认为第二审法院的裁判有错误，只能按照审判监督程序向法院申请再审。当事人不得就同一诉讼标的，以同一事实和理由重新起诉，但是判决不准离婚、调解和好的离婚案件以及判决维持收养关系的案件、调解维持收养关系的案件除外。对于第二审法院具有给付内容的裁判，如果义务人拒不履行义务的，对方当事人有权向法院申请强制执行；特殊情况下，法院也可以依职权采取强制执行措施，从而保护当事人合法权益的实现。

5. 第二审调解、和解与撤诉

第二审法院可以主持调解，双方当事人可以和解，上诉人也可以提出撤回上诉。

关于第二审法院主持调解，调解达成协议的，应当制作调解书，调解书送达后，原判决视为撤销；当事人在第一审中已提出的诉讼请求，原审法院未作审理、判决，第二审如果调解不成，应发回重审；第一审判决不准离婚的案件，上诉后，第二审法院认为应该当离婚的，可以根据当事人自愿原则，与子女抚养、财产问题一并调解，调解不成的，发回重审；第二审中，原审原告增加独立诉讼请求或原审被告提出反诉的，第二审法院可根据当事人自愿原则就新增加的诉讼请求或反诉尽心调解，调解不成的，告诉当事人另行起诉。

---

① 法院未发现其没有级别管辖权而作出的裁判是否需要发回重审？最高人民法院裁判的观点是：第一审法院未发现其没有级别管辖权并将本案移送有管辖权的法院审理并不属于《民事诉讼法》规定的严重违反法定程序的情形，故不影响本案第二审的审理和判决，不需要发回重审。参见（2018）最高法民终 476 号。

关于和解，在第二审中当事人可以自行达成和解协议，达成和解协议后有两种结案方式：一是可以申请法院制作调解书送达当事人；二是可以由原告申请撤诉，法院审查符合撤诉条件的，法院应予批准。

关于上诉人撤诉，第二审判决宣告前，当事人可以申请撤回上诉，是否准许由第二审法院裁定；第二审法院经审查认为第一审判决确有错误，或者双方当事人串通损害国家、集体利益、社会公共利益及他人合法权益的，不应准许；在第二审程序中，原审原告申请撤回起诉，经其他当事人同意，且不损害国家利益、社会公共利益、他人合法权益的，法院可以准许。准许撤诉的，应当一并裁定撤销第一审裁判。

三、自测练习

（一）单项选择题

第十三章自测练习
参考答案

1. 第一审法院的判决，认定事实清楚，但适用法律有错误的，第二审法院应当（　　）。

    A. 维持原判

    B. 发回重审

    C. 依法改判

    D. 移交其他法院

2. 第二审法院制作的调解书送达后，第一审法院的判决（　　）。

    A. 因调解书生效，而被视为改判

    B. 视为撤销

    C. 同时生效

    D. 仍然有效

3. 第二审程序中，对上诉案件（　　）。

    A. 原则上通过书面审理

    B. 必须通过开庭审理

    C. 原则上通过开庭审理

    D. 必须通过书面审理

4. 判决不准离婚和调解和好的离婚案件，判决、调解维持收养关系的案件，没有新情况、新理由，原告在6个月内又起诉的，法院（　　）。

    A. 可酌情受理

    B. 可征求被告的意见决定是否受理

    C. 应当受理

    D. 不予受理

5. 第二审法院调解结案的，应当（　　）。

    A. 制作调解书

    B. 撤销第一审判决

    C. 直接改判

    D. 撤销第一审判决，并制作调解书

6. 在下列诉讼中，当事人提起上诉，上诉人和被上诉人的确定正确的是（   ）。

A. 原告甲、被告乙、无独立请求权第三人丙均不服第一审判决提起上诉，甲为上诉人，乙、丙为被上诉人

B. 甲和乙是必要共同诉讼的共同被告，甲对第一审判决的义务分担不服提起上诉，但不涉及原告的利益，乙和原告均为被上诉人

C. 丙和丁是必要共同诉讼的共同原告，丙不服第一审判决关于丙、丁之间赔偿金额的分配方案，提起上诉，丁为被上诉人，原审被告按原审诉讼地位列明

D. 张某是必要共同诉讼的共同原告之一，因对第一审判决关于双方当事人之间以及共同诉讼人之间的权利义务承担有意见，提起上诉，原审被告是被上诉人，共同原告按原审诉讼地位列明。

（二）多项选择题

1. 上诉状中应当写明下列内容（   ）。

A. 当事人的基本情况

B. 原审法院的名称

C. 案件的编号和案由

D. 上诉的请求和理由

E. 原审法院的审判人员

2. 有权对地方法院第一审判决提起上诉的有（   ）。

A. 第一审的原告

B. 第一审的被告

C. 第一审的诉讼代表人

D. 第一审当事人的代理人

E. 第一审中有独立请求权的第三人

3. 第二审法院对上诉案件，经过审理，按照下列情形，分别处理（   ）。

A. 原判决违法缺席判决的，裁定撤销原判决，发回原审法院重审

B. 原判决、裁定认定事实错误或者适用法律错误的，以判决、裁定方式依法改判、撤销或者变更

C. 原判决认定基本事实不清的，裁定撤销原判决，发回原审法院重审，或者查清事实后改判

D. 原判决遗漏当事人的，裁定撤销原判决，发回原审法院重审

4. 可以认定为《民事诉讼法》规定的严重违反法定程序第二审发回重审的情形有（   ）。

A. 审判组织的组成不合法的

B. 应当回避的审判人员未回避的

C. 无诉讼行为能力人未经法定代理人代为诉讼的

D. 违法剥夺当事人辩论权利的

5. 依照《民事诉讼法》规定，第二审法院对下列上诉案件可以不开庭审理（   ）。

A. 不服不予受理、管辖权异议和驳回起诉裁定的

B. 当事人提出的上诉请求明显不能成立的
C. 原判决、裁定认定事实清楚，但适用法律错误的
D. 原判决严重违反法定程序，需要发回重审的

（三）判断题

1. 双方当事人和第三人都提起上诉的，均列为上诉人。法院可以依职权确定第二审程序中当事人的诉讼地位。（   ）
2. 在第二审程序中，原审原告申请撤回起诉，经其他当事人同意，且不损害国家利益、社会公共利益、他人合法权益的，法院可以准许。（   ）
3. 无民事行为能力人、限制民事行为能力人的法定代理人，可以代理当事人提起上诉。（   ）
4. 第二审法院应当围绕当事人的上诉请求进行审理。（   ）
5. 必须参加诉讼的当事人或者有独立请求权的第三人，在第一审程序中未参加诉讼，第二审法院可以根据当事人自愿的原则予以调解；调解不成的，依法判决。（   ）
6. 第一审宣判时或者判决书、裁定书送达时，当事人口头表示上诉的，法院应告知其必须在法定上诉期间内递交上诉状。未在法定上诉期间内递交上诉状的，视为未提起上诉。（   ）
7. 中级人民法院对第一审上诉的决定开庭审理第二审民事案件，应依法组成合议庭审理。（   ）

（四）案例分析题

2021年5月10日，国凯公司与农物公司签订了进口饲料的购销合同。合同约定国凯公司在同年7月30日前向农物公司提供进口饲料15万吨，每吨单价1500元，农物公司于6月30日前支付货款的10%。但合同签订后，农物公司几经催促都未如期迟兑支付现货款的10%约定，后来因国凯公司货源落空，无法履行合同，双方发生纠纷。农物公司于2021年10月30日向法院提出诉讼，要求国凯公司履行合同，赔偿经济损失并承担逾期交货的违约金。国凯公司则辩称，本合同属无效合同，其不负任何违约责任。法院经过审理于2022年1月10日作出判决，认定合同有效，国凯公司违约，应当支付给农物公司违约金12万元，案件受理费由国凯公司全部承担。国凯公司不服，于2022年1月12日提出上诉，称第一审判决在事实的认定上有错误，要求确认合同无效。第二审法院直接受理了上诉，由定审判员沈某、刘某和人民陪审员王某组成合议庭处理此案。经过审理认为合同有效，上诉人没有按合同约定供货，应承担违约责任，但被上诉人没有按合同预付款项，也应当承担一定的责任，故依法改判为各自承担自己的经济损失，第一、二审诉讼费由双方分担。

问：

（1）在国凯公司上诉期间，第一审法院发现判决有错误，合同是无效合同时，应如何处理？

（2）国凯公司的上诉行为是否符合法律规定？法院的做法有无不妥？

(3) 如果国凯公司上诉后，又在上诉期间撤回上诉，则在上诉期间内第一审判决是否生效，为什么？

(4) 如果农物公司在第二审答辩状中要求第二审法院补充判决国凯公司赔偿违约给其造成的间接损失20万元，第二审法院应如何处理？

(5) 如果国凯公司在第二审法院审理过程中撤回上诉，而此时第二审法院认为第一审判决确有错误，第二审法院应当如何处理？

(6) 本案第二审合议庭组成是否合法？

（五）简答、简述题

1. 上诉的提起主体和裁判对象是什么？
2. 第二审中的调解、和解与撤诉是如何规定的？
3. 第二审法院对上诉案件的审理方式有哪些？
4. 第二审的审理范围是如何规定的？
5. 如何理解第一审和第二审的关系？

四、拓展与思考：第二审禁止不利益变更原则

第二审法院只能在上诉人声明不服的范围内撤销、变更第一审裁判，不能逾越此范围对上诉人造成更大的不利益，也即上诉禁止不利益变更。[1] 究竟该原则规制的是第二审审理范围和裁判范围，还是仅规制裁判范围，理论上存在争议。主流观点认为，直接规制对象是裁判范围，在第二审判决主文范围内对第一审判决和第二审判断内容进行比较，判决主文没有对上诉人造成不利益即可。[2] 审理范围与裁判范围通常具有一致性，但在例外情况下，出于必要，二者会有所背离。[3]

比较法上，"禁止不利益变更"以不同形式被确立，以德国、日本最具代表性。早在德国普通法时期及以前，民事上诉遵循"上诉共通"原则。随着当事人主义的发展，上诉共通受到批判，"附带上诉"登上舞台。《汉诺威诉讼法》以立法形式将其明确，规定仅在双方同时上诉或对方提起附带上诉时，才得对上诉人为不利益变更。后立法发展中改用"上诉请求拘束"间接表明"禁止不利益变更"，现行《德国民事诉讼法》第528条即规定控诉审判范围以控诉请求范围为限，对一审判决的修改限于申请变更的范围内。与德国相似，日本对"禁止不利益变更"的规定也经历了从对上诉人不利的判决只能在被上诉人上诉或者附带上诉的范围内进行到以上诉请求拘束间接表明"禁止不利益变更"的转变。《日本民事诉讼法》第304条规定对第一审判决的撤销（变更）限于不服申请的限度内。可以说，德、日"禁止不利益变更"原则内含于以上规范的当然解释中，该原则最终被上诉请求拘束原则所吸收。[4]

---

[1] 参见河野正宪：《民事诉讼法》，有斐阁2009年版，第812页。

[2] 参见高桥宏志：《重点讲义民事诉讼法》，张卫平等译，法律出版社2007年版，第447-448页。

[3] 在预备性抵销抗辩及预备性合并之诉等复杂诉讼形态中较为常见。参见高桥宏志：《重点讲义民事诉讼法》，张卫平等译，法律出版社2007年版，第447-459页。

[4] 参见郝振江：《论民事上诉中的禁止不利益变更原则》，《宁夏大学学报（人文社会科学版）》2010年第2期。

英美法系国家虽未具体规定该原则，但相关制度设置也基本遵循了这一理念。比如异议上诉制度（又称异议保留制度）规定，当事人上诉以原审中提出过异议的事项为限，若未及时提出异议，则视为对上诉权的放弃。上诉审理范围限于该异议范围。[①]

在我国，《民事诉讼法》第175条和《民事诉讼法解释》第321条仅对审理范围有所规定，尚未体现裁判范围。所以，我国是否存在"禁止不利益变更"尚存争议。通说认为我国立法表述虽与德、日等国家不同，但并无本质区别，我国已确立该原则。[②] 但在教义学分析下对《民事诉讼法》第175条和《民事诉讼法解释》第321条可作不同解读，第二审审判范围单从法律条文来看具有较大弹性，是否规定了"禁止不利益变更"尚不确定。[③] 有学者将上诉审查制度分为直接规制审查型和间接规制审查型。前者是指直接规定上诉请求与上诉审理范围的关系，而不明示其与裁判范围的关系，我国即采此种规定方式；后者是指仅规定裁判范围与上诉声明的关系，借此限制审理范围，德、日等国家即采此种方式。[④] 故而"禁止不利益变更"在我国立法上有据可循。还有观点认为，将该原则的讨论建立在《民事诉讼法》第13条第2款关于处分原则的规定、第175条关于上诉请求拘束原则的规定以及《民事诉讼法解释》第321条关于第二审审判范围的规定上是对法律规定的误读，是对审理范围和裁判范围的混淆。[⑤] 尽管"禁止不利益变更"有利于保障当事人的处分权，但对权利的保护不宜绝对化，故需在利益衡量的基础上对其加以限制。一般来说，该原则的适用受"三大规则"约束，即特定上诉制度（对方当事人提起了上诉或附带上诉）、公益衡量规则和例外规则（第一审程序违法或诉讼要件欠缺）。[⑥]

---

① 参见汤维建：《美国民事司法制度与民事诉讼程序》，中国法制出版社2001年版，第516-517页。

② 参见王杏飞、王安冉：《论民事二审审判范围的确定——以"劝阻吸烟案"为例》，《北方法学》2021年第2期。

③ 参见严仁群：《禁止不利变更原则之教义学分析——兼评"劝烟猝死案"》，《法商研究》2019年第6期。

④ 参见付永雄、黎蜀宁、宋宗宇：《我国民事上诉制度改革研究》，《重庆大学学报（社会科学版）》2003年第4期。

⑤ 参见黄力韬：《禁止不利益变更原则的本土化构想——以日本为借鉴》，《浙江万里学院学报》2019年第6期。

⑥ 参见廖中洪：《"禁止不利益变更"原则若干问题研究》，《现代法学》2009年第1期。

第十四章 再审程序

一、导引

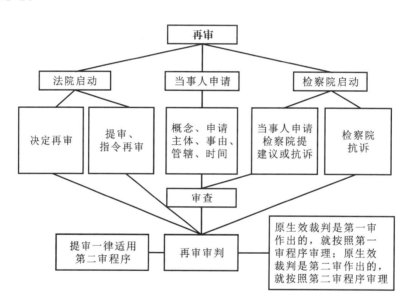

再审程序是为纠正生效裁判的错误而对案件再次进行审理的一种特殊的法律补救程序，是第一审程序和第二审程序之外的、不增加审级的一种救济程序。一般而言，裁判既判力原则保证了判决效力的稳定性，从而使司法权威得以体现。但是既判力原则并非绝对的，它必须受公平公正价值目标的约束。在判决违反了公平原则时，既判力原则的正当性就受到了损害。当事人有权获得法院公正的裁判，这既包括实体上的，又包括程序上的。所以，当判决确实存在错误时，法律应当为受到不公正判决影响的当事人提供一种有效的补救措施，我国设立再审程序的目的是"纠错"，即为解决生效裁判存在的错误，以确保公正而设立的最后一道审判工序。根据《民事诉讼法》的规定，启动再审有三种途径，包括当事人申请再审、检察机关抗诉再审、法院依职权再审。

二、基本原理与制度

（一）当事人申请再审

1. 当事人申请再审的概念和意义

当事人申请再审，是指当事人对法院已经发生法律效力的判决、裁定和调解书，认为有错误，向原审法院或者上一级法院提出申请，请求再审的诉讼行为。

作为当事人的一项重要诉讼权利，申请再审是为了通过审判监督程序，改变原判决、裁定或者调解书的错误，并作出有利于自己的新的裁决。从司法实践中的再审案件数量看，当前我国的民事再审案件大部分来源于当事人的申请再审，检察机关抗诉再审的数量次之，法院依职权启动再审的数量最少，而且以法院和检察院公权力启动再审的案件绝大多数也都源于当事人申诉、信访等。因此，实践中民事再审工作的重点是对当事人申请再审案件的处理。当事人申请再审在启动我国审判监督程序中居重要地位，对贯彻我国以事实为根据、以法律为准绳诉讼原则十分重要。

2. 申请再审的主体

1）当事人

根据《民事诉讼法》第210条规定，申请再审的主体为生效裁判案件的当事人，而民事诉讼的当事人不仅包括原告、被告，也包括第三人。具体来说，申请再审的当事人就是生效判决、裁定、调解书列明的当事人，包括第三人。

2）当事人权利义务承受人和案外人

根据《最高人民法院关于适用〈中华人民共和国民事诉讼法〉审判监督程序若干问题的解释》（简称《监督程序问题解释》）第29条规定，民事再审案件的当事人应为原审案件的当事人。原审案件当事人死亡或终止的，其权利义务承受人可以申请再审并参加再审诉讼。据此，原审案件当事人死亡或者终止的，其权利义务承受者可以成为申请再审的主体。该解释第14条还规定，在审查再审申请过程中，对方当事人也申请再审的，法院应当将其列为申请再审人，对其提出的再审申请一并审查。

此外，因案外人申请法院裁定再审的，法院经审理认为案外人应为必要的共同诉讼当事人，在按第一审程序再审时，应追加其为当事人，作出新的判决；在按第二审程序再审时，经调解不能达成协议的，应撤销原判，发回重审，重审时应追加案外人为当事人。案外人不是必要的共同诉讼当事人的，仅审理其对原判决提出异议部分的合法性，并应根据审理情况作出撤销原判决相关判项或者驳回再审请求的判决；撤销原判决相关判项的，应当告知案外人以及原审当事人可以提起新的诉讼解决相关争议。

3. 当事人申请再审的理由

提起民事再审的法定情形是再审之诉的"水闸"，没有法定理由，再审不能启用。《民事诉讼法》第211条、第212条对申请再审事由作了规定，相关司法解释进一步予以充实。这些理由中既有关于实体方面的，又有程序方面的，既有事实认定方面的，又有法律适用以及审判人员操守方面的情形。具体可分为如下几类：

第一类是《民事诉讼法》第 211 条第 7 项至第 13 项规定的七类再审事由。① 审判组织的组成不合法或者依法应当回避的审判人员没有回避的。② 无诉讼行为能力人未经法定代理人代为诉讼或者应当参加诉讼的当事人，因不能归责于本人或者其诉讼代理人的事由，未参加诉讼的。③ 违反法律规定，剥夺当事人辩论权利的。根据《民事诉讼法解释》第 389 条规定，原审开庭过程中有下列情形之一的，应当认定为《民事诉讼法》第 211 条第 9 项规定的剥夺当事人辩论权利：一是不允许当事人发表辩论意见的；二是应当开庭审理而未开庭审理的；三是违反法律规定送达起诉状副本或者上诉状副本，致使当事人无法行使辩论权利的；四是违法剥夺当事人辩论权利的其他情形。④ 未经传票传唤，缺席判决的。⑤ 原判决、裁定遗漏或者超出诉讼请求的。①《民事诉讼法解释》第 390 条规定，《民事诉讼法》第 211 条第 11 项规定的诉讼请求，包括第一审诉讼请求、第二审上诉请求，但当事人未对第一审判决、裁定遗漏或者超出诉讼请求提起上诉的除外。⑥ 据以作出原判决、裁定的法律文书被撤销或者变更的。《民事诉讼法解释》第 391 条规定，这里的法律文书包括三类：一是发生法律效力的判决书、裁定书、调解书；二是发生法律效力的仲裁裁决书；三是具有强制执行效力的公证债权文书。⑦ 审判人员审理该案件时有贪污受贿、徇私舞弊、枉法裁判行为的。这里的审判人员审理该案件时有贪污受贿、徇私舞弊、枉法裁判行为，是指已经由生效刑事法律文书或者纪律处分决定所确认的行为。以上这七项再审事由基本上属于程序事由，如果不启动再审则无法保证当事人的程序权益，即使判决结论是正确的，只要这些事由存在也应该启动再审给予当事人程序救济。

第二类是实体事由。即《民事诉讼法》第 212 条规定的调解书违反自愿原则或者调解协议的内容违反法律的情形，以及第 211 条第 1 项至第 6 项的内容，包括：① 有新的证据，足以推翻原判决、裁定的。② 根据《民事诉讼法解释》第 385 条规定，再审申请人提供的新的证据，能够证明原判决、裁定认定基本事实或者裁判结果错误的，应当认定为《民事诉讼法》第 211 条第 1 项规定的情形。对于符合前款规定的证据，法院应当责令再审申请人说明其逾期提供该证据的理由；拒不说明理由或者理由不成立的，依照《民事诉讼法》第 68 条第 2 款和解释第 102 条的规定处理。再审申请人证明其提交的新的证据符合下列情形之一的，可以认定逾期提供证据的理由成立：一是在原审庭审结束前已经存在，因客观原因于庭审结束后才发现的；二是在原审庭审结束前已经发现，但因客观原因无法取得或者在规定的期限内不能提供的；三是在原审庭审结束后形成，无法据此另行提起诉讼的。再审申请人提交的证据在原审中已经提供，原审法院未组织质证且未作为裁判根据的，视为逾期提供证据的理由成立，但原审法院依照《民事诉讼法》第 68 条规定不予采纳的除外。② 原判决、裁

---

① 《民事诉讼法》规定的再审事由"遗漏或超出诉讼请求的"，是否包括第二审上诉请求。最高人民法院判例的态度是，该处的"诉讼请求"既包括第一审诉讼请求，也包括第二审上诉请求等。详见（2022）最高法民申 228 号。

② 这里的"新的证据"如何界定？最高院判例的观点是：新证据是相对于再审申请人在第一审、第二审诉讼中已经提交过的证据而言另行提交的不同的新证据，其隐含的前提是再审申请人应当在第一审、第二审普通诉讼程序中已诚信地行使了民诉法律赋予其积极主动提交证据证明自己主张的民事诉讼权利，这实质上也是当事人应当履行的民事诉讼义务。当事人一直回避法院的送达行为，拒不参加第一审、第二审程序，于判决发生法律效力后再以新的证据为由申请再审，属于滥用诉讼权利的情形，亦不具有再审利益，并不属于前述法律规定保护当事人应有诉讼权利的范围。参见（2021）最高法民申 238 号。

定认定的基本事实缺乏证据证明的。③ 原判决、裁定认定事实的主要证据是伪造的。④ 原判决、裁定认定事实的主要证据未经质证的。《民事诉讼法解释》第 387 条规定，当事人对原判决、裁定认定事实的主要证据在原审中拒绝发表质证意见或者质证中未对证据发表质证意见的，不属于《民事诉讼法》第 211 条第 4 项规定的未经质证的情形。⑤ 对审理案件需要的主要证据，当事人因客观原因不能自行收集，书面申请法院调查收集，法院未调查收集的。⑥ 原判决、裁定适用法律确有错误的。《民事诉讼法解释》第 388 条规定，有下列情形之一，导致判决、裁定结果错误的，应当认定为《民事诉讼法》第 211 条第 6 项规定的原判决、裁定适用法律确有错误：适用的法律与案件性质明显不符的；确定民事责任明显违背当事人约定或者法律规定的；适用已经失效或者尚未施行的法律的；违反法律溯及力规定的；违反法律适用规则的；明显违背立法原意的。

4. 不得申请再审的内容

根据《民事诉讼法解释》第 378 条、第 380—381 条规定，如下情形不得申请再审。

（1）当事人对已经发生法律效力的解除婚姻关系的判决、调解书，不得申请再审。

（2）当事人就离婚案件中的财产分割问题申请再审，如涉及判决中已分割的财产，法院应当依照《民事诉讼法》第 211 条规定进行审查，符合再审条件的，应当裁定再审；如涉及判决中未作处理的夫妻共同财产，应当告知当事人另行起诉。

（3）适用特别程序、督促程序、公示催告程序、破产程序等非讼程序审理的案件。

（4）再审申请被驳回后再次提出申请的。

（5）对再审判决、裁定提出申请的。

（6）在人民检察院对当事人的申请作出不予提出再审检察建议或者抗诉决定后又提出申请的。

上述第（4）（5）规定情形，法院应当告知当事人可以向人民检察院申请再审检察建议或者抗诉，但因人民检察院提出再审检察建议或者抗诉而再审作出的判决、裁定除外。

当事人认为发生法律效力的不予受理、驳回起诉的裁定错误的，可以申请再审。

5. 当事人申请再审案件的立案受理

1）申请再审的管辖

根据《民事诉讼法》第 210 条规定，当事人对已经发生法律效力的判决、裁定，认为有错误的，可以向上一级法院申请再审；当事人一方人数众多或者当事人双方为公民的案件，也可以向原审法院申请再审。根据《民事诉讼法解释》第 374 条规定，这里的人数众多的一方当事人，包括公民、法人和其他组织。当事人双方为公民的案件，是指原告和被告均为公民的案件。立法赋予一方人数众多和双方为公民的案件当事人选择申请再审法院权利的主要目的，一是便利当事人参加诉讼，二是便利法院查明事实，就地解决纠纷，当事人最终向哪级法院申请再审法律赋予了选择权，可以向上一级法院，也可以向原审法院。对当事人一方人数众多或者当事人双方为公民的案件，当事人分别向原审法院和上一级法院申请再审且不能协商一致的，由原审法院受理。

2）申请再审应当提交的材料

根据《民事诉讼法解释》第 375 条规定，当事人申请再审，应当提交下列材料：一是再审申请书，并按照被申请人和原审其他当事人的人数提交副本。二是再审申请人是自然人的，应当提交身份证明；再审申请人是法人或者其他组织的，应当提交营业执照、组织机构代码证书、法定代表人或者主要负责人身份证明书。三是委托他人代为申请的，应当提交授权委托书和代理人身份证明。四是原审判决书、裁定书、调解书。五是反映案件基本事实的主要证据及其他材料。

根据《民事诉讼法解释》第 376 条规定，再审申请书应当记明下列事项：① 再审申请人与被申请人及原审其他当事人的基本信息；② 原审法院的名称，原审裁判文书案号；③ 具体的再审请求；④ 申请再审的法定情形及具体事实、理由。

再审申请书应当明确申请再审的法院，并由再审申请人签名、捺印或者盖章。

3）当事人申请再审的期限[①]及人民法院的审查与处理

（1）文书生效后 6 个月内。通常在判决、裁定发生法律效力后 6 个月内提出；当事人对已经发生法律效力的调解书申请再审，应当在调解书发生法律效力后 6 个月内提出。

（2）知道或者应当知道之日起 6 个月内。当事人知道或者应当知道之日起 6 个月内提出再审申请的情形包括如下四种情况：有新的证据，足以推翻原判决、裁定的；原判决、裁定认定事实的主要证据是伪造的；据以作出原判决、裁定的法律文书被撤销或者变更的；审判人员审理该案件时有贪污受贿、徇私舞弊、枉法裁判行为的。

当事人申请再审的 6 个月期限，不适用中止、中断和延长的规定。

法院应当自收到再审申请书之日起 5 日内将再审申请书副本发送对方当事人。对方当事人应当自收到再审申请书副本之日起 15 日内提交书面意见；不提交书面意见的，不影响法院审查。法院可以要求申请人和对方当事人补充有关材料，询问有关事项。但是根据《民事诉讼法解释》第 397 条规定，审查再审申请期间，再审申请人申请法院委托鉴定、勘验的，法院不予准许。

法院应当自收到再审申请书之日起 3 个月内审查，符合再审规定的，裁定再审；不符合的，裁定驳回申请。有特殊情况需要延长的，由本院院长批准。法院对已经发生法律效力的判决、裁定、调解书依法决定再审，需要中止执行的，应当在再审裁定中同时写明中止原判决、裁定、调解书的执行；情况紧急的，可以将中止执行裁定口头通知负责执行的法院，并在通知后 10 日内发出裁定书。

4）裁定终结审查

根据《民事诉讼法解释》第 400 条规定，再审申请审查期间，有下列情形之一的，裁定终结审查：① 再审申请人死亡或者终止，无权利义务承继者或者权利义务承继者声明放弃再审申请的；② 在给付之诉中，负有给付义务的被申请人死亡或者终止，无可供执行的财产，也没有应当承担义务的人的；③ 当事人达成和解协议且已履行完毕的，但当事人在和解协议中声明不放弃申请再审权利的除外；④ 他人未经授权以当事人名义申请再审的；⑤ 原审或者上一级法院已经裁定再审的；⑥ 有再审申请被驳回后再次提出申请的情形的。

---

① 需要注意的是，即便当事人有新证据推翻原判决，超过再审提出期间的，亦不能启动再审。参见（2020）最高法民申 1092 号。

（二）法院决定再审、提审和指令再审

1. 原法院依照职权决定再审

根据《民事诉讼法》第 209 条第 1 款的规定，各级法院院长对本院已经发生法律效力的判决、裁定，发现确有错误，认为需要再审的，应当提交审判委员会讨论决定。

2. 最高人民法院和上级法院提审和指令再审

为加强法院审级监督体系建设，做深做实新时代能动司法，推动以审判工作现代化服务保障中国式现代化，最高人民法院于 2023 年 8 月 1 日起实施的《关于加强和规范案件提级管辖和再审提审工作的指导意见》（简称《指导意见》）第 24 条指出，最高人民法院、高级人民法院应当健全完善提级管辖、再审提审案件的裁判规则转化机制，将提级管辖案件的裁判统一纳入法院案例库，积极将具有法律适用指导意义的提级管辖、再审提审案件作为指导性案例、参考性案例培育，推动将具有规则确立意义、示范引领作用的裁判转化为司法解释、司法指导性文件、司法建议、调解指引等。加大对提级管辖、再审提审案件的宣传力度，将宣传重点聚焦到增强人民群众获得感、促进提升司法公信力、有力破除"诉讼主客场"现象上来，积极通过庭审公开、文书说理、案例发布、新闻报道、座谈交流等方式，充分展示相关审判工作成效，促进公众和社会法治意识的养成，为有序推进相关工作营造良好氛围。

《指导意见》按照学习贯彻习近平新时代中国特色社会主义思想主题教育检视工作要求，针对四级法院审级职能定位改革中案件提级管辖、再审提审工作机制不够健全完善问题，细化明确了提级管辖、再审提审的具体情形、判断标准、操作程序、保障机制、重点解决哪些案件向上走以及如何向上走问题。放松了对行政、民事案件再审提审标准。有助于克服过去在提级管辖、再审提审机制运行过程中存在的部分判断标准过于原则、该提不提、为提而提和相互推诿等问题

（1）提审。系指最高人民法院对地方各级法院已经发生法律效力的判决、裁定，上级法院对下级法院已经发生法律效力的判决、裁定，发现确有错误的，有权依法将案件提至本院进行审理的制度。需要注意的是，提审一律适用第二审程序，所以审判组织必须采用合议制。经过提审的再审的案件，作出的裁判必然是一个两审终审裁判。

根据《最高人民法院关于民事审判监督程序严格依法适用指令再审和发回重审若干问题的规定》（简称《若干问题规定》）第 3 条规定，虽然符合本规定可以指令再审的条件，但有下列情形之一的，应当提审：① 原判决、裁定系经原审法院再审审理后作出的；② 原判决、裁定系经原审法院审判委员会讨论作出的；③ 原审审判人员在审理该案时有贪污受贿、徇私舞弊、枉法裁判行为的；④ 原审法院对该案无再审管辖权的；⑤ 需要统一法律适用或裁量权行使标准的；⑥ 其他不宜指令原审法院再审的情形。《指导意见》第 16 条规定，最高人民法院依法受理的民事、行政申请再审审查案件，除法律和司法解释规定应当提审的情形外，符合下列情形之一的，也应当裁定提审：① 在全国有重大影响的；② 具有普遍法律适用指导意义的；③ 所涉法律适用问题在最高人民法院内部存在重大分歧的；④ 所涉法律适用问题在不同高级人民法院之间裁判生效的同类案件存在重大分歧的；⑤ 由最高人民法院提审更有利于案件公正审理的；⑥ 最高人民法院认为应当提审的其他情形。最高人民法院

依职权主动发现地方各级法院已经发生法律效力的民事、行政判决、裁定确有错误,并且符合前款规定的,应当提审。

(2) 指令再审。系指最高人民法院对地方各级法院已经发生法律效力的判决、裁定,上级法院对下级法院已经发生法律效力的判决、裁定,发现确有错误时,依法指令地方法院或下级法院对案件进行再审的制度。根据《指导意见》第 15 条规定,上级法院对下级法院已经发生法律效力的民事、行政判决、裁定,认为符合再审条件的,一般应当提审。对于符合再审条件的民事、行政判决、裁定,存在下列情形之一的,最高人民法院、高级人民法院可以指令原审法院再审,或者指定与原审法院同级的其他法院再审,但法律和司法解释另有规定的除外:① 原判决、裁定认定事实的主要证据未经质证的;② 对审理案件需要的主要证据,当事人因客观原因不能自行收集,书面申请法院调查收集,法院未调查收集的;③ 违反法律规定,剥夺当事人辩论权利的;④ 发生法律效力的判决、裁定是由第一审法院作出的;⑤ 当事人一方人数众多或者当事人双方均为公民的民事案件;⑥ 经审判委员会讨论决定的其他情形。

按照审判监督程序决定再审的案件,裁定中止原判决、裁定、调解书的执行,但追索赡养费、扶养费、抚养费、抚恤金、医疗费用、劳动报酬等案件,可以不中止执行。

(三) 人民检察院启动的再审

1. 直接抗诉

最高人民检察院对各级法院已经发生法律效力的判决、裁定,上级人民检察院对下级法院已经发生法律效力的判决、裁定,发现有《民事诉讼法》第 211 条规定情形之一的,或者发现调解书损害国家利益、社会公共利益的,应当提出抗诉。

地方各级人民检察院对同级法院已经发生法律效力的判决、裁定,发现有《民事诉讼法》第 211 条规定情形之一的,或者发现调解书损害国家利益、社会公共利益的,可以向同级法院提出检察建议,并报上级人民检察院备案,也可以提请上级人民检察院向同级法院提出抗诉。

2. 当事人可以向人民检察院申请检察建议或者抗诉

当事人可以向人民检察院申请检察机关作出检察建议或者抗诉情形有如下几种:① 法院驳回再审申请的;② 法院逾期未对再审申请作出裁定的;③ 再审判决、裁定有明显错误的。

人民检察院对当事人的申请应当在 3 个月内进行审查,作出提出或者不予提出检察建议或者抗诉的决定。当事人不得再次向人民检察院申请检察建议或者抗诉。

需要注意的是,根据《最高人民法院最高人民检察院关于规范办理民事再审检察建议案件若干问题的意见》规定,对同级法院再审或者审判委员会讨论后作出的生效法律文书,一般不适用检察建议。

(四) 再审案件的审判

法院审理再审案件应当组成合议庭开庭审理,但按照第二审程序审理,有特殊情况或者双方当事人已经通过其他方式充分表达意见,且书面同意不开庭审理的除外。

1. 关于再审的适用程序

根据《民事诉讼法》第218条规定，法院按照审判监督程序再审的案件，发生法律效力的判决、裁定是由第一审法院作出的，按照第一审程序审理，所作的判决、裁定，当事人可以上诉；发生法律效力的判决、裁定是由第二审法院作出的，按照第二审程序审理，所作的判决、裁定，是发生法律效力的判决、裁定；上级法院按照审判监督程序提审的，按照第二审程序审理，所作的判决、裁定是发生法律效力的判决、裁定。法院审理再审案件，应当另行组成合议庭。

2. 关于发回重审

根据《若干问题规定》第4条规定，法院按照第二审程序审理再审案件，发现原判决认定基本事实不清的，一般应当通过庭审认定事实后依法作出判决。但原审法院未对基本事实进行过审理的，可以裁定撤销原判决，发回重审。原判决认定事实错误的，上级法院不得以基本事实不清为由裁定发回重审。该规定第5条、第6条规定，法院按照第二审程序审理再审案件，发现第一审法院有下列严重违反法定程序情形之一的，可以裁定撤销原判决，发回第一审法院重审：① 原判决遗漏必须参加诉讼的当事人的；② 无诉讼行为能力人未经法定代理人代为诉讼，或者应当参加诉讼的当事人，因不能归责于本人或者其诉讼代理人的事由，未参加诉讼的；③ 未经合法传唤缺席判决，或者违反法律规定剥夺当事人辩论权利的；④ 审判组织的组成不合法或者依法应当回避的审判人员没有回避的；⑤ 原判决、裁定遗漏诉讼请求的。上级法院裁定发回重审的，应当在裁定书中阐明发回重审的具体理由。

再审发回重审的案件，应当围绕当事人原诉讼请求进行审理。当事人申请变更、增加诉讼请求和提出反诉的，依法审查决定是否准许。当事人变更其在原审中的诉讼主张、质证及辩论意见的，应说明理由并提交相应的证据，理由不成立或证据不充分的，法院不予支持。

3. 再审开庭顺序

根据《民事诉讼法解释》第402条规定，法院开庭审理再审案件，应当按照下列情形分别进行：

（1）因当事人申请再审的，先由再审申请人陈述再审请求及理由，后由被申请人答辩、其他原审当事人发表意见。

（2）因抗诉再审的，先由抗诉机关宣读抗诉书，再由申请抗诉的当事人陈述，后由被申请人答辩、其他原审当事人发表意见。

（3）法院依职权再审，有申诉人的，先由申诉人陈述再审请求及理由，后由被申诉人答辩、其他原审当事人发表意见。

（4）法院依职权再审，没有申诉人的，先由原审原告或者原审上诉人陈述，后由原审其他当事人发表意见。

需要注意的是，对上述前三项规定的情形，法院应当要求当事人明确其再审请求。

4. 再审范围

（1）法院审理再审案件应当围绕再审请求进行。当事人的再审请求超出原审诉讼请求的，不予审理；符合另案诉讼条件的，告知当事人可以另行起诉。

(2) 被申请人及原审其他当事人在庭审辩论结束前提出的再审请求，符合《民事诉讼法》期限规定的，法院应当一并审理。

(3) 法院经再审，发现已经发生法律效力的判决、裁定损害国家利益、社会公共利益、他人合法权益的，应当一并审理。

5. 再审裁判

(1) 法院经再审审理认为，原判决、裁定认定事实清楚、适用法律正确的，应予维持；原判决、裁定认定事实、适用法律虽有瑕疵，但裁判结果正确的，应当在再审判决、裁定中纠正瑕疵后予以维持。原判决、裁定认定事实、适用法律错误，导致裁判结果错误的，应当依法改判、撤销或者变更。

(2) 按照第二审程序再审的案件，法院经审理认为不符合《民事诉讼法》规定的起诉条件或者符合《民事诉讼法》规定不予受理情形的，应当裁定撤销第一、二审判决，驳回起诉。

(3) 法院对调解书裁定再审后，按照下列情形分别处理：① 当事人提出的调解违反自愿原则的事由不成立，且调解书的内容不违反法律强制性规定的，裁定驳回再审申请；法院裁定中止执行的调解书需要继续执行的，自动恢复执行。② 人民检察院抗诉或者再审检察建议所主张的损害国家利益、社会公共利益的理由不成立的，裁定终结再审程序。

(4) 第一审原告在再审审理程序中申请撤回起诉，经其他当事人同意，且不损害国家利益、社会公共利益、他人合法权益的，法院可以准许。裁定准许撤诉的，应当一并撤销原判决。第一审原告在再审审理程序中撤回起诉后重复起诉的，法院不予受理。

(5) 当事人提交新的证据致使再审改判，因再审申请人或者申请检察监督当事人的过错未能在原审程序中及时举证，被申请人等当事人请求补偿其增加的交通、住宿、就餐、误工等必要费用的，法院应予支持。

(6) 部分当事人到庭并达成调解协议，其他当事人未作出书面表示的，法院应当在判决中对该事实作出表述；调解协议内容不违反法律规定，且不损害其他当事人合法权益的，可以在判决主文中予以确认。

6. 裁定终结再审情形

根据《民事诉讼法解释》第 404 条规定，再审审理期间，有下列情形之一的，可以裁定终结再审程序：

(1) 再审申请人在再审期间撤回再审请求，法院准许的；

(2) 再审申请人经传票传唤，无正当理由拒不到庭的，或者未经法庭许可中途退庭，按撤回再审请求处理的；

(3) 人民检察院撤回抗诉的；

(4) 有《民事诉讼法解释》解释第 400 条前四项规定情形的。

因人民检察院提出抗诉裁定再审的案件，申请抗诉的当事人有上述规定的情形，且不损害国家利益、社会公共利益或者他人合法权益的，法院应当裁定终结再审程序。

再审程序终结后，法院裁定中止执行的原生效判决自动恢复执行。

三、自测练习

（一）单项选择题

1. 根据《民事诉讼法》的规定，人民检察院对民事案件进行抗诉，（　　）。

第十四章自测练习
参考答案

   A. 应当在 6 个月内提出
   B. 应当提交抗诉书
   C. 应当以检察长的名义提出
   D. 应当由同级人民检察院提出

2. 李五（弟）诉李四（兄）财产继承纠纷一案，已经经过了第一审与第二审，均判决李五败诉。李五提出再审申请，法院在依照审判监督程序再审时，发现他们还有一个姐姐李二，已经出嫁多年，而第一审与第二审均没有提及此点。此时再审法院（　　）。
   A. 应当按照第二审程序一并处理，判决为生效判决
   B. 应当按照第一审程序一并进行审理，判决后当事人均可以再提起上诉
   C. 可以根据当事儿女自愿原则予以调解，调解不成立的，裁定撤销第一、二审判决，发回原审法院重审
   D. 对李五诉李四一案适用第二审程序进行再审，判决为生效判决，同时告知李二另行起诉

3. 甲乙两公司合同纠纷一案，A 省江城市某基层人民法院审理判决后，乙公司上诉，江城市中级人民法院审理后作出判决驳回上诉，维持原判决。最高人民法院发现已生效的判决在认定事实与适用法律方面确有错误，有权依照审判监督程序提审或者指令（　　）。
   A. 江城市该基层人民法院再审
   B. 江城市中级人民法院再审
   C. 江城市该基层人民法院或者江城市中级人民法院再审
   D. A 省高级人民法院再审

4. 可以申请再审的程序是（　　）。
   A. 实现担保物权程序
   B. 督促程序
   C. 公示催告程序
   D. 公益诉讼程序

5. 王某（男）与齐某（女）于 2016 年经法院判决离婚。2018 年齐某发现王某在 2016 年离婚期间将夫妻共同所有的一套住房以 50 万元卖给李某，判决中没有对此项财产作出处理。齐某现就此向上一级法院提出再审申请，此时法院应当（　　）。
   A. 作为申请再审案件处理
   B. 告知齐某不得就该离婚判决申请再审
   C. 告知齐某向法院另行起诉
   D. 让齐某选择申请再审或另行起诉

6. 如下情形，不符合当事人申请再审事由的是（　　）。

A. 原判决、裁定适用法律确有错误的

B. 未经传票传唤，缺席判决的

C. 原判决、裁定遗漏或者超出诉讼请求的

D. 原告提供的证据没被采纳

（二）多项选择题

1. 下列案件中当事人可以提出再审的是（　　）。

A. 某甲诉某乙的合同纠纷案件，法院判决后半年内，某乙提出证据证明原判决、裁定认定事实的主要证据是伪造的

B. 某丙诉某丁的离婚纠纷案件，法院判决离婚后的 3 个月，某丁提出证据证明原来认定事实的主要证据是仿造的

C. 戴某诉狄某的债务纠纷，法院判决超过 3 年，但戴某在得知承办法官在原案件审理中因收受贿赂被法院内部予以纪律处分后第二天即向上级法院提起再审

D. 高某诉许某的侵权纠纷，法院判决超过 3 年，但许经过朋友指点发现原案件事实上管辖错误，于是第二天即向法院提起再审

2. 再审申请人证明其提交的新的证据符合（　　）情形，可以认定逾期提供证据的正当理由成立。

A. 原审庭审结束前已经存在，因客观原因于庭审结束后才发现的

B. 原审庭审结束前已经发现，但因客观原因无法取得或者在规定的期限内不能提供的

C. 原审庭审结束后形成，无法据此另行提起诉讼的

D. 原审庭审结束前已经存在，由于当事人不知道其重要性而疏忽的

3. 再审法定事由中的原判决、裁定适用法律确有错误是指（　　）。

A. 适用的法律与案件性质明显不符

B. 确定民事责任明显违背当事人约定或者法律规定

C. 适用已经失效或者尚未施行的法律

D. 违反法律溯及力规定

4. 再审申请审查期间，有（　　）情形的，裁定终结审查。

A. 再审申请人死亡或者终止，无权利义务承继者或者权利义务承继者声明放弃再审申请

B. 在给付之诉中，负有给付义务的被申请人死亡或者终止，无可供执行的财产，也没有应当承担义务的人

C. 当事人达成和解协议且已履行完毕（当事人在和解协议中声明不放弃申请再审权利的除外）

D. 他人未经授权以当事人名义申请再审

5. 当事人的申请符合（　　）情形的，法院应当再审。

A. 有新的证据，足以推翻原判决、裁定的

B. 原判决、裁定认定的基本事实缺乏证据证明的

C. 原判决、裁定认定事实的主要证据是伪造的

D. 原判决、裁定认定事实的主要证据未经质证的

6. 再审申请书应当记明（　　　　）。

A. 再审申请人与被申请人及原审其他当事人的基本信息

B. 原审法院的名称、原审裁判文书案号

C. 具体的再审请求

D. 申请再审的法定情形及具体事实、理由

7. 关于法院依职权主动提起再审程序，下列说法正确的是（　　　　）。

A. 本院院长提交审判委员会讨论决定再审

B. 最高人民法院对全国地方各级法院的生效裁判有权提审

C. 上级法院对下级法院的生效裁判有权提审

D. 最高人民法院有权指令下级法院再审

E. 上级法院有权指令下级法院再审

（三）判断题

1. 判决、调解书生效后，当事人将判决、调解书确认的债权转让，债权受让人对该判决、调解书不服申请再审的，法院不予受理。（　　）

2. 当事人认为发生法律效力的不予受理、驳回起诉的裁定错误的，可以申请再审。（　　）

3. 当事人就离婚案件中的财产分割问题申请再审，如涉及判决中未作处理的夫妻共同财产，应当告知当事人另行起诉。（　　）

4. 当事人对已经发生法律效力的调解书申请再审，应当在调解书发生法律效力后6个月内提出。（　　）

5. 审查再审申请期间，再审申请人申请法院委托鉴定、勘验的，法院不予准许。（　　）

6. 部分当事人到庭并达成调解协议，其他当事人未作出书面表示的，法院应当在判决中对该事实作出表述；调解协议内容不违反法律规定，且不损害其他当事人合法权益的，可以在判决主文中予以确认。（　　）

7. 当事人以不应按小额诉讼案件审理为由向原审法院申请再审的，法院应当受理。理由成立的，应当裁定再审，组成合议庭审理。作出的再审判决、裁定，当事人可以上诉。（　　）

8. 对小额诉讼案件的判决、裁定，当事人以《民事诉讼法》第200条规定的事由向原审法院申请再审的，法院应当受理。申请再审事由成立的，应当裁定再审，组成合议庭进行审理。作出的再审判决、裁定，当事人不得上诉。（　　）

9. 人民检察院依当事人的申请对生效判决、裁定提出抗诉，符合法定条件的，法院应当在15日内裁定再审。（　　）

10. 人民检察院依法对损害国家利益、社会公共利益的发生法律效力的判决、裁定、调解书提出抗诉，或者经人民检察院检察委员会讨论决定提出再审检察建议的，法院应予受理。（　　）

（四）案例分析题

2022年1月至4月底，某运输公司为某运动器材加工厂承运煤炭，产生运杂费10万元，已支付6万元，尚欠4万元。运输公司多次向某运动器材加工厂催要但遭拒付，使拖欠运杂费的问题一直未能解决。于是运输公司向某县人民法院提起诉讼，请求法院判某运动器材加工厂支付运杂费。受诉法院根据上述事实，判决被告清偿原告运杂费4万元。诉讼费5000元由被告承担。器材加工厂不服该县人民法院的判决，向第二审法院提起上诉。该法院依法组成合议庭审理了本案。经审理，法院认为：原判决认定事实清楚，适用法律正确，判决驳回上诉，维持原判决。被告仍不服，向高级人民法院申请再审。高级人民法院经过复查认为：原第一、二审判决确有错误，于是裁定撤销原判决，将案件发回原第一审法院重审。原第一审法院决定仍由原合议庭组成人员审理本案。

问：
(1) 本案中，再审法院能否指定原第一审法院再审？
(2) 高级人民法院决定再审时能否同时撤销原判决？
(3) 再审程序中，原第一审法院的合议庭组成是否合法？
(4) 如果第一审判决后，器材厂没有上诉，而是等到上诉期满以后申请再审，在此种情况下，中级人民法院受理后应当依何种程序处理？

（五）简述题

1. 当事人申请再审的法定事由有哪些？
2. 当事人申请再审的管辖和提起时间是如何规定的？
3. 再审中的发回重审是如何规定的？
4. 当事人申请检察建议或者抗诉的情形有哪些？
5. 法院决定再审、提审和指令再审是如何规定的？

四、拓展与思考：再审撤诉理由的限缩

再审撤回起诉指在再审裁判宣告前，第一审原告申请撤回原第一审起诉，不再要求法院审理和裁判的行为。《民事诉讼法解释》第408条移植《监督程序问题解释》第23条的规定，增设再审撤回起诉制的条件是"其他当事人同意"与"不损害国家利益、社会公共利益、他人合法权益"。该规定因为突破了民事撤诉制度的本来含义和时间节点，冲击再审程序的特殊性和独立性，在论证和制定过程中，就一直存在肯定与否定的对立意见。[①]

比较法上，许多国家的民事诉讼法对再审撤回起诉没有专门规定，这主要是因为各国审级设置不同，且再审程序在功能配置上各有侧重。当再审程序偏重于规范法律适用、维护司

---

① 参见最高人民法院修改后民事诉讼法贯彻实施工作领导小组编著：《最高人民法院民事诉讼法司法解释理解与适用》（下），人民法院出版社2015年版，第1083页。

法统一等公共目的时候①，原告享有和行使该权利的机会自然会被限定在诉讼早期，因此通常禁止原告在再审程序中追本溯源的撤回起诉。如《日本民事诉讼法》第261条就规定，判决确定前，原告可部分或全部撤回起诉。② 美国更是将原告单方面撤回起诉的节点提前至向对方当事人送达答辩状或简易裁判申请书之前。③ 总体来说，各国对再审撤回起诉的态度都非常严格。我国出于诉讼救济论和当事人处分原则的角度允许第一审原告在再审中撤回起诉，裁判终局性受到很大冲击，也反映出了我国审级设置及通常救济程序解纷能力的不足。④

民事再审程序的制度功能决定了再审撤回起诉的适用应当比通常救济程序中更加严苛。裁判效力理论决定了再审撤回起诉的适用应具备与裁判法定撤销程序相当的实质合理性。民事程序救济效益原则决定了再审撤回起诉的适用应具有谦抑性和补充性。因此学者们提出如下再审撤诉理由限缩思路：第一，程序性事由有合理性的应当准许。在审判实践中，准许再审撤回起诉的程序性事由多指最初的起诉错误，即被告确定错误⑤或所诉事实错误⑥等情形。《民事诉讼法》第122条规定主体适格、具体的诉讼请求以及具体的事实、理由等是当事人提起诉讼的实质条件，当事人基于此类特殊事由申请撤回起诉直接证明了原审审理程序不合法，原审全部诉讼因违法而无效。即使当事人未申请撤回起诉，再审法院也应依职权撤销原审裁判。此外，因为该类裁判内容极有可能对案外第三人产生影响，加重第三人的法律责任，因此尚可准许撤回起诉将案件回溯至原初状态，消除确定裁判的法律效力。⑦ 第二，以再次处分实体权益为由申请撤回起诉的原则上不应准许。⑧ 第三，以不具有法律意义的事由申请撤回起诉的原则上不应准许。⑨ 再审申请人此时的目标是借助司法程序的强制力以投机心态获得不法利益，原审存在缺陷等法定事由仅是其实现该目的的工具。⑩

---

① 参见傅郁林：《审级制度的建构原理——从民事程序视角的比较分析》，《中国社会科学》2002年第4期。

② 参见《日本民事诉讼法典》，曹云吉译，厦门大学出版社2017年版，第82页。

③ 参见理查德·D.弗里尔：《美国民事诉讼法》（上），张利民、孙国平、赵艳敏译，商务印书馆2013年版，第399页。

④ 参见范华瑶：《民事再审程序中撤回起诉的严格限制规则》，《西部法学评论》2020年第4期。

⑤ 如吉林省长春市南关区人民法院（2017）吉0102民再5号案的再审过程中，原审原告以原审被告身份有误为由提出撤诉申请。经审理查明，原审被告姚望并非本案实际债务人，而系同名同姓的案外人，与本案无关。类似情形还可参考福建省莆田市仙游县人民法院（2017）闽0322民再8号民事裁定书、四川省邛崃市人民法院（2017）川0183民再3号民事裁定书等。

⑥ 如山东省莱州市人民法院（2017）鲁0683民再29号案审理过程中，原审原告李某某以起诉事实错误为由申请再审撤回起诉。

⑦ 参见范华瑶：《民事再审程序中撤回起诉的严格限制规则》，《西部法学评论》2020年第4期。

⑧ 如黑龙江省大庆市中级人民法院（2017）黑06民再20号案中，被申请人牟某某以双方达成和解并已履行完毕为由，在再审审理过程中向法院申请撤回起诉。还可参考的案例如湖北省武汉市新洲区人民法院（2017）鄂0117民再2号民事裁定书、山西省汾阳市人民法院（2017）晋1182民再1号民事裁定书等。

⑨ 如以再审为借口，要求法院为其解决困难补助、帮助其找工作、为其儿子找对象等。详见江必新：《新诉讼法讲义：再审的理念、制度与机制》，法律出版社2013年版，第11页。

⑩ 参见湖北省汉川市人民法院（2017）鄂0984民再1号民事裁定书。

第十五章　第三人撤销之诉

一、导引

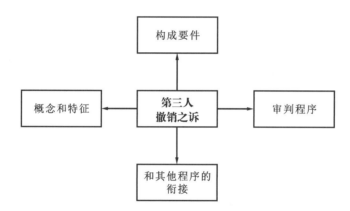

当前我国社会处于矛盾多发的转型期,在民诉实务上体现为民事诉讼案件数量激增。第三人合法利益的最大潜在危险在于案件起诉的时间、内容、标的、请求及被告均由原告起诉提起,当事人行使广泛自主的诉讼权利时,因种种原因忽略或隐瞒事实甚至同谋诈骗案外第三人情形时常发生,从而导致法官作出与事实不符的错误判决、裁定、调解书,侵害第三人的合法权益。案外第三人的合法权益因为未能参加诉讼而没有获得应有的程序保障,却可能受到判决既判力扩张效果的拘束。我国设立第三人撤销之诉制度,目的在于让第三人能够通过该制度撤销他人进行诉讼所形成的错误的生效判决、裁定、调解书,实现权利的救济。

二、基本原理与制度

(一)第三人撤销之诉的概念和特征

所谓第三人撤销之诉,是针对法院的生效判决、裁定、调解书的内容错误,有损害未参加原诉审理程序第三人合法权益的情形,赋予该案外第三人在法定期间内向作出该判决、裁定、调解书的法院提起诉讼，以撤销或者变更生效裁判、保护自己合法权益的诉讼程序。其特征主要有以下几个方面。

首先，它在诉的性质可归类于形成之诉。虽然这种诉的内容是要求撤销他人之间的判决、裁定和调解书，但本质是要求改变判决、裁定和调解书已经确定的法律关系。这一特征基本符合形成之诉的特征。当然，第三人撤销之诉也有不同于一般形成之诉的地方。一般形成之诉依据的是民法上的实体请求权——形成请求权，针对的是形成义务人，而第三人撤销之诉不是直接依据实体上的请求权，而是诉讼法上的请求权，针对的是法院。这一诉讼法上的请求权也是第三人撤销之诉的诉讼标的。在这一点上与再审之诉的诉讼标的类似。

其次，它是一种特殊救济程序。第三人撤销之诉针对的是已经发生法律效力的判决、裁定和调解书，考虑到已决判决、裁定、调解书的稳定性问题，总体上第三人撤销之诉在程序性质上应当与再审程序一样，同属于特殊或非常救济程序。但第三人撤销之诉也有不同于再审之诉的地方，差异之处在于，毕竟第三人撤销之诉的第三人是原诉讼的案外第三人，不像原诉讼的当事人那样在原诉讼中已经行使过一定的诉讼权利，因此，在注重判决、裁定、调解书的稳定性方面的要求没有再审程序高，即第三人撤销之诉的门槛应当比再审程序略低。再审启动要经过再审事由审查，而第三人撤销之诉与一般民事诉讼相同，没有事由审查。

再次，它是一种事后救济程序。根据《民事诉讼法》规定，保障案外第三人事前程序权利并维护其民事权益的诉讼制度有两种，即有独立请求权第三人参与诉讼制度与无独立请求权第三人参与诉讼制度。这两种制度都是保障第三人正当权益的制度，相对于第三人撤销之诉而言是一种事前程序保障。这里所谓的"事前"，是指案件起诉受理后，案件的判决、裁定、调解书生效之前的程序阶段。在这之后，再对案件所涉权利予以救济的程序，就是事后程序。事前与事后的界分标准是判决、裁定、调解书是否生效。强调当事人的程序权利被认为是现代民事诉讼法理的一个重要特征和趋势。一般而言，通常的救济程序都是事前程序，事后救济程序是一种特殊和例外。第三人撤销之诉之所以被认为是一种事后程序保障，是因为这一制度的设置纯粹是为了实现当事人的程序权。如果该第三人原本可参加他人之间的诉讼却因为自己的原因没有参加诉讼的，就不能提起第三人撤销之诉。

（二）第三人撤销之诉的构成要件

《民事诉讼法》第 59 条第 3 款规定，第三人因不能归责于本人的事由未参加诉讼，但有证据证明发生法律效力的判决、裁定、调解书的部分或者全部内容错误，损害其民事权益的，可以自知道或者应当知道其民事权益受到损害之日起 6 个月内，向作出该判决、裁定、调解书的法院提起诉讼。法院经审理，诉讼请求成立的，应当改变或者撤销原判决、裁定、调解书；诉讼请求不成立的，驳回诉讼请求。

第三人撤销之诉作为一种事后救济程序必须具备一定的条件，否则不能提起。这一条件是该第三人由于不能归责于本人的事由没有参加他人之间的诉讼，导致自己不能在诉讼中行使诉讼权利，从而不能维护自己的合法权益。如果该第三人原本可参加他人之间的诉讼却因为自己的原因没有参加诉讼的，就不能提起第三人撤销之诉，即使第三人有证据证明该判决、裁定、调解书确有错误，侵害了自己的合法权益。

第三人撤销之诉是针对生效判决、裁定、调解书错误提起的诉讼，其起诉条件较普通诉讼严格，除符合《民事诉讼法》第 122 条规定的起诉条件之外，还需满足民事诉讼法第 59 条第 3 款规定的主体、程序和实体等条件要求。①

（1）有权提起第三人撤销之诉的必须是当事人以外的第三人，且对原案的诉讼标的享有独立的请求权或者与原案的裁判结果有法律上的利害关系。

实践中，对与原案的裁判结果有法律上的利害关系的判断较为复杂。② 比如债务人通过诉讼程序恶意逃债，并取得生效判决后，债权人是否可以通过提起第三人撤销之诉，请求法院撤销该生效的裁判文书呢？最高人民法院就曾作出过截然相反的裁判观点。③ 究其主因，一是《民事诉讼法》规定享有提起第三人撤销权之诉的主体是第三人且案件处理结果同其有法律上的利害关系。而认定是否"具有法律上的利害关系"，存在较大的理解空间。二是第三人撤销之诉中"民事权益"的范围，也为考察普通债权人是否具有第三人撤销之诉主体资格提供了角度。债权具有相对性，所以一般认为，第三人撤销之诉中的"民事权益"并不包括普通债权。其他的权利，比如所有权、担保物权、用益物权、著作权等，均属于此处"民事权益"的范围。三是"民事权益"的认定与"具有法律上的利害关系"的认定标准之间也并非泾渭分明。

《民法典》中已把债务人放弃其债权、无偿转让财产等行为，作为并列的情形列入了撤销权的规定，那么，我们在实务中，是否还能在债权人享有撤销权的情形时，直接提起第三人撤销之诉？对此，最高人民法院 2019 年发布的《全国法院民商事审判工作会议纪要》（简称《九民纪要》）第 120 条已经明确：第三人撤销之诉中的第三人仅局限于《民事诉讼法》第 56 条规定的有独立请求权及无独立请求权的第三人，而且一般不包括债权人。但是，设立第三人撤销之诉的目的在于救济第三人享有的因不能归责于本人的事由未参加诉讼但因生

---

① 第三人撤销之诉的起诉条件比普通诉讼更为严格。参见（2021）最高法民终 825 号。
② 如指导案例 150 号：中国民生银行股份有限公司温州分行诉浙江山口建筑工程有限公司、青田依利高鞋业有限公司第三人撤销之诉案（最高人民法院 2021 年 2 月 19 日发布）。最高人民法院的裁判观点是：建设工程价款优先受偿权与抵押权指向同一标的物，抵押权的实现因建设工程价款优先受偿权的有无以及范围大小受到影响的，应当认定抵押权的实现同建设工程价款优先受偿权案件的处理结果有法律上的利害关系，抵押权人对确认建设工程价款优先受偿权的生效裁判具有提起第三人撤销之诉的原告主体资格。
③ 如（2017）最高法民终 319 号案：胡炳光、胡绍料、周笃员、蒋美愈、周建光与德清金恒坤房地产开发有限公司、张平平、沈金龙及陈莲英第三人撤销之诉纠纷案（审结日期：2018 年 12 月 5 日）。在该案中，法院认为：无论原案中陈莲英与金恒坤公司等之间的股权转让合同纠纷如何处理，其结果均不会对胡炳光等五人与陈莲英之间的民间借贷法律关系项下的权利义务产生影响。胡炳光等五人作为与陈莲英存在民间借贷关系的普通债权人，其在债权能否实现方面与原案存在一定事实上的关系，但这种事实上的联系不同于法律上的利害关系。胡炳光等五人就原案而言，亦不属于《民事诉讼法》第 56 条第 2 款规定的无独立请求权第三人。原案确有错误的，可依法通过审判监督程序予以纠正。另外，（2017）最高法民终 626 号案：鞍山市中小企业信用担保中心诉汪薇、鲁金英第三人撤销之诉案（审结日期：2018 年 5 月 30 日）。这一案的法院认为：虽然担保中心与汪薇之间基于贷款代偿形成的债权债务关系，与汪薇和鲁金英之间因转让养殖场形成的买卖合同关系属两个不同法律关系，但是，汪薇系为创办养殖场与担保中心形成案涉债权债务关系，与黄沙坨信用社签订借款合同的主体亦为养殖场，故汪薇和鲁金英转让的养殖场与担保中心对汪薇债权的形成存在关联关系。在原债权纠纷已经进入执行阶段时，汪薇以低价转让养殖场，属于"债务人以明显不合理的低价转让财产，对债权人造成损害"，符合《合同法》第 74 条规定的债权人行使撤销权条件，债权人对民事调解书具有提起第三人撤销之诉的原告主体资格。

效裁判文书内容错误受到损害的民事权益,因此,债权人在下列情况下可以提起第三人撤销之诉:① 该债权是法律明确给予特殊保护的债权,如建设工程价款优先受偿权等;② 因债务人与他人的权利义务被生效裁判文书确定,导致债权人本来可以对《合同法》第74条和《企业破产法》第31条规定的债务人的行为享有撤销权而不能行使的;③ 债权人有证据证明,裁判文书主文确定的债权内容部分或者全部虚假的。债权人提起第三人撤销之诉还要符合法律和司法解释规定的其他条件。对于除此之外的其他债权,债权人原则上不得提起第三人撤销之诉。可见,享有合同撤销权的债权人,可以通过提起第三人撤销之诉,请求法院改变或撤销有错误的原判决、裁定、调解书。最高人民法院的上述规定使得债权人的权利能够得到及时保护。在《九民纪要》出台之前,北京市高级人民法院、广东省高级人民法院已经认可,享有合同上的撤销权的债权人,是提起第三人撤销之诉的适格主体。其中,广东省高级人民法院的规定和《九民纪要》中规定的内容如出一辙。2020年浙江省高级人民法院也出台了相关规定,与最高人民法院的观点保持了一致。

关于起诉人的列位,根据《民事诉讼法解释》第296条规定,第三人提起撤销之诉,法院应当将该第三人列为原告,生效判决、裁定、调解书的当事人列为被告,生效判决、裁定、调解书中没有承担责任的无独立请求权的第三人列为第三人。

(2) 第三人未参加诉讼的责任不在于其本人,因自己的原因而没有参加诉讼的,不能提出撤销之诉。

因不能归责于本人的事由未参加诉讼,根据《民事诉讼法解释》第293条规定,是指没有被列为生效判决、裁定、调解书当事人,且无过错或者无明显过错的情形,包括不知道诉讼而未参加的、申请参加未获准许的、知道诉讼但因客观原因无法参加的以及其他不能归责于本人的事由未参加诉讼的等几种情形。

(3) 第三人提起撤销之诉须有证据证明发生法律效力的判决、裁定、调解书部分或者全部内容错误,根据《民事诉讼法解释》第294条规定,这里的内容错误是指判决、裁定的主文①,调解书中处理当事人民事权利义务的结果,并且这种错误损害其民事权益②。

此外,需要注意的是,《民事诉讼法解释》第295条规定,如下情形不能提起第三人撤销之诉情形:① 适用特别程序、督促程序、公示催告程序、破产程序等非讼程序处理的案件;② 婚姻无效、撤销或者解除婚姻关系等判决、裁定、调解书中涉及身份关系的内容;③《民事诉讼法》规定的未参加登记的权利人对代表人诉讼案件的生效裁判;④《民事诉讼法》规定的损害社会公共利益行为的受害人对公益诉讼案件的生效裁判。

(三)第三人撤销之诉的受理与裁判

1. 第三人起诉

根据《民事诉讼法解释》第290条规定,第三人对已经发生法律效力的判决、裁定、

---

① 注意第三人撤销之诉不能针对判决所认定的事实。参见(2020)最高法民终150号。
② 对民事权益受到损害这一要件,最高人民法院判例观点是:第三人撤销之诉与审判监督程序有所不同,第三人提起撤销之诉须有证据证明发生法律效力的判决内容错误损害其民事权益,若该判决内容并不影响其民事权益,则没有进一步审查生效判决是否错误的必要。参见(2017)最高法民终367号。

调解书提起撤销之诉的，应当自知道或者应当知道其民事权益受到损害之日起 6 个月内，[①]向作出生效判决、裁定、调解书的法院提出。这里，"知道或者应当知道"的时间起算点，需案外人提交证据加以证明，且不适用中止、中断、延长的规定。法律明确限定时间是为避免对法律关系造成长期的不稳定，维持裁判的公信力，法律对第三人提起撤销诉讼作了必要的限制。这里的生效法院，第一审后判决、裁定、调解书生效的，向第一审法院提起，第二审后判决、裁定、调解书生效的，向第二审法院提起。这主要是考虑作出生效判决、裁定、调解书的法院熟悉案情，掌握诉讼材料，有利于受案法院迅速查清案件事实、分清是非责任，又可以保证第三人撤销之诉对原判决既判力的损害控制在最小的范围之内。

起诉时应当提供存在下列情形的证据材料：因不能归责于本人的事由未参加诉讼；发生法律效力的判决、裁定、调解书的全部或者部分内容错误；发生法律效力的判决、裁定、调解书内容错误损害其民事权益。

2. 法院审查受理

第三人撤销之诉不同普通民事案件，当事人主张撤销已经生效的判决、裁定、调解书的内容，关系到生效判决、裁定、调解书的既判力和社会关系的稳定性以及法院的审判权威。法院审查其申请时，要进行相应的实体审查，必要时可以进行相应的调查取证。

（1）法院应当在收到起诉状和证据材料之日 5 日内送交对方当事人，对方当事人可以自收到起诉状之日起 10 日内提出书面意见。

（2）法院应当对第三人提交的起诉状、证据材料以及对方当事人的书面意见进行审查。必要时，可以询问双方当事人。经审查，符合起诉条件的，法院应当在收到起诉状之日起 30 日内立案。不符合起诉条件的，应当在收到起诉状之日起 30 日内裁定不予受理。

根据《民事诉讼法解释》第 296 条、297 条规定，第三人提起撤销之诉，法院应当将该第三人列为原告，生效判决、裁定、调解书的当事人列为被告，生效判决、裁定、调解书中没有承担责任的无独立请求权的第三人列为第三人。受理第三人撤销之诉案件后，原告提供相应担保，请求中止执行的，法院可以准许。

3. 法院审理裁判

第三人撤销之诉的提起是因原审判决、裁定、调解书内容损害第三人合法权益而申请撤销，应采取普通程序组成合议庭进行审理，原审判决、裁定、调解书是第一审法院作出的就按第一审程序审理，原审判决、裁定、调解书是第二审法院作出的就按第二审程序审理。

关于合议庭成员的组成，应以另行组成合议庭为宜，[②] 原审判人员虽然对案情较为熟悉，

[①] 债权人对确认债务人处分财产行为的生效裁判提起第三人撤销之诉的，在出现债务人进入破产程序、无财产可供执行等影响债权人债权实现的情形时，应当认定债权人知道或者应当知道该生效裁判损害其民事权益，提起诉讼的 6 个月期间开始起算。参见指导案例 153 号：永安市燕诚房地产开发有限公司诉郑耀南、远东（厦门）房地产发展有限公司等第三人撤销之诉案（最高人民法院 2021 年 2 月 19 日发布）。

[②] 最高人民法院的态度是，审理前诉的法官应当旨在撤销前诉的第三人撤销之诉中回避。参见张洪兴与六盘水名都房地产开发有限公司等合资合作开发房地产合同纠纷案，(2015) 最高法民一终字第 114 号。

但存在先入为主的可能，且该诉是为撤销其先前承办案件所作的裁判，心理上可能有所抵触。这一点最高人民法院司法解释态度也很明确，即在第三人撤销之诉案件审理中，曾参与原审判工作的审判人员应当回避问题。根据《最高人民法院关于审判人员在诉讼活动中执行回避制度若干问题的规定》第 3 条规定，凡在一个审判程序中参与过本案审判工作的审判人员，不得再参与该案其他程序的审判。对该规定中所称的"本案"，不应简单机械地从当事人范围、诉讼标的等方面进行理解。当事人提起第三人撤销之诉的实体权利能否得到支持，依赖于对业已发生法律效力的法律文书是否存在错误，是否损害第三人民事权益问题所作的判断结果。尽管原诉讼与第三人撤销之诉在案件当事人范围、诉讼标的等方面并不相同，但在评价相关法律文书是否存在错误的问题上，第三人撤销之诉与二审、再审诉讼程序具有相同性质和功能。据此，基于第三人撤销之诉产生的案件属于前述司法解释规定中所称的"本案"，第三人撤销之诉属于前述司法解释规定中所称的"该案其他程序"。

根据《民事诉讼法解释》第 298 条规定，依法另行组成合议庭审理后，按下列情形分别处理：① 请求成立且确认其民事权利的主张全部或部分成立的，改变原判决、裁定、调解书内容的错误部分。② 请求成立，但确认其全部或部分民事权利的主张不成立，或者未提出确认其民事权利请求的，撤销原判决、裁定、调解书内容的错误部分。③ 请求不成立的，驳回诉讼请求。对判决、裁定、调解书不服的，当事人可以上诉。原判决、裁定、调解书的内容未改变或者未撤销的部分继续有效。

4. 第三人撤销之诉与其他程序的衔接

根据《民事诉讼法解释》第 298—301 条规定，对第三人撤销之诉与再审、案外人异议之诉交互发生的衔接情形应进行如下处理。

1）第三人撤销之诉与再审程序的衔接

第三人撤销之诉案件审理期间，法院对生效判决、裁定、调解书裁定再审的，受理第三人撤销之诉的法院应当裁定将第三人的诉讼请求并入再审程序。但有证据证明原审当事人之间恶意串通损害第三人合法权益的，法院应当先行审理第三人撤销之诉案件，裁定中止再审诉讼。对于第三人诉讼请求并入再审程序进行审理的，应按照下列情形分别处理：① 按照第一审程序审理的，法院应当对第三人的诉讼请求一并审理，所作的判决可以上诉。② 按照第二审程序审理的，法院可以调解，调解达不成协议的，应当裁定撤销原判决、裁定、调解书，发回第一审法院重审，重审时应当列明第三人。

2）第三人撤销之诉与执行异议的衔接

（1）第三人提起撤销之诉后，未中止生效判决、裁定、调解书执行的，执行法院对第三人依照《民事诉讼法》规定提出的执行异议，应予审查。第三人不服驳回执行异议裁定，申请对原判决、裁定、调解书再审的，法院不予受理。

（2）案外人对法院驳回其执行异议裁定不服，认为原判决、裁定、调解书内容错误损害其合法权益的，应当根据《民事诉讼法》规定申请再审，提起第三人撤销之诉的，法院不予受理。

目前，案外人权利救济途径包括案外人执行异议之诉、案外人申请再审程序以及第三人撤销之诉制度三种。其中，第三人撤销之诉和执行程序中案外人申请再审竞合时的处理，

《民事诉讼法解释》仅规定当执行程序中案外人"对执行异议裁定不服","认为原判决、裁定、调解书内容错误损害其合法权益"时,只能对原判决、裁定、调解书申请再审。但是,前述规定并没有对案外人先启动执行异议程序,且该执行异议获法院支持情形下,案外人认为原判决、裁定、调解书内容错误损害其合法权益,能否提起第三人撤销之诉或者是否只能申请再审作出明确的指引。司法实践中,最高人民法院有判例对这种情况明确指出,设置"不服执行裁定"条件的主要目的在于限制当事人程序启动后的选择权,但并不能就此反推若案外人提出执行异议被法院支持,他就可以提起第三人撤销之诉。在后一种情形下,若案外人认为原判决、裁定、调解书错误的,基于程序的一贯性,由其对原判决、裁定、调解书申请再审更符合案外人权利救济制度各自的功能定位,更好地衡平保护各方主体的合法权益。也就是说,案外人提出的执行异议即使被法院支持,也不能就原判决、裁定、调解书提起第三人撤销之诉。无论案外人提出的执行异议是否被法院支持,案外人均不能就原判决、裁定、调解书提起第三人撤销之诉,而只能对原生效判决、裁定、调解书向法院申请再审。①

三、自测练习

(一)选择题

1. 对( )情形提起第三人撤销之诉的,法院不予受理。
A. 适用破产程序处理的案件
B. 婚姻无效判决
C. 《民事诉讼法》规定的未参加登记的权利人对代表人诉讼案件的生效裁判
D. 选民失踪案件

第十五章自测练习
参考答案

2. 关于第三人撤销之诉,下列说法正确的是( )。
A. 法院受理第三人撤销之诉后,应中止原裁判的执行
B. 第三人撤销之诉是确认原审裁判错误的确认之诉
C. 第三人撤销之诉由原审法院的上一级法院管辖,但当事人一方人数众多或者双方当事人为公民的案件,应由原审法院管辖
D. 第三人撤销之诉的客体包括生效的民事判决、裁定和调解书

3. 第三人提起撤销之诉,应当自知道或者应当知道其民事权益受到损害之日起( )内,向作出生效判决、裁定、调解书的法院提出。
A. 1个月
B. 3个月

---

① 最高人民法院进一步指出,第三人撤销之诉与案外人申请再审均是保护案外人合法权益的救济制度和对原判决、裁定、调解书效力稳定性挑战的纠错机制,二者在功能上和保护的主体范围上均有一定的重合。在第三人撤销之诉与执行程序中案外人申请再审竞合的情形下,案外人只可根据启动程序先后择一适用,另一程序则被限制适用,否则将容易导致当事人权利的滥用和司法资源的浪费。参见(2022)最高法民申353号。

C. 6 个月

D. 4 个月

4. 第三人对已经发生法律效力的判决、裁定、调解书提起撤销之诉的，应提供（   ）的证据材料。

A. 因不能归责于本人的事由未参加诉讼

B. 发生法律效力的判决部分内容错误

C. 发生法律效力的裁定内容错误损害其民事权益

D. 生效裁判属于虚假诉讼

5. 对第三人撤销或者部分撤销发生法律效力的判决、裁定、调解书内容的请求，法院经审理，按（   ）情形分别处理。

A. 请求成立且确认其民事权利的主张全部或部分成立的，改变原判决、裁定、调解书内容的错误部分

B. 请求成立，但确认其全部或部分民事权利的主张不成立，或者未提出确认其民事权利请求的，撤销原判决、裁定、调解书内容的错误部分

C. 请求不成立的，驳回诉讼请求

D. 原判决、裁定、调解书的内容未改变或者未撤销的部分继续有效

（二）判断题

1. 第三人撤销之诉案件审理期间，法院对生效判决、裁定、调解书裁定再审的，受理第三人撤销之诉的法院应当裁定将第三人的诉讼请求并入再审程序。但有证据证明原审当事人之间恶意串通损害第三人合法权益的，法院应当先行审理第三人撤销之诉案件，裁定中止再审诉讼。（   ）

2. 案外人对法院驳回其执行异议裁定不服，认为原判决、裁定、调解书内容错误损害其合法权益的，应当根据《民事诉讼法》规定申请再审，提起第三人撤销之诉的，法院不予受理。（   ）

3. 第三人提起撤销之诉，法院应当将该第三人列为原告，生效判决、裁定、调解书的当事人列为被告，生效判决、裁定、调解书中没有承担责任的无独立请求权的第三人列为第三人。（   ）

4. 法院应当对第三人提交的起诉状、证据材料以及对方当事人的书面意见进行审查。必要时，应当询问双方当事人。（   ）

5. 不知道诉讼而未参加的和申请参加未获准许均属于第三人提起撤销之诉中的不能归责于第三人本人的事由。（   ）

（三）案例分析题

宁波建工因与和丰置业建设工程施工合同纠纷，向宁波中院提出财产保全申请。宁波中院于2018年10月14日作出保全裁定，于10月18日向吉林白山市国土局送达保全裁定和协助执行通知书，查封和丰置业名下白山市国用（2017）第060000013号等4个权证（简称案涉权证）下的国有土地使用权。2019年11月

9日，浙江高院主持宁波建工与和丰置业自愿达成调解协议，并出具（2019）浙民终字第36号民事调解书，确认和丰置业应当给付宁波建工工程价款数额。在该案执行程序中，宁波中院于2020年8月7日、2021年12月11日、2022年7月18日通知白山市国土局继续查封案涉权证下的国有土地使用权。

2019年8月27日至9月13日，和丰置业与建行白山分行签订贷款合同和抵押合同，约定和丰置业向建行白山分行借款2亿元，以案涉权证下的国有土地使用权及地上在建工程设立抵押。同时，和丰置业与建行白山分行在白山市国土局按约定办理了以建行白山分行为抵押权人的抵押登记。之后，建行白山分行因追索上述借款本息向吉林高院（一审法院）起诉，并在该院主持下与和丰置业自愿达成和解协议。一审法院于2022年7月11日出具（2022）吉民初11号民事调解书，确认和丰置业应当向建行白山分行偿还的借款本息数额，同时确认建行白山分行可在和丰置业给付义务范围内对案涉权证下的国有土地使用权和在建工程行使抵押权。

宁波建工向一审法院提起第三人撤销之诉，请求撤销（2022）吉民初11号民事调解书关于确认抵押权的内容。

问：宁波建工是否有权提起第三人撤销之诉？

（四）简述题

1. 第三人撤销之诉的主要特征有哪些？
2. 第三人撤销之诉的构成要件是什么？
3. 法律是如何规定第三人撤销之诉与再审、执行异议的衔接的？

四、拓展与思考：我国第三人撤销之诉的原告适格问题

根据《民事诉讼法》第59条第3款规定，只有本可以于事前参与当事人之间的诉讼中的有独立请求权的第三人和无独立请求权的第三人，非因自身原因没有参与当事人之间的诉讼且自身合法权益遭受当事人之间的生效判决、裁定、调解书损害时，才具有提起该诉的资格。这直接在内涵和外延上将第三人撤销之诉中的"第三人"与"诉讼第三人"等同了起来。就诉讼第三人的内涵而言，两种类型的第三人皆不包括被当事人之间的欺诈诉讼或者虚假诉讼等情形侵害到的第三人，亦不包括被当事人之间生效判决、裁定、调解书损害的本应参加诉讼的必要共同诉讼人。从诉讼第三人的范畴来看，不存在诈害防止参加之诉、共同诉讼参加等情形。如此，实际上剥夺了诈害诉讼中第三人获得事后程序保障的机会。[①] 并且，为了救济被当事人之间生效判决、裁定、调解书损害的本应参加诉讼的必要共同诉讼人的利益，《民事诉讼法》不得不另行规定了案外人再审之诉。

从比较法角度，《法国民事诉讼法典》第583条规定，提起第三人取消判决异议之诉的主体需要满足三个条件：第一，"有利益"，只要第三人的利益有可能遭受当事人之间生效判

---

① 参见吴泽勇：《第三人撤销之诉的原告适格》，《法学研究》2014年第3期；王亚新：《第三人撤销之诉原告适格的再考察》，《法学研究》2014年第6期。

决的侵害，其即具有提起第三人撤销之诉的利益。第二，"非诉讼当事人"。第三，"不曾由他人代理诉讼"。凡是由他人代理诉讼的人，无论是法定代理还是委托代理，都无权利提起第三人取消判决异议之诉。① 台湾地区"民事诉讼法"第 507 条第 1 款规定，提起第三人撤销之诉的原告的主体资格主要有三个条件：第一，能提起第三人撤销之诉的主体必须是与当事人之间的生效判决有法律上利害关系之第三人；第二，该第三人非因可归责于己之事由而未参加诉讼，因此不能提出足以影响判决结果之攻击或防御方法；第三，没有其他法定程序供其请求救济。②

由上述对比可知，《民事诉讼法》第三人撤销之诉的原告适格范围远远窄于法国和台湾地区，同时对第三人撤销之诉的起诉条件规定过于严格，进一步限缩了原告适格的范围。如《民事诉讼法》规定第三人提起撤销之诉的程序事项要求是"因不能归责于本人的事由未参加诉讼"。然而，由于我国缺失台湾地区辅助参加制度中的诉讼告知制度，因此判断第三人"因不能归责于本人的事由未参加诉讼"的情形并非易事，③ 这必会带来更进一步限缩适格原告的范围结果。再如，《民事诉讼法》规定第三人提起撤销之诉的实体事项要件之一是"有证据证明发生法律效力的判决、裁定、调解书的部分或者全部内容错误，损害其民事权益的"，但并未具体规定"部分或者全部内容错误"的范围。最高人民法院《民事诉讼法解释》将其解释为是指判决、裁定的主文以及调解书中处理当事人民事权利义务的结果，显然其中不包括裁判事由部分。即第三人撤销之诉并不适用于当事人之间生效裁判的事由部分的认定效力向第三人扩张时的利益保障，这等于是从实体事项角度对第三人撤销之诉的适格原告范围进行了再次限缩。

故而有学者主张，将第三人撤销之诉中的"第三人"与"诉讼第三人"这一特殊当事人制度相分离，以"与当事人之间的生效判决有法律上利害关系之第三人"来界定第三人撤销之诉中的适格原告，以扩大适格原告的范围和明确原告适格的条件；同时细化起诉条件，增强适格原告判断的可操作性。④

---

① 参见罗结珍译：《法国新民事诉讼法典》，法律出版社 2008 年版，第 634 页。
② 参见邱联恭：《口述民事诉讼法讲义（三）》，邱联恭 2012 年自版，第 352-354 页。
③ 《民事诉讼法解释》第 293 条在总结司法经验的基础上，将"因不能归责于本人的事由未参加诉讼"界定为第三人"无过错或者无明显过错"的四种情形，具体来看，第二种和第三种情形比较容易判断，而证明第一种情形则成为一个难题。何为"不知道诉讼"？是采纳没有相反证据证明第三人"知道诉讼"即认定第三人"不知道诉讼"，还是需要第三人提供证据证明自己"不知道诉讼"？从证明可能性来看，第三人无法提供证据证明自己"不知道诉讼"这一消极事实。而如果要求被告提供相反的证据证明第三人知道诉讼而未参加，则证明难度极大，加重了被告的程序负担。
④ 参见崔玲玲：《我国第三人撤销之诉的原告适格问题探析》，《南宁师范大学学报（哲学社会科学版）》2019 年第 6 期。

第十六章 特别程序

一、导引

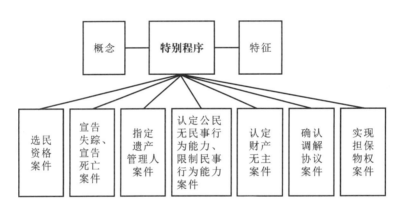

民事案件有诉讼案件与非诉事件之分,这是由当事人诉求的多元化、纠纷类型的多样性等因素决定的。诉讼案件指的是就实体法上权利的存否等实质性事项有争议的案件,而非诉事件是指利害关系人在没有民事权益争议的情况下,请求法院确认某种事实是否存在,从而使一定的法律关系发生、变更或消灭的案件。非诉程序乃法院干预性地介入当事人之间的私人生活关系并谋求合目的性调整之程序,其不采当事人两造对立之基本结构,也不以言辞辩论为中心,循职权探知主义运作模式。非诉程序重在预防日后产生民事纠纷,与民事诉讼大有不同,故其程序设计遵循了简易迅速的原则,实行一审终审,与民事诉讼提供的严密精致的程序保障不同。而特别程序,主要就是针对特定类型的民事非诉案件(选民资格案件除外)所适用的程序。依据《民事诉讼法》规定,特别程序包括法院审理选民资格案件,宣告失踪、宣告死亡案件,指定遗产管理人案件,认定公民无民事行为能力、限制民事行为能力案件,认定财产无主案件、确认调解协议案件和实现担保物权案件七类。特别程序是我国民事诉讼程序的重要组成部分,具有自己的特殊性和独立性。在法律适用方面,首先适用《民事诉讼法》关于特别程序的规定,不能满足需要时,适用《民事诉讼法》的其他规定,如总则、普通程序,但反诉、和解等不能适用。

二、基本原理与制度

（一）特别程序的特征

根据《民事诉讼法》第184—187条规定，特别程序不同于审判一般案件通常程序（普通程序和简易程序），它具有自己的特殊性和独立性。

（1）适用范围是特定的。法院是特定的，多数为基层人民法院，确认调解协议案件等除外。

（2）启动的当事人也比较特殊。没有原告和被告，起诉人或申请人不一定与本案有直接利害关系。

（3）审判组织特殊、审限短、一审终审。适用特别程序审理案件，以独任制审判为原则，合议制审判为补充。除选民资格案件或者重大、疑难的案件由审判员组成合议庭审理，其他案件由审判员一人独任审理。

（4）适用特别程序审理的案件，应当在立案之日起30日内或者公告期满后30日内审结。有特殊情况需要延长的，由本院院长批准。但审理选民资格案件除外。

（5）不适用审判监督程序。按照特别程序审理的案件，在判决发生法律效力以后，如果发现判决在认定事实或适用法律方面有错误，或者是出现了新情况、新事实，原审法院根据有关人员的申请，查证属实之后，可依特别程序的规定撤销原判决，作出新判决。特别程序自带纠错机制，无需监督程序纠错。

（6）法院在审理案件的过程中，发现本案属于民事权益争议的，应当裁定终结特别程序，并告知利害关系人可以另行起诉。

此外，适用特别程序审理的案件，也不适用一般程序中的辩论原则、调解和陪审员等制度。

（二）选民资格案件

所谓选民资格案件，是指公民对选举委员会公布的选民资格名单有不同意见，向选举委员会申诉后，对选举委员会就申诉所作的决定不服，而向法院提起诉讼的案件。[①] 需要区别的是，选举结果有异议，并非对选民名单有异议，并非选民资格案件。

对选民资格案件的审理应遵守如下要求。

1）申诉前置

任何人对选举委员会公布的选民资格名单有意见时，不能直接向法院起诉，而必须先就该选民资格问题向选举委员会申诉。选举委员会对该申诉处理后，如果仍然有人对申诉处理结果有意见，才能向选举委员会所在地基层人民法院起诉。

2）起诉人资格

所有的人都可以起诉，如申诉人、选民资格的本人，以及任何一个毫不相干的人都可以

[①] 如李福明申请确认选民资格一案选民资格案，参见广东省江门市新会区人民法院民事裁定书（2021）粤0705民特58号。

起诉。诉讼当事人是起诉人和选举委员会。

3）起诉时间

公民不服选举委员会对选民资格的申诉所作的处理决定，可以在选举日的 5 日以前向选区所在地基层人民法院起诉。

4）庭审组织

必须采用合议制，法庭审理时由审判员组成的合议庭，开庭主要包括法庭调查、法庭辩论和合议庭评议几个阶段。审理时，起诉人、选举委员会代表和有关公民必须参加。

法院受理选民资格案件后，必须在选举日前审结。并且实行一审终审制，法院判决书应当在选举日前送达选举委员会和起诉人，并通知有关公民。

（三）宣告失踪案件

所谓宣告失踪程序，是公民下落不明达到法定期间，经利害关系人申请，由法院以推定方式确认公民失踪的事实，并为其设立财产代管人的一系列步骤的总称。对结束失踪人财产无人管理、所负义务得不到履行的不正常状态，维护公民的合法权益和社会经济秩序稳定具有重大意义。

1. 构成要件

根据《民法典》《民事诉讼法》及相关司法解释，该程序构成要件有如下几个方面。

1）受宣告人失踪并达到法定期间

受宣告自然人离开住所或居所没有任何音讯，处于下落不明的状态。宣告失踪的法定期间为公民下落不明满 2 年，具体计算从失踪人音讯消失之次日起算。战争期间失踪的，失踪期间从战争结束之日或者有关机关确定的下落不明之日起计算。

2）经利害关系人申请

所谓利害关系人，是指与失踪人有人身关系或财产关系的人，如父母、配偶、近亲属、债权人、债务人等。对于申请权的行使，法律没有规定顺序以及序位的限制，符合法律规定的多个利害关系人提出宣告失踪申请的，列为共同申请人。申请人应该到下落不明人住所地基层人民法院申请。申请书应当写明失踪的事实、时间和请求，并附有公安机关或者其他有关机关关于该公民下落不明的书面证明。申请人还可以请求法院清理下落不明人的财产，并指定案件审理期间的财产管理人。

3）由法院发出寻找下落不明人的公告

法院受理利害关系人的宣告失踪申请案后，应当发出寻找下落不明人的公告，宣告失踪的公告期间为 3 个月。公告应当记载下列内容：① 被申请人应当在规定期间内向受理法院申报其具体地址及其联系方式；② 凡知悉被申请人生存现状的人，应当在公告期间内将其所知道情况向受理法院报告。

公告期间届满，法院应当根据被宣告失踪的事实是否得到确认，作出宣告失踪判决或者驳回申请的判决。

2. 指定失踪人的财产代管人

宣告失踪案件，法院可以根据申请人的请求，清理下落不明人的财产，并指定案件审理期间的财产管理人。公告期满后，法院判决宣告失踪的，应当同时依照《民法典》第 42 条的规定指定失踪人的财产代管人。有资格任财产代管人的，应是失踪人的配偶、父母、成年子女或关系密切的其他亲属、朋友。财产代管人的选任先由前述范围内的人协商后，供法院指定。协商不能时，则由法院直接指定。财产代管人负保管失踪人财产的职责，对于失踪人所欠的税款、债务和其他费用，可从代管财产中支付。财产代管人不履行代管职责或者侵犯失踪人财产的，要负侵权之民事责任，其他利害关系人可请求其承担民事责任，并要求变更财产代管人。

失踪人的财产代管人经法院指定后，代管人申请变更代管的，比照《民事诉讼法》特别程序的有关规定进行审理。申请理由成立的，裁定撤销申请人的代管人身份，同时另行指定财产代管人；申请理由不成立的，裁定驳回申请。

失踪人的其他利害关系人申请变更代管的，法院应当告知其以原指定的代管人为被告起诉，并按普通程序进行审理。

公民被宣告失踪后，其民事主体资格仍然存在。相对宣告死亡而言不发生继承，也不改变与其人身有关的民事法律关系。

3. 失踪宣告的撤销、撤回

被宣告失踪的公民重新出现，经本人或者利害关系人申请，法院应当作出新判决，撤销原判决。当失踪人复出或者有人确知其下落时，经本人或利害关系人申请，由法院撤销对他的失踪宣告。法院的撤销失踪宣告作出后，财产代管人资格消灭，财产代管人应交还代管财产并汇报管理情况，提交收支账目。

法院受理宣告失踪案件后、作出判决前，申请人撤回申请的，法院应当裁定终结案件，但其他符合法律规定的利害关系人加入程序要求继续审理的除外。

（四）宣告死亡案件

宣告死亡是公民下落不明达到法定期间，经利害关系人申请，由法院推定其死亡，宣告结束失踪人以生前住所地为中心的民事法律关系的一系列步骤的总称。宣告死亡是生理死亡的对称，是一种法律推定。

1. 构成要件

根据《民事诉讼法》《民法典》及相关司法解释，公民有下列情形之一的，利害关系人可以向法院申请宣告该公民死亡。

1）受宣告人失踪并达到法定期间

公民下落不明满 4 年，或者因意外事件下落不明满 2 年①，或者因意外事件下落不明，经有关机关证明该公民不可能生存，申请宣告死亡不受 2 年时间的限制。法院判决宣告公民

---

① 如庄荷芳、张崇兴申请宣告海上事故自然人死亡特别程序案，参见宁波海事法院民事判决书（2022）浙 72 民特 92 号。

失踪后，利害关系人向法院申请宣告失踪人死亡，自失踪之日起满4年的，法院应当受理，宣告失踪的判决即是该公民失踪的证明，审理中仍应依照《民事诉讼法》规定进行公告。

这里需要注意的是，下落不明是指公民离开最后居住地后没有音讯的状况。公民在我国台湾地区或者国外，无法正常通信联系的，不得以下落不明宣告死亡。

2）经利害关系人申请

利害关系人申请宣告其死亡的，向下落不明人住所地基层人民法院提出。申请书应当写明下落不明的事实、时间和请求，并附有公安机关或者其他有关机关关于该公民下落不明的书面证明。申请人范围与宣告失踪的申请人范围相同（与失踪人有人身关系或财产关系的人，如父母、配偶、近亲属、债权人、债务人等）。符合法律规定的多个利害关系人提出宣告失踪、宣告死亡申请的，列为共同申请人。

此外，宣告失踪或者宣告死亡案件，法院可以根据申请人的请求，清理下落不明人的财产，并指定案件审理期间的财产管理人。公告期满后，法院判决宣告失踪的，应当同时依照《民法典》第42条的规定指定失踪人的财产代管人。

3）法院发出寻找失踪人的公告、宣告死亡

法院受理宣告死亡案件后，应当发出寻找下落不明人的公告。宣告死亡的公告期间为1年。因意外事件下落不明，经有关机关证明该公民不可能生存的[1]，宣告死亡的公告期间为3个月[2]。寻找下落不明人的公告应当记载下列内容：一是被申请人应当在规定期间内向受理法院申报其具体地址及其联系方式。否则，被申请人将被宣告失踪、宣告死亡；二是凡知悉被申请人生存现状的人，应当在公告期间内将其所知道情况向受理法院报告。

公告期间届满，法院应当根据被宣告死亡的事实是否得到确认，作出宣告死亡的判决或者驳回申请的判决。

法院判决宣告公民失踪后，利害关系人向法院申请宣告失踪人死亡，自失踪之日起满4年的，法院应当受理，宣告失踪的判决即是该公民失踪的证明，审理中仍应依照《民事诉讼法》规定进行公告。公告期间届满，生死不明的事实得到确认后，由法院以判决方式宣告失踪人死亡。判决宣告之日为被宣告人死亡的日期。

对同一公民，有的利害关系人申请宣告死亡，有的利害关系人申请宣告失踪，符合宣告死亡的法定条件的，法院应当宣告死亡。被宣告死亡的人，法院宣告死亡的判决作出之日视为其死亡的日期；因意外事件下落不明宣告死亡的，意外事件发生之日视为其死亡的日期。

---

[1] 例如《最高人民法院研究室关于四川汶川特大地震发生后受理宣告失踪、死亡案件应如何适用法律问题的答复》指出：申请宣告失踪、宣告死亡的，应当由利害关系人向下落不明人住所地基层人民法院提出。"下落不明人住所地基层人民法院"受到严重破坏，难以开展审判工作，对申请宣告失踪、宣告死亡的案件不能行使管辖权的，上级法院可以依照《民事诉讼法》规定，指定其他基层人民法院管辖。"因意外事故下落不明，经有关机关证明该公民不可能生存的，宣告死亡的公告期间为三个月"中的"有关机关"，主要是指公安机关，也可以包括当地县级以上人民政府，但不包括村民委员会、居民委员会或者下落不明公民的工作单位。《民事诉讼法》关于"宣告死亡的公告期间为三个月"的规定明确具体，对公告期间应当严格依照法律规定掌握。

[2] 如张素勤、刘志申请宣告自然人死亡特别程序案，参见宁波海事法院民事判决书（2022）浙72民特310号。

2. 宣告自然人死亡的法律后果

从形式上说，宣告死亡与自然死亡有同等的法律效果，存在的各种民事法律关系归于消灭。但宣告死亡毕竟是法律的推定，与事实不一定就完全相符，在法律效果上有区别。宣告死亡的法律效果在空间上仅及于被宣告死亡人住所地为中心的区域，在这个区域宣告死亡的效果等同于生理死亡，婚姻、监护等身份关系终止，财产作为遗产被继承。

3. 死亡宣告的撤销

公民被宣告死亡但是并未死亡的，不影响该公民在被宣告死亡期间实施的民事法律行为的效力。被宣告死亡的人重新出现，经本人或者利害关系人申请，法院应当撤销死亡宣告。

被宣告死亡人重新出现或被确知没有死亡时，经本人或利害关系人的申请，由法院撤销对他的死亡宣告。死亡宣告撤销既着眼于本人及其亲属利益，又兼顾善意相对人的利益。所以，死亡宣告撤销后，当事人的民事法律关系并不能完全回复原状，具体体现在以下方面。

在人身关系方面，被宣告死亡的人的婚姻关系，自死亡宣告之日起消除。死亡宣告被撤销的，婚姻关系自撤销死亡宣告之日起自行恢复。但是，其配偶再婚或者向婚姻登记机关书面声明不愿意恢复的除外。被宣告死亡的人在被宣告死亡期间，其子女被他人依法收养的，在死亡宣告被撤销后，不得以未经本人同意为由主张收养行为无效。

在财产关系方面，被撤销死亡宣告的人有权请求因宣告死亡而取得其财产的民事主体返还财产；无法返还的，应当给予适当补偿。如因宣告死亡而继承、受遗赠或以其他方式取得遗产者，均应返还；返还原则应是原物及孳息；原物已被第三人善意取得时，则免除原物返还义务，代之以适当补偿。当然，利害关系人隐瞒真实情况，致使他人被宣告死亡而取得其财产的，除应当返还财产外，还应当对由此造成的损失承担赔偿责任。

此外，法院受理宣告死亡案件后、作出判决前，申请人撤回申请的，法院应当裁定终结案件，但其他符合法律规定的利害关系人加入程序要求继续审理的除外。

（五）指定遗产管理人案件

自《民法典》施行后，遗产管理人作为一项新增的法律制度在实践中已有广泛运用。2023年修订《民事诉讼法》中，第184条新增了"指定遗产管理人案件"这一案件类别，并且单独增加了第四节"指定遗产管理人案件"，明确"指定遗产管理人案件"为特别程序，适用特别程序一般规定，即实行一审终审、立案之日起30内审结。《民事诉讼法》与《民法典》相衔接，为遗产管理人案件的审理提供明确的程序指引，增强了规则的可操作性，有利于遗产管理人制度功能的充分，也进一步确保了被继承人的遗产能够得到妥善管理、顺利分割，从而更好地维护继承人、债权人的利益。①

1. 指定遗产管理人案的管辖

根据《民法典》第1146条规定，对遗产管理人的确定有争议的，利害关系人可以向法院申请指定遗产管理人。2023年修订的《民事诉讼法》与《民法典》相衔接，在第194条确

---

① 参见王坤：《利害关系人有权申请遗产管理人 江苏太仓法院依法审结一起指定遗产管理人案》，《人民法院报》2023年2月23日，第3版。

定了"指定遗产管理人案件"的管辖法院为被继承人死亡时住所地或者主要遗产所在地基层人民法院。并且指出申请指定遗产管理人的申请书应当写明被继承人死亡的时间、申请事由和具体请求，并附有被继承人死亡的相关证据。

2. 指定遗产管理人的确定

《民法典》第 1145 条规定，继承开始后，遗嘱执行人为遗产管理人；没有遗嘱执行人的，继承人应当及时推选遗产管理人；继承人未推选的，由继承人共同担任遗产管理人；没有继承人或者继承人均放弃继承的，由被继承人生前住所地的民政部门或者村民委员会担任遗产管理人。因此，遗产管理人的范围包括遗嘱执行人、继承人、被继承人生前住所地的民政部门[①]或者村民委员会。

《民事诉讼法》第 195 条明确了法院指定遗产管理人时的原则为"有利于遗产管理的原则"。该原则从遗产保护出发，便于遗产的管理和维护，有利于各继承人、债权人、受遗赠人权利的实现。

3. 确定遗产管理人无法履职情形的处理

《民法典》规定了遗产管理人的范围、职责等问题，但未规定遗产管理人终止的情况。对此，《民事诉讼法》第 196 条规定，被指定的遗产管理人死亡、终止、丧失民事行为能力或者存在其他无法继续履行遗产管理职责情形的，法院可以根据利害关系人或者本人的申请另行指定遗产管理人。

4. 确定遗产管理人资格可撤销

监护人资格有对应的撤销制度，例如实施严重损害被监护人身心健康的行为的监护人，法院可以根据有关个人或者组织的申请，撤销其监护人资格。遗产管理人资格的撤销制度与此类似，《民事诉讼法》第 197 条明确了利害关系人有权向法院申请撤销遗产管理人资格。遗产管理人违反遗产管理职责，严重侵害继承人、受遗赠人或者债权人合法权益的，法院可以根据利害关系人的申请，撤销遗产管理人资格，并依法指定新的遗产管理人。

（六）认定公民无民事行为能力、限制民事行为能力案件

根据《民事诉讼法》第 198 条规定，申请认定公民无民事行为能力或者限制民事行为能力，由利害关系人或者有关组织向该公民住所地基层人民法院提出。申请书应当写明该公民无民事行为能力或者限制民事行为能力的事实和根据。实践中，本程序的被申请人必须是已成年但因精神疾病或其他疾病而全部或部分丧失民事行为能力的公民，不包括 8 周岁以下的无民事行为能力人、8 周岁以上 18 周岁以下的限制民事行为能力人。

1. 认定的申请

根据《民事诉讼法》第 200 条规定，法院审理认定公民无民事行为能力或者限制民事行为能力的案件，应当由该公民的近亲属为代理人，但申请人除外。近亲属互相推诿的，由法院指定其中一人为代理人。该公民健康情况许可的，还应当询问本人的意见。

---

① 参见黄硕：《没有法定继承人，房产该归谁？北京朝阳区法院判决北京市首例遗产管理人被诉案》，《人民法院报》2023 年 7 月 31 日，第 3 版。

适格申请人必须采用书面形式向被申请人住所地基层人民法院申请。申请书载明下列内容：申请人的姓名、性别、年龄、住所，与被申请人的关系，被申请人的姓名、性别、年龄、住所，被申请人无民事行为能力或限制民事行为能力的事实和根据。

根据《民事诉讼法解释》第350条规定，申请认定公民无民事行为能力或者限制民事行为能力的案件，被申请人没有近亲属的，法院可以指定经被申请人住所地的居民委员会、村民委员会或者民政部门同意，且愿意担任代理人的个人或者组织为代理人。没有前款规定的代理人的，由被申请人住所地的居民委员会、村民委员会或者民政部门担任代理人。代理人可以是一人，也可以是同一顺序中的两人。

2. 审查与裁判

法院审理认定公民无民事行为能力或者限制民事行为能力的案件，原则上被申请人应到庭，法院根据申请人或其他人提供的证据确定被申请人的精神健康状况和认知水平。必要时应当对被请求认定为无民事行为能力或者限制民事行为能力的公民进行鉴定。申请人已提供鉴定意见的，应当对鉴定意见进行审查。

法院经审理认定申请有事实根据的，判决该公民为无民事行为能力或者限制民事行为能力人；[①] 认定申请没有事实根据的，应当判决予以驳回。

3. 认定公民无民事行为能力、限制民事行为能力判决的撤销

根据《民事诉讼法》第201条规定，法院根据被认定为无民事行为能力人、限制民事行为能力人或者他的监护人的申请，证实该公民无民事行为能力或者限制民事行为能力的原因已经消除的，应当作出新判决，撤销原判决。

（七）认定财产无主案件

所谓认定财产无主案件程序，是指法院根据有关公民、法人或者其他组织的申请，依照法定程序将某项权属不明的财产认定为无主财产，并将其判归国家或集体所有的案件。该程序经历申请、公告和判决三阶段。

首先是申请。某项有形财产的权利主体不明或不存在的状态须持续一定期间，由公民、法人或者其他组织向财产所在地基层人民法院提出，凡是知道财产无主情况的公民、法人或其他组织即可为申请人。申请书应当写明财产的种类、数量以及要求认定财产无主的根据。

其次是公告与判决。法院受理后，经审查核实，应当发出财产认领公告。公告满1年无人认领的，判决认定财产无主，收归国家或者集体所有。认定财产无主案件，公告期间有人对财产提出请求，法院应裁定终结特别程序，告知申请人另行起诉，适用普通程序审理。

此外，判决认定财产无主后，原财产所有人或者继承人出现，在《民法典》规定的诉讼时效期间可以对财产提出请求，法院审查属实，应当作出新判决，撤销原判决。

[①] 如程嵩、程秀楼认定自然人无民事行为能力、限制民事行为能力案件，参见吉林省长春市绿园区人民法院（2022）吉0106民初847号。

（八）确认调解协议案件

1. 确认调解协议程序的概念和意义

确认调解协议程序是指法院经过一定步骤的审查，确认非诉调解组织调解达成的民事调解协议有效或无效的司法活动。人民调解协议因不具有强制执行力，导致公民对达成的调解协议不信任。司法确认程序中法院经审查裁定调解协议有效，一方当事人拒绝履行或者未全部履行的，对方当事人可以向法院申请执行，这无疑增强了人民调解在解决纠纷中的地位。早在2012年《民事诉讼法》修正时就明确将司法确认程序定位为特别程序，该程序是对多元化纠纷解决机制改革的立法确认，标志着诉讼与非诉讼相衔接的矛盾纠纷解决机制改革进入了一个新的发展阶段。及时高效地确认调解协议效力，对维护当事人合法权益、降低当事人诉讼成本、增强人民调解的公信力具有重要意义，也将使人民调解委员会的工作更为顺利，是将联动司法从理念化为行动的体现。

2. 申请确认调解协议程序要件

1）可以采用书面形式或者口头形式申请

根据《民事诉讼法解释》规定，当事人申请司法确认调解协议，可以采用书面形式或者口头形式。当事人口头申请的，法院应当记入笔录，并由当事人签名、捺印或者盖章。当事人申请司法确认调解协议，应当向法院提交调解协议、调解组织主持调解的证明，以及与调解协议相关的财产权利证明等材料，并提供双方当事人的身份、住所、联系方式等基本信息。委托他人代为申请的，必须向法院提交由委托人签名或盖章的授权委托书。

2）确认调解协议案件的管辖

《民事诉讼法》规定，经依法设立的调解组织调解达成调解协议，申请司法确认的，由双方当事人自调解协议生效之日起30日内，共同向法院邀请调解组织开展先行调解的，向作出邀请的法院提出；调解组织自行开展调解的，向当事人住所地、标的物所在地、调解组织所在地基层人民法院提出，调解协议所涉纠纷应当由中级人民法院管辖的，向相应的中级人民法院提出。该规定系优化司法确认程序条款。一是将特邀组织调解达成的民事调解协议纳入司法确认范围。二是明确了司法确认案件的管辖规则。三是应当由中级人民法院管辖的，允许向相应的中级人民法院提出。此处"应当由中级人民法院管辖的"是指司法确认案件的标的额、类型、当事人人数等，符合《民事诉讼法》及相关司法解释规定的应当由中级人民法院管辖的第一审案件标准。

根据《民事诉讼法解释》规定，调解组织自行开展的调解，两个以上调解组织参与调解的，符合《民事诉讼法》规定的各调解组织所在地基层人民法院均有管辖权。双方当事人可以共同向其中一个调解组织所在地基层人民法院提出申请；双方当事人共同向两个以上调解组织所在地基层人民法院提出申请的，由最先立案的法院管辖。

另外，法院在受理案件以后，委托人民调解委员会调解并达成协议，当事人申请确认调解协议效力的，由委派的法院管辖。

3. 确认调解协议案件的程序

1）审查提交材料

根据《民事诉讼法解释》第354条规定，当事人申请司法确认调解协议，应当向法院提交调解协议、调解组织主持调解的证明，以及与调解协议相关的财产权利证明等材料，并提供双方当事人的身份、住所、联系方式等基本信息。当事人未提交上述材料的，法院应当要求当事人限期补交。法院收到当事人符合条件的申请材料，应当在 3 日内决定是否受理。

根据《民事诉讼法解释》第 355 条规定，有下列情形之一的不予受理：① 不属于法院受理范围的；② 不属于收到申请的法院管辖的；③ 申请确认婚姻关系、亲子关系、收养关系等身份关系无效、有效或者解除的；④ 涉及适用其他特别程序、公示催告程序、破产程序审理的；⑤ 调解协议内容涉及物权、知识产权确权的。法院受理申请后，发现有上述不予受理情形的，应当裁定驳回当事人的申请。

2）审理

首先，法院审理确认调解协议案件，由一名审判员独任审理。其次，法院审查相关情况时，应当通知双方当事人共同到场对案件进行核实。法院经审查，认为当事人的陈述或者提供的证明材料不充分、不完备或者有异议的，可以要求当事人限期补充陈述或者补充证明材料。必要时，法院可以向调解组织核实有关情况。对当事人无正当理由未在限期内补充陈述、补充证明材料或者拒不接受询问的，法院可以按撤回申请处理。确认调解协议的裁定作出前，当事人撤回申请的，法院可以裁定准许。

3）作出裁定

法院受理申请后，经独任审判员依法审理，符合法律规定的，裁定调解协议有效，一方当事人拒绝履行或者未全部履行的，对方当事人可以向法院申请执行；① 不符合法律规定的，裁定驳回申请，当事人可以通过调解方式变更原调解协议或者达成新的调解协议，也可以向法院提起诉讼。

裁定驳回申请，主要有如下情形：① 违反法律强制性规定的；② 损害国家利益、社会公共利益、他人合法权益的；③ 违背公序良俗的；④ 违反自愿原则的；⑤ 内容不明确的；⑥ 其他不能进行司法确认的情形。

对裁定驳回当事人申请的，当事人有两种救济途径可供选择：① 当事人可以通过调解组织重新对纠纷进行调解，在当事人自愿的基础上变更原调解协议或者就有关争议达成新的调解协议，然后再申请法院确认变更后的或者新达成的调解协议。② 当事人可以向法院提起诉讼，这里的诉讼是指当事人之间就原纠纷向法院提起的诉讼。

此外，确认调解协议的裁定作出前，当事人撤回申请的，法院可以裁定准许。当事人无正当理由未在限期内补充陈述、补充证明材料或者拒不接受询问的，法院可以按撤回申请处理。

（九）实现担保物权案件

依据《民事诉讼法》第 207 条、第 208 条规定，申请实现担保物权，由担保物权人以及其他有权请求实现担保物权的人依照《民法典》等法律，向担保财产所在地或者担保物权登记地基层人民法院提出。法院受理申请后，经审查，符合法律规定的，裁定拍卖、变卖担保

---

① 如山东禹城农村商业银行股份有限公司、禚秀静确认调解协议案，参见山东省禹城市人民法院（2023）鲁 1482 民特 62 号。

财产,当事人依据该裁定可以向法院申请执行;不符合法律规定的,裁定驳回申请,当事人可以向法院提起诉讼。

所谓实现担保物权程序,是担保物权人通过直接向法院申请拍卖、变卖担保财产的方式来依法快捷高效地兑现自己的担保物权程序。2007年《物权法》首次规定了非讼程序实现担保物权,但对如何实现未作规定,2012年修订《民事诉讼法》时增加了实现担保物权这一特别程序,并在后续的历次修改中保留。较之普通诉讼程序,该程序受理法院必须在30日内终局裁定予以拍卖、变卖担保财产的方式,从而让当事人实现担保物权。该程序的设立既减轻了当事人的讼累,也有效降低了司法成本。

1. 担保物权案件中的申请

1) 申请人

根据《民事诉讼法解释》第359条规定,实现担保物权案件的申请人可以是担保物权人,包括抵押权人、质权人、留置权人;其他有权请求实现担保物权的人,包括抵押人、出质人、财产被留置的债务人或者所有权人等。

2) 管辖法院

《民事诉讼法》第207条明确规定,申请实现担保物权,向担保财产所在地或担保物权登记地基层人民法院提出。也就是说无论标的额的大小,均由基层人民法院管辖。根据《民事诉讼法解释》第360—363条规定,具体可分为如下几种情形。① 实现票据、仓单、提单等有权利凭证的权利质权案件,可以由权利凭证持有人住所地法院管辖;无权利凭证的权利质权,由出质登记地法院管辖。② 实现担保物权案件属于海事法院等专门法院管辖的,由专门法院管辖。③ 同一债权的担保物有多个且所在地不同,申请人分别向有管辖权的法院申请实现担保物权的,法院应当依法受理。④ 依照《民法典》第392条规定,被担保的债权既有物的担保又有人的担保,当事人对实现担保物权的顺序有约定,实现担保物权的申请违反该约定的,法院裁定不予受理;没有约定或者约定不明的,法院应当受理。

3) 申请材料

根据《民事诉讼法解释》第365条规定,启动实现担保物权程序。首先,申请人要递交申请书,记明申请人、被申请人的姓名或者名称、联系方式等基本信息,以及具体的请求和事实、理由。其次,提交证明担保物权存在的材料,包括主合同、担保合同、抵押登记证明或者他项权利证书,权利质权的权利凭证或者质权出质登记证明等。再次,提供证明实现担保物权条件成就的材料和担保财产现状的说明。此外,根据案情,还会有法院认为需要提交的其他材料。

法院受理申请后,申请人对担保财产提出保全申请的,可以按照《民事诉讼法》关于诉讼保全的规定办理。

法院受理申请后,应当在5日内向被申请人送达申请书副本、异议权利告知书等文书。被申请人有异议的,应当在收到法院通知后5日内向法院提出,同时说明理由并提供相应的证据材料。

2. 实现担保物权案件审判程序

1) 法院审查、发通知

(1) 初步审查。根据《民事诉讼法解释》第367—369条规定,实现担保物权案件可以由审判员一人独任审查。担保财产标的额超过基层人民法院管辖范围的，应当组成合议庭进行审查。法院审查实现担保物权案件，可以询问申请人、被申请人、利害关系人，必要时可以依职权调查相关事实。法院应当就主合同的效力、期限、履行情况，担保物权是否有效设立、担保财产的范围、被担保的债权范围、被担保的债权是否已届清偿期等担保物权实现的条件，以及是否损害他人合法权益等内容进行审查。被申请人或者利害关系人提出异议的，法院应当一并审查。

需要注意的是，根据《民法典》第392条、《民事诉讼法解释》第364条规定，被担保的债权既有物的担保又有人的担保，当事人对实现担保物权的顺序有约定，实现担保物权的申请违反该约定的，法院裁定不予受理；没有约定或者约定不明的，法院应当受理。同时，同一财产上设立多个担保物权，登记在先的担保物权尚未实现的，不影响后顺位的担保物权人向法院申请实现担保物权。

（2）进一步审查。根据《民事诉讼法解释》第366条规定，法院受理申请后，应当在5日内向被申请人送达申请书副本、异议权利告知书等文书。被申请人有异议的，应当在收到法院通知后的5日内向法院提出，同时说明理由并提供相应的证据材料。

2）裁判、兑现担保物权

根据《民事诉讼法解释》第370条规定，法院审理后，按下列情形分别处理。① 当事人对实现担保物权无实质性争议且实现担保物权条件成就的，裁定准许拍卖、变卖担保财产①；② 当事人对实现担保物权有部分实质性争议的，可以就无争议部分裁定准许拍卖、变卖担保财产；③ 当事人对实现担保物权有实质性争议的，裁定驳回申请，并告知申请人向法院提起诉讼②。

根据《民事诉讼法》第208条规定，法院受理申请后，经审查，符合法律规定的，裁定拍卖、变卖担保财产，当事人依据该裁定可以向法院申请执行；不符合法律规定的，裁定驳回申请，当事人可以向法院提起诉讼。

三、自测练习

（一）单项选择题

1. 法院作出判决，宣告公民李某死亡15天后该公民出现。在此种情况下，该公民或者利害关系人，可以（　　）。

A. 向原审法院提出申请，由法院适用宣告死亡案件审理程序作出新判决，撤销原判决

B. 向原审法院提出再审，法院适用再审程序作出新判决，撤销原判决

C. 向原审法院的上级法院提出上诉，由上级法院适用第二审程序予以改判

D. 请求原审法院适用普通程序对案件进行审理，改变原判决

第十六章自测练习
参考答案

---

① 如重庆卓凡汽车销售有限公司达州分公司实现担保物权案件，参见宁夏回族自治区银川市兴庆区人民法院（2023）宁0104民特29号。

② 如崔熠炜与韩静实现担保物权案件，参见北京市海淀区人民法院（2023）京0108民特378号。

2. 宣告公民失踪案件，法院判决宣告失踪产生的重要法律后果之一就是产生失踪人的财产代管人。代管人不履行代管的法定职责或者侵犯失踪人合法财产权益的，失踪人的其他利害关系人可以向法院请求变更财产代管人。该代管人的变更适用（　　）审理。

A. 特别程序

B. 普通程序

C. 简易程序

D. 法院根据情况所确定的程序

3. 单某与吴某 2010 年结婚，婚后生有一女。夫妻二人因经常吵架，单某于 2015 年 1 月离家，直到 2022 年也未同家里联系，后经多方查找均无下落。王某于 2022 年 8 月向法院提起同邓某的离婚诉讼。法院经审查认为，党某已失踪多年，不能应诉，但符合宣告死亡的条件。法院应当（　　）。

A. 告知吴某按照特别程序申请宣告邓某死亡，双方婚姻关系自动消灭

B. 受理并按照简易程序审理

C. 受理并按照普通程序审理

D. 裁定不予受理

4. 根据《民事诉讼法》和司法解释的规定，关于当事人申请司法确认调解协议，以下说法错误的是（　　）。

A. 由双方当事人根据《人民调解法》等法律，自调解协议生效之日起 30 日内，共同向调解组织所在地基层人民法院提出。

B. 法院裁定调解协议有效的，一方当事人拒绝履行或者未全部履行的，对方当事人可以向法院申请执行。

C. 确认调解协议的裁定作出前，当事人无正当理由未在限期内补充陈述、补充证明材料或者拒不接受询问的，法院可以按撤回申请处理。

D. 当事人申请司法确认调解协议，必须用书面形式申请。

5. 根据《民事诉讼法》和司法解释的规定，关于当事人申请实现担保物权案，如下说法错误的有（　　）。

A. 实现担保物权案件均由审判员一人独任审查

B. 实现担保物权案件属于海事法院等专门法院管辖的，由专门法院管辖

C. 同一财产上设立多个担保物权，登记在先的担保物权尚未实现的，不影响后顺位的担保物权人向法院申请实现担保物权

D. 《民事诉讼法》规定的担保物权人包括抵押权人、质权人、留置权人；其他有权请求实现担保物权的人，包括抵押人、出质人、财产被留置的债务人或者所有权人等

（二）多项选择题

1. 下列可以作为无主财产认定的对象的是（　　）。

A. 某无名作者的著作权

B. 某注册商标专用权

C. 一栋失修的别墅

D. 一辆大卡车

2. 某小区居民甲在小区选举委员会公布的选民名单上看到了乙的名字。乙原来是甲所任职的公司的经理，因贪污被判刑3年，刑满出狱还不到1年。甲认为乙不具备选民资格，遂向选举委员会提出申诉，其申诉没有得到选举委员会的支持。选举日前3日，甲向选区所在地基层人民法院起诉。法院受理后，由审判员独任审判，首先进行了调解，调解没有结果，法院于选举日第二天作出判决。根据特别程序的有关规定，本案中的错误有（　　）。

A. 甲在选举日3日以前起诉

B. 法院受理后适用调解

C. 法院由审判员独任审判

D. 法院于选举日第二天作出判决

3. 当事人申请司法确认调解协议，法院裁定不予受理的情形包括（　　）。

A. 不属于法院受理范围的

B. 调解协议内容涉及物权、知识产权确权的

C. 申请确认婚姻关系、亲子关系、收养关系等身份关系无效、有效或者解除的

D. 涉及适用其他特别程序、公示催告程序、破产程序审理的

4. 某区法院开庭审理刘某申请认定其配偶丁某为无民事行为能力人的案件。在丁某的近亲属中，（　　）能够担当丁某的代理人。

A. 丁某的配偶刘某

B. 丁某的父亲

C. 丁某的母亲

D. 丁某的成年儿子

（三）判断题

1. 同一财产上设立多个担保物权，登记在先的担保物权尚未实现的，不影响后顺位的担保物权人向法院申请实现担保物权。（　　）

2. 当事人申请司法确认调解协议中，调解协议内容涉及物权的，法院裁定不予受理。（　　）

3. 在诉讼中，当事人的利害关系人提出该当事人患有精神病，要求宣告该当事人无民事行为能力或者限制民事行为能力的，应由利害关系人向法院提出申请，由受诉法院按照特别程序立案审理，原诉讼中止。（　　）

4. 失踪人的财产代管人经法院指定后，代管人申请变更代管的，比照《民事诉讼法》特别程序的有关规定进行审理。（　　）

5. 符合法律规定的多个利害关系人提出宣告失踪、宣告死亡申请的，列为共同申请人。（　　）

6. 法院受理选民资格案件后，必须在选举日前审结。审理时，起诉人、选举委员会的代表和有关公民必须参加。（　　）

7. 因意外事故下落不明，经有关机关证明该公民不可能生存的，宣告死亡的公告期间为6个月。（　　）

8. 法院审理认定公民无民事行为能力或者限制民事行为能力的案件，应当询问本人的意见。（　　）

（四）案例分析题

王某是某单位司机，一直单身，居住在胜利街150号。2021年春节后，王某因病去世，留下银行存款16万元、古董字画若干。王某所在的街道办事处认为，王某无继承人，未留下遗嘱，因此向区法院申请认定王某的财产为无主财产。法院受理后，经审查核实，发出财产认领公告。因无人对王某的遗产主张权利，公告期满，法院判决认定，王某的遗产为无主财产。半年后，从外地来了一年轻人，声称是王某的亲生儿子，经法院审查核实，该子系王某下放时与当地一妇女的私生子。

问：

（1）本案认定财产无主过程中，法院应当如何处理？

（2）遗产认定无主后，王某的儿子依法对财产提出请求，主张继承其父亲财产的，法院应当如何处理？

（3）如果王某的儿子在公告期间依法对财产提出请求，主张继承其父亲财产的，法院应当如何处理？

（五）简述题

1. 特别程序有哪些主要特征？
2. 遗产管理人如何确定？
3. 如何确定确认调解协议案件的管辖？
4. 哪些调解协议不会得到司法确认？
5. 失踪人财产代管人如何确定？
6. 死亡宣告撤销后的法律后果如何？
7. 实现担保物权案的管辖如何确定？

四、拓展与思考：关于实现担保物权案件审查标准

《民事诉讼法解释》第370条将实现担保物权案件的审查标准从《民事诉讼法》第208条的"符合法律规定"细化为"无实质性争议"，除此之外，立法上对该制度并无具体的审查标准。这种模糊的规定导致该类型司法实务缺乏可操作性的适用标准，令裁判机关对该制度持保守的态度，有些将"无实质性争议"解读为只要当事人提出的异议涉及实体性权利，就应驳回申请人申请。最终司法解释的出台不仅未能推动该制度持续蓬勃发展，反而成为实践中法院驳回申请的依据和理由。①

国内学界及实务界关于实现担保物权案件的审查标准主要有以下几种观点。一是实质审查说。该说认为，《民事诉讼法》第15章第7节规定的实现担保物权程序是针对《民法典》

---

① 参见王成全、郭福全、王丽菊：《要素式标准：担保物权实现程序审查机制重构——以"金融+司法"协同创新审理模式改革实践为视角》，载《全国法院第31届学术讨论会获奖论文集》（下），人民法院出版社2020年版，第1346页。

物权篇等实体法作出的程序性规定,其中的"符合法律规定"应理解为符合《民法典》等实体法的规定。① 二是形式审查说。该观点认为,实现担保物权案件的审查标准应采用形式审查,即只需要对申请人提交的材料进行形式上的审查,无需对实现担保物权涉及的主合同、担保物权的效力等基础法律关系进行实质上的探究。至于为何采用形式审查,有学者认为,实现担保物权程序规定在《民事诉讼法》第15章"特别程序"中,因此,实现担保物权案件的审查标准应属形式审查无疑。② 有学者认为,实现担保物权案件为非讼案件,因而法院只需对申请人的申请进行形式审查即可。③ 还有学者是从实现担保物权案件应适用非讼程序推断出法院对实现担保物权的申请仅需进行形式上的审查。④ 三是全面审查说。该观点认为,在实现担保物权案件中,对当事人的申请应进行全面审查,即不仅对申请人提交的材料进行形式上的审查,还要对实现担保物权案件涉及的实体权利义务、当事人的意思表示等进行实质上的探究,从而达到申请人提交的材料形式上具有规范性、实质上具有真实性,实现从形式到实质的无缝对接。⑤ 四是要素式审查,该说系实务部门根据《民事诉讼法》和司法解释并结合判例实证总结出包括承诺保证、提出申请、债权合法有效、债务已经到期、担保合法有效、担保物权成立、担保财产合法真实以及未侵犯他人利益八大要素式标准,这八大要素基本能涵盖司法适用该程序的审查要件,在此基础上形成要素式审查规则流程。⑥

从域外情况来看,一些国家的立法模式属于大陆法系,在其国内,民事裁判权有两种表现模式,一种是争讼,一种是非讼,诉讼案件一般采用前者,非讼案件参照后者;非讼案件适用的程序可以节省一定的费用和大量的时间,尽可能地合理利用司法资源。鉴于此,法院在审查时,只需要按照一些形式上的法定标准,借助形式上的证据为参照即可,不需要像一般民事开庭一样要求双方言词辩论,也无需法官的内心确认,只要形式上是正确的就是对的。⑦ 如根据《德国民法典》的相关规定,抵押权人可以直接实现抵押权,因为与该权利有关的案件都适用非讼程序,而法院在这一过程中充当的角色就是形式审查员,完全不用考虑实体上的权利义务。⑧ 这种情形也同样存在于日本,只不过负责审查的是地方裁判所,它需要对相关的抵押权是否已经存在、是否已经到了合同约定的履行期限等问题进行形式审查,

---

① 参见全国人大常委会法制工作委员会民法室编:《中华人民共和国民事诉讼法条文说明、立法理由及相关规定》,北京大学出版社2012年版,第319-320页;王胜明主编:《中华人民共和国民事诉讼法释义》,法律出版社2012年版,第464页;杨永清、赵晋山:《新〈民事诉讼法〉之法院应对》,《法律适用》2012年第11期。

② 参见杨言军:《非讼程序实现抵押权的若干问题思考——以〈物权法〉第195条和新民诉法第196、197条展开分析》,《法律适用》2013年第7期。

③ 参见高圣平:《担保物权实行途径之研究——兼及民事诉讼法的修改》,《法学》2008年第1期。

④ 赵蕾:《对新民诉法实现担保物权案的解读与预测》,《东方法学》2013年第4期。

⑤ 参见《滨海法院"法官论坛"2013年第2期——实现担保物权和确认调解协议》,http://ycbhfy.chinacourt.org/article/detail/2013/03/id/922027.shtml,2023年10月2日访问。

⑥ 参见王成全、郭福全、王丽菊:《要素式标准:担保物权实现程序审查机制重构——以"金融+司法"协同创新审理模式改革实践为视角》,载《全国法院第31届学术讨论会获奖论文集》(下),人民法院出版社2020年版,第1350页。

⑦ 参见李木贵:《民事诉讼法》(上),元照出版公司2006年版,第58页。

⑧ 参见张龙文:《民法物权实务研究》,汉林出版社1977年版,第145页.

抵押权人要想实现权利,只需要向上述机关提出申请即可。在我国台湾地区,涉及抵押权时,法院只会形式审查是否真实存在有该抵押权、抵押权针对的主要债权是否已届清偿期等要件,只要符合条件,就会作出裁定,一般不会对实体权利义务进行审查,申请人也不用自证权利。一般的处理方式就是拍卖或者出售。[①]

---

① 参见姜世明:《非讼事件法新论》,新学林出版社2011年版,第220页。

第十七章　督促程序与公示催告程序

一、导引

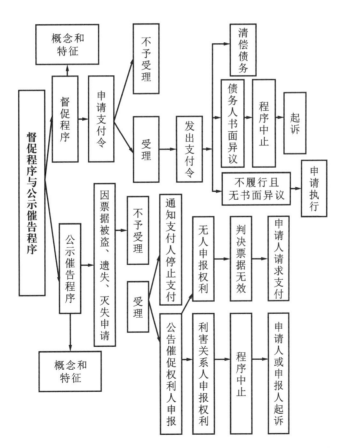

在法院受理的大量债务案件中，有一些案件债权债务关系明确，当事人之间并不存在争议，复杂甚至程序烦琐的普通程序有时会影响到当事人的经济利益，同时也增加了法院的工作量。对于一些关系较为明确和简单的债权债务，并非一定要采用普通程序的诉讼方法和手

段解决，督促程序就是立法针对这种情况设计的直接督促债务人履行债务的程序。而在民事经济生活中，还时常遇到一些合法票据持有人手中背书转让的票据被盗、遗失或灭失的情形，如何维护失票人的合法权益，确保票据流通安全则是公示催告程序要解决的问题。这两种程序适用的案件都是非双方当事人直接参加诉讼活动的案件，或者说是一方当事人提起诉讼，另一方当事人处于缺席状态的案件，都是简便、快捷处理案件的非讼程序。

二、基本原理与制度

（一）督促程序

根据《民事诉讼法》第 225 条规定，债权人请求债务人给付金钱、有价证券，可以向有管辖权的基层人民法院申请支付令。

所谓的督促程序，是指法院根据债权人的申请，以支付令的方式，催促债务人在法定期间内向债权人履行给付金钱和有价证券的义务，如果债务人在法定期间内未履行义务又不提出书面异议，债权人可以根据支付令向法院申请强制执行的程序。其特征主要体现在如下几个方面。第一，非讼性。它以当事人之间不存在实体上的债权债务纠纷为前提，债权人是申请人而不是原告，其权利请求仅限于向法院申请以支付令的方式催促债务人履行到期债务。在整个程序过程中，没有双方当事人的辩论与质证。如果债务人对支付令提出异议，法院就终结督促程序，债权人应另行起诉，适用审判程序处理。第二，便捷。法院适用督促程序审理的案件，不需开庭，只由审判员一人审理，并实行一审终审制。仅对债权人提出的申请及债权债务关系的事实和证据进行书面审查。第三，债权人对于此程序的使用有选择的自由。在同时符合和具备督促程序法定的适用范围和适用条件时，债权人有权选择申请适用督促程序，或者提起诉讼程序。如果当事人选择了诉讼程序，就不能再选择督促程序。第四，只有给付之诉才适用督促程序。给付之诉具有时间性强和执行性强的特点，这和督促程序设立目的不谋而合，督促程序是为了减少讼累，及时地使执行成立。而确认之诉和变更之诉主要是要求法院对具体案件中的法律关系予以确定或变更，而要实现这些要求，法院必须通过普通程序的各个阶段才能作出判决，因此确认和变更之诉不得适用督促程序。

1. 督促程序成立的要件

根据《民事诉讼法解释》第 427 条规定，债权人申请支付令应当符合下列条件。① 请求给付金钱或者汇票、本票、支票、股票、债券、国库券、可转让的存款单等有价证券。民事债权债务关系中，债务人对债权人给付的标的物是多种多样的，除金钱、有价证券外，还有一定的实物或履行一定的行为等。法律之所以规定只有金钱、有价证券才能作为督促程序中执行的标的物，是因为一定的金钱或有价证券是已存在的法律关系中明确规定的，债务人必须履行，对此项义务不存在其他争议，而且金钱和有价证券属种类物，执行方便，法院可以不通过债务人直接采取划拨、扣押、冻结或转让执行措施，比较适合督促程序的特点。② 请求给付的金钱或者有价证券已到期且数额确定，并写明了请求所根据的事实、证据。③ 债权人没有对等给付义务。即申请督促程序人对债务人没有给付义务。根据我国民法相关规定，债可以因抵销而消灭。抵销指当事人双方相互负有同种类的给付义务，将两项债务相互充抵，通过债务的抵充，债权消灭。如果申请督促程序人对债务人也存在给付义务，那么适用抵销规定，若用督促程序来监督催促债务人履行义务就失去实际意义，并且不仅不能简化程序，相反会增加讼累。④ 债务人在我国境内且未下落不明。⑤ 支付令能够送达债务人（支付令可以留置送达，但不能公告送达）。这里需要注意的是，债务人不在我国境内的，或者虽在我国境内但下落不明的，不适用督促程序。向债务人本人送达支付令，债务人拒绝接收的，法院可以留置送达。⑥ 收到申请书的法院有管辖权。⑦ 债权人未向法院申请诉前保全。

不符合上述规定条件的，法院应当在收到支付令申请书后 5 日内通知债权人不予受理。基层人民法院受理申请支付令案件，不受债权金额的限制。

2. 督促程序的审理步骤

1）申请受理

督促程序属于债务人住所地基层人民法院管辖。根据《民事诉讼法解释》第 425 条、第 426 条规定，两个以上法院都有管辖权的，债权人可以向其中一个法院申请支付令。债权人向两个以上有管辖权的法院申请支付令的，由最先立案的法院管辖。法院受理申请支付令案件，不受债权金额的限制。法院收到债权人的支付令申请书后，认为申请书不符合要求的，可以通知债权人限期补正。法院应当自收到补正材料之日起 5 日内通知债权人是否受理。

2）审理裁判

债权人提出申请，符合条件的法院依法受理。受理申请后，法院仅审查债权人提供的事实和证据，不需要询问债务人，也不需要及开庭审理。

首先，经审查，认为债权债务关系明确、合法，法院应当在受理之日起 15 日内直接向债务人发出支付令。① 债务人收到法院的支付令后，如果认为债权债务关系存在，没有异议，应当自收到支付令之日起 15 日内向债权人清偿债务；债务人自收到支付令之日起 15 日内既不履行支付令又不提出异议的，申请人可以申请法院强制执行。

其次，根据《民事诉讼法解释》第 428 条规定，法院受理支付令申请后，发现不符合受理条件的，应当在受理之日起 15 日内裁定驳回申请。申请不成立主要包括如下 4 种情形：① 申请人不具备当事人资格的；② 给付金钱或者有价证券的证明文件没有约定逾期给付利息或者违约金、赔偿金，债权人坚持要求给付利息或者违约金、赔偿金的；③ 要求给付的金钱或者有价证券属于违法所得的；④ 要求给付的金钱或者有价证券尚未到期或者数额不确定的。

再次，根据《民事诉讼法解释》第 430 条规定，审理中出现以下情形之一的，法院应该裁定终结督促程序，支付令自行失效：① 法院受理支付令申请后，债权人就同一债权债务关系又提起诉讼的；② 法院发出支付令之日起 30 日内无法送达债务人的；③ 债务人收到支付令前，债权人撤回申请的。此外，如果债务人自收到支付令之日起 15 日内既不履行支付令又不提出异议或异议不成立的，债权人可以根据支付令向法院申请强制执行的程序；法院院长发现本院已经发生法律效力的支付令确有错误，认为需要撤销的，应当提交本院审判委员会讨论决定后，裁定撤销支付令，驳回债权人的申请。

---

① 如浙江临海农村商业银行股份有限公司、郑必林等申请支付令督促程序（支付令），参见浙江省临海市法院（2023）浙 1082 民督 609 号。

3. 债务人异议

法院发布支付令前仅审查了申请人提出的事实和证据，没有接触被申请人，没有让被申请人对申请人的请求答辩，为了平等地保护当事人双方的合法权益，依照《民事诉讼法》，债务人可以提出书面异议。

1）异议提出条件

根据《民事诉讼法解释》第431—434条、第436—437条规定，异议提出条件包括如下方面。

（1）提出异议的方式必须是书面形式。

（2）提出异议的时间限定在自收到支付令之日起15日内。债务人在收到支付令后，未在法定期间提出书面异议，而向其他法院起诉的，不影响支付令的效力。债务人超过法定期间提出异议的，视为未提出异议。

（3）提出异议的内容必须是实体上的拒绝。债务人对债务本身没有异议，只是提出缺乏清偿能力、延缓债务清偿期限、变更债务清偿方式等异议的，不影响支付令的效力。

（4）提出异议的范围。债权人基于同一债权债务关系，在同一支付令申请中向债务人提出多项支付请求，债务人仅就其中一项或者几项请求提出异议的，不影响其他各项请求的效力。债权人基于同一债权债务关系，就可分之债向多个债务人提出支付请求，多个债务人中的一人或者几人提出异议的，不影响其他请求的效力；对设有担保的债务的主债务人发出的支付令，对担保人没有拘束力。债权人就担保关系单独提起诉讼的，支付令自法院受理案件之日起失效。

（5）法院作出终结督促程序或者驳回异议裁定前，债务人请求撤回异议的，应当裁定准许。债务人对撤回异议反悔的，法院不予支持。

2）异议成立

根据《民事诉讼法解释》第435条规定，经形式审查，债务人提出的书面异议有下列4种情形之一的，应当认定异议成立，裁定终结督促程序，支付令自行失效：① 该解释规定的不予受理申请情形的；② 该解释规定的裁定驳回申请情形的；③ 该解释规定的应当裁定终结督促程序情形的；④ 法院对是否符合发出支付令条件产生合理怀疑的。

3）异议成立的效力

根据《民事诉讼法》第228条规定，法院收到债务人提出的书面异议后，经形式审查，异议成立的，裁定终结督促程序，支付令自行失效。支付令失效的，转入诉讼程序，但申请支付令一方当事人不同意向受理申请起诉的除外。《民事诉讼法解释》第438条、第439条规定，申请支付令的一方当事人不同意提起诉讼的，不影响其向其他有管辖权的法院提起诉讼。申请方当事人自收到终结督促程序裁定之日起7日内未向受理申请的法院表明不同意提起诉讼的，视为向受理申请的法院起诉。督促程序转为诉讼程序的，起诉时间以申请支付令的时间计算，而不是转为诉讼程序之日计算。

（二）公示催告程序

1. 公示催告程序的概念和特征

根据《民事诉讼法》第229条规定，按照规定可以背书转让的票据持有人，因票据被盗、遗失或者灭失，可以向票据支付地的基层人民法院申请公示催告。依照法律规定可以申请公示催告的其他事项，适用该法第十八章规定。申请人应当向法院递交申请书，写明票面金额、发票人、持票人、背书人等票据主要内容和申请的理由、事实。

所谓公示催告程序，指按照规定可以背书转让的票据持有人，因票据被盗、遗失或灭失，可以向票据支付地的基层人民法院申请公示催告，法院受理申请后，应通知支付人停止支付，并发出公告催促不明的利害关系人在法定期间申报权利，逾期无人申报，法院便会作出宣告票据无效的判决程序。

在现实生活中，经常会发生票据遗失、灭失、被欺骗、被抢等多种违背当事人意愿的情形。在这种情况下，当事人的民事权利便处于一种无法实现的不确定状态中，使得当事人的应有权利得不到充分保护、无法行使。此种权利不确定状态的长期存在，会使得权利的行使与现实发生障碍，在无法满足当事人个人权利的同时还会从很大程度上威胁公共交易安全，损害社会经济秩序以及票据市场的稳定，公示催告程序有利于结束这种不确定状态，是票据丧失后失票人保全和恢复其票据权利的重要补救措施。其特征主要有如下几个方面。第一，适用范围特定。公示催告程序要做的是认定丧失票据或其他事项的事实而不是解决民事权益的争议。第二，利害关系人具有不确定性。第三，审判组织具有特殊性。公示催告阶段适用独任制，但进入除权判决阶段则必须组成合议庭进行审理。第四，程序具有明显的阶段性，前后相继。如公示催告与除权判决是前后衔接的两个阶段，除权判决依催告申请人再次申请作出，法院不得自行作出。

2. 公示催告程序成立要件

（1）申请人①必须是按照规定可以背书转让的票据持有人，即票据被盗、遗失、灭失前的最后持有人。根据《票据法》第15条第3款，票据丧失后，失票人可以依法向法院申请公示催告。《民事诉讼法》第229条则规定，按照规定可以背书转让的票据持有人，因票据被盗、遗失或者灭失，可以向票据支付地的基层人民法院申请公示催告。失票人，按2021年1月1日实施的《最高人民法院关于审理票据纠纷案件若干问题的规定》第25条，是指可以背书转让的票据在丧失票据占有以前的最后合法持票人。所谓最后合法持票人，依据《票据法》以及上述规定，特别是《票据法》第31条第1款和上述规定第50条，就是依法占有记名票据的收款人、占有无记名支票并将自己记载为收款人的人、通过有效背书取得票据的人、取得空白背书票据并将自己记载为被背书人的人、非经背书但依法院裁判或遗产继承等原因合法取得票据的人、因受追索而占有票据的人。票据的合法持有人依法享有票据权利。公示催告是为票据权利人提供救济，因此非票据权利人不能申请公示催告。

---

① 关于公示催告申请人，《民事诉讼法》第229条、《票据法》第15条进行了规定。《民事诉讼法》将其表述为"票据持有人"，《票据法》则表述为"失票人"。《民事诉讼法解释》第442条对《民事诉讼法》第229条规定中的"票据持有人"进行了解释，即"票据被盗、遗失或者灭失前的最后持有人"。《最高人民法院关于审理票据纠纷若干问题的规定》第25条对票据法中的"失票人"进行了解释：《票据法》第15条第3款规定的可以申请公示告的失票人，是指按照规定可以背书转让的票据在丧失票据占有以前的最后合法持票人。申请公示催告的主体也有并非适格主体的情形，不应将其限定为合法，基于这种考虑，《民事诉讼法解释》第442条仍然沿用了最早1992年《最高人民法院关于适用〈中华人民共和国民事诉讼法〉若干问题的意见》关于"最后持有人"的表述。

（2）申请的原因必须是可以背书转让的票据被盗、遗失或灭失，且利害关系人处于不明状态。对其他事项丧失，持有人或占有人能否申请公示催告，以有关法律有无规定为准。《民事诉讼法》规定的依照法律规定可以申请公示催告的其他事项是指票据以外的其他证券，如提单、仓单、公司股票等。

（3）公示催告程序必须由票据支付地基层人民法院管辖。

（4）申请方式，须由申请人书面申请写明票面金额，发票人、持票人、背书人等主要内容，申请公示催告的理由和票据丢失的事实。

（5）票据丧失后，失票人向法院申请公示催告之前，有两个前置程序：① 失票人应首先向银行申请挂失，取得《银行挂失止付通知书》；② 失票人应首先向侦查机关报案，取得报案证明。①

3. 法院审理步骤

《民事诉讼法》第230—234条及相关司法解释对公示催告程序的受理裁判程序作了相应规定。

1）审查、决定是否受理

根据《民事诉讼法解释》第443条、第444条规定，法院收到公示催告的申请后，经审查认为符合受理条件的，通知予以受理；认为不符合受理条件的，7日内裁定驳回申请。法院决定是否受理时应审查的相关证据材料包括：① 票据存根；② 丧失票据的复印件；③ 出票人关于签发票据的证明；④ 申请人合法取得票据的证明；⑤ 银行挂失止付通知书；⑥ 报案证明等。

2）发受理申请公告、发止付通知

法院决定受理申请，在3日内发出公告，催促利害关系人申报权利。根据《民事诉讼法解释》第445—447条规定，公告应当写明下列内容：① 公示催告申请人的姓名或者名称；② 票据的种类、号码、票面金额、出票人、背书人、持票人、付款期限等事项以及其他可以申请公示催告的权利凭证的种类、号码、权利范围、权利人、义务人、行权日期等事项；③ 申报权利的期间；④ 在公示催告期间转让票据等权利凭证，利害关系人不申报的法律后果。

公告应当在有关报纸或者其他媒体上刊登，并于同日公布于法院公告栏内。法院所在地有证券交易所的，还应当同日在该交易所公布。公示催告的期间，由法院根据情况决定，但

---

① 根据《民事诉讼法》第229条第1款的规定，公示催告程序的适用范围显然只限于票据被盗、遗失或者灭失的情形。一般来说，申请人只能证明自己曾经持有票据，并声称票据遗失、被盗或灭失，至多附有报案记录、证人证言之类的间接证据，却很难直接证实票据被盗、遗失或灭失的事实。第229条第2款的规定也只是要求申请人写明申请理由、事实而已，并没有要求申请人承担票据被盗、遗失或灭失事实的证明责任。证明责任分配于利害关系人，且利害关系人的证明方式是反证，即以其合法持有票据并申报来推翻申请人关于票据被盗或遗失的主张。所以，《民事诉讼法》第232条第1款规定：利害关系人应当在公示催告期间向法院申报。在没有利害关系人申报的情况下，即意味着失票事实成立，无需申请人另行证明。但

不得少于 60 日，且公示催告期间届满日不得早于票据付款日后 15 日。[①]

法院在受理申请的同时，应同时通知支付人停止支付，支付人收到法院停止支付的通知，应当停止支付，至公示催告程序终结。公示催告期间，转让票据权利的行为无效。支付人收到停止支付通知后拒不止付的，除可依照《民事诉讼法》规定采取强制措施外，在判决后，支付人仍应承担付款义务。法院依照《民事诉讼法》第 231 条规定通知支付人停止支付，应当符合有关财产保全的规定。

3）裁判

（1）法院对有利害关系人申报权利的：① 在申报期届满后、判决作出之前，利害关系人申报权利的，法院收到利害关系人的申报后，应当裁定终结公示催告程序，并通知申请人和支付人。申请人或者申报人可以向法院起诉。② 申报期届满前、判决作出之前，利害关系人申报权利，法院应当通知其向法院出示票据，并通知公示催告申请人在指定的期间查看该票据。公示催告申请人申请公示催告的票据与利害关系人出示的票据不一致的，应当裁定驳回利害关系人的申报。公示催告申请人申请公示催告的票据与利害关系人出示的票据一致的，应当裁定终结公示催告程序。依照《民事诉讼法》第 232 条规定制作的终结公示催告程序的裁定书，由审判员、书记员署名，加盖法院印章。③ 裁定终结公示催告程序的，应当通知申请人和支付人。申请人或者申报人可以向法院起诉。

（2）法院对无人申报权利的：① 在申报权利的期间无人申报权利，或者申报被驳回的，申请人应当自公示催告期间届满之日起 1 个月内申请作出判决。法院根据申请人申请，判决宣告票据无效[②]；逾期不申请判决的，终结公示催告程序[③]。裁定终结公示催告程序的，应当通知申请人和支付人。② 除权判决应当公告，判决公告之日起，公示催告申请人有权依据判决向付款人请求付款。付款人拒绝付款，申请人向法院起诉，符合《民事诉讼法》第 122 条规定的起诉条件的，法院应予受理。

4. 关于对利害关系人的救济

（1）根据《民事诉讼法》第 234 条规定，利害关系人因正当理由不能在判决前向法院申报的，自知道或者应当知道判决公告之日起 1 年内，可以向作出判决的法院起诉。这里的正当理由，《民事诉讼法解释》作了具体规定：① 因发生意外事件或者不可抗力致使利害关系人无法知道公告事实的；② 利害关系人因被限制人身自由而无法知道公告事实，或者虽然知

[①] 在对该条进行理解时，应注意把握的是，票据付款日实质是指票据提示付款期限届满日。在确定公示催告期间时，"60 日"和"票据付款日后 15 日"是两个均需考虑的因素。如果"票据付款日后 15 日"早于 60 日，则公示催告期不能少于 60 日；如果"票据付款日后 15 日"晚于 60 日，则公告期间不得少于 60 日，且公示催告期间届满日不得早于"票据付款日后 15 日"。应予明确的是，该条使用的是"付款日"的表述。票据付款日、到期日并非同一概念。到期日，是指汇票上记载的应该付款的日期。换言之，其是票据债务人依照汇票上所载文义履行付款义务的日期，相当于民事一般债权的履行期。到期日与实际付款日并不相同。有时二者是同一日，有时则不然。如果持票人在到期日这一天向承兑人请求付款，承兑人当即付款，这种情况属于到期日与实际付款日为同一日。

[②] 如林口县金达利煤炭经销处公示催告程序案件催告案，参见吉林市昌邑区人民法院（2022）吉 0202 民催 1 号。

[③] 如世纪领姿服装（北京）有限公司公示催告程序案，参见北京市海淀区人民法院（2022）京 0108 民催 3 号。

道公告事实,但无法自己或者委托他人代为申报权利的;③ 不属于法定申请公示催告情形的;④ 未予公告或者未按法定方式公告的;⑤ 其他导致利害关系人在判决作出前未能向法院申报权利的客观事由。

根据《民事诉讼法解释》第457条、第459条规定,利害关系人请求法院撤销除权判决的,应当将申请人列为被告。利害关系人仅诉请确认其为合法持票人的,法院应当在裁判文书中写明,确认利害关系人为票据权利人的判决作出后,除权判决即被撤销。利害关系人向法院起诉的,法院可按票据纠纷适用普通程序审理。

(2) 对恶意申请公示催告导致票据合法持有人丧失票据权利的,应当追究恶意申请人妨害民事诉讼的责任。《最高人民法院关于审理票据纠纷案件若干问题的规定》第38条规定,对于伪报票据丧失的当事人,法院在查明事实,裁定终结公示催告或者诉讼程序后,可以参照《民事诉讼法》相关规定,追究伪报人的法律责任。票据合法持有人主张申请人承担侵权民事责任的,应当予以支持。①

此外,票据丧失,如果票据被盗,则盗窃者可能构成盗窃罪;如果票据被第三人拾得而拒不归还的,第三人可能构成侵占罪。构成犯罪的,在票据被转让之前,票据本身及其对应的款项属于追赃的范畴;在票据被转让之后,票据本身及其对应的款项不再属于追赃的范畴,而是票据受让人已经支付或尚未支付的对价,属于追赃的范畴。当然,这是以票据受让人善意取得该票据为前提。

三、自测练习

(一) 单项选择题

1. 旺达实业公司拖欠海韵电脑公司货款10万元,海韵电脑公司多次追讨无结果,向法院申请支付令。法院受理后经过审查,向旺达实业公司发布了支付令,限期付款。旺达实业公司以书面形式提出原合同规定的价格不合理,愿意付款88000元,另外12000元希望免除。在这种情况下,(   )。

第十七章自测练习
参考答案

   A. 法院应当直接裁定终结督促程序
   B. 法院应进行必要的调查,如合同确定的价格确实不合理,裁定驳回债权人的申请,支付令失效
   C. 督促程序继续进行
   D. 法院应询问债权人的意见,如其同意债务人只支付88000元,可将支付令数额改为88000元

2. 债权人对设有担保的债务案件主债务人发出的支付令,(   )。
   A. 对担保人没有拘束力

---

① 虚构票据丧失事实申请公示催告构成侵权。票据经公示催告程序被法院作出除权判决之后,未在公示催告期间申报的票据合法持有人,可以按照《民事诉讼法》规定,向作出除权判决的法院提起诉讼,要求除权判决的申请人赔偿损失。详见靖江市人民法院(2013)泰靖商再初字第0001号、泰州市中级人民法院(2013)泰中商再终字第0004号。

B. 仅对一般担保的担保人没有拘束力

C. 对担保人没有拘束力，债权人可就担保关系单独提起诉讼，不影响支付令的效力

D. 对担保人没有拘束力，但支付令生效后，债权人不能就担保关系提起诉讼

3. 山西某经营干货的公司向陕西某土产公司购买价值 5 万元的干辣椒，山西公司认为陕西公司用不好的辣椒充当特等椒，因而拒绝付款。陕西公司向法院申请支付令，要求山西公司支付货款。收到支付令后，山西公司既不提出异议又不履行义务，而是向另一个法院提起诉讼，要求退货。以下说法正确的是（　　）。

  A. 山西公司的行为使支付令失去效力

  B. 山西公司的行为不能阻止支付令的效力

  C. 如果山西公司在收到支付令后 15 日内提起诉讼，产生债务人异议的法律后果

  D. 受理支付令申请的法院应裁定终结督促程序

4. 甲向乙借款 20 万元，丙是甲的担保人，现已到偿还期限，经多次催讨未果，乙向法院申请支付令。法院受理并审查后，向甲送达支付令。甲在法定期间未提出异议，但以借款不成立为由向另一法院提起诉讼。关于本案，下列说法正确的是（　　）。

  A. 甲向另一法院提起诉讼，视为对支付令提出异议

  B. 甲向另一法院提起诉讼，法院应裁定终结督促程序

  C. 甲在法定期间未提出书面异议，不影响支付令效力

  D. 法院发出的支付令，对丙具有拘束力

5. 黄某向法院申请支付令，督促陈某返还借款。送达支付令时，陈某拒绝签收，法官遂进行留置送达。12 天后，陈某以已经归还借款为由向法院提起书面异议。黄某表示希望法院彻底解决自己与陈某的借款问题。下列说法正确的是（　　）。

  A. 支付令不能留置送达，法官的送达无效

  B. 提出支付令异议的期间是 10 天，陈某的异议不发生效力

  C. 陈某的异议并未否认二人之间存在借贷法律关系，因而不影响支付令的效力

  D. 法院应将本案转为诉讼程序审理

6. 关于支付令，下列说法正确的是（　　）。

  A. 法院送达支付令债务人拒收的，可采取留置送达

  B. 债务人提出支付令异议的，法院无需审查异议理由客观上是否属实

  C. 债务人收到支付令后不在法定期间提出异议而向法院起诉的，不影响支付令的效力

  D. 支付令送达后即具有强制执行力

7. 海昌公司因丢失票据申请公示催告，其间届满无人申报权利，海昌公司遂申请除权判决。在除权判决作出前，家佳公司看到权利申报公告，向法院申报权利。对此，法院下列做法正确的是（　　）。

  A. 因公示催告期满，裁定驳回家佳公司的权利申报

  B. 裁定追加家佳公司参加案件的除权判决审理程序

  C. 应裁定终结公示催告程序

  D. 作出除权判决，告知家佳公司另行起诉

8. 甲公司因票据遗失向法院申请公示催告。在公示催告期间届满的第 3 天，乙向法院申报权利。下列说法正确的是（　　）。

A. 因公示催告期间已经届满，法院应当驳回乙的权利申报
B. 法院应当开庭，就失票的权属进行调查，组织当事人进行辩论
C. 法院应当对乙的申报进行形式审查，并通知甲到场查验票据
D. 法院应当审查乙迟延申报权利是否具有正当事由，并分别情况作出处理

（二）多项选择题

1. 某法院根据凌云公司的申请向天地公司发出支付令。天地公司在接到支付令后的第 10 天，向法院提出书面异议，称凌云公司与天地公司根本不存在支付令中所表述的债权债务关系。在此情况下，（　　）。
   A. 支付令失效
   B. 法院应当终结督促程序
   C. 督促程序自动转化为诉讼程序
   D. 天地公司的异议无效

2. 督促程序中送达支付令可采取的方式有（　　）。
   A. 委托送达
   B. 留置送达
   C. 直接送达
   D. 公告送达

3. 法院应当裁定驳回支付令申请的情形是（　　）。
   A. 债权人与债务人之间有婚姻关系
   B. 债权人申请支付令的数额巨大
   C. 债权人与债务人之间有对待给付义务关系
   D. 请求给付的有价证券未到期

4. 龙珠与英杰都是北京某电子公司的职员，曾经共同租住于某小区公寓，月租金为人民币 5000 元。他们约定前半年房租由龙珠付，后半年房租由英杰付。可就在他们租住半年后，房东决定收回房子，不再向外出租，于是龙珠搬回家居住，而英杰住回公司宿舍。分手时，对于前半年的租金，英杰写了一张 15000 元的欠条给龙珠。3 个月后，英杰跳槽至上海某电子公司，离开北京前没有还欠龙珠的钱。英杰离开北京半年后，2013 年 9 月 12 日，龙珠向英杰户籍所在地北京某区人民法院申请支付令。9 月 19 日，法院通知龙珠受理其申请，并于 10 月 11 日发出支付令。得知公司派英杰到美国培训，且要到 12 月初才会回到上海，10 月 20 日，法院裁定终结督促程序。该案程序上的错误有（　　）。
   A. 通知受理的时间超出法律规定的期限
   B. 发出支付令的时间超出法律规定的期限
   C. 法院裁定终结督促程序的期间还不到法律规定的期限
   D. 对龙珠的支付令申请予以受理不正确

5. 从《民事诉讼法》的规定来看，督促程序和公示催告程序的共同特点有（　　）。
   A. 程序的启动是基于权利人的申请，无答辩程序
   B. 程序设计上无开庭审理阶段
   C. 都设置了义务人或利害关系人申报权利的程序

D. 对法院的处理结果不服者，均不能提出上诉，也不能申请再审

6. 不适用督促程序的情形有（　　）。

A. 债务人下落不明但有可供执行的财产

B. 债务已近履行期，义务人明确表示将不履行债务

C. 劳务合同履行期限已届满，债务人拒不提供劳务

D. 债务已到期但数额尚不能确定

7. 甲公司财务室被盗，遗失金额为80万元的汇票一张。甲公司向法院申请公示催告，法院受理后即通知支付人A银行停止支付，并发出公告，催促利害关系人申报权利。在公示催告期间，甲公司按原计划与材料供应商乙企业签订购货合同，将该汇票权利转让给乙企业作为付款。公告期满，无人申报，法院即组成合议庭作出判决，宣告该汇票无效。关于本案，下列说法正确的是（　　）。

A. A银行应当停止支付，直至公示催告程序终结

B. 甲公司将该汇票权利转让给乙企业的行为有效

C. 甲公司若未提出申请，法院可以作出宣告该汇票无效的判决

D. 法院若判决宣告汇票无效，应当组成合议庭

（三）案例分析题

大洋公司、梅西公司有长期业务合作关系，双方签订供货协议，由大洋公司给付梅西公司预付款，梅西公司再根据大洋公司订单供应厨具。

2021年7月1日，原告大洋公司取得一份出票人为潞安公司、票面金额为30万元的银行承兑汇票。该银行承兑汇票记载的大洋公司的直接前手为飞腾公司。2021年7月5日，大洋公司为向被告梅西公司支付预付款，将汇票背书给梅西公司。梅西公司又将其背书给西华公司。

2021年7月23日，西华公司在滁州中行对案涉汇票进行了贴现。滁州中行持有该银行承兑汇票后，飞腾公司以遗失案涉汇票为由向银岭法院申请公示催告。2021年10月9日，该院作出民事判决，宣告上述票据无效。

滁州中行于2021年11月得知上述情况后，将该银行承兑汇票退还给西华公司，西华公司后又退还给被告梅西公司，梅西公司再将该银行承兑汇票退还给原告大洋公司。

2021年12月23日，被告梅西公司向原告大洋公司出具了退票说明，梅西公司决定从大洋公司预付款中予以扣除30万元作为2021年销售合同项下的货款支付，后实际扣除。

大洋公司向某市鼓楼区人民法院起诉，认为因梅西公司将大洋公司的预付款扣除，侵犯了大洋公司的合法权益。请求判决梅西公司继续履行供货协议，并不得以银行承兑汇票被除权为由扣除大洋公司相应货款。某市鼓楼区人民法院判决驳回了大洋公司诉请。

问：法院做法是否正确？

（四）简述题

1. 公示催告程序有哪些特征？
2. 申请公示催告应当具备哪些条件？
3. 公示催告程序中利害关系人如何对自己的权利进行救济？
4. 公示催告程序中法院作出除权判决的条件是什么？
5. 督促程序有哪些特征？
6. 督促程序中债权人申请支付令应当具备哪些条件？
7. 简述督促程序中的债务人异议。
8. 督促程序在哪些情形下终结？

四、拓展与思考：除权判决后利害关系人的司法救济

对于除权判决后利害关系人的司法救济，根据《民事诉讼法》第234条规定，自知道或者应当知道判决公告之日起1年内，向作出判决的法院起诉。但对于该起诉的性质、诉讼如何进行等，仍存在各种相互冲突的理解与司法适用。①

部分学者以德国、日本等大陆法系国家和我国台湾地区相关规定为依据，主张利害关系人的司法救济中的提起诉讼是一种与前述国家或地区相同的"撤销除权判决之诉"。利害关系人符合法定情形和事由可以通过撤销诉讼，击破除权判决的效力，恢复其票据上的权利。② 如有学者认为，该诉性质上应为撤销之诉，即利害关系人不能及时向法院申报权利的，如有正当理由，在一年的除斥期间内，可以向作出除权判决的法院提起除权判决撤销之诉。③ 该观点认为该条款针对的是作出除权判决所依据的既定事实已发生变化，除权判决应依法予以

---

① 各地法院的生效判决主要有以下几种不同的处理程序和判决结果。第一种，利害关系人提起票据纠纷之诉，要求付款人承担付款责任或者出票人、背书人等承担各自的票据债务，法院先启动审判监督程序撤销本院或下级法院作出的不当除权判决，然后在普通程序中判决付款人等承担票据责任，在这个过程中通常都要中止票据纠纷的诉讼。第二种，票据持有人提起诉讼，法院经审理以后认为原除权判决错误，在"本院认为"中交代理由，甚至不作任何交代，直接支持原告要求相关主体承担票据责任的诉讼请求。第三种，利害关系人提出诉讼，申请撤销除权判决，并要求付款人等承担票据责任，法院经审理后认为利害关系人确系票据公示催告前的最后持有人，除权判决有误，在普通的票据纠纷中直接判决撤销错误的除权判决，并支持原告要求相关主体承担票据责任的诉讼请求。第四种，以依据公示催告程序作出的除权判决具有不可逆转性，撤销除权判决没有法律依据为由，驳回原告的该项请求，通常也驳回原告主张票据权利的其他请求。第五种，法院经审理后认为该诉讼属于除权判决撤销之诉，利害关系人确系票据最后持有人，原除权判决错误的，判决撤销该除权判决，而对于涉争票据上的权利义务关系则不予处理。第六种，在利害关系人起诉请求公示催告申请人等主体承担侵权赔偿责任或者不当得利责任的情况下，直接判决责任主体承担赔偿责任，对于原除权判决是否撤销不予任何置评，此类案件票据付款人通常已经依照除权判决兑付了票款。详见葛治华、罗小平：《除权判决撤销之诉：权利救济与程序安定的冲突与平衡——民事诉讼法第223条解读》，《浙江工业大学学报（社会科学版）》2015年第2期。

② 参见王小能：《中国内地与台湾地区、香港特区票据丧失补救制度比较研究》，《法制与社会发展》2000年第6期；江伟主编：《民事诉讼法学关键问题》，中国人民大学出版社2010年版，第302页。

③ 参见王小能、肖爱华：《中国内地与台湾地区、香港地区票据丧失补救制度比较研究》，《法制与社会发展》2000年第6期。

撤销，使已被除权的票据恢复效力，以保护利害关系人因正当理由延误而受损的利益。该诉的效力应等同于利害关系人在公示催告期间申报了权利，权利申报意味着票据权利归属存疑，法院不能依申请人的申请作出除权判决，作出判决的，应依法予以撤销。① 德国、日本等大陆法系国家和我国台湾地区相关法律规定也采取了此种观点，利害关系人如符合法定情形和事由的，可以通过提起撤销之诉，撤销除权判决产生的法律效力，恢复其所应有的票据权利。②《德国民事诉讼法》对于除权判决的救济方式系通过撤销之诉的方式进行，且对利害关系人要求较高，须于知悉除权判决之日起1个月的不变期内提起，最长起诉期限为除权判决宣告之日起10年③，德国的立法立场更偏向于保持判决的安定性。而我国台湾地区的立法实践④总体上跟日本较为相似，只是日本的立法例相对于我国台湾地区额外规定了对于伪造变造证据、以其他诉讼参与人虚假陈述作为判决的证据等情形存在时，相关权利人也可提起撤销除权判决之诉。⑤

也有学者认为利害关系人的起诉性质属于"另行起诉"，但理由不同。如有观点认为，该类起诉并不直接针对除权判决本身提起，而是为了解决票据纠纷，故应为另行起诉制度。⑥ 另有观点认为，除权判决在普通程序中并不具有既判力，并不能对抗普通程序，合法持票人可以提起普通民事诉讼，诉请侵权赔偿或者票据利益返还等，无需先行诉请撤销除权判决。⑦ 而另行起诉在实务操作中按诉的类型具体又可再细分为损害赔偿之诉⑧和确认之诉⑨。这种观点在理论研究中虽然是少数意见，在司法实务界中采取这种处理方式的却也不在少数。此种观点认为，究其实质，利害关系人起诉依据在于其实际上应当享有票据权利，其根本目的在于通过诉讼确认并追究对方的票据责任。

---

① 参见奚晓明主编：《最高人民法院商事审判裁判规范与案例指导》（第二卷），法律出版社2011年版，第42页。
② 参见江伟：《民事诉讼法学关键问题》，中国人民大学出版社2010版，第302页。
③ 《德国民事诉讼法》第957条规定："……对除权判决，可以以申请人为被告，向管辖公示催告法院所在地区的州法院提起撤销之诉……"第958条规定："除权判决撤销之诉应于原告知悉除权判决之日开始一个月的不变期内提起；如依第957条第（4）项与第（6）项的撤销理由提起撤销之诉……自原告知悉撤销理由之日开始。自除权判决宣告之日起经过10年的，不得提起撤销之诉。"
④ 我国台湾地区"民事诉讼法"第551条规定："……有下列各款情形之一者，得以公示催告申请人为被告，向原法院提起撤销除权判决之诉……"第552条规定："撤销除权判决之诉，应于30日的不变期间内提起的……除权判决宣示后已逾5年者，不得提起撤销之诉……败诉方当事人对于撤销除权判决的判决，均得依一般诉讼程序规定申请不服，提起上诉或提起再审之诉。"
⑤ 参见常怡主编：《比较民事诉讼法》，中国政法大学出版社2002年版，第1095页。
⑥ 参见刘学在：《公示催告程序的立法完善》，《辽宁大学学报（哲学社会科学版）》2003年第4期。
⑦ 参见宋朝武主编：《民事诉讼法学》，厦门大学出版社2008年版，第420页。
⑧ 损害赔偿之诉，详见浙江省台州市中级人民法院（2014）浙台商终字794号。
⑨ 确认之诉，见江苏省苏州市中级人民法院（2013）苏中商终字第0719号。

第十八章 执行程序

一、导引

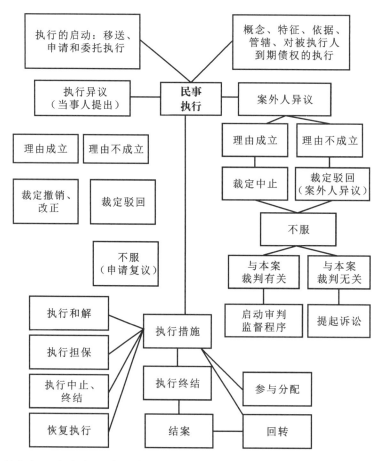

民事执行程序与民事审判程序相辅相成,民事审判程序侧重于确定民事权利是否存在,注重权利的确认,而民事执行程序则侧重于在事实上实现民事权利,注重权利的实现。从我

国执行程序的适用范围来看，它不单纯是民事审判程序的保障，民事强制执行的根据并不仅限于那些经过民事审判程序所产生的判决、裁定和调解书，也包括其他机构形成的文书内容。仲裁机关制作的发生法律效力的调解书、裁决书，公证机关制作的依法赋予强制执行效力的债权文书，以及行政机关制作、依法可以申请法院强制执行的决定等，都可以成为民事强制执行的根据。民事执行连接法院民事审判活动、仲裁活动、公证机关公证活动、行政执法活动等诸多领域，是权利人实现权利最后的法律保障。民事诉讼执行程序并非诉讼的必然程序，而是在一方当事人拒不履行义务时，另一方当事人申请执行时才启动的一种强制性程序，这种程序是以生效法律文书为前提和基础，是民事审判的后续和保障。当事人申请执行时应当向有管辖权的法院申请，对被执行人不能清偿债务，但对第三人享有到期债权的，应向法院申请，由法院通知第三人代位履行债务。

二、基本原理与制度

（一）执行程序的基础问题

根据《民事诉讼法》第235条规定，发生法律效力的民事判决、裁定，以及刑事判决、裁定中的财产部分，由第一审法院或者与第一审法院同级的被执行的财产所在地法院执行。法律规定由法院执行的其他法律文书，由被执行人住所地或者被执行的财产所在地法院执行。

所谓执行程序，是《民事诉讼法》规定的由法定组织和人员运用国家的强制力量，根据生效法律文书的规定，强制民事义务人履行所负义务的程序。其目的在于实现生效法律文书所规定的内容。民事执行权由法院统一行使，以国家公权力的强制行为作保障。一般情况下依当事人申请启动，申请执行当事人交缴一定的执行费用，所以是一种有偿的程序。

1. 执行依据和条件

执行程序的发生，执行依据是前提。作为执行根据的法律文书，必须已经发生法律效力，同时负有义务的一方当事人故意拖延、逃避或拒绝履行义务。

根据《最高人民法院关于人民法院执行工作若干问题的规定（试行）》第2条规定，民事诉讼的执行依据文书有以下几种：① 法院民事、行政判决、裁定、调解书，民事制裁决定、支付令，以及刑事附带民事判决、调解书，刑事裁判涉财产部分；② 依法应由法院执行的行政处罚决定、行政处理决定；③ 我国仲裁机构作出的仲裁裁决和调解书，法院依据《仲裁法》有关规定作出的财产保全和证据保全裁定；④ 公证机关依法赋予强制执行效力的债权文书；⑤ 经法院裁定承认其效力的外国法院作出的判决、裁定，以及国外仲裁机构作出的仲裁裁决；⑥ 法律规定由法院执行的其他法律文书。另外，法院在审理民事、行政案件中作出的财产保全和先予执行裁定，一般应当移送执行机构实施。

关于执行的条件，根据《民事诉讼法解释》第461条规定，当事人申请法院执行的生效法律文书应当具备权利义务主体明确、给付内容明确的要求。法律文书确定继续履行合同的，应当明确继续履行的具体内容。

2. 执行管辖

执行管辖即执行案件的管辖，是指根据法律规定，在法院系统内部划分各级法院和同级法院之间强制执行案件的分工和权限。确定执行案件的管辖具有十分重要的意义。首先它有利于权利人行使申请权，使权利人的权利得以实现；其次，它有利于法院内部的工作均衡和协调；最后，它有利于上级法院对于下级法院的工作进行指导和监督。

1）一般执行管辖的确定

对生效的民事判决、裁定，以及刑事判决、裁定的财产部分，由第一审法院或者与第一审法院同级的被执行财产所在地法院执行；对非讼程序文书，发生法律效力的确认调解协议效力、实现担保物权的裁定、支付令，由作出裁定、支付令的法院或者与其同级的被执行财产所在地法院执行。认定财产无主的判决，由作出判决的法院将无主财产收归国家或者集体所有。

此外，《最高人民法院关于人民法院执行工作若干问题的规定（试行）》第9—15条还对仲裁、专利、保全和海关等领域涉及的管辖问题作了如下规定：在国内仲裁过程中，当事人申请财产保全，经仲裁机构提交法院的，由被申请人住所地或被申请保全的财产所在地的基层人民法院裁定并执行；申请证据保全的，由证据所在地的基层人民法院裁定并执行。在涉外仲裁过程中，当事人申请财产保全，经仲裁机构提交法院的，由被申请人住所地或被申请保全的财产所在地的中级人民法院裁定并执行；申请证据保全的，由证据所在地的中级人民法院裁定并执行。对专利管理机关依法作出的处理决定和处罚决定，由被执行人住所地或财产所在地的省、自治区、直辖市有权受理专利纠纷案件的中级人民法院执行。对国务院各部门，各省、自治区、直辖市人民政府和海关依照法律、法规作出的处理决定和处罚决定，由被执行人住所地或财产所在地的中级人民法院执行。

需要注意的是，对基层人民法院和中级人民法院管辖的执行案件，因特殊情况需要由上级法院执行的，可以报请上级法院执行。

2）共同管辖和法院间执行争议的协调

两个以上法院都有管辖权的，当事人可以向其中一个法院申请执行，当事人向两个以上法院申请执行的，由最先立案的法院管辖。法院在立案前发现其他有管辖权的法院已经立案的，不得重复立案；立案后发现其他有管辖权的法院已经立案的，应当撤销案件；已经采取执行措施的，应当将控制的财产移交先立案的法院处理。

对两个或两个以上法院在执行相关案件中发生争议的，应当协商解决。协商不成的，逐级报请上级法院，直至报请共同的上级法院协调处理。执行争议经高级人民法院协商不成的，由有关的高级人民法院书面报请最高人民法院协调处理。执行中发现两地法院或法院与仲裁机构就同一法律关系作出不同裁判内容的法律文书的，各有关法院应当立即停止执行，报请共同的上级法院处理；上级法院协调处理有关执行争议案件，认为必要时，可以决定将有关款项划到本院指定的账户；上级法院协调下级法院之间的执行争议所作出的处理决定，有关法院必须执行。

3）当事人执行管辖异议

法院受理执行申请后，一方当事人对受理法院的管辖权提出质疑，法院对该当事人提出的异议，应当审查，异议成立的，应当撤销执行案件，并告知当事人向有管辖权的法院申请执行，异议不成立的，裁定驳回。当事人对裁定不服的，可以向上一级法院申请复议。异议审查和复议期间，不停止执行。

当事人提出管辖异议，必须符合下列条件：① 提出异议的主体包括申请执行人和被执行人；② 提出管辖异议的客体是执行法院的管辖权；③ 提出管辖异议的时间为收到执行通知书之日起法定期间内。

3. 对被执行人到期债权的执行

根据《民事诉讼法解释》第499条规定，法院执行被执行人对他人的到期债权，可以作出冻结债权的裁定，并通知该他人向申请执行人履行。该他人对到期债权有异议，申请执行人请求对异议部分强制执行的，法院不予支持。利害关系人对到期债权有异议的，法院应当按照《民事诉讼法》第238条规定处理。

被执行人不能清偿债务，但对他人享有到期债权，申请执行人或被执行人可向法院申请。

他人收到法院要求其向申请人履行债务的通知后，必须在15日内履行债务，如果在收到法院履行债务通知15日内不提出异议，也不履行的，法院有权裁定强制执行。他人异议必须在法定期间内提出，他人提出自己没有履行能力或者自己与申请执行人无直接法律关系，不属异议。而有效异议，法院不得对该他人强制执行。他人提出部分异议成立的，对其余承认的部分可以强制执行。他人收到法院要求其履行到期债务的通知后，擅自向被执行人履行，造成已向被执行人履行的财产不能追回的，除在已履行的财产范围内与被执行人承担连带清偿责任外，可以追究其妨害执行的责任。

4. 执行担保

所谓执行担保，是指在执行过程中，经执行权利人的同意，执行义务人或第三人（即担保人）为实现法律文书所确定的权利而向法院提供保证，由法院决定暂缓执行的制度。设立这一制度的目的，一方面在于保护债权人的合法权益，另一方面在于照顾债务人的实际情况，并确保执行根据文书的实现。

根据《民事诉讼法》第242条和《民事诉讼法解释》第468条规定，在执行中，被执行人向法院提供担保，并经申请执行人同意的，法院可以决定暂缓执行及暂缓执行的期限。被执行人逾期仍不履行的，法院有权执行被执行人的担保财产或者担保人的财产。向法院提供执行担保的，可以由被执行人或者他人提供财产担保，也可以由他人提供保证。担保人应当具有代为履行或者代为承担赔偿责任的能力。他人提供执行保证的，应当向执行法院出具保证书，并将保证书副本送交申请执行人。被执行人或者他人提供财产担保的，应当参照《民法典》的有关规定办理相应手续。

需要注意的是，根据《民事诉讼法解释》第467条、第469条规定，如果担保是有期限的，暂缓执行的期限应当与担保期限一致，但最长不得超过1年。被执行人在法院决定暂缓执行的期限届满后仍不履行义务的，法院可以直接执行担保财产，或者裁定执行担保人的财产，但执行担保人的财产以担保人应当履行义务部分的财产为限。在暂缓执行期间，被执行人或者担保人对担保财产有转移、隐藏、变卖、毁损等行为，可以恢复强制执行。

5. 执行和解

根据《民事诉讼法》第241条规定，在执行中，双方当事人自行和解达成协议的，执行员应当将协议内容记入笔录，由双方当事人签名或者盖章。申请执行人因受欺诈、胁迫与被执行人达成和解协议,或者当事人不履行和解协议的,法院可以根据当事人的申请,恢复对原生效法律文书的执行。

根据《民事诉讼法解释》第464条规定,申请执行人与被执行人达成和解协议后请求中止执行或者撤回执行申请的,法院可以裁定中止执行或者终结执行。据此和解效果可分为如下情形:① 当事人达成和解协议后请求法院中止执行的,法院裁定中止执行;② 当事人达成和解协议后向法院申请撤回执行申请的,法院裁定执行终结;③ 当事人之间的和解协议合法有效并已经履行完毕,法院应作执行结案处理(即裁定执行终结)。

根据《民事诉讼法解释》第465条、第466条规定,一方当事人不履行或者不完全履行在执行中双方自愿达成的和解协议,对方当事人申请执行原生效法律文书的,法院应当恢复执行,但和解协议已履行的部分应当扣除;和解协议已经履行完毕的,法院不予恢复执行。申请恢复执行原生效法律文书,适用《民事诉讼法》申请执行期间的规定(一般2年)。申请执行期间因达成执行中的和解协议而中断,其期间自和解协议约定履行期限的最后一日起重新计算。

根据《最高人民法院关于执行和解若干问题的规定》第14—16条规定,申请执行人就履行执行和解协议提起诉讼,执行法院受理后,可以裁定终结原生效法律文书的执行。执行中的查封、扣押、冻结措施,自动转为诉讼中的保全措施。执行和解协议履行完毕,申请执行人因被执行人迟延履行、瑕疵履行遭受损害的,可以向执行法院另行提起诉讼。当事人、利害关系人认为执行和解协议无效或者应予撤销的,可以向执行法院提起诉讼。执行和解协议被确认无效或者撤销后,申请执行人可以据此申请恢复执行。

被执行人以执行和解协议无效或者应予撤销为由提起诉讼的,不影响申请执行人申请恢复执行。

6. 执行回转、执行的中止和终结、终结本次执行

1) 执行回转

根据《民事诉讼法》第244条规定,执行完毕后,据以执行的判决、裁定和其他法律文书确有错误,被法院撤销的,对已被执行的财产,法院应当作出裁定,责令取得财产的人返还;拒不返还的,强制执行。

执行回转的适用条件为:① 已经执行完毕的执行根据被撤销。② 根据新的生效法律文书。值得注意的是,一定要有新的执行根据,仅仅是执行根据被撤销不会导致执行回转。③ 责令返还财产的对象为原申请执行人在其返还财产范围内已取得的财产及其孳息。已执行的标的物系特定物的,应当退还原物;不能退还原物的,可以折价抵偿。

2) 执行的中止和终结

在执行进行中,由于出现某些特殊情况,执行工作无法继续进行或者没有必要继续进行时,即应停止执行程序,以后也不再恢复,为执行终结,可恢复的为执行中止。《民事诉讼法》第267条、第268条分别对执行中止和执行终结情形作了规定。

执行中止的法定情形包括:① 申请人表示可以延期执行的;② 案外人对执行标的提出确有理由的异议的;③ 作为一方当事人的公民死亡,需要等待继承人继承权利或承担义务的;④ 作为一方当事人的法人或者其他组织中止,尚未确定权利义务承受人的;⑤ 法院认为应当中止的其他情形。

执行终结的法定情形包括：① 申请人撤销申请（申请人撤销申请而终结执行后，可以在执行时效内再次申请执行）；② 据以执行的法律文书被撤销；③ 作为被执行人的公民死亡，无遗产可供执行，又无义务承担人的；④ 追索赡养费、扶养费、抚养费案件的权利人死亡的；⑤ 被执行人（公民）因生活困难无力偿还借款，又无收入来源，丧失劳动能力的；⑥ 法院认为应当终结的其他情形。

无论中止还是终结执行的裁定，送达当事人后立即生效。

3）终结本次执行

根据《民事诉讼法解释》第517条规定，经过财产调查未发现可供执行的财产，在申请执行人签字确认或者执行法院组成合议庭审查核实并经院长批准后，可以裁定终结本次执行程序。依照前款规定终结执行后，申请执行人发现被执行人有可供执行财产的，可以再次申请执行。再次申请不受申请执行时效期间的限制。

关于终结本次执行的适用，根据《最高人民法院关于严格规范终结本次执行程序的规定（试行）》规定，应当同时符合下列条件：① 已向被执行人发出执行通知、责令被执行人报告财产。② 已向被执行人发出限制消费令，并将符合条件的被执行人纳入失信被执行人名单。③ 已穷尽财产调查措施，未发现被执行人有可供执行的财产或者发现的财产不能处置。④ 自执行案件立案之日起已超过3个月。⑤ 被执行人下落不明的，已依法予以查找；被执行人或者其他人妨害执行的，已依法采取罚款、拘留等强制措施，构成犯罪的，已依法启动刑事责任追究程序。

这里的"责令被执行人报告财产"，是指应当完成下列事项：一是向被执行人发出报告财产令；二是对被执行人报告的财产情况予以核查；三是对逾期报告、拒绝报告或者虚假报告的被执行人或者相关人员，依法采取罚款、拘留等强制措施，构成犯罪的，依法启动刑事责任追究程序。

这里的"已穷尽财产调查措施"，是指应当完成下列6项调查事项：① 对申请执行人或者其他人提供的财产线索进行核查；② 通过网络执行查控系统对被执行人的存款、车辆及其他交通运输工具、不动产、有价证券等财产情况进行查询；③ 无法通过网络执行查控系统查询前述第2项规定的财产情况的，在被执行人住所地或者可能隐匿、转移财产所在地进行必要调查；④ 被执行人隐匿财产、会计账簿等资料且拒不交出的，依法采取搜查措施；⑤ 经申请执行人申请，根据案件实际情况，依法采取审计调查、公告悬赏等调查措施；⑥ 法律、司法解释规定的其他财产调查措施。

这里的"发现的财产不能处置"，包括下列两种情形：一是被执行人的财产经法定程序拍卖、变卖未成交，申请执行人不接受抵债或者依法不能交付其抵债，又不能对该财产采取强制管理等其他执行措施的；二是法院在登记机关查封的被执行人车辆、船舶等财产，未能实际扣押的。

终结本次执行程序前，法院应当将案件执行情况、采取的财产调查措施、被执行人的财产情况、终结本次执行程序的依据及法律后果等信息告知申请执行人，并听取其对终结本次执行程序的意见。终结本次执行程序裁定书送达申请执行人后，执行案件可以作结案处理。法院进行相关统计时，应当对以终结本次执行程序方式结案的案件与其他方式结案的案件予以区分。终结本次执行程序裁定书应当依法公开。

终结本次执行程序后，申请执行人发现被执行人有可供执行财产的，可以向执行法院申请恢复执行。申请恢复执行不受申请执行时效期间的限制。执行法院核查属实的，应当恢复执行。终结本次执行程序后的5年内，执行法院应当每6个月通过网络执行查控系统查询一次被执行人的财产，并将查询结果告知申请执行人。符合恢复执行条件的，执行法院应当及时恢复执行。

需要注意的是，终结本次执行程序本质是因被执行人的原因和过错导致的无奈之举，所以对《民事诉讼法》和司法解释中有关被执行人未按判决、裁定和其他法律文书指定的期间履行给付金钱义务应加倍支付迟延履行期间的债务利息等惩戒措施依旧适用。[①]

（二）执行的申请和移送

发生法律效力的民事判决、裁定、调解书，当事人必须履行。一方拒绝履行的，对方当事人可以向人民法院申请执行，也可以由审判员移送执行员执行。根据《民事诉讼法解释》第470—473条规定，对非自然人被执行人，执行中作为被执行人的法人或者其他组织分立、合并的，法院可以裁定变更后的法人或者其他组织为被执行人。被注销的，如果依照有关实体法的规定有权利义务承受人的，可以裁定该权利义务承受人为被执行人。其他组织在执行中不能履行法律文书确定的义务的，法院可以裁定执行对该其他组织依法承担义务的法人或者公民个人的财产。在执行中，作为被执行人的法人或者其他组织名称变更的，法院可以裁定变更后的法人或者其他组织为被执行人；而对自然人被执行人死亡的，其遗产继承人没有放弃继承的，法院可以裁定变更被执行人，由该继承人在遗产的范围内偿还债务。继承人放弃继承的，法院可以直接执行被执行人的遗产。

1. 申请执行

根据《民事诉讼法》第250条规定，申请执行的期间为2年。申请执行时效的中止、中断，适用法律有关诉讼时效中止、中断的规定。前款规定的期间，从法律文书规定履行期间的最后一日起计算；法律文书规定分期履行的，从最后一期履行期限届满之日起计算；法律文书未规定履行期间的，从法律文书生效之日起计算。《民事诉讼法解释》第515条规定，债权人根据《民事诉讼法》第265条规定请求法院继续执行的，不受《民事诉讼法》申请执行时效期间的限制。

1）一般案件的申请条件

根据《民事诉讼法》及相关司法解释，要件主要包括以下内容。① 生效法律文书应符合要求：权利义务主体明确，执行人明确；给付内容明确，执行标的明确；法律文书确定继续履行合同的，应当明确继续履行的具体内容。② 申请执行人是生效法律文书确定的权利人或其继承人、权利承受人。③ 申请执行人在法定期限内提出申请。遵守2年申请执行期限。但根据《民事诉讼法解释》第481条规定，申请执行人超过申请执行时效期间向法院申请强制

[①] 参见最高院（2020）最高法执监423号。

执行的，法院应予受理。① 被执行人对申请执行时效期间提出异议，法院经审查异议成立的，裁定不予执行。被执行人履行全部或者部分义务后，又以不知道申请执行时效期间届满为由请求执行回转的，法院不予支持。④ 义务人在生效法律文书确定的期限内未履行义务。⑤ 属于受申请执行的法院管辖。法院自收到申请执行书之日起超过6个月未执行的，申请执行人可以向上一级法院申请执行。上一级法院经审查，可以责令原法院在一定期限内执行，也可以决定由本院执行或者指令其他法院执行。

2）对仲裁申请执行不予执行的情形

根据《民事诉讼法》第248条规定，对依法设立的仲裁机构的裁决，一方当事人不履行的，对方当事人可以向有管辖权的法院申请执行。受申请的法院应当执行。

被申请人提出证据证明仲裁裁决有下列情形之一的，经法院组成合议庭审查核实，裁定不予执行：① 当事人在合同中没有订有仲裁条款或者事后没有达成书面仲裁协议的；② 裁决的事项不属于仲裁协议的范围或者仲裁机构无权仲裁的；③ 仲裁庭的组成或者仲裁的程序违反法定程序的；④ 裁决所根据的证据是伪造的；⑤ 对方当事人向仲裁机构隐瞒了足以影响公正裁决的证据的；⑥ 仲裁员在仲裁该案时有贪污受贿，徇私舞弊，枉法裁决行为的；⑦ 法院认定执行该裁决违背社会公共利益的。

根据《民事诉讼法》第291条规定，对中华人民共和国涉外仲裁机构作出的裁决，被申请人提出证据证明仲裁裁决有下列情形之一的，经法院组成合议庭审查核实，裁定不予执行：① 当事人在合同中没有订有仲裁条款或者事后没有达成书面仲裁协议的；② 被申请人没有得到指定仲裁员或者进行仲裁程序的通知，或者由于其他不属于被申请人负责的原因未能陈述意见的；③ 仲裁庭的组成或者仲裁的程序与仲裁规则不符的；④ 裁决的事项不属于仲裁协议的范围或者仲裁机构无权仲裁的；⑤ 法院认定执行该裁决违背社会公共利益的，裁定不予执行。

仲裁裁决被法院裁定不予执行的，当事人可以根据双方达成的书面仲裁协议重新申请仲裁，也可以向法院起诉。

3）对公证机关债权文书不予执行的情形

根据《民事诉讼法》第249条规定，对公证机关依法赋予强制执行效力的债权文书，一方当事人不履行的，对方当事人可以向有管辖权的法院申请执行，受申请的法院应当执行。公证债权文书确有错误的，法院裁定不予执行，并将裁定书送达双方当事人和公证机关。

根据《民事诉讼法解释》第478条规定，有下列情形之一的，可以认定为《民事诉讼法》规定的公证债权文书确有错误：① 公证债权文书属于不得赋予强制执行效力的债权文书的；② 被执行人一方未亲自或者未委托代理人到场公证等严重违反法律规定的公证程序的；

---

① 需要注意的是，《最高人民法院关于审理民事案件适用诉讼时效制度若干问题的规定》第19条规定，诉讼时效期间届满，当事人一方向对方当事人作出同意履行义务的意思表示或者自愿履行义务后，又以诉讼时效期间届满为由进行抗辩的，法院不予支持。对于上述规定中"作出同意履行义务的意思表示"应作严格解释，即债务人应当明确表示抛弃时效利益，同意履行剩余的还款义务，如达成还款协议、签订债权确认书等。在债务人并未明确表示同意履行剩余借款的归还义务，双方亦未达成还款协议的情况下，不能将债务人在超过诉讼时效期间后归还部分债务的行为认定为其放弃对全部债务的诉讼时效抗辩权。参见（2019）最高法民申4337号。

③ 公证债权文书的内容与事实不符或者违反法律强制性规定的；④ 公证债权文书未载明被执行人不履行义务或者不完全履行义务时同意接受强制执行的；⑤ 法院认定执行该公证债权文书违背社会公共利益的，裁定不予执行。

公证债权文书被裁定不予执行后，当事人、公证事项的利害关系人可以就债权争议提起诉讼。当事人请求不予执行仲裁裁决或者公证债权文书的，应当在执行终结前向执行法院提出。

2. 移送执行

《民事诉讼法》第247条规定了发生法律效力的民事判决、裁定，当事人必须履行。一方拒绝履行的，可以由审判员移送执行员执行。所谓移送执行，是指法院在作出裁判后，因为情况特殊而认为有必要时，不待当事人申请，由审判庭直接交执行机关执行。移送执行案件范围包括如下几个方面：① 发生法律效力的具有给付赡养费、扶养费、抚养费内容的法律文书；② 民事制裁决定书；③ 刑事附带民事判决、裁定、调解书；④ 执行回转的裁定；⑤ 审判人员认为涉及国家、集体或者公民重大利益案件的；⑥ 确应移送执行的其他法律文书。

法院执行员接到申请执行书或者移交执行书，应当向被执行人发出执行通知，并可以立即采取强制执行措施。通知的内容包括：① 责令被执行人履行法律文书确定的义务；② 通知被执行人承担《民事诉讼法》规定的迟延履行利息或者迟延履行金。

被执行人或者被执行的财产在外地的，可以委托当地法院代为执行。受委托法院收到委托函件后，必须在15日内开始执行，不得拒绝。执行完毕后，应当将执行结果及时函复委托法院；在30日内如果还未执行完毕，也应当将执行情况函告委托法院。受委托法院自收到委托函件之日起15日内不执行的，委托法院可以请求受委托法院的上级法院指令受委托法院执行。

（三）执行措施

根据《民事诉讼法解释》第480条规定，执行立案后，法院应当在收到申请执行书或者移交执行书后10日内发出执行通知。执行通知中除应责令被执行人履行法律文书确定的义务外，还应通知其承担《民事诉讼法》第264条规定的迟延履行利息或者迟延履行金。

《民事诉讼法》第252—266条和相关司法解释对各种执行措施作了规定。依据措施的功能不同，大体分为保障性执行措施、对财产的执行措施和对行为的执行措施三个类别。不同类别，适用的条件和程序不同。

1. 保障性执行措施

1）查询被执行人的身份信息与财产信息

根据《民事诉讼法》第253条规定，被执行人未按执行通知履行法律文书确定的义务，法院有权向有关单位查询被执行人的存款、债券、股票、基金份额等财产情况。法院对被执行人未按期履行给付金钱义务的，可以向银行、信用社、证券公司等金融机构发出协助通知，调查询问债务人的金融资产状况，以查明被执行人的履行能力，为扣押、冻结、划拨、变价做好准备。《民事诉讼法解释》第482条、第483条规定，对必须接受调查询问的被执行人、被执行人的法定代表人、负责人或者实际控制人，经依法传唤无正当理由拒不到场的，法院可以拘传其到场。法院应当及时对被拘传人进行调查询问，调查询问的时间不得超过 8 小时；情况复杂，依法可能采取拘留措施的，调查询问的时间不得超过 24 小时。法院有权查询被执行人的身份信息与财产信息，掌握相关信息的单位和个人必须按照协助执行通知书办理。

2）搜查被执行人的财产

根据《民事诉讼法》第 259 条规定，被执行人不履行法律文书确定的义务，并隐匿财产的，法院有权发出由院长签发的搜查令，对被执行人及其住所或者财产隐匿地进行搜查。根据《民事诉讼法解释》第 494 条规定，在执行中，被执行人隐匿财产、会计账簿等资料的，法院除可依照《民事诉讼法》第 114 条第 1 款第 6 项规定对其处理外，还应责令被执行人交出隐匿的财产、会计账簿等资料。被执行人拒不交出的，法院可以采取搜查措施。

《民事诉讼法解释》对适用程序作了具体规定：① 搜查人员应当按规定着装并出示由院长签发的搜查令和工作证件。② 搜查对象是公民的，应当通知被执行人或者他的成年家属以及基层组织派员到场；搜查对象是法人或者其他组织的，应当通知法定代表人或者主要负责人到场。拒不到场的，不影响搜查。法院搜查时禁止无关人员进入搜查现场。③ 搜查妇女身体，应当由女执行人员进行。④ 搜查中发现被执行人财产，应当依法扣押，但对被执行人的其他物品，如生活日用品、有关身份证件等不得扣押。⑤ 搜查应当制作搜查笔录，由搜查人员、被搜查人及其他在场人签名、捺印或者盖章。拒绝签名、捺印或者盖章的，应当记入搜查笔录。

3）强制被执行人支付迟延履行期间债务利息及迟延履行金

根据《民事诉讼法》第 264 条规定，被执行人未按判决、裁定和其他法律文书指定的期间履行给付金钱义务的，应当加倍支付迟延履行期间的债务利息。① 被执行人未按判决、裁定和其他法律文书指定的期间履行其他义务的，应当支付迟延履行金。

关于利息和迟延金计算，根据《民事诉讼法解释》第 504 条、第 505 条规定，被执行人迟延履行的，迟延履行期间的利息或者迟延履行金自判决、裁定和其他法律文书指定的履行期间届满之日起计算。被执行人未按判决、裁定和其他法律文书指定的期间履行非金钱给付义务的，无论是否已给申请执行人造成损失，都应当支付迟延履行金。已经造成损失的，双倍补偿申请执行人已经受到的损失；没有造成损失的，迟延履行金可以由法院根据具体案件情况决定。

4）报告财产

根据《民事诉讼法》第 252 条规定，被执行人未按执行通知履行法律文书确定的义务，应当报告当前以及收到执行通知之日前一年的财产情况。被执行人拒绝报告或者虚假报告的，法院可以根据情节轻重对被执行人或者其法定代理人、有关单位的主要负责人或者直接责任人员予以罚款、拘留。通常情况下，报告内容包括：① 被执行人未按执行通知履行法律文书确定的义务，应当报告当前以及收到执行通知之日前一年的财产情况。② 被执行人报告财产后，其财产情况发生变动，影响申请执行人债权实现的，也应自财产变动之日起 10 日

---

① 2014 年 8 月 1 日之前的，按金钱债务约定利息的两倍支付迟延利息；2014 年 8 月 1 日之后的，债务约定利息按原约定计算，加倍利息按日万分之一点七五的标准计算。详见《最高人民法院关于执行程序中计算迟延履行期间的债务利息适用法律若干问题的解释》。

内向法院补充报告。

被执行人拒绝报告或者虚假报告的,法院可以根据情节轻重对被执行人或者其法定代理人、有关单位的主要负责人或者直接责任人员予以罚款、拘留。

5) 限制出境、限制被执行人高消费、征信系统记录不履行义务信息、媒体公布不履行义务信息等

根据《民事诉讼法》第266条规定,被执行人不履行法律文书确定的义务的,法院可以对其采取或者通知有关单位协助采取限制出境,在征信系统记录、通过媒体公布不履行义务信息以及法律规定的其他措施。

关于限制出境,被执行人为单位的,可以对其法定代表人、主要负责人或者影响债务履行的直接责任人员限制出境。被执行人为无民事行为能力人或者限制民事行为能力人的,可以对其法定代理人限制出境。

关于限制被执行人高消费即禁止被执行人及其法定代表人、主要负责人、影响债务履行的直接责任人以被执行人的财产支付下列行为:① 乘坐交通工具时,选择飞机、列车软卧、轮船二等以上舱位;② 在星级以上宾馆、酒店、夜总会、高尔夫球场等场所进行高消费;③ 购买不动产或者新建、扩建、高档装修房屋;④ 租赁高档写字楼、宾馆、公寓等场所办公;⑤ 购买非经营必需车辆;⑥ 旅游、度假;⑦ 子女就读高收费私立学校;⑧ 支付高额保费购买保险理财产品;⑨ 其他非生活和工作必需的高消费行为。

被执行人违反限制高消费令进行消费的行为属于拒不履行法院已经发生法律效力的判决、裁定的行为,经查证属实的,依法予以拘留、罚款;情节严重,构成犯罪的,追究其刑事责任。法院根据案件需要和被执行人的情况可以向有义务协助调查、执行的单位送达协助执行通知书,也可以在相关媒体上进行公告。有关单位在收到法院协助执行通知书后,仍允许被执行人高消费的,应当依法追究其妨害民事诉讼行为的责任。

关于征信系统记录,根据《民事诉讼法解释》第516条规定,被执行人不履行法律文书确定的义务的,法院除对被执行人予以处罚外,还可以根据情节将其纳入失信被执行人名单,将被执行人不履行或者不完全履行义务的信息向其所在单位、征信机构以及其他相关机构通报。

2. 对财产的执行措施

对被执行的财产,法院非经查封、扣押、冻结不得处分。对银行存款等各类可以直接扣划的财产,法院的扣划裁定同时具有冻结的法律效力。法院冻结被执行人的银行存款的期限不得超过1年,查封、扣押动产的期限不得超过2年,查封不动产、冻结其他财产权的期限不得超过3年。申请执行人申请延长期限的,法院应当在查封、扣押、冻结期限届满前办理续行查封、扣押、冻结手续,续行期限不得超过前款规定的期限。法院也可以依职权办理续行查封、扣押、冻结手续。根据《民事诉讼法》及相关司法解释,法院可以对被执行人财产采取如下措施。

1) 扣押、冻结、划拨、变价被执行人的金融资产

被执行人未按执行通知履行法律文书确定的义务,法院有权向银行、信用社、证券公司等金融机构发出协助要求,根据不同情形扣押、冻结、划拨、变价被执行人的存款、债权、股票、基金份额等金融资产。

需要注意的是，法院扣押、冻结、划拨、变价被执行人的金融资产，应当作出裁定，并发出协助执行通知书，有关金融机构必须办理，但采取执行措施的财产范围不得超出被执行人应当履行义务的范围。

2）扣留、提取被执行人的收入

被执行人未按执行通知履行法律文书确定的义务，法院有权扣留、提取被执行人应当履行义务部分的收入。但应当保留被执行人及其所扶养家属的生活必需费用。法院扣留、提取收入时，应当作出裁定，并发出协助执行通知书，被执行人所在单位、银行、信用合作社和其他有储蓄业务的单位必须办理。

在执行范围上，这里的收入，主要是指公民个人工资、奖金、劳动报酬及各种有价证券等。

3）查封、扣押、拍卖、变卖被执行人的财产

在执行范围上，应当保留被执行人及其所扶养家庭的生活必需物品和费用、进行义务教育所必需的物品，以及用于身体缺陷所必需的辅助工具和医疗物品。下列财产不得查封、扣押、冻结：① 未公开的发明或未发表的著作；② 债务人所得的勋章和其他荣誉表彰物品；③ 享有合法有效的司法豁免权的财产；④ 法律和司法解释规定的其他不得查封、扣押、冻结的财产。

在程序上应遵守如下规定：① 法院查封、扣押财产时，被执行人是公民的，应当通知被执行人或者他的成年家属到场，同时公民所在单位或财产所在地的基层组织应当派人参加；被执行人是法人或其他组织的，应当通知其法定代表人或主要负责人到场，拒不到场的，不影响执行。查封、扣押财产，必须造具清单，由在场人签名或盖章，交被执行人1份。对于不动产和有产权证照的特定动产，在查封、扣押时还应当在相关产权部门办理查封登记手续。② 财产被查封、扣押后被执行人在法院指定的期间仍拒绝履行义务的，法院可以按照规定将查封、扣押的财产变现，并将价款交给债权人。在变现的方式上，应当采取拍卖优先原则，交由专门的拍卖机构将财产变现。只有对于不适于拍卖的财产（例如易腐烂变质的物品、季节性商品等）或双方当事人均不同意进行拍卖的财产，才可以委托有关单位变卖或者自行变卖。国家禁止自由买卖的物品（例如金银等物品），法院应当交有关单位按照国家规定的价格收购后，将收购价款转交债权人。③ 对于被执行人的知识产权、股权和其他投资权益，应当根据有关司法解释的规定，首先向有关部门、企业发出协助通知，禁止上述权益被转让，在债务人在规定期限仍未履行义务后，拍卖、变卖、强制转让相关权益。

需要注意的是，作为案外人的夫妻一方没有提起析产诉讼，申请执行人也没有代位提起析产诉讼，法院在确认被执行人享有案涉房产份额产权的前提下，可以对案涉房产采取查封、扣押、冻结，以及所延伸出的强制拍卖等执行行为，但必须及时通知共有人，且从强制拍卖所获得的执行款中保留其共有财产份额。①

---

① 参见（2020）最高法民申1543号。

3. 对行为的执行措施

1）强制被执行人迁出房屋或退出土地

根据《民事诉讼法》第261条规定，强制迁出房屋或者强制退出土地，由院长签发公告，责令被执行人在指定期间履行。被执行人逾期不履行的，由执行员强制执行。

强制执行时，被执行人是公民的，应当通知被执行人或者他的成年家属到场；被执行人是法人或者其他组织的，应当通知其法定代表人或者主要负责人到场。拒不到场的，不影响执行。被执行人是公民的，其工作单位或者房屋、土地所在地的基层组织应当派人参加。执行员应当将强制执行情况记入笔录，由在场人签名或者盖章。

强制迁出房屋被搬出的财物，由法院派人运至指定处所，交给被执行人。被执行人是公民的，也可以交给他的成年家属。因拒绝接收而造成的损失，由被执行人承担。

2）强制被执行人履行法律文书指定的行为

根据《民事诉讼法》第263条规定，对判决、裁定和其他法律文书指定的行为，被执行人未按执行通知履行的，法院可以强制执行或者委托有关单位或者其他人完成，费用由被执行人承担。同时《民事诉讼法解释》第501条规定，被执行人不履行生效法律文书确定的行为义务，该义务可由他人完成的，法院可以选定代履行人；法律、行政法规对履行该行为义务有资格限制的，应当从有资格的人中选定。必要时，可以通过招标的方式确定代履行人。申请执行人可以在符合条件的人中推荐代履行人，也可以申请自己代为履行，是否准许，由法院决定。

法律文书指定的行为系不可替代的作为，法院可采取间接执行的方法，通过对被执行人罚款、拘留、强制支付迟延履行金等手段，促使其自动完成义务行为。《民事诉讼法解释》第503条规定，被执行人不履行法律文书指定的行为，且该项行为只能由被执行人完成的，法院可以依照《民事诉讼法》第114条第1款第6项规定处理。被执行人在法院确定的履行期间内仍不履行的，法院可以依照《民事诉讼法》第114第1款第6项规定再次处理。③ 法律文书指定的行为系不作为义务，债务人因实施积极行为，违背法律文书的规定，法院应当消除积极行为产生的后果。对停止侵犯名誉权案件，侵权人拒不执行生效判决，不为对方恢复名誉、消除影响的，法院可以采取公告、登报等方式，将判决的主要内容及有关情况公布于众，费用由被执行人负担。

3）强制被执行人交付法律文书指定的财物或票证

《民事诉讼法解释》第493条规定，他人持有法律文书指定交付的财物或者票证，法院依照《民事诉讼法》第260条第2款、第3款规定发出协助执行通知书后，拒不转交的，可以强制执行，并可依照《民事诉讼法》第117条、第118条规定处理。他人持有期间财物或者票证毁损、灭失的，参照《民事诉讼法解释》第492条规定处理，可责令持有人赔偿，拒不赔偿的，可按被执行人的财物或票据的价值强制执行。他人主张合法持有财物或者票证的，可以根据《民事诉讼法》第238条规定提出执行异议。

执行人员应注意遵守如下要求：① 法律文书指定交付的财物或票证，由执行员传唤双方当事人当面交付，或由执行员转交，并由被交付人签收。② 有关单位持有该项财物或票证的，应当根据法院的协助执行通知书转交，并由被交付人签收，拒不交出的强制执行。③ 有关公民持有该项财物或票证的，法院通知其交出，拒不交出的强制执行。

（四）参与分配

根据《民事诉讼法解释》第506条规定，被执行人为公民或者其他组织，在执行程序开始后，被执行人的其他已经取得执行依据的债权人发现被执行人的财产不能清偿所有债权的，可以向法院申请参与分配。对法院查封、扣押、冻结的财产有优先权、担保物权的债权人，可以直接申请参与分配，主张优先受偿权。

1. 参与分配的概念和意义

参与分配是指已经取得金钱债权执行根据但未申请执行的债权人，在作为被执行人的公民或者其他组织的全部或主要财产已被法院因执行金钱给付的生效法律文书而查封、扣押或者冻结，无其他财产可供执行或其他财产不足清偿全部债务的情况下，在被执行人的财产被执行完毕前，申请对被执行人的财产参与分配的一种财产分配方式。

随着市场经济的不断深入，各民事主体介入经济活动日趋频繁，多个债权人申请执行同一债务人所负债务的诉求也就随之涌入法院。当债务人的财产不能满足所有债权的情况下，就涉及如何协调多个债权人之间的利益关系、如何就债务人现有财产进行分配的问题。参与分配制度是法院执行多债权案件的重要方式之一，是一种特殊的平等保护多个申请执行人债权的执行制度。其法理基础是：债务人的财产应当成为所有债权人之债权的"共同担保"，通俗地说即债权平等。先申请强制执行的债权人不能因其申请行为而取得优先于其他债权人的权利，否则，其他债权人的债权或者得不到清偿，或者转化为遥遥无期的期待权。在债务人之财产不足以清偿所有债权时，应允许其他债权人参与到已开始的执行程序中，使参与分配的债权人得到同一比例的清偿。

2. 参与分配的适用条件

（1）被执行人为自然人或其他组织。《民事诉讼法解释》第52条规定，其他组织是指合法成立、有一定的组织机构和财产，但又不具备法人资格的组织。包括：依法登记领取营业执照的个人独资企业；依法登记领取营业执照的合伙企业；依法登记领取我国营业执照的中外合作经营企业、外资企业；依法成立的社会团体的分支机构、代表机构；依法设立并领取营业执照的法人的分支机构；依法设立并领取营业执照的商业银行、政策性银行和非银行金融机构的分支机构；经依法登记领取营业执照的乡镇企业、街道企业等。被执行人为企业法人，不适用参与分配制度。

（2）执行请求必须是金钱债权。该制度是各债权人就执行所得金钱按比例公平分配，而关于物的交付请求和行为请求权的执行无法做到按比例公平分配。

（3）申请人必须已经取得执行依据或对被执行人财产享有优先权、担保物权的凭证。对于普通债权人，参与分配的条件必须是已经取得执行依据，如判决书、调解书、裁决书等，对于已经起诉，但尚未取得执行依据的债权人不能申请参与分配。但如果对法院查封、扣押、冻结的财产有优先权、担保物权的债权人，可以直接申请参与分配，主张优先受偿权。

（4）被执行人的财产不能清偿所有债权。

（5）参与分配必须发生在执行程序开始后，被执行人的财产清偿完毕之前。

3. 参与分配程序

1）参与分配的申请主体

被执行人为公民或者其他组织，在执行程序开始后，被执行人的其他已经取得执行依据的债权人发现被执行人的财产不能清偿所有债权的，可以向法院申请参与分配。对法院查封、扣押、冻结的财产有优先权、担保物权的债权人，可以直接请参与分配，主张优先受偿权。因此，参与分配的主体包括已经取得执行依据的债权人和有优先权、担保物权的债权人两种。

2）参与分配的申请方式与期限

根据《民事诉讼法解释》第507条规定，申请参与分配，申请人应当提交申请书。申请书应当写明参与分配和被执行人不能清偿所有债权的事实、理由，并附有执行依据。参与分配申请应当在执行程序开始后，被执行人的财产执行终结前提出。

3）参与分配中的清偿顺序

根据《民事诉讼法解释》第508条规定，参与分配执行中，执行所得价款扣除执行费用，并清偿应当优先受偿的债权后，对于普通债权，原则上按照其占全部申请参与分配债权数额的比例受偿。清偿后的剩余债务，被执行人应当继续清偿。债权人发现被执行人有其他财产的，可以随时请求法院执行。

《最高人民法院关于执行程序中计算迟延履行期间的债务利息适用法律若干问题的解释》第4条规定：被执行人的财产不足以清偿全部债务的，应当先清偿生效法律文书确定的金钱债务，再清偿加倍部分债务利息，但当事人对清偿顺序另有约定的除外。根据该规定，在执行程序中参与分配的普通债权应当系生效法律文书确定的金钱债务，包括本金和一般债务利息。①

4）参与分配方案的制定及异议处理

根据《民事诉讼法解释》第509条、第510条规定，多个债权人对执行财产申请参与分配的，执行法院应当制作财产分配方案，并送达各债权人和被执行人。债权人或者被执行人对分配方案有异议的，应当自收到分配方案之日起15日内向执行法院提出书面异议。

债权人或者被执行人对分配方案提出书面异议的，执行法院应当通知未提出异议的债权人、被执行人。未提出异议的债权人、被执行人自收到通知之日起15日内未提出反对意见的，执行法院依异议人的意见对分配方案审查修正后进行分配；提出反对意见的，应当通知异议人。异议人可以自收到通知之日起15日内，以提出反对意见的债权人、被执行人为被告，向执行法院提起诉讼；② 异议人逾期未提起诉讼的，执行法院按照原分配方案进行分配。

---

① 参见（2021）最高法民再295号。
② 分配方案异议之诉的性质是个复杂的理论争议问题。由于分配方案异议之诉是声明异议的债权人或债务人，对不同意其异议的其他债权人或债务人起诉，请求受诉法院予以判决，其诉讼性质将影响其既判力的客观范围，且受败诉判决的当事人是否可再依实体上不当得利的法律关系提起诉讼，与诉讼的性质亦息息相关。分配方案异议之诉的性质国内外从来学说不一，主要存在形成之诉说、给付之诉说和确认之诉说，我国民事司法实务一直以形成之诉说为多数说。参见李世成：《论执行分配方案异议之诉的程序构造》，《法律适用》2011年第9期；王玲：《民事执行程序中分配方案异议之诉研究》，《法学论坛》2019年第4期；刘颖：《分配方案异议之诉研究》，《当代法学》2019年第1期。

4. 参与分配与破产程序的衔接

破产制度与民事执行的参与分配制度是目前清偿债务的两种财产处置制度。破产程序因具有公平清偿属性，是企业法人财产处置的优先选择；相较而言，执行程序中的参与分配制度则具有适用范围广、成本低、效率高等特点。对参与分配与破产程序的衔接问题，《民事诉讼法解释》第 511—514 条作了明确规定。

第一，在执行中，遇到作为被执行人的企业法人不能清偿到期债务的情形，执行法院经申请执行人之一或者被执行人同意，应当裁定中止对该被执行人的执行，将执行案件相关材料移送被执行人住所地法院。被执行人住所地法院应当自收到执行案件相关材料之日起 30 日内，将是否受理破产案件的裁定告知执行法院。不予受理的，应当将相关案件材料退回执行法院。被执行人住所地法院裁定受理破产案件的，执行法院应当解除对被执行人财产的保全措施。被执行人住所地法院裁定宣告被执行人破产的，执行法院应当裁定终结对该被执行人的执行。被执行人住所地法院不受理破产案件的，执行法院应当恢复执行。

第二，对当事人不同意移送破产或者被执行人住所地法院不受理破产案件的，执行法院就执行变价所得财产，在扣除执行费用及清偿优先受偿的债权后，对于普通债权，按照财产保全和执行中查封、扣押、冻结财产的先后顺序清偿。

第三，参与分配制度适用于自然人和非法人组织，破产程序仅适用于企业法人，二者相互补充而不重合。执行实践中必须注意二者的适用范围，企业法人案件一律适用破产程序，其他案件一律适用参与分配制度。破产程序可以看作一种特殊的参与分配制度，其对债权人的保护也更为充分，故对企业法人案件应优先适用破产程序。只有当有破产管辖权法院不予受理破产案件的，执行法院才恢复原有案件执行，即进入执行标的物的分配程序。

三、自测练习

（一）单项选择题

1. 法院审理执行异议之诉案件，适用（　　）。
   A. 普通程序
   B. 简易程序
   C. 再审程序
   D. 特别程序

第十八章自测练习
参考答案

2. 甲公司因侵犯乙公司的商标权被法院判决赔偿乙公司损失 100 万元。该生效判决强制执行完毕后不久，乙公司的注册商标因不具有显著性被依法定程序撤销。下列说法正确的是（　　）。
   A. 甲公司有权直接申请法院执行回转
   B. 甲公司有权在原判决生效之日起 6 个月内申请再审撤销原判决
   C. 甲公司无权直接要求乙公司返还 100 万元
   D. 甲公司有权要求乙公司赔偿损失

3. 在一起债务案件的执行程序中．法院依法要拍卖被告某甲的厂房。某甲的朋友某乙出具保证书保证被告 30 天内还款，如到期不还，某甲所欠债务由他负责偿还。这个保证得到了申请执行人某丙的同意。1个月后某甲下落不明,某丙要求某乙替某甲偿还债务。某乙反悔,不愿还款。法院应（　　）。

　　A. 裁定诉讼中止

　　B. 裁定诉讼终结

　　C. 裁定执行某乙的财产

　　D. 发出公告寻找某甲。公告期满仍没有某甲的下落的,裁定执行某乙的财产

4. 甲公司根据生效判决书向法院申请强制执行。执行开始后,甲公司与乙公司达成和解协议。和解协议约定：将800万元债务减少为750万元,协议生效之日起2个月内还清。协议生效1个月后,乙公司并未履行协议的约定。下列做法正确的是（　　）。

　　A. 甲就乙违反协议的行为,向乙住所地法院提起民事诉讼

　　B. 由法院执行和解协议

　　C. 由法院依职权恢复原判决的执行

　　D. 甲向法院申请恢复原判决的执行

5. 武汉A区的甲公司与南京B区的乙公司因合同纠纷诉至法院,A区法院判决乙公司向甲公司赔偿损失10万元。判决生效后,乙公司未自动履行,甲公司遂向A区法院申请执行。A区法院立案后委托乙公司所在地的B区法院代为执行。B区法院接到委托执行书后,发现乙公司早已资不抵债,无财产可供执行。对此,处理方法正确的是（　　）。

　　A. 由B区法院裁定中止执行,并及时告知A区法院

　　B. 由B区法院裁定终结执行,并及时告知A区法院

　　C. B区法院应及时函告A区法院,由A区法院裁定中止执行

　　D. B区法院应及时函告A区法院,由A区法院裁定终结执行

6. 在民事执行程序中,有权签发搜查令的是（　　）。

　　A. 法院院长

　　B. 审判长

　　C. 执行庭庭长

　　D. 执行员

7. 陆某诉其4个子女不履行赡养老人义务一案经法院一审终结,法院判令吴某4个子女承担赡养老人义务,每人每月给付老人生活费200元。判决生效后,义务人不履行义务,法院依法对被执行人强制执行。正在此时陆某去世,法院应（　　）。

　　A. 裁定中止执行

　　B. 裁定终结执行

　　C. 裁定执行回转

　　D. 继续执行

8. 在执行过程中,法院发现作为执行根据的公证债权文书确有错误的,可以裁定（　　）。

　　A. 暂缓执行

　　B. 中止执行

　　C. 不予执行

　　D. 终结执行

9. 和解协议合法有效并已经执行完毕，当事人反悔的，法院应（　　）。
A. 作为执行结案处理
B. 重新执行原判决
C. 执行回转
D. 通过调解解决

（二）多项选择题

1. 张某因房屋出租与王某发生纠纷并诉至法院，法院判决王某一个月内迁出张某的房屋。一个月后王某拒不腾房，张某向法院申请强制执行。在执行过程中张某欲与王某和解，将房子卖给王某，他就有关事宜询问了法院的执行人员。执行人员的下列解答正确的是（　　）。
A. 判决已经生效，当事人要和解就必须先撤回执行申请
B. 双方当事人应在执行完毕后签订新合同而不应在执行过程中和解
C. 双方当事人可以在执行中自愿达成和解协议
D. 如果王某不履行和解协议的内容，张某可以申请恢复执行

2. A市甲公司与B市乙公司因为合同纠纷，申请C市仲裁委员会仲裁。仲裁委员会作出仲裁裁决，裁决乙公司履行债务。后甲公司得知乙公司在D市有一处房产，遂向法院提出执行申请。本案执行管辖法院为（　　）。
A. A市法院
B. B市法院
C. C市法院
D. D市法院

3. （　　）可以作为民事执行根据。
A. 法院按督促程序发出的支付令
B. 行政判决书
C. 刑事附带民事判决书
D. 公证机关依法赋予强制执行效力的关于追偿债款的债权文书

4. 甲公司诉乙公司支付贷款一案，乙公司在判决生效后未履行判决书所确定的义务，甲公司向法院申请强制执行。在执行过程中，乙公司提出目前暂时没有偿付能力，申请提供担保。对此，下列说法正确的是（　　）。
A. 乙公司的执行担保申请须经甲公司同意，并由法院决定
B. 法院批准申请后，乙公司应当向法院提供财产担保，不能由第三人作担保
C. 乙公司提供担保后，可以在法院决定的暂缓执行期间内与甲公司达成执行和解的协议
D. 在暂缓执行期间，甲公司发现乙公司有转移担保财产的行为，法院可以恢复执行

5. 下列情况中，法院对国内仲裁裁决不予执行的是（　　）。
A. 载有仲裁条款的合同被确认无效
B. 一方当事人申请执行仲裁裁决，另一方当事人申请撤销仲裁裁决

C. 仲裁裁决书认定事实的主要证据不足

D. 仲裁庭的组成违反法定程序

E. 适用法律确有错误

6. 以下关于法院采取查封、扣押、冻结措施期限的规定正确的有（　　）。

A. 法院冻结被执行人的银行存款的期限不得超过 1 年

B. 查封、扣押动产的期限不得超过 2 年

C. 查封不动产、冻结其他财产权的期限不得超过 3 年

D. 申请执行人申请延长期限的，续行期限不得超过规定的期限

（三）判断题

1. 因撤销申请而终结执行后，当事人在《民事诉讼法》规定的申请执行时效期间内再次申请执行的，法院应当受理。（　　）

2. 申请执行人超过申请执行时效期间向法院申请强制执行的，法院应予受理。（　　）

3. 当事人申请法院执行的生效法律文书确定继续履行合同的，应当明确继续履行的具体内容。（　　）

4. 执行标的物为特定物的，应当执行原物。原物确已毁损或者灭失的，经双方当事人同意，可以折价赔偿。双方当事人对折价赔偿不能协商一致的，法院应当终结执行程序。申请执行人可以另行起诉。（　　）

5. 法院自收到申请执行书之日起超过 6 个月未执行的，申请执行人可以向上一级法院申请执行。（　　）

6. 当事人、利害关系人认为执行行为违反法律规定的，可以向负责执行的法院提出书面异议。理由不成立的，裁定驳回。当事人、利害关系人对裁定不服的，可以自裁定送达之日起 15 日向上一级法院申请复议。（　　）

7. 分期履行的判决，其申请执行的期限，自每次履行期间的最后一日起计算。（　　）

（四）案例分析题

甲商贸司与乙食品公司因侵权发生纠纷，向法院提起诉讼。第一审法院判决甲公司赔偿乙公司损失 100 万元。甲公司不服上诉，被第二审法院判决驳回上诉。双方当事人于 2020 年 4 月 10 日签收第二审判决。后因甲公司拒不履行法院判决，乙公司于 2022 年 5 月 8 日向二审法院申请强制执行。第二审法院受理后，电话通知银行冻结甲公司存款 45 万元，并在甲商贸公司仓库只有一退休老人值班的情况下，扣押了甲公司仓库价值约 30 万元的货物，以及价值 30 万元的小汽车 1 辆、价值 20 万元的大货车 2 辆。法院扣押甲公司的小汽车后，将其作为办公用车使用。在征得院长同意后将扣押的其他物品估价 100 万元，卖给了丙公司，并约定先交付对方使用，待半年后再付款。

问：本案的执行过程中存在哪些问题？

（五）简述题

1. 如何确定执行案件的管辖法院？

2. 执行的依据是什么?
3. 执行回转的适用条件是什么?
4. 执行中的中止和终结的法定情形有哪些?
5. 对被执行人到期债权的执行是如何规定的?
6. 参与分配的适用条件是什么?
7. 对行为的执行措施有哪些?
8. 对公证机关债权文书不予执行的情形有哪些?
9. 移送执行案件的范围有哪些?
10. 参与分配与破产程序如何衔接?

四、拓展与思考：终结本次执行程序

20世纪80年代中后期起，"执行难"便成为我国司法难题之一。[①] 各级法院执行积案总量逐年上升。1999年，中央下发《关于转发〈中共最高人民法院党组关于解决人民法院"执行难"问题的报告〉的通知》，从国家层面发力，助推法院清理执行积案。但清积问题"野火烧不尽，春风吹又生"，已成为一个独特的中国问题。[②] 但历次清理，占案件数量大头的始终是无财产可供执行案件。[③] 案件不得不长期中止，未结积案数量日益增加。为此，有些法院曾经尝试裁定执行终结，但执行终结的程序法效果为不可逆，被执行人因此客观上获得免责，显然不符合法理，以致申请执行人的不满。曾经有些学者主张借鉴我国台湾地区的"债权凭证"制度。2001年《浙江省高级人民法院关于执行中实施债权凭证制度若干规定（试行）》为全国首创，然而这项实验并未成功。

强制执行程序中被执行人没有财产可供执行时，暂时予以结案，从而结束本次执行程序，待以后发现被执行人有可供执行的财产时再恢复执行，即为终本执行程序。[④] 它可产生执行案件程序终结的效果，法院作为案件终结统计，同时还可再次启动执行。这种执行结案方式兼具执行中止和执行终结的部分法律效果，既有利于申请人发现被执行财产后申请恢复执行，又有利于法院在案件管理和统计方面排除这类案件。由于执行终结的明显优势，2009年中央政法委、最高人民法院联合发布《关于规范集中清理执行积案结案标准的通知》，第一次在全国性的司法文件中明确将"终结本次执行程序"作为无财产可供执行案件的一种结案方式。

党的十八届四中全会作出"切实解决执行难"重大部署，《最高人民法院关于执行案件立案、结案若干问题的意见》明确将"终结本次执行程序"（简称终本程序）作为无财产可供

---

① 1987年5月1日，郑天翔在最高人民法院党组会议上，首次用"执行难"描述在民事、经济审判中的执行问题。参见《郑天翔司法文存》，人民法院出版社2012年版，第249页。

② 英、德等许多国家有成熟的破产制度对接无财产执行难题。我国既无自然人破产制度，也乏无财产认定和财产界定配套措施。参见常廷彬、朱朝晖：《德国债务人财产开示制度的最新发展及对我国的启示》，《探求》2017年第5期；项焱、张雅雯：《从破产有罪到破产免责：以英国个人破产免责制度确立为视角》，《法学评论》2020年第6期。

③ 参见黄金龙：《终结本次执行程序的理解与适用》，《人民法院报》2009年4月24日，第6版。

④ 参见范加庆：《适用终结本次执行程序的基本点》，《人民司法·应用》2015年第7期。

执行这类执行不能案件的结案方式。同时规定了适用的具体情形、程序性要求以及如何恢复案件执行，终本程序也由此实现了规范化。2015年《民事诉讼法解释》规定，对于无财产可供执行的案件，可以裁定终本程序。终本程序首次在司法解释层面获得肯定和认可，也借此成为一项法律制度。2016年《最高人民法院关于严格规范终结本次执行程序的规定（试行）》，对终本程序的程序性要求、事后恢复执行、救济途径及监督管理等方面进行了补充和完善。

从2009年确立以来，终本程序历经10多年的应用、发展与改进，在相当程度上化解了执行积案尤其是无财产可供执行案的数量，从根本上改变了我国法院对无财产可供执行案件的传统处理方式，甚至成为部分法院应对执行案件的"主流"方式。根据最高人民法院2018年的统计，全年七八百万件执行案中有40%~50%属于无可供执行财产的执行不能案件。[1] 经过调研发现，近几年全国每年的终本结案数均占首次执行结案数的40%以上，[2] 而有的法院比例甚至超过60%。正因为如此，在2016—2019年基本解决执行难阶段，终本案件始终被当作重要的考核对象之一，其合格率被作为四个基本核心指标之一。

2022年《民事强制执行法（草案）》就执行停止和执行终结规定了中止执行、暂缓执行、终结本次执行程序、"执转破"程序和终结执行。由此，终本程序作为一项单独的执行程序制度被该草案吸纳，其中第80—83条拟将终本程序上升为法律制度。

从该程序初衷看，这是法院化解执行积案，在规则层面上为大量无财产可供执行的案件预留出口。因此，无论该程序后期如何增设当事人程序保障的"补强"规则，甚至出现终本的后续管理规则，却始终无法跳出该程序作为内部结案方式的窠臼。

有观点认为，终本程序的产生只是出于法院提高执结率与化解执行积案的考量，具有去"库存"作用，对当事人却没有多少实质价值。如果频繁使用，积累的弊端与沉淀的问题可能越积越多，可能在一定程度上动摇法院的司法权威。[3] 还有观点认为，法院管理、清理"终本案件"需要投入一定执行资源，同时债务人因无力履行长期不能获得重生的机会，通过让当事人申请破产或设定执行无结果最长失效时限等方法，让"终本案件"彻底终结，才是解决执行难问题的根本出路。[4]

---

[1] 参见刘贵祥：《人民法院执行工作现状与分析》，《中国应用法学》2018年第1期。

[2] 参见邵长茂：《构建与高水平社会主义市场经济体制相适应的民事强制执行制度体系》，《湖湘法学评论》2022年第4期。

[3] 参见王亚新、百晓锋：《无财产可供执行案件的退出机制及相关争议的处理》，《法律适用》2011年第12期。

[4] 参见张美欣：《终结本次执行程序案件的彻底终结制度研究》，《法律适用》2016年第4期。

第十九章 执行异议之诉

一、导引

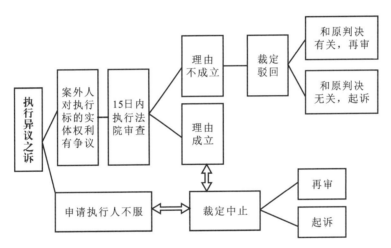

在民事诉讼执行程序中，按照执行正当性原则的要求，法院只能针对债务人责任财产加以执行；案外人的财产，或者虽属债务人财产但已为案外人设定了其他实体权利（如质权）的财产，都不能作为执行的对象。然而，在执行中对债务人责任财产的认定不可能采取实质性的审查，而只能从形式上或财产占有的外观状态来加以认定。这也是现代民事司法体系审执分离之必然要求。由此，执行中错列债务人责任财产在所难免，侵害与救济相伴相随。异议之诉作为一种执行救济，是执行法律体系中不可或缺的内容。

我国《民事诉讼法》2007年第一次修订时首次确立执行异议之诉，后来《民事诉讼法》历次修订时均予以保留。执行异议之诉作为与执行异议衔接的后续诉讼程序，是一个独立于执行异议的完整的实体审理程序，其价值取向是公平优先、兼顾效率，通过实质审查的方式对执行标的权属进行认定，进而作出案外人享有的民事权益是否足以排除强制执行的判断，以实现对案外人民事权益的实体性执行救济。

二、基本原理与制度

（一）执行异议之诉的概念和意义

所谓执行异议之诉，是指申请执行人、案外人对执行标的的实体权利存有争议，经执行法院在执行程序中进行初步审查和处理，申请执行人或者案外人对执行异议裁定不服，请求执行法院通过审判程序解决争议而提起的诉讼。我国执行异议之诉依据申请主体的不同，可分为案外人执行异议之诉和申请人执行异议之诉。

根据《民事诉讼法》第238条规定，执行过程中，案外人对执行标的提出书面异议的，法院应当自收到书面异议之日起15日内审查，理由成立的，裁定中止对该标的的执行；理由不成立的，裁定驳回。案外人、当事人对裁定不服，认为原判决、裁定错误的，依照审判监督程序办理；与原判决、裁定无关的，可以自裁定送达之日起15日内向法院提起诉讼。

执行异议之诉有助于切实保护案外人、申请执行人的合法实体权益，完善司法救济制度。案外人的实体权利，由执行员进行审查判断，在一定程度上剥夺了案外人就其实体权利与相对人进行辩论的权利，显然不利于案外人合法权益的保护。其次，驳回案外人异议的裁定不能上诉或复议，即使案外人对裁定不服，也没有后续的救济方法。再次，即便案外人异议成立执行中止，也仅是执行程序的延缓和阻却，并没有彻底保护案外人的实体权利，当案外人、申请执行人的合法利益受到侵害时，均可以提起诉讼，无疑将非常有益于切实保护他们自身的合法权益，也是对我国生效后纠错的再审程序的一个补充。

执行异议是一种程序，而执行异议之诉是属于一种诉讼。一般来说，前者属于程序利益，而后者属于实体利益；前者直接向执行法院执行庭提出，后者由执行法院民事庭管辖；前者主要是因为执行法院的执行措施存在违法等事由，需要更正执行行为，而后者的目的在于有效阻止执行。

（二）案外人执行异议之诉

1. 案外人执行异议之诉的概念和特征

案外人执行异议之诉指在执行过程中，案外人对执行标的提出书面异议，被执行法院裁定驳回，案外人对裁定不服，向法院提起诉讼，请求该执行法院通过审判程序解决争议而提起的诉讼。其特征表现在以下几个方面。第一，案外人执行异议之诉的请求是要求法院停止对执行标的物的执行，诉讼的目的在于通过诉讼阻止对执行标的物的强制执行，[①] 是我国《民事诉讼法》中唯一一种允许当事人在诉讼请求中提出阻止对执行标的物执行的诉讼。第二，案外人执行异议之诉的启动有法定的前置程序，即只有在执行终结前，案外人提出书面异议声明，待执行法院对异议作出裁定后，案外人才可以提起诉讼。第三，案外人执行异议之诉的原告为案外人，且案外人对执行标的物享有足以排除的实体权利。被告是申请执行

---

① 参见指导案例第156号：王岩岩诉徐意君、北京市金隆房地产发展有限责任公司案外人执行异议之诉案（最高人民法院2021年2月19日发布）。

人，在被执行人否认案外人权利时，可以将其列为被告。被执行人不反对案外人异议的，可以列被执行人为第三人。

2. 案外人执行异议之诉的提起条件

根据《民事诉讼法解释》第 302 条、第 303 条规定，案外人、当事人对执行异议裁定不服，自裁定送达之日起 15 日内向法院提起执行异议之诉的，由执行法院管辖，提起执行异议之诉除了应该符合《民事诉讼法》第 122 条规定外，还应当满足下列条件：① 案外人的执行异议申请已经被法院裁定驳回；② 有明确的排除对执行标的执行的诉讼请求，诉讼请求与原判决、裁定无关；① ③ 自执行异议裁定送达之日起 15 日内提起诉讼，诉讼请求应有撤销对标的物的强制执行的内容。

根据《民事诉讼法解释》第 305 条规定，案外人提起执行异议之诉的，以申请执行人为被告。被执行人反对案外人异议的，被执行人为共同被告；被执行人不反对案外人异议的，可以列被执行人为第三人。

3. 案外人执行异议之诉的审判

1）适用的诉讼程序

执行异议之诉是因为案外人和当事人就执行标的的争议在执行程序中没有得到解决而产生的后续救济途径。根据《民事诉讼法解释》第 308 条规定，执行异议之诉适用普通程序。

2）举证责任分配

案外人对驳回执行异议裁定不服，提起执行异议之诉的，由案外人承担举证责任。申请执行人对法院许可执行异议而作出的中止执行裁定不服，提起执行异议之诉的，仍然由案外人承担举证责任，这是案外人执行异议之诉举证责任方面的特殊之处。《民事诉讼法解释》第 309 条对此作了专门规定。

3）裁判

根据《民事诉讼法解释》第 310 条、第 312 条第 1 款规定，对案外人提起的执行异议之诉，法院经审理，按照下列情形分别处理：① 案外人就执行标的享有足以排除强制执行的民事权益的，判决不得执行该执行标的；对案外人执行异议之诉，法院判决不得对执行标的执行的，执行异议裁定失效。② 案外人就执行标的不享有足以排除强制执行的民事权益的，判决驳回诉讼请求。另外，案外人同时提出确认其权利的诉讼请求的，法院可以在判决中一并作出裁判，但与排除强制执行的诉讼目的无关的其他诉讼请求，不宜合并审理。②

需要注意的是，对案外人执行异议之诉，法院判决不得对执行标的执行的，执行异议裁

---

① 参见指导案例第 154 号：王四光诉中天建设集团有限公司、白山和丰置业有限公司案外人执行异议之诉案（最高人民法院 2021 年 2 月 19 日发布）。

② 例如在潘艮华对涉案房屋执行异议上诉案中，最高人民法院的裁判观点是：执行异议之诉所要解决的是相关当事人之间的民事权益在强制执行程序中的冲突问题，除根据法律、司法解释规定，案外人同时提出的确认其权利的诉讼请求因与民事权益的认定密切相关而可在执行异议之诉中一并审理并裁判外，案外人在执行异议之诉中同时提出的要求确认购房合同效力、被执行人协助办理权属登记等诉讼请求，因与排除强制执行的诉讼目的无关，不属于执行异议之诉案件的审理范围，也不宜合并审理。参见（2021）最高法民终 1033 号。

定失效。案外人执行异议之诉审理期间,法院不得对执行标的进行处分。申请执行人请求法院继续执行并提供相应担保的,法院可以准许。同时,被执行人与案外人恶意串通,通过执行异议、执行异议之诉妨害执行的,法院应当依照《民事诉讼法》第116条规定处理。申请执行人因此受到损害的,可以提起诉讼要求被执行人、案外人赔偿。

(三) 申请人执行异议之诉

1. 申请人执行异议之诉的概念和特征

申请人执行异议之诉指在法院裁定中止执行异议标的时,如果申请执行人对裁定不服,可以通过提起诉讼寻求救济,请求该执行法院通过审判程序解决该争议而提起的诉讼。与案外人提起诉讼的目的正相反,申请执行人提起诉讼旨在恢复对异议标的的执行。[①] 其特征主要表现在:第一,目的特定。申请人希望执行标的继续执行下去。第二,提起具有派生被动性。申请人执行异议之诉的提起前提是必须先有案外人已经对执行标的提出异议,并且执行法院经初步审查对该案外人异议予以初步支持,作出中止执行的裁定后才发生。在中止执行裁定送达申请执行人之日起15日内,申请执行人未提起诉讼的,法院应当裁定解除已经采取的执行措施。第三,主体特殊。该诉讼主要是解决申请执行人与案外人之间就执行标的能否执行的争议,故应以案外人为被告。如果被执行人也反对申请执行人请求的,应当增加被执行人为共同被告;被执行人不反对申请执行人主张的,可以列被执行人为第三人。

2. 申请执行人执行异议之诉的提起条件

根据《民事诉讼法解释》第304条规定,申请执行人执行异之诉由执行法院管辖,和案外人提起一样,除了应该符合《民事诉讼法》第122条规定外,还应当满足下列条件:① 依案外人执行异议申请,法院裁定中止执行;② 有明确的对执行标的继续执行的诉讼请求,且诉讼请求与原判决、裁定无关;③ 自执行异议裁定送达之日起15日内提起。

申请执行人执行异议之诉由执行法院管辖,法院应当在收到案外人、申请人提起执行异议之诉起诉状之日起15日内决定是否立案。

3. 申请执行人执行异议之诉的审判

1)适用的诉讼程序

执行异议之诉是因为案外人和当事人就执行标的的争议在执行程序中没有得到解决而产生的后续救济途径,《民事诉讼法解释》第308条明确规定,执行异议之诉适用普通程序。

---

① 例如在四川省国基建筑工程有限公司、刘强等申请执行人执行异议之诉案。2018年,刘强与博冠公司签订《商品房买卖合同(预售)》,约定刘强购买博冠公司开发的商业03房屋。国基公司因与博冠公司建设工程施工合同纠纷一案向一审法院申请诉讼财产保全,一审法院于2019年作出(2019)宁民初20号裁定,查封、冻结博冠公司名下价值9000万元的财产。其中就有刘强已经付了全款但博冠公司还未交付的03房屋。刘强向一审法院提出执行异议,请求解除对此房屋的查封并中止执行。一审法院审查后作出执行裁定,中止对登记在博冠公司名下的03室的执行。国基公司不服该裁定,向一审法院提起执行异议之诉。一审认为国基公司请求恢复对三沙源逸都花园六区S-05号楼03室房屋的执行,缺乏事实和法律依据,一审法院不予支持。国基公司不服一审上诉,二审法院认为案涉房屋系商铺,具有投资属性,原判决适用法律不当,撤销一审判决,予以纠正。参见(2021)最高法民终678号。

根据《民事诉讼法解释》第 306 条、第 307 条规定,申请执行人提起执行异议之诉的,以案外人为被告。被执行人反对申请执行人主张的,以案外人和被执行人为共同被告;被执行人不反对申请执行人主张的,可以列被执行人为第三人。申请执行人对中止执行裁定未提起执行异议之诉,被执行人提起执行异议之诉的,法院告知其另行起诉。

2)执行担保

根据《民事诉讼法解释》第 313 条规定,申请执行人请求法院继续执行并提供相应担保的,法院可以准许。执行标的物为特定物,原则上应停止执行;执行的标的为种类物,在申请执行人申请继续执行并提供适当担保,又不损害案外人权益的情况下,可以准许执行。

3)裁判

根据《民事诉讼法解释》第 311 条、第 312 条第 2 款规定,对申请执行人提起的执行异议之诉,法院经审理,按照下列情形分别处理:① 案外人就执行标的不享有足以排除强制执行的民事权益的,判决准许执行该执行标的;对申请执行人执行异议之诉,法院判决准许对该执行标的的执行的,执行异议裁定失效,执行法院可以根据申请执行人的申请或者依职权恢复执行。② 案外人就执行标的享有足以排除强制执行的民事权益的,判决驳回申请执行人诉讼请求。

此外,对申请执行人执行异议之诉,法院判决准许对该执行标的的执行的,执行异议裁定失效,执行法院可以根据申请执行人的申请或者依职权恢复执行。法院对执行标的的裁定中止执行后,申请执行人在法律规定的期间内未提起执行异议之诉的,法院应当自起诉期限届满之日起 7 日内解除对该执行标的的采取的执行措施。

三、自测练习

(一)选择题

1. 案外人提起执行异议之诉,除符合《民事诉讼法》一般起诉规定外,还应具备的条件是(   )。

第十九章自测练习
参考答案

   A. 案外人的执行异议申请已被法院裁定驳回
   B. 有明确的排除对执行标的的执行的诉讼请求,且诉讼请求与原判决、裁定无关
   C. 自执行异议裁定送达之日起 14 日内提起
   D. 执行措施违反法律规定

2. 申请执行人提起执行异议之诉,应当具备的条件是(   )。
   A. 依案外人执行异议申请,法院裁定中止执行
   B. 有明确的对执行标的的继续执行的诉讼请求
   C. 自执行异议裁定送达之日起 10 日内提起
   D. 执行行为违反法定程序

3. 对案外人提起执行异议之诉,法院经审理,(   )。
   A. 案外人就执行标的享有足以排除强制执行的民事权益的,法院应当判决不得执行该执行标的

B. 案外人就执行标的不享有足以排除强制执行的民事权益的，法院应当判决驳回诉讼请求

C. 案外人同时提出确认其权利的诉讼请求的，法院可以在判决中一并作出裁判

D. 申请执行人请求法院继续执行并提供相应担保的，法院应当准许

4. 张山承租林海的商铺经营饭店，因拖欠房租被诉至饭店所在地甲法院，法院判决张山偿付林海房租及利息，张山未履行判决。经律师调查发现，张山除所居住房以外，其名下另有一套房屋，林海遂向该房屋所在地乙法院申请执行。乙法院对该套房屋进行查封拍卖。执行过程中，张山前妻宁虹向乙法院提出书面异议，称两人离婚后该房屋已由丙法院判决归其所有，目前尚未办理房屋变更登记手续。乙法院裁定支持宁虹的请求，林海提出执行异议之诉。下列说法成立的是（   ）。

A. 林海可向甲法院提起执行异议之诉

B. 如乙法院审理该案，应适用普通程序

C. 宁虹应对自己享有涉案房屋所有权承担证明责任

D. 如林海未对执行异议裁定提出诉讼，张山可以提出执行异议之诉

5. 案外人或者申请执行人提起执行异议之诉的，（   ）应当就其对执行标的享有足以排除强制执行的民事权益承担举证证明责任。

A. 案外人

B. 申请执行人

C. 被执行人

D. 案外人和申请执行人

（二）判断题

1. 案外人执行异议之诉审理期间，法院不得对执行标的进行处分。申请执行人请求法院继续执行并提供相应担保的，法院应当准许。（   ）

2. 法院对执行标的裁定中止执行后，申请执行人在法律规定的期间内未提起执行异议之诉的，法院应当自起诉期限届满之日起 10 日内解除对该执行标的采取的执行措施。（   ）

3. 对申请执行人执行异议之诉，法院判决准许对该执行标的的执行的，执行异议裁定失效，执行法院可以根据申请执行人的申请或者依职权恢复执行。（   ）

4. 对案外人执行异议之诉，法院判决不得对执行标的的执行的，执行异议裁定失效。（   ）

5. 案外人提起执行异议之诉的同时提出确认其权利的诉讼请求的，法院可以在判决中一并作出裁判。（   ）

6. 案外人对执行标的提出异议的，应当在该执行标的的执行程序终结前提出。（   ）

（三）案例分析题

宏远公司是一家市场调查公司，为处理纷繁的数据，该公司购买了两台服务器，并委托某信息公司代管，信息公司又将前述设备托管于某数据公司。2021 年，因信息公司拒不履行生效法律文书规定的给付义务，权利人依法向法院申请强制执

行，法院裁定将上述两台托管中的服务器查封。

问：宏远公司应如何维权？

（四）简述题

1. 执行异议和执行异议之诉的主要区别是什么？
2. 案外人和申请执行人执行异议之诉的条件各是什么？
3. 执行异议之诉的举证责任是如何分配的？

四、拓展与思考：案外人民事执行异议之诉与确权之诉

司法实践中，案外人在提出执行异议诉讼程序之前或之后，另行起诉请求对执行标的确认权属情况逐渐增多，特别是针对不动产执行标的最为常见。但实践中并未严格区分确权之诉与执行异议之诉、先诉与后诉的关系，对于是否可以分诉、合并审理抑或是否应当合并审理，理论界也有待深入讨论。

对于案外人提起确权之诉与执行异议之诉的先后顺序，实践中主要有以下几种情形：第一种，案外人在提起执行异议之诉前，已经获得了确权之诉的胜诉判决，但因不可归责于案外人的原因，执行标的未办理产权登记手续就被法院查封。第二，案外人在提起执行异议之诉前，确权之诉已经败诉。但案外人仍坚持提起执行异议之诉。第三，在案外人确认之诉审理过程中，涉诉标的物权属未获得生效判决确认。在此期间，执行法院查封了涉诉标的，案外人另行提起执行异议之诉。第四，执行异议之诉尚未审结，案外人又向执行标的物所在地法院提起确权之诉。第五，案外人执行异议之诉经审理并驳回，案外人基于同一事实和理由又向涉诉标的物所在地法院提起确权之诉。①

从比较法的角度来看，执行救济程序对普通民事诉讼程序具有排斥性，案外人不可以独立提起普通民事诉讼的方式代替执行救济，案外人启动了执行救济程序后，也不允许再行独立提起普通的民事诉讼。例如在英国，Interpleader 程序就是要强迫争议当事人就其间的纷争进行诉讼，并由法官对此作出裁判。在德国，执行程序期间不允许第三人就执行标的物单独对债权人提起任何普通民事诉讼。但在启动执行救济程序时，他依然有权针对债务人提起确权之诉或者物之交付之诉，只不过《德国民事诉讼法》第 771 条第 2 款规定了强制诉讼合并，要求此时将普通民事诉讼与异议之诉合并审理。②

我国的执行异议之诉并没有遵循普通民事诉讼救济与执行救济相分离的二元救济体系，根据《最高人民法院关于适用〈中华人民共和国民事诉讼法〉执行程序若干问题的解释》第 14 条的规定，第三人异议之诉的诉讼请求包含两个层面，即对执行标的主张实体权利以及请求对执行标的的停止执行。③ 异议之诉吸收了普通民事诉讼的内容。立法者希望

---

① 参见郭莹：《民事执行异议之诉的司法实践困境及完善建议》，《中国律师》2019 年第 1 期。
② 参见赵秀举：《论民事执行救济兼论第三人执行异议之诉的悖论与困境》，《中外法学》2012 年第 4 期。
③ 在《落实民诉法新规定 强化规范执行工作——最高人民法院执行局负责人解读"关于民事诉讼法执行程序若干问题的解释"》中，执行局负责人同样认为异议之诉的诉讼请求包含两方面的内容。

"一石二鸟",借助于异议之诉一次性解决两个层面的问题——民事实体权利纠纷与执行纠纷。我国理论界也大多反对允许第三人另行单独针对债务人提起普通民事诉讼,而赞成将执行异议之诉与确权之诉合并一并审理。① 目前一些地方的法院也对一并审理进行了有益尝试。②

---

① 对于程序性异议和实体性异议并存情况下的法律适用问题的讨论,可参见章武生、金殿军:《案外人异议之诉研究》,《法学家》2010年第5期;最高人民法院民事诉讼法修改研究小组编著:《〈中华人民共和国民事诉讼法〉修改的理解与适用》,人民法院出版社2007年版,第149页。不过也有少数人主张可以另行提起确权之诉,详见朱新林:《论民事执行救济》,中国政法大学出版社2015年版,第239页。

② 如2017年《江苏省高级人民法院执行异议及执行异议之诉案件审理指南(一)》规定,确权案件实行专属管辖原则,由执行法院专属管辖,当事人不得以其他法院的判决结论对抗强制执行。

第二十章 涉外民事诉讼程序的特别规定

一、导引

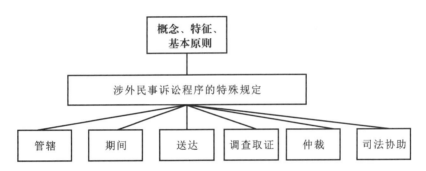

在经济全球化背景下，各国间的交往日益频繁，随之而来的社会冲突、法律纠纷尤其是国际民商事纠纷范围不断扩大，数量与日俱增。涉外民商事纠纷因为含有涉外因素的特点，各国在立法实践中往往采用一种比较灵活的规定处理，以区别于国内纠纷的处理程序，减少由不同程序法审理案件给案件结果带来的不可预见的风险和麻烦。我国《民事诉讼法》在维护国家公共政策的同时，为公正迅速地处理涉外民事案件，促进国际民事交往的发展，顺应了国际社会的普遍做法，现行《民事诉讼法》针对审判涉外民商案件的特点设专编作了规定。对涉外民事诉讼的一般原则、管辖、期间、送达、调查取证、仲裁和司法协助均作了特别规定。根据我国《民事诉讼法》规定，法院审理涉外民事案件时有特别规定的，适用特别规定，没有特别规定的，适用《民事诉讼法》的其他有关规定。

二、基本原理与制度

（一）涉外民事诉讼的概念和特征

涉外民事诉讼是指我国人民法院在涉外民事案件当事人和有关诉讼参与人的参加下，依法审理和解决涉外民事案件的活动和关系的总称。根据《民事诉讼法解释》第520条规定，

"涉外因素"包括以下几个方面：① 当事人一方或者双方是外国人、无国籍人、外国企业或者组织的；② 当事人一方或者双方的经常居所地在中国领域外的；③ 标的物在中国领域外的；④ 产生、变更或者消灭民事关系的法律事实发生在中国领域外的；⑤ 可以认定为涉外民事案件的其他情形。

涉外民事诉讼的特征主要体现在如下几个方面。第一，涉外民事诉讼涉及国家主权问题。由于涉外民事诉讼含有涉外因素，在管辖、调查取证、执行诸环节触及国家与国家的关系。人民法院在审理涉外民事案件时，既要尊重他国主权，又要维护我国主权。第二，涉外民事诉讼在具体程序上有特殊性。因涉外民事诉讼存在有的当事人在中国领域内没有住所，或有的证据存在于国外等因素，导致诉讼法律关系主体在实施送达诉讼文书、调查取证、传唤证人、起诉、答辩、上诉等诉讼行为时，需要较长的时间，这决定了涉外民事诉讼程序需要特殊规范。第三，涉外民事诉讼的进行与司法协助紧密相关。人民法院进行涉外民事诉讼，有时需要外国法院的协助。例如调查取证有时要委托外国法院协助完成；判决生效后，有时要请求外国法院执行。第四，涉外民事诉讼存在着选择法律适用问题。选择表现在两个方面：在程序法上应适用我国《民事诉讼法》，但如果我国参加或缔结的国际条约中有有关程序的特殊规定时，则须首先选择适用该项国际条约；在实体法上应按我国《民法典》等实体法律的规定办理。

（二）涉外民事诉讼的基本原则

涉外民事诉讼的基本原则是针对涉外民事诉讼具有指导意义的基本准则。它既是人民法院审理涉外民事案件的基本准则，也是涉外民事案件当事人以及诉讼参加人必须遵循的基本行为规范。

1. 适用我国《民事诉讼法》原则

审理涉外民事案件在适用程序方面，按照国际上公认的属地主义原则，应当适用法院所在地国家的程序法。《民事诉讼法》第270条规定，在中华人民共和国领域内进行涉外民事诉讼，适用本编规定。本编没有规定的，适用本法其他有关规定。这一原则包括以下三项基本要求：① 外国人、无国籍人、外国企业和组织在我国起诉、应诉，适用我国《民事诉讼法》。② 依照我国《民事诉讼法》规定，凡属我国人民法院管辖的案件，人民法院均享有司法管辖权。③ 任何外国法院的裁判和外国仲裁机构的裁决，必须经我国人民法院审查并承认后，才能在我国发生法律效力。

2. 优先适用我国缔结或者参加的国际条约原则

国际条约是国家之间、国家和地区之间，规定相互间在一定国际事务中的权利和义务的协定。凡是参加条约的国家和地区，都有信守该国际条约的义务。

3. 司法豁免原则

司法豁免原则是指一个国家根据本国法律或者参加、缔结的国际条约，对在本国的外国代表和组织赋予的免受司法管辖或者司法审判的权利。司法豁免原则是主权国家平等原则在司法领域的具体体现，它是建立在国与国对等原则基础之上的，有利于各国外交代表和国际组织在驻在国顺利履行职务。《民事诉讼法》第272条规定，对享有外交特权与豁免的外国人、外国组织或者国际组织提起的民事诉讼，应当依照中华人民共和国有关法律和中华人民共和国缔结或者参加的国际条约的规定办理。这里所说的有关法律规定，主要是指 1986 年我国制定的《中华人民共和国外交特权与豁免条例》等规定。我国缔结或者参加的国际条约，主要是指我国参加的 1946 年《联合国特权和豁免公约》、1947 年《联合国各专门机构特权和豁免公约》、1961 年《维也纳外交关系公约》、1963 年《维也纳领事关系公约》等。

民事司法豁免权是有限制的。具体而言，对外国驻我国的外交代表和与外交代表共同生活的配偶及其未成年子女提起的民事诉讼，我国人民法院不能受理。但下列情形除外：① 享有司法豁免权的外国人，其所属主管机关明确宣布放弃司法豁免权的，驻在国法院有权受理对其提起的民事诉讼；② 外交代表以私人名义涉及在中国的不动产的诉讼；③ 外交代表以私人身份作为遗嘱执行人、遗产管理人、继承人或者受遗赠人所引起的诉讼；④ 外交代表在中国境内从事公务范围以外的活动或者商业活动引起的诉讼；⑤ 因车辆、船舶或者航空器在中国境内造成的事故而引起的诉讼；⑥ 外交代表本人主动提起诉讼，因而引起对方当事人反诉的。

4. 委托中国律师代理诉讼原则

律师制度是国家司法制度的重要组成部分，一国的司法制度只能适用于本国，而不能延伸于国外。任何一个主权国家都不允许外国司法制度干涉其本国的司法事务。因此，任何国家的律师只能在其本国领域内从事诉讼代理业务，而不能到外国法院以律师身份代理诉讼。在涉外民事诉讼中，外籍当事人需委托代理人进行诉讼的，可以委托本国人为诉讼代理人，也可以委托本国律师以非律师身份担任诉讼代理人。外国驻华使、领馆官员，受本国公民的委托，可以以个人名义担任诉讼代理人，但在诉讼中不享有外交特权与豁免权。外国当事人委托中国律师或者其他人代理诉讼的，必须根据我国法律规定，办理有关授权委托手续。《民事诉讼法》第 275 条规定：在中国领域内没有住所的外国人、无国籍人、外国企业和组织委托中国律师或者其他人代理诉讼，从中国领域外寄交或者托交的授权委托书，应当经所在国公证机关证明，并经中国驻该国使领馆认证，或者履行中国与该所在国订立的有关条约中规定的证明手续后，才具有效力。

5. 使用我国通用的语言、文字原则

人民法院审理涉外民事案件使用我国通用的语言、文字，是维护国家主权和尊严，体现人民法院行使司法权的严肃性的重要内容。根据该原则，外国当事人提交诉状时，必须附具中文译本。外国当事人在诉讼中必须使用中国通用的语言、文字。外国当事人要求提供翻译的，可以提供，费用由当事人负担。

6. 同等对等原则

《民事诉讼法》第 5 条规定，外国人、无国籍人、外国企业和组织在人民法院起诉、应诉，同中国公民、法人和其他组织有同等的诉讼权利义务。外国法院对中国公民、法人和其他组织的民事诉讼权利加以限制的，中国人民法院对该国公民、企业和组织的民事诉讼权利，实行对等原则。

（1）同等原则。① 外国人、无国籍人、外国企业和组织与中国公民、法人和其他组织，按照我国实体法和程序法的规定，有同等的诉讼权利能力和诉讼行为能力。② 外国人、无国籍人、外国企业和组织在我国人民法院起诉、应诉，享有与中国公民、法人和其他组织同等的民事诉讼权利，承担相同的民事诉讼义务。

(2) 对等原则。其目的主要是各国间相互尊重主权，有利于各国间平等交往。一方面可以维护我国的主权，另一方面也能保护我国的公民、法人和其他组织在国外进行民事诉讼时的合法权益。

（三）管辖

1. 涉外民事诉讼管辖的概念和原则

涉外民事诉讼管辖是指一国法院处理涉外民商事案件的权限或者资格。与国内民事管辖权不同，确认涉外民事管辖权有时依据国籍，而且，涉外管辖权意味着一国法院可能适用外国法。

确定涉外民事诉讼管辖的原则要考虑到维护国家主权，以减少冲突为目的。其原则有三。第一，诉讼与法院所在地实际联系的原则。凡是诉讼与我国法院所在地存在一定实际联系的，我国人民法院都有管辖权。第二，尊重当事人的原则。无论当事人一方是否为中国公民、法人和其他组织，在不违反级别管辖和专属管辖的前提下，都可以选择与争议有实际联系地点的法院管辖。第三，维护国家主权原则。司法管辖权是国家主权的重要组成部分，对涉外民事诉讼案件行使专属管辖权，充分体现了维护国家主权的原则。

2. 我国涉外民事诉讼管辖的种类

1）普通管辖

根据《民事诉讼法》第270条规定，涉外民事诉讼程序中没有规定的，适用《民事诉讼法》的其他有关规定。据此，只要被告人在我国境内有住所，我国人民法院均有管辖权。《民事诉讼法》采用"原告就被告"的原则来确定普通管辖。另外，《民事诉讼法》第23条规定，对不在中国领域内居住的人提起的有关身份关系的诉讼，如果原告的住所地或者经常居住地在我国领域内，则由原告住所地或经常居住地的人民法院管辖。

2）特殊管辖

根据《民事诉讼法》第276条规定，因涉外民事纠纷，对在中国领域内没有住所的被告提起除身份关系以外的诉讼，如果合同签订地、合同履行地、诉讼标的物所在地、可供扣押财产所在地、侵权行为地、代表机构住所地位于中国领域内的，可以由合同签订地、合同履行地、诉讼标的物所在地、可供扣押财产所在地、侵权行为地、代表机构住所地人民法院管辖。除前款规定外，涉外民事纠纷与中国存在其他适当联系的，可以由人民法院管辖。

3）协议管辖

根据我国《民事诉讼法》第277条、第278条规定，涉外民事纠纷的当事人书面协议选择人民法院管辖的，可以由人民法院管辖；当事人未提出管辖异议，并应诉答辩或者提出反诉的，视为人民法院有管辖权。

（1）明示协议管辖。

根据《民事诉讼法解释》第529条规定，涉外合同或者其他财产权益纠纷的当事人，可以书面协议选择被告住所地、合同履行地、合同签订地、原告住所地、标的物所在地、侵权行为地等与争议有实际联系地点的外国法院管辖。对根据《民事诉讼法》相关规定，属于中国法院专属管辖的案件，当事人不得协议选择外国法院管辖，但协议选择仲裁的除外。

书面协议是协议管辖的前提条件。涉外协议管辖应当具备以下成立条件：涉外协议管辖的案件仅限于涉外合同或者涉外财产权益纠纷的案件，协议选择的管辖法院必须是与争议案件有实际联系地点的法院；当事人只能协议约定案件的第一审管辖法院，而不能协议约定第二审管辖法院；涉外协议选择管辖法院，不得违反我国《民事诉讼法》关于级别管辖和专属管辖的规定。

（2）默示协议管辖。

默示协议管辖是指双方当事人在纠纷发生前或者发生后，没有达成书面的管辖协议，一方当事人在某国法院起诉，另一方当事人对该国法院行使管辖权不提出异议，无条件应诉答辩或者提出反诉的，视为承认受诉人民法院为有管辖权的法院。

我国《民事诉讼法》第130条规定，人民法院受理案件后，当事人对管辖权有异议的，应当在提交答辩状期间提出。当事人未提出管辖异议，并应诉答辩的，视为受诉人民法院有管辖权，但违反级别管辖和专属管辖规定的除外。该规则同样应适用于涉外民事诉讼中。我国《仲裁法》第26条也规定：当事人达成仲裁协议，一方向人民法院起诉未声明有仲裁协议，人民法院受理后，另一方在首次开庭前提交仲裁协议的，人民法院应当驳回起诉，但仲裁协议无效的除外；另一方在首次开庭前未对人民法院受理该案提出异议的，视为放弃仲裁协议，人民法院应当继续审理。当事人自愿放弃仲裁条款，也可以构成应诉管辖，该规则同样应适用于涉外民事诉讼中。

默示协议管辖制度不仅统一了国内与涉外民事诉讼协议管辖的适用标准，还可避免案件实体和程序都没有错误，却仅因管辖问题而启动再审程序，保障了司法资源的合理利用，尊重了当事人的自由选择，保护了当事人的合法地位。

一方面，从法理层面上讲，无论当事人是否提出管辖权异议，人民法院都有义务对管辖权进行审查，这是其作出实体判决的前提条件。另一方面，提出管辖权异议也是当事人的法定诉讼权利。在受诉法院未主动审查或虽经审查但未发现管辖错误的，若当事人在法定期间内未提出管辖权异议的，可视为其对自己法定诉讼权利的放弃；如其另就案件实体法律问题应诉答辩或反诉的，可视为当事人之间达成了由受诉法院管辖的协议，受诉法院便代借此取得了应诉管辖权。当事人在期间届满后再提出管辖权异议的，受诉法院有权裁定驳回；当事人如以受诉法院无管辖权为由进行抗辩的，受诉法院不予支持，也不得再行移送管辖。这也是人民法院和诉讼参加人都应当同等地遵循诚实信用原则的具体体现。

4）专属管辖

专属管辖指特定的涉外民事案件只能由特定国家的法院予以管辖。根据我国《民事诉讼法》第279条规定，由人民法院专属管辖的案件有如下三大类：① 因在中国领域内设立的法人或者其他组织的设立、解散、清算，以及该法人或者其他组织作出的决议的效力等纠纷提起的诉讼；② 因与在中国领域内审查授予的知识产权的有效性有关的纠纷提起的诉讼；③ 因在中国领域内履行中外合资经营企业合同、中外合作经营企业合同、中外合作勘探开发自然资源合同发生纠纷提起的诉讼。

3. 我国法院解决国际管辖权冲突的一般规则

涉外案件根据哪些标准可由一国法院行使管辖权、与外国司法管辖权相冲突时如何处理等问题，一般是通过国际条约或者各自国家法律原则而确定的。除欧盟等区域性国际组织缔结了国际民商事管辖权公约外,目前还没有统一的国际民商事管辖权公约。所以除双边条约外,只能根据我国《民事诉讼法》的规定和国际惯例来确定涉外司法管辖。我国法院和外国法院根据自己的管辖原则都可以对某个案件有管辖权的情形,根据我国的司法实践,除协议管辖可以起到解决管辖权冲突的作用外,一般还采用不方便法院原则和一事一讼原则来解决。

1) 不方便法院原则

根据《民事诉讼法》第282条规定,人民法院受理的涉外民事案件,被告提出管辖异议,且同时有下列情形的,可以裁定驳回起诉,告知原告向更为方便的外国法院提起诉讼:① 案件争议的基本事实不是发生在中国领域内,人民法院审理案件和当事人参加诉讼均明显不方便;② 当事人之间不存在选择人民法院管辖的协议;③ 案件不属于人民法院专属管辖;④ 案件不涉及中国主权、安全或者社会公共利益;⑤ 外国法院审理案件更为方便。裁定驳回起诉后,外国法院对纠纷拒绝行使管辖权,或者未采取必要措施审理案件,或者未在合理期限内审结,当事人又向人民法院起诉的,人民法院应当受理。

不方便法院原则是指我国法院和外国法院都有权管辖的涉外纠纷,如当事人在其他国家法院起诉和受理更能获得便利和公正的结果,那么我国法院经自由裁量之后,可以停止审理本案或者驳回原告的起诉。其适用必须符合下列条件:① 存在接替法院。必须有另一便利的外国法院可供原告起诉,这通常被称为"接管法院"。不方便法院原则的适用是否存在接替法院,必须由主张适用不方便法院原则的被告举证,同时还必须证明原告在接替法院能获得与我国法院相同的救济,否则就不得适用不方便法院原则。② 不会对被告造成不便利或者不公平的结果。涉外案件往往有多个连结点,原告为谋求最大利益,总是选择那些对他有利的法院起诉,但有些法院几乎与案件无任何实质性联系,这会给被告带来很大的不便,甚至不公正的结果。③ 案件与受诉法院之间不存在必要的联系。如果案件与诉讼有关的各种因素集中于一国的某一法院,另一国法院审理会造成对案件事实调查、证明及适用外国法的困难,并给当事人带来不便,这是另一国拒绝管辖的一个重要因素。

根据《民事诉讼法解释》第530条规定,涉外民事案件同时符合下列情形的,人民法院可以裁定驳回原告的起诉,告知其向更方便的外国法院提起诉讼:① 被告提出案件应由更方便外国法院管辖的请求,或者提出管辖异议;② 当事人之间不存在选择中国法院管辖的协议;③ 案件不属于中国法院专属管辖;④ 案件不涉及中国国家、公民、法人或者其他组织的利益;⑤ 案件争议的主要事实不是发生在中国境内,且案件不适用中国法律,人民法院审理案件在认定事实和适用法律方面存在重大困难;⑥ 外国法院对案件享有管辖权,且审理该案件更加方便。

2) 一事一讼原则

根据《民事诉讼法》第280条规定,当事人之间的同一纠纷,一方当事人向外国法院起诉,另一方当事人向人民法院起诉,或者一方当事人既向外国法院起诉,又向人民法院起诉,人民法院依照本法有管辖权的,可以受理。当事人订立排他性管辖协议选择外国法院管辖且不违反本法对专属管辖的规定,不涉及中国主权、安全或者社会公共利益的,人民法院可以裁定不予受理;已经受理的,裁定驳回起诉。《民事诉讼法》第281条规定,人民法院依据前条规定受理案件后,当事人以外国法院已经先于人民法院受理为由,书面申请人民法院中止诉讼的，人民法院可以裁定中止诉讼，但是存在下列情形之一的除外：① 当事人协议选择人民法院管辖，或者纠纷属于人民法院专属管辖；② 由人民法院审理明显更为方便。外国法院未采取必要措施审理案件，或者未在合理期限内审结的，依当事人的书面申请，人民法院应当恢复诉讼。外国法院作出的发生法律效力的判决、裁定，已经被人民法院全部或者部分承认，当事人对已经获得承认的部分又向人民法院起诉的，裁定不予受理；已经受理的，裁定驳回起诉。

同一诉讼在一国法院已经裁决，而另一国法院又予受理；或者同一诉讼在两个国家的法院都有分别进行的情况，分别叫一事再理或一事两诉。一诉一讼原则，是指对于外国法院首先受理的涉外民事案件，如不违反我国的专属管辖规定，我国法院将不再予以受理，即使已经受理，也将中止对该案的诉讼程序，但须以该外国法院作出的判决、裁定能得到我国承认的执行为条件。

根据《民事诉讼法解释》第531条规定，我国法院和外国法院都有管辖权的案件，一方当事人向外国法院起诉，而另一方当事人向中国法院起诉的，人民法院可予受理。判决后，外国法院申请或者当事人请求人民法院承认和执行外国法院对本案作出的判决、裁定的，不予准许；但双方共同缔结或者参加的国际条约另有规定的除外。外国法院判决、裁定已经被人民法院承认，当事人就同一争议向人民法院起诉的，人民法院不予受理。

值得注意的是，前述涉外管辖涉及案件中，《取消外国公文书认证要求的公约》（《海牙认证公约》）① 生效之前，根据《民事诉讼法解释》第521条、第522条，外国人参加诉讼，应当向人民法院提交护照等用以证明自己身份的证件。外国企业或者组织参加诉讼，向人民法院提交的身份证明文件，应当经所在国公证机关公证，并经中国驻该国使领馆认证，或者履行中国与该所在国订立的有关条约中规定的证明手续；而外国当事人所在国与中国没有建立外交关系的，需经该国公证机关公证，经与中国有外交关系的第三国驻该国使领馆认证，再转由中国驻该第三国使领馆认证。2023年11月7日《海牙认证公约》在我国生效之后，外国当事人的身份证明文件，仅需要办理附加证明书，无需先行办理该国公证。

（四）司法协助

根据《民事诉讼法》第293条规定，根据中国缔结或者参加的国际条约，或者按照互惠原则，人民法院和外国法院可以相互请求，代为送达文书、调查取证以及进行其他诉讼行为。外国法院请求协助的事项有损于中国的主权、安全或者社会公共利益的，人民法院不予执行。《民事诉讼法》第295条、第296条规定，外国法院请求人民法院提供司法协助的请求书及其所附文件，应当附有中文译本或者国际条约规定的其他文字文本。人民法院请求外国法院提供司法协助的请求书及其所附文件，应当附有该国文字译本或者国际条约规定的其他文字文本。人民法院提供司法协助，依照中国法律规定的程序进行。外国法院请求采用特殊方式的，也可以按照其请求的特殊方式进行，但请求采用的特殊方式不得违反中国法律。

---

① 《海牙认证公约》对于身份证明文件、授权委托书和授权代表证明等程序性文件，办理手续将发生变化。身份证明文件需要办理附加证明书；域外寄交或托交的授权委托书需要办理该国公证和附加证明书；授权代表证明可能需要办理该国公证和附加证明书。

1. 司法协助的概念和种类

狭义的司法协助指根据共同缔结或者参加的国际条约或者互惠原则,[①] 不同国家的法院之间互相协助,彼此代为一定的诉讼行为。比如送达诉讼法律文书、代为调查取证等司法行为。广义的司法协助还包括承认和执行他国法院的判决、裁定或者仲裁机构的仲裁裁决等司法行为。

2. 一般司法协助的途径

根据《民事诉讼法》第294条规定,请求和提供司法协助,应当依照中国缔结或者参加的国际条约所规定的途径进行;没有条约关系的,通过外交途径进行。外国驻中国的使领馆可以向该国公民送达文书和调查取证,但不得违反中国的法律,并不得采取强制措施。除前款规定的情况外,未经中国主管机关准许,任何外国机关或者个人不得在中国领域内送达文书、调查取证。

1) 条约途径

对于已经与我国签订司法协助协定的国家,或者与我国共同参加涉及司法协助内容的国际条约的国家,法院之间均应按照条约所规定的途径进行司法协助。

2) 外交途径

适用外交途径进行司法协助适用于两国之间虽然尚未签订有关司法协助的双边协定,也未共同参加某一相关国际条约,但双方业已建立外交关系的情况。

3) 本国使领馆途径

采用该种途径时需注意以下两点:① 只能向在驻在国的本国公民实施诉讼行为,不得向外国公民实施诉讼行为;② 不得违反驻在国的法律,并且不得采取强制措施。外国驻中国的使领馆可以向该国公民送达文书和调查取证,但不得违反中国的法律,并不得采取强制措施。

3. 广义特殊司法协助的程序

1) 我国对外国法院裁判和仲裁机构裁决的承认与执行

根据我国《民事诉讼法》第298条规定,外国法院作出的发生法律效力的判决、裁定,需要人民法院承认和执行的,可以由当事人直接向有管辖权的中级人民法院申请承认和执行,也可以由外国法院依照该国与中国缔结或者参加的国际条约的规定,或者按照互惠原则,请求人民法院承认和执行。《民事诉讼法》第299条规定,人民法院对申请或者请求承认和执行的外国法院作出的发生法律效力的判决、裁定,依照中国缔结或者参加的国际条约,或者按照互惠原则进行审查后,认为不违反中国法律的基本原则且不损害国家主权、安全、社会公共利益的,裁定承认其效力;需要执行的,发出执行令,依照本法的有关规定执行。

对外国法院作出的发生法律效力的判决、裁定或者外国仲裁裁决,需要中国法院执行

---

① SPAR航运有限公司(SPAR SHIPPING AS)申请承认英国法院判决案,此案系我国对英国法院判决予以承认的首例案件,也是中国法院适用法律互惠原则的有益探索。参见乔文心:《最高法发布2022年全国海事审判典型案例》,《人民法院报》2023年6月30日,第1版。

的，当事人应当先向人民法院申请承认。人民法院经审查，裁定承认后，再根据我国《民事诉讼法》第三编的规定予以执行。

随着我国"一带一路"的建设和高水平对外开放的深入实施，如何通过推动民商事判决的跨境承认与执行，公正高效地化解跨境经贸纠纷，营造法治化营商环境是中国法院面对的时代命题。通过承认与执行，有利于营造健康向好的判决跨境执行环境，进一步增进我国同世界各国的司法协作互信基础，充分展现我国在国际商事纠纷解决领域开放包容的大国司法形象。

（1）申请的提出。

① 管辖法院。外国法院作出的发生法律效力的判决、裁定，需要中国法院承认和执行的，可以由当事人直接向我国有管辖权的中级人民法院申请承认和执行，也可以由外国法院依照该国与我国缔结或者参加的国际条约的规定，或者按照互惠原则，请求人民法院承认和执行。如果该法院所在国与中国没有缔结或者共同参加国际条约，也没有互惠关系的，裁定驳回申请，但当事人向人民法院申请承认外国法院作出的发生法律效力的离婚判决除外。

国外仲裁机构的裁决（含临时仲裁庭[①]在中国领域外作出的仲裁裁决），需要我国人民法院承认和执行的，应当由当事人直接向被执行人住所地或者其财产所在地的中级人民法院申请，人民法院应当依照我国缔结或者参加的国际条约，或者按照互惠原则办理。

② 申请材料。应当提交申请书，并附外国法院作出的发生法律效力的判决、裁定正本或者经证明无误的副本以及中文译本。外国法院判决、裁定为缺席判决、裁定的，申请人应当同时提交该外国法院已经合法传唤的证明文件，但判决、裁定已经对此予以明确说明的除外。我国缔结或者参加的国际条约对提交文件有规定的，按照规定办理。

③ 申请期间。当事人申请承认和执行外国法院作出的发生法律效力的判决、裁定或者外国仲裁裁决的期间，适用我国《民事诉讼法》第 250 条的规定，即申请执行的期间为 2 年。申请执行时效的中止、中断，适用法律有关诉讼时效中止、中断的规定。根据《民事诉讼法解释》第 544 条规定，当事人仅申请承认而未同时申请执行的，申请执行的期间自人民法院对承认申请作出的裁定生效之日起重新计算。

（2）审查、裁定。

① 人民法院应当组成合议庭进行审查。人民法院应当将申请书送达被申请人。被申请人可以陈述意见。

② 当事人仅申请承认而未同时申请执行的，人民法院仅对应否承认进行审查并作出裁定。

③ 予以承认和执行，审查后认为不违反我国法律的基本原则或者国家主权、安全、社会公共利益的，裁定承认其效力，需要执行的，经申请，符合条件的，发出执行令，依照我国《民事诉讼法》的有关规定执行。

[①] 最高人民法院判例观点是，仲裁协议仅约定通过快速仲裁解决争议，未明确约定仲裁机构的，由临时仲裁庭作出裁决，不属于《承认及执行外国仲裁裁决公约》第 5 条第 1 款规定的情形，被申请人以采用临时仲裁不符合仲裁协议约定为由，主张不予承认和执行该临时仲裁裁决的，人民法院不予支持。参见指导案例 200 号：斯万斯克蜂蜜加工公司申请承认和执行外国仲裁裁决案（最高人民法院 2022 年 12 月 27 日发布）。

④ 审查后不符合条件的不予承认和执行，将申请书或者请求书退回提出申请的当事人或者提出请求的外国法院。根据《民事诉讼法》第 300 条规定，对申请或者请求承认和执行的外国法院作出的发生法律效力的判决、裁定，有下列情形之一的，裁定不予承认和执行：第一，外国法院对案件无管辖权（即具有如下情形之一的：外国法院依照其法律对案件没有管辖权，或者虽然依照其法律有管辖权但与案件所涉纠纷无适当联系；违反《民事诉讼法》对专属管辖的规定；违反当事人排他性选择法院管辖的协议）。第二，被申请人未得到合法传唤或者虽经合法传唤但未获得合理的陈述、辩论机会，或者无诉讼行为能力的当事人未得到适当代理。第三，判决、裁定是通过欺诈方式取得。第四，人民法院已对同一纠纷作出判决、裁定，或者已经承认第三国法院对同一纠纷作出的判决、裁定。第五，违反中国法律的基本原则或者损害国家主权、安全、社会公共利益。

此外，需要注意的是，当事人向人民法院申请承认和执行外国法院作出的发生法律效力的判决、裁定，该判决、裁定涉及的纠纷与人民法院正在审理的纠纷属于同一纠纷的，人民法院可以裁定中止诉讼。外国法院作出的发生法律效力的判决、裁定不符合《民事诉讼法》规定的承认条件的，人民法院裁定不予承认和执行，并恢复已经中止的诉讼；符合《民事诉讼法》规定的承认条件的，人民法院裁定承认其效力；需要执行的，发出执行令，依照本法的有关规定执行；对已经中止的诉讼，裁定驳回起诉。

当事人对承认和执行或者不予承认和执行的裁定不服的，可以自裁定送达之日起 10 日内向上一级人民法院申请复议。

2）我国法院的裁判和仲裁机构的裁决在国外的承认和执行

根据《民事诉讼法》第 297 条规定，人民法院作出的发生法律效力的判决、裁定，如果被执行人或者其财产不在中国领域内，当事人请求执行的，可以由当事人直接向有管辖权的外国法院申请承认和执行，也可以由人民法院依照中国缔结或者参加的国际条约的规定，或者按照互惠原则，请求外国法院承认和执行。在中国领域内依法作出的发生法律效力的仲裁裁决，当事人请求执行的，如果被执行人或者其财产不在中国领域内，当事人可以直接向有管辖权的外国法院申请承认和执行。

（1）法院管辖。

① 我国人民法院作出的发生法律效力的判决、裁定，如果被执行人或者其财产不在我国领域内，当事人请求执行的，可以由当事人直接向有管辖权的外国法院申请承认和执行，也可以由人民法院依照我国缔结或者参加的国际条约的规定，或者按照互惠原则，请求外国法院承认和执行。

② 我国涉外仲裁机构作出的发生法律效力的仲裁裁决，当事人请求执行的，如果被执行人或者其财产不在我国领域内，应当由当事人直接向有管辖权的外国法院申请承认和执行。

（2）程序要求。

① 申请提出。当事人请求外国法院承认和执行我国法院裁判或者仲裁机构裁决时，须提供下列相关文件：生效的法院裁判或者仲裁机构裁决；业已送达的送达回证或者其他证明文件；上述文件的译本。人民法院请求外国法院提供司法协助的请求书及其所附文件，应当附有该国文字译本或者国际条约规定的其他文字文本。

② 审查。外国法院接到当事人或者我国法院的请求后，按照与我国订立的司法协助协定

或者缔结和共同参加的国际条约，或者按照互惠原则进行审查，对于符合条件的，应按照该国法律予以承认和执行。

（五）期间、送达和调查取证的特殊规定

1. 期间

根据《民事诉讼法》第285—287条规定，被告在中国领域内没有住所的，人民法院应当将起诉状副本送达被告，并通知被告在收到起诉状副本后30日内提出答辩状。被告申请延期的，是否准许，由人民法院决定。在中国领域内没有住所的当事人，不服第一审人民法院判决、裁定的，有权在判决书、裁定书送达之日起30日内提起上诉。被上诉人在收到上诉状副本后，应当在30日内提出答辩状。当事人不能在法定期间提起上诉或者提出答辩状，申请延期的，是否准许，由人民法院决定。人民法院审理涉外民事案件的期间，不受本法152条、第183条规定的限制。

2. 送达

在涉外民事诉讼中，如果当事人在我国领域内居住，诉讼文书和法律文书的送达方式适用《民事诉讼法》的一般规定；如果当事人在我国领域内没有住所，根据《民事诉讼法》第283条规定，可采用下列方式：

（1）依照受送达人所在国与中国缔结或者共同参加的国际条约中规定的方式送达；
（2）通过外交途径送达；
（3）对具有中国国籍的受送达人，可以委托中国驻受送达人所在国的使领馆代为送达；
（4）向受送达人在本案中委托的诉讼代理人送达；
（5）向受送达人在中国领域内设立的独资企业、代表机构、分支机构或者有权接受送达的业务代办人送达；
（6）受送达人为外国人、无国籍人，其在中国领域内设立的法人或者其他组织担任法定代表人或者主要负责人，且与该法人或者其他组织为共同被告的，向该法人或者其他组织送达；
（7）受送达人为外国法人或者其他组织，其法定代表人或者主要负责人在中国领域内的，向其法定代表人或者主要负责人送达；
（8）受送达人所在国的法律允许邮寄送达的，可以邮寄送达，自邮寄之日起满3个月，送达回证没有退回，但根据各种情况足以认定已经送达的，期间届满之日视为送达；
（9）采用能够确认受送达人收悉的电子方式送达，但是受送达人所在国法律禁止的除外；
（10）以受送达人同意的其他方式送达，但是受送达人所在国法律禁止的除外。

不能用上述方式送达的，公告送达，自发出公告之日起，经过60日，即视为送达。

3. 调查取证

根据《民事诉讼法》第284条规定，当事人申请人民法院调查收集的证据位于中国领域外，人民法院可以依照证据所在国与中国缔结或者共同参加的国际条约中规定的方式，或者通过外交途径调查收集。在所在国法律不禁止的情况下，人民法院可以采用下列方式调查收集。

（1）对具有中国国籍的当事人、证人，可以委托中国驻当事人、证人所在国的使领馆代为取证；

（2）经双方当事人同意，通过即时通信工具取证；

（3）以双方当事人同意的其他方式取证。

（六）涉外仲裁

根据《民事诉讼法》第288条规定，涉外经济贸易、运输和海事中发生的纠纷，当事人在合同中订有仲裁条款或者事后达成书面仲裁协议，提交中国涉外仲裁机构或者其他仲裁机构仲裁的，当事人不得向人民法院起诉。当事人在合同中没有订有仲裁条款或者事后没有达成书面仲裁协议的，可以向人民法院起诉。

1. 涉外仲裁的概念

涉外仲裁是指当事人在合同中约定的仲裁条款或者事后达成的仲裁协议，对他们之间发生的涉外经济贸易、运输和海事中发生的争议提交中国涉外仲裁机构或者其他仲裁机构仲裁进行审理和裁决，从而解决纠纷的制度。涉外仲裁与国内仲裁的根本区别在于它是解决涉外经济贸易、运输和海事中发生的纠纷的一种方式。这种纠纷的特点是具有涉外因素，因而这类纠纷案件属于涉外纠纷案件。因此，涉外仲裁是以仲裁的方式解决具有涉外因素[①]的纠纷案件的一种方式。

我国的涉外仲裁机构主要包括中国国际经济贸易仲裁委员会和中国海事仲裁委员会。这两个机构是民间性质的组织。在仲裁实践中，中国仲裁机构对涉及香港、澳门或台湾地区法人或自然人之间，或者其同外国法人或自然人之间产生于契约性或非契约性的经济贸易等争议中的仲裁案件，比照涉外仲裁案件处理。

2. 仲裁协议

仲裁协议是双方当事人以书面形式同意将他们之间可能发生或已经发生的依法可以仲裁解决的合同纠纷和其他财产权益纠纷提交某仲裁机构进行裁决的共同意思表示。仲裁协议是仲裁机构受理争议案件的前提和依据，故若无仲裁协议或仲裁协议无效，纠纷将不得通过仲裁得以解决。《民事诉讼法》第288条对此作了专门规定。

3. 财产保全

在涉外仲裁中，当事人申请采取财产保全也是常见的，目的是防止另一方当事人在仲裁期间变卖或转移财产，以便在裁决作出后能够得到执行。根据《民事诉讼法》第289条规定，当事人申请采取保全的，中国涉外仲裁机构应当将当事人的申请，提交被申请人住所地或者财产所在地的中级人民法院裁定。

---

① 人民法院对于受理后的案件，在另一方当事人首次开庭前提出仲裁协议的，有权对仲裁协议效力进行审查。我国法律并未允许国内当事人将不具有涉外因素的争议提请外国仲裁。在双方当事人均为中国法人（或自然人），含有仲裁条款的协议之订立及标的物均在中国境内，当事人之间法律关系的产生、变更、消灭的法律事实也不具有涉外因素的情况下，该协议中的仲裁条款即属国内当事人对不具有涉外因素的争议达成的域外仲裁条款，属无效仲裁条款。参见（2021）最高法知民辖终90号。

根据《民事诉讼法解释》第 540 条规定，中国涉外仲裁机构将当事人的保全申请提交人民法院裁定的，人民法院可以进行审查，裁定是否进行保全。裁定保全的，应当责令申请人提供担保，申请人不提供担保的，裁定驳回申请。当事人申请证据保全，人民法院经审查认为无需提供担保的，申请人可以不提供担保。

4. 仲裁裁决执行

经我国涉外仲裁机构裁决的，当事人不得向人民法院起诉。一方当事人不履行仲裁裁决的，对方当事人可以向被申请人住所地或者财产所在地的中级人民法院申请执行。①

根据《民事诉讼法》第 291 条规定，对中国涉外仲裁机构作出的裁决，被申请人提出证据证明仲裁裁决有下列情形之一的，经人民法院组成合议庭审查核实，裁定不予执行：① 当事人在合同中没有订有仲裁条款或者事后没有达成书面仲裁协议的；② 被申请人没有得到指定仲裁员或者进行仲裁程序的通知，或者由于其他不属于被申请人负责的原因未能陈述意见的；③ 仲裁庭的组成或者仲裁的程序与仲裁规则不符的；④ 裁决的事项不属于仲裁协议的范围或者仲裁机构无权仲裁的。人民法院认定执行该裁决违背社会公共利益的，裁定不予执行。

仲裁裁决被人民法院裁定不予执行的，当事人可以根据双方达成的书面仲裁协议重新申请仲裁，也可以向人民法院起诉。

三、自测练习

（一）单项选择题

第二十章自测练习
参考答案

1. 涉外民事诉讼送达中，必须适用涉外民事诉讼特别规定的送达方式的情形是（   ）。

A. 无国籍的当事人

B. 外国籍的当事人

C. 临时出境旅游的中国籍的当事人

D. 不居住在我国领域内的当事人

2. 外国法院作出的生效判决，需要在中国发生法律效力，可以由当事人向有管辖权的中级人民法院（   ）。

A. 直接申请强制执行

B. 申请承认和执行

C. 重新起诉

D. 申请登记

3. 下列属于涉外民事诉讼期间规定的是（   ）。

A. 当事人在判决书送达之日起 15 日内提起上诉

B. 审结案件的期限不受限制

---

① 涉外仲裁申请执行的时效从发现被执行人在境内财产之日起算。参见指导案例 37 号：上海金纬机械制造有限公司与瑞士瑞泰克公司仲裁裁决执行复议案（最高人民法院 2014 年 12 月 18 日发布）。

C. 被告在收到起诉状副本之日起 15 日内提交答辩状

D. 法院在 7 日内决定是否受理起诉

4. 下列关于我国涉外仲裁机构作出的裁决的执行管辖的表述，正确的是（   ）。

A. 只能由债务人住所地的中级人民法院管辖

B. 只能由被执行财产所在地的中级人民法院管辖

C. 由债务人住所地或者被执行财产所在地的基层人民法院管辖

D. 由债务人住所地或者被执行财产所在地的中级人民法院管辖

5. 在涉外仲裁中，当事人申请财产保全的，由（   ）。

A. 法院作出裁定，交涉外仲裁机构执行

B. 涉外仲裁机构作出裁定，再由人民法院执行

C. 涉外仲裁机构提交法院，由人民法院裁定并执行

D. 涉外仲裁机构作出裁定并执行

6. 与外交代表共同生活的配偶在华期间与他人发生侵权民事纠纷，对方以该外交代表共同生活的配偶为被告向人民法院起诉，在未经其派遣国政府明确表示放弃司法豁免权时，人民法院（   ）。

A. 应当受理

B. 可以受理

C. 不能受理

D. 在请示有关机构批准后才能受理

7. 甲公司与某乙公司因货物买卖合同发生纠纷，依据合同仲裁条款，甲公司向中国国际经济贸易仲裁委员会申请仲裁，要求乙公司赔偿因玩具不合格造成的损失。在仲裁过程中，乙公司提出证据保全的申请。下列做法正确的是（   ）。

A. 仲裁委员会应当将当事人的申请提交仲裁机构所在地的中级人民法院

B. 仲裁委员会应当将当事人的申请提交申请人所在地的中级人民法院

C. 仲裁委员会应当将当事人的申请提交证据所在地的中级人民法院

D. 仲裁委员会告知当事人直接向证据所在地的中级人民法院提出证据保全的申请

8. 张某诉美国人海斯买卖合同一案，由于海斯在我国无住所，法院无法与其联系，遂要求张某提供双方的电子邮件地址，电子送达了诉讼文书，并在电子邮件中告知双方当事人在收到诉讼文书后予以回复。开庭之前法院只收到张某的回复，一直未收到海斯的回复。后法院在海斯缺席的情况下，对案件作出判决，驳回张某的诉讼请求，并同样以电子送达的方式送达判决书。关于本案诉讼文书的电子送达，下列做法合法的是（   ）。

A. 向张某送达举证通知书

B. 向张某送达缺席判决书

C. 向海斯送达举证通知书

D. 向海斯送达缺席判决书

9. 关于涉外民事诉讼管辖的表述，正确的是（   ）。

A. 凡是涉外诉讼与我国法院所在地存在一定实际联系的，我国法院都有管辖权，体现了诉讼与法院所在地实际联系原则

B. 当事人在不违反级别管辖和专属管辖的前提下，可以约定各类涉外民事案件的管辖法院，体现了尊重当事人原则
C. 中外合资经营企业与其他民事主体的合同纠纷，专属我国法院管辖，体现了维护国家主权原则
D. 重大的涉外案件由中级以上级别的法院管辖，体现了便于当事人诉讼原则

（二）多项选择题

1. 根据《民事诉讼法》及相关司法解释的规定，在涉外民事诉讼中，外国当事人可以委托（　　）作为其诉讼代理人。
   A. 中国律师
   B. 中国公民
   C. 其本国驻华使、领馆工作人员
   D. 其本国公民

2. 在涉外民事诉讼中，专属于我国法院管辖的案件是（　　）。
   A. 不动产纠纷
   B. 婚姻家庭案件
   C. 在我国履行的中外合资经营企业合同纠纷
   D. 在我国履行的中外合作经营企业合同纠纷
   E. 涉及我国企业商业秘密的案件

3. 根据《民事诉讼法》及相关司法解释的规定，下列涉外民事案件，我国人民法院具有管辖权的是（　　）。
   A. 浙江A公司与阿联酋B公司在中国签订汽车出口合同，A公司将出口的汽车运到阿联酋后，双方因汽车质量问题发生纠纷所引起的诉讼
   B. 澳大利亚A公司和深圳B公司签订在重庆设立中外合资经营企业的合同，协议约定若发生争议由澳大利亚某著名仲裁委员会仲裁
   C. 法国某公司与中国海洋石油公司签订在我国履行的中外合作勘探开发石油合同，双方书面协议约定若发生争议由合同签订地的新加坡某法院管辖，后因合同履行发生纠纷提起的诉讼
   D. 中国A公司在美国的分支机构向美国B公司购买了一处房产，后因价款的支付发生纠纷，中国A公司向合同签订地北京市中级人民法院提起诉讼，美国B公司到我国法院应诉并进行了答辩
   E. 德国A公司与法国B公司因在意大利签订在加拿大履行的合同发生纠纷，A公司向我国法院起诉，经查B公司在我国境内有可供扣押的财产

4. 某美籍人士Andy于2006年在上海市浦东区买别墅一套，当年年底，因工作原因回国，将别墅卖给上海人杨某，签订合同但尚未交房。遇2007年房价上涨，Andy后悔，不愿履行合同。杨某欲诉至法院，双方协议于徐汇区人民法院进行诉讼。关于本案管辖的法院，错误的是（　　）。
   A. 浦东区人民法院
   B. 双方协议约定的徐汇区人民法院

C. 合同签订地上海宝山区人民法院
D. 被告住所地的美国相关法院

5. 根据《民事诉讼法》规定，涉外民事诉讼中关于期间的特别规定适用于（　　）。
A. 居住在我国领域内的外籍当事人
B. 居住在我国领域外的外籍当事人
C. 居住在我国领域内的中国籍当事人
D. 居住在我国领域外的中国籍当事人

6. 日本人松本与美国人比尔在一架开往英国的中国飞机上签订一份转让在中国某公司股权的合同，后因合同发生争议，双方约定由中国某法院管辖，实体法则适用美国法。请问，本案不应该适用的程序法的有（　　）。
A. 日本民事诉讼法
B. 美国民事诉讼法
C. 中国民事诉讼法
D. 英国民事诉讼法

（三）判断题

1. 与我国没有司法协助协议又无互惠关系的国家的法院，未通过外交途径，直接请求我国法院司法协助的，我国法院应予退回，并说明理由。（　　）
2. 外国驻华使、领馆不可以直接向该国在华公民送达诉讼文书和调查取证。（　　）
3. 在涉外财产保全中，人民法院不得依职权主动采取。（　　）
4. 外国人、外国企业或者组织的代表人在人民法院法官的见证下签署授权委托书，委托代理人进行民事诉讼的，人民法院应予认可。（　　）
5. 中国法院和外国法院都有管辖权的案件，一方当事人向外国法院起诉，而另一方当事人向中国法院起诉的，人民法院可予受理。（　　）

（四）案例分析题

2020年4月，中国西海洋公司同美国东海岸公司签订了一份货物买卖合同，双方约定如合同履行出现争议，应将争议提交日内瓦仲裁机构仲裁解决。西海洋公司收到货物以后，发现货物质量不符合合同约定，遂于2020年10月10日向中国某法院起诉，请求东海岸公司承担违约责任。东海岸公司于2020年10月25日收到中国某法院的起诉状副本后，并未就管辖权问题提出异议，并于2020年11月20日向法院提交了书面答辩状。2021年2月1日，该法院经审理判决东海岸公司败诉，并赔偿西海洋公司经济损失45万美元。同年2月5日，第一审判决书分别送达双方当事人。3月7日，东海岸公司以双方在合同中约定了日内瓦仲裁因而第一审法院无管辖权为理由，提起上诉。2022年4月1日，第二审法院驳回其上诉。

问：
（1）西海洋公司和东海岸公司是否可以约定将合同争议交给日内瓦仲裁机构仲裁解决？
（2）法院受理案件后，发现东海岸公司有转移财产的行为，遂主动进行了财产保全，该做法是否正确？

(3) 若东海岸公司以一审法院严重超过 6 个月审限为由，提起上诉，会得到支持吗？

（五）简述题

1. 进行一般司法协助的途径有哪些？
2. 涉外民事诉讼有哪些涉外因素？
3. 简述我国涉外民事诉讼的基本原则。
4. 涉外民事送达方式有哪些？
5. 《民事诉讼法》对申请调查收集的证据在中国领域外的有哪些规定？

四、拓展与思考：我国临时仲裁制度

《中国（上海）自由贸易试验区仲裁规则》（2014）规定了临时仲裁规则。2015 年，上海自贸区率先成为临时仲裁的试点。2016 年，最高人民法院发布的《关于为自由贸易试验区建设提供司法保障的意见》（简称《意见》）第 9 条规定了有限定的临时仲裁。2017 年，珠海仲裁委员会根据《意见》制定《横琴自由贸易试验区临时仲裁规则》，这是我国第一部临时仲裁规则，初步解决了临时仲裁的操作性问题。但国内法律对临时仲裁总体尚未承认，相关规定和临时仲裁规则不一致甚至冲突，主要表现为如下几个方面。

首先，国际条约和国内法律规定不一致。我国《仲裁法》未承认临时仲裁的效力。但我国加入或签订的许多国际条约都涉及临时仲裁，例如：我国加入的《纽约公约》承认和执行的外国临时仲裁；我国与荷兰、日本、法国等 100 多个国家签订的双边投资保护协定中都有通过临时仲裁解决纠纷的规定；我国与西班牙、匈牙利、法国等 20 多个国家签订的关于民事、商事司法协助的协定都规定，相互承认和执行在对方境内作出的仲裁裁决，包括临时仲裁裁决。据上可知，我国国内法律与加入或签署的国际条约对临时仲裁裁决的承认和执行是不对等的。依据上述国际条约，我国应承认和执行其他相关国家的临时仲裁裁决。① 但由于我国《仲裁法》第 16 条对仲裁委员会的选定有强制性规定，当事人不得要求在我国作出临时仲裁裁决，更不得在国外申请承认与执行。即使作出临时仲裁裁决，裁决的有效性也会因为《纽约公约》第 5 条的规定而被国外司法机构否定，这样不利于保护我国当事人的权益。

其次，国内法律与国际仲裁规则相冲突。2015 年施行的修正后的《中国国际经济贸易仲裁委员会仲裁规则》和《中国海事仲裁委员会仲裁规则》均规定了临时仲裁员程序。《横琴自由贸易试验区临时仲裁规则》在选定仲裁员、仲裁费用、案卷保存等方面进行了程序设计，还专门规定了珠海仲裁委员会确认裁决书和调解书的程序，设计了临时仲裁转化为机构仲裁的路径。但上述有关临时仲裁的规则适用的范围有限，只适用于自贸区内注册的企业之间发生的商事纠纷或者非自贸区内注册的企业约定的法律允许采取临时仲裁解决的纠纷。同时，上述规则与国际仲裁规则相冲突。如《贸易法委员会国际仲裁示范法》第 36 条第 4 项规定，若仲裁庭的组成或仲裁程序与仲裁地所在国的法律不一致，其作出的裁决将会被拒绝

---

① 如 2015 年《民事诉讼法解释》第 545 条规定，对临时仲裁庭在中国领域外作出的仲裁裁决，一方当事人向人民法院申请承认和执行的，人民法院应当依照《民事诉讼法》第 283 条规定处理。参见肖灵敏：《论我国临时仲裁制度建立的必要性与可行性》，《哈尔滨职业技术学院学报》2019 年第 3 期。

承认或执行。①

再次,国内法律之间规定不统一。其一,《意见》与《仲裁法》的相关规定不一致。例如依《意见》第9条的规定,达成的临时仲裁协议可认定有效,但临时仲裁协议不可能约定仲裁委员会。而依《仲裁法》第16条的规定,仲裁协议应选定仲裁委员会。这两个条款在本质上相冲突。其二,内地和香港、台湾地区的相关规定不统一。如《关于内地与香港特别行政区相互执行仲裁裁决的安排》规定,"内地与香港特区作出的仲裁裁决需要到对方区域执行的,只要当事人的申请符合《安排》第3条、第4条的要求,有关法院就应当受理"。而《香港仲裁条例》2017年修正案第二分部第95条规定,内地达成的临时仲裁协议由于没有选定仲裁委员,因此违反了《仲裁法》而无效,即使临时仲裁庭作出裁决,香港不予承认和执行。

我国早在1987年加入《纽约公约》,只对互惠保留及商事的某些规定作出了保留声明,对临时仲裁并没有保留声明。根据该公约,我国有义务执行其他缔约国作出的包括根据临时仲裁协议作出的所有裁决。然而鉴于我国法律对临时仲裁不认可的现状,若临时仲裁结果是来自中国境内,则他国的当事人可辩称:约定的临时仲裁协议依据中国的《仲裁法》第18条规定是无效的,同时根据《纽约公约》第5条第1款的规定,外国法院可以不执行中国的临时仲裁裁决。这种承担义务与享受权利不协调的状况不利于保护我国当事人的权益,不利于争议的快速解决和我国仲裁事业的发展。在对外贸易中,我国当事人与他国当事人所达成的协议中,经常会有关涉到纠纷解决的条款,当事人经常会选择临时仲裁这仲裁方式。同时,从仲裁的大量实践可知,部分当事人更愿意通过临时仲裁解决争议,国家法律拒绝临时仲裁,就等同于拒绝处理这部分当事人的争议。

目前我国《仲裁法》规定直接否定了临时仲裁协议的效力,将来应删除该法第18条,并对第16条进行修改,将"仲裁协议应当包括以下内容"的"应当"改为"可以",使没有约定具体仲裁委员会的仲裁协议变得有效,在法律上保证临时仲裁的合法地位。

---

① 参见肖灵敏:《论我国临时仲裁制度建立的必要性与可行性》,《哈尔滨职业技术学院学报》2019年第3期。

附录　重要法律、司法解释及相关规范性文件简表

1	《中华人民共和国民事诉讼法》（简称《民事诉讼法》）	1991年4月9日公布施行；2007年10月28日修正并公布，2008年4月1日起施行；2012年8月31日修正并公布，自2013年1月1日起施行；2017年6月27日修正并公布，自2017年7月1日起施行；2021年12月24日修正并公布，自2022年1月1日起施行；2023年9月1日修正并公布，自2024年1月1日起施行
2	《最高人民法院关于适用〈中华人民共和国民事诉讼法〉的解释》（简称《民事诉讼法解释》）	2015年1月30日公布，自2015年2月4日起施行，法释〔2015〕5号；2022年3月22日修正，2022年4月1日公布，自2022年4月10日起施行，法释〔2022〕11号
3	《最高人民法院关于民事诉讼证据的若干规定》（简称《民事证据规定》）	2001年12月21日公布，自2002年4月1日起施行，法释〔2001〕33号；2019年10月14日修正，2019年12月25日公布，自2020年5月1日起施行，法释〔2019〕19号
4	《最高人民法院关于适用〈中华人民共和国民法典〉总则编若干问题的解释》	2022年2月24日公布，自2022年3月1日起施行，法释〔2022〕6号
5	《最高人民法院关于适用〈中华人民共和国人民陪审员法〉若干问题的解释》	2019年4月24日公布，自2019年5月1日起施行，法释〔2019〕5号
6	《最高人民法院关于修改〈民事案件案由规定〉的决定》	2020年12月29日发布，自2021年1月1日起施行，法发〔2020〕346号

续表

7	《最高人民法院关于人民法院登记立案若干问题的规定》	2015年4月15日公布，自2015年5月1日起实施，法释〔2015〕8号
8	《最高人民法院关于证券纠纷代表人诉讼若干问题的规定》	2020年7月30日公布并施行，自2020年7月31日起实施，法释〔2020〕5号
9	《最高人民法院关于知识产权法庭若干问题的规定》	2018年12月27日公布，自2019年1月1日起施行，法释〔2018〕22号；2023年10月16日修正，2023年10月21日公布，自2023年11月1日起施行，法释〔2023〕183号
10	《最高人民法院关于技术调查官参与知识产权案件诉讼活动的若干规定》	2019年3月18日公布，自2019年5月1日起施行，法释〔2019〕2号
11	《最高人民法院关于涉网络知识产权侵权纠纷几个法律适用问题的批复》	2020年9月12日公布，自2020年9月14日起施行，法释〔2020〕9号
12	《最高人民法院关于知识产权民事诉讼证据的若干规定》	2020年11月16日公布，自2020年11月18日起施行，法释〔2020〕12号
13	《关于第一审知识产权民事、行政案件管辖的若干规定》	2022年4月20日公布，2022年5月1日起施行，法释〔2022〕13号
14	《最高人民法院关于人民法院民事诉讼中委托鉴定审查工作若干问题的规定》	2020年8月14日公布，2020年9月1日起施行，法〔2020〕202号
15	《最高人民法院关于法律适用问题请示答复的规定》	2023年5月26日公布，2023年9月1日起施行，法〔2023〕88号
16	《最高人民法院关于四级法院审级职能定位改革试点结束后相关工作要求的通知》	2023年9月12日公布，自2023年9月27日起施行，法〔2023〕154号
17	《最高人民法院关于仲裁机构"先予仲裁"裁决或者调解书立案、执行等法律适用问题的批复》	2018年6月5日公布，自2018年6月12日起施行，法释〔2018〕10号
18	《最高人民法院关于调整中级人民法院管辖第一审民事案件标准的通知》	2021年9月17日公布，自2021年10月1日起施行，法发〔2021〕27号

续表

19	《人民法院在线诉讼规则》	2021年6月16日公布，自2021年8月1日起施行，法释〔2021〕12号
20	《人民法院在线调解规则》	2021年12月30日公布，自2022年1月1日起施行，法释〔2021〕23号
21	《最高人民法院关于公证债权文书执行若干问题的规定》	2018年9月30日公布，自2018年10月1日起施行，法释〔2018〕18号
22	《最高人民法院关于设立国际商事法庭若干问题的规定》	2018年6月27日公布，自2018年7月1日起施行，法释〔2018〕11号
23	《最高人民法院关于修改〈最高人民法院关于巡回法庭审理案件若干问题的规定〉的决定》	2016年12月27日公布，自2016年12月28日起施行，法释〔2016〕30号
24	《最高人民法院关于人身安全保护令案件相关程序问题的批复》	2016年7月11日公布，自2016年7月13日起施行，法释〔2016〕15号
25	《最高人民法院关于修改〈最高人民法院关于严格规范民商事案件延长审限和延期开庭问题的规定〉的决定》	2019年3月27日公布，自2019年3月28日起施行，法释〔2019〕4号
26	《最高人民法院关于知识产权侵权诉讼中被告以原告滥用权利为由请求赔偿合理开支问题的批复》	2021年6月3日公布并施行，法释〔2021〕11号
27	《最高人民法院印发〈关于进一步加强民事送达工作的若干意见〉的通知》	2017年7月19日公布并施行，法发〔2017〕19号
28	《最高人民法院关于审理票据纠纷案件若干问题的规定》	2020年12月29日公布，自2021年1月1日起施行，法释〔2020〕18号
29	《最高人民法院关于上海金融法院案件管辖的规定》	2021年4月21日公布，自2021年4月22日起施行，法释〔2021〕9号
30	《最高人民法院关于成渝金融法院案件管辖的规定》	2022年12月20日公布，自2023年1月1日起施行，法释〔2022〕20号

续表

31	《最高人民法院关于设立国际商事法庭若干问题的规定》	2018年6月27日公布,自2018年7月1日起施行,法释〔2018〕11号
32	《最高人民法院关于互联网法院审理案件若干问题的规定》	2018年9月6日公布,2018年9月7日施行,法释〔2018〕16号
33	《最高人民法院关于审理商标案件有关管辖和法律适用范围问题的解释》	2020年12月29日公布,自2021年1月1日起施行,法释〔2020〕19号
34	《最高人民法院关于加强和规范案件提级管辖和再审提审工作的指导意见》	2023年7月28日公布,自2023年8月1日起施行,法发〔2023〕13号
35	《最高人民法院关于具有专门知识的人民陪审员参加环境资源案件审理的若干规定》	2023年7月26日公布,2023年8月1日起施行,法释〔2023〕4号
36	《最高人民法院 最高人民检察院关于规范办理民事再审检察建议案件若干问题的意见》	2023年11月24日公布并施行,法发〔2023〕18号
37	《最高人民法院关于审理涉彩礼纠纷案件适用法律若干问题的规定》	2024年1月17日公布,自2024年2月1日起施行,法释〔2024〕1号
38	《最高人民法院关于生态环境侵权民事诉讼证据的若干规定》	2023年8月14日公布,自2023年9月1日起施行,法释〔2023〕6号
39	《最高人民法院关于生态环境侵权案件适用禁止令保全措施的若干规定》	已 2021年12月27日公布,自2022年1月1日起施行,法释〔2021〕22号
40	《最高人民法院关于审理涉船员纠纷案件若干问题的规定》	2020年9月27日公布,自2020年9月29日起施行,法释〔2020〕11号
41	《最高人民法院关于修改〈最高人民法院关于人民法院扣押铁路运输货物若干问题的规定〉等十八件执行类司法解释的决定》	2020年12月23日公布,自2021年1月1日起施行,法释〔2020〕21号

续表

42	《最高人民法院关于修改〈最高人民法院关于人民法院民事调解工作若干问题的规定〉等十九件民事诉讼类司法解释的决定》	2020年12月29日公布,自2021年1月1日起施行,法释〔2020〕20号
43	《最高人民法院关于内地与香港特别行政区法院就民商事案件相互委托提取证据的安排》	2017年2月27日公布,自2017年3月1日起施行,法释〔2017〕4号
44	《最高人民法院关于内地与香港特别行政区相互执行仲裁裁决的补充安排》	2020年11月26日公布,本司法解释第一条、第四条自2020年11月27日起施行,第二条、第三条在香港特别行政区完成有关程序后,由最高人民法院公布生效日期,法释〔2020〕13号
45	《最高人民法院关于内地与香港特别行政区法院相互认可和执行民商事案件判决的安排》	2024年1月25日公布,自2024年1月29日起施行,法释〔2024〕2号
46	《最高人民法院关于修改〈关于内地与澳门特别行政区法院就民商事案件相互委托送达司法文书和调取证据的安排〉的决定》	2020年1月14日公布,自2020年3月1日起施行,法释〔2020〕1号
47	《最高人民法院关于涉外民商事案件管辖若干问题的规定》	2022年11月14日公布,自2023年1月1日起施行,法释〔2022〕18号
48	《最高人民法院关于适用〈中华人民共和国涉外民事关系法律适用法〉若干问题的解释(二)》	2023年11月30日公布,2024年1月1日起施行,法释释〔2023〕12号
49	《最高人民法院关于审理涉外民商事案件适用国际条约和国际惯例若干问题的解释》	2023年12月28日公布,自2024年1月1日起施行,法释〔2023〕15号